한국문학의 저변과 주변

김 명 준 지음

도서출판
다운샘

한국문학의 저변과 주변

2024년 12월 23일 초판1쇄 인쇄
2024년 12월 30일 초판1쇄 발행

저　자 | 김명준
발행인 | 김영환
발행처 | 도서출판 다운샘

05661 서울특별시 송파구 중대로27길 1
전화 (02)449-9172 팩스 (02)431-4151
E-mail : dusbook@naver.com
등록 제1993-000028호

ISBN 978-89-5817-554-4 93810

값 25,000원

머리말

저자는 이 책에 한국문학 전반에 관한 생각들을 담았다. 문학의 기초 연구부터 작품론, 문학의 외적 기능까지 문학의 중심과 주변을 살폈다. 원전 연구는 새로운 자료 발굴, 이본 연구, 원전 비평 등 문학 연구의 기초이기 때문에 저변의 영역에서 다루었다. 작품론은 문학 연구의 중심으로서 이를 통해 문학사, 갈래론, 작가론을 가능하게 한다. 대표적으로 고전 작가 중 박인로의 〈조홍시가〉, 작자를 알 수 없는 〈고공가〉, 전통 가면극인 〈할미·영감과장〉 그리고 현대 작가로 모윤숙의 〈풍랑〉 등을 작품론에서 고찰하였다. 문학의 주변은 연구 관점, 관계 연구, 융복합 분야에 따라 다양한 범주에서 검토할 수 있다. 다만 저자가 처한 공간적, 활동 분야에 한계가 있어 춘천의 산수시, 중등교육에서의 고려속요 그리고 김동욱의 연구사 등만을 문학의 주변에 두었다.

앞으로 이 책을 통해 연구 전망의 지렛대로 작용하기를 바라지만, 그 결과에 대해서는 여전히 두렵다. 지금까지 내놓은 연구물들이 대부분 부족하거나 덜 익은 것들이 많았기 때문이다. 이 책 또한 이런 점에서 자유로울 수 없다. 하지만 한국문학의 저변을 깊이 하고 주변을 넓게 할 수 있다면 주저할 수 없기에 차근차근 살펴볼 것이다. 부디 학계의 아량을 구할 뿐이다.

끝으로 요즘 학술 저서 출판이 어려운 때에, 흔쾌히 출간을 허락한 도서출판 다운샘 김영환 대표님, 거친 원고와 정돈되지 못한 원전을 말끔하게 정리한 편집팀 분들께 감사드린다.

2024. 12. 08.

김 명 준

• 저자 소개

김명준(金明俊)
고려대학교 국어국문학과에서 학사, 석사, 박사 학위 취득
고려대, 상지대, 충북대, 상지대 강사, 고려대학교 초빙 교수,
파키스탄 국립외국어대학교 한국어학과 조교수 및 학과장
현재 한림대학교 국어국문학과에서 교수

• 주요 저서

『조선 중기 시가와 자연』(공저, 2002), 『악장가사 주해』(2004), 『악장가사 연구』(2004, 문화관광부 우수학술도서), 『한국 고전시가의 모색』(2008), 『교주 조선가요 집성』(2008), 『개정판 고려속요 집성』(2008), 『중세 동서 문화의 만남』(공저, 2008), 『중세 동서 시가의 만남』(공저, 2009), 『악장가사』(2011), 『시용향악보』(2011, 문화관광부 우수학술도서), 『악학궤범』(2013), 『고려속요의 전승과 확산』(2013), 『고전시가여행』(공저, 2016), 『신증 고려속요 집성』(2017), 『한국 고전문학 작품론』(공저, 2018), 『어촌 심언광의 문학과 사상』(공저, 2018), 『생각하며 읽는 한국고전시가』(2018), 『덕온공주가의 한글2』(공저, 2020), 〈주해 신정가보』(2021), 『한국 고전문학과 정치』(2021), 『증참의공적소시가』(2024) 등 20여 권

목 차

제2부 작품론 / 97

제3부 주변 탐색 / 199

제1부
원전 탐구

시조창 가집『시됴책』의 성격

1. 가집『시됴책』

이 가집은 개인이 소장한 것으로 필사본 1책 31면(표지 1면 포함)이며, 40수의 작품을 수록하고 있다. 편찬자와 편찬 연대를 알 수 없으며, 매수 종장의 마지막 음보를 생략한 것으로 보아 시조창본 가집임을 알 수 있다.

본 가집에는 서·발문이나 이외 가집에 대한 정보가 거의 없을 뿐만 아니라 작품 수 또한 소략하여 이를 내외적으로 탐구하는데 적지 않은 어려움이 있다. 하지만 그간 축적된 가집 연구에 의지하여 본 가집의 좌표를 설정하고자 한다.

2. 구성

1) 체제

시도책

【표지】

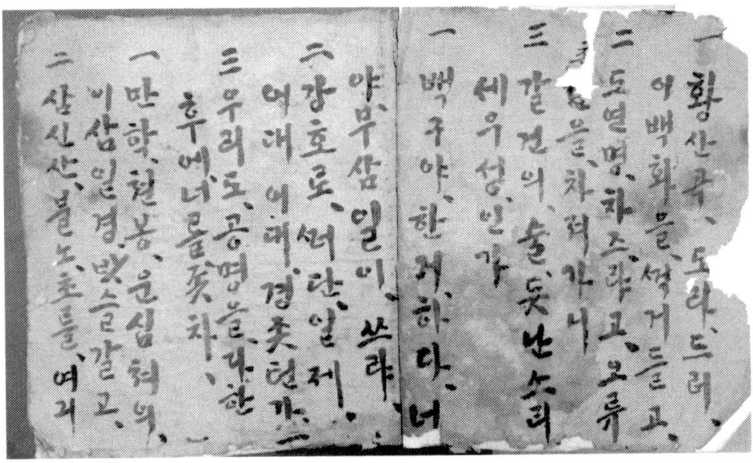

一 황산곡、도라드러
이백화를 석거들고、
二 도연명、차즈라고、오류
촌을、차저가니
三 갈건의、술듯난소리
세우성인가
一 백구야、한거하다、너
야、부삼일이、쓰랴
二 강호로、써단일제
여대여대 경졋던가、
三 우리도、공명을다한
후에너를좃차、
一 만학、천봉、운심처에
비삼일경、밧슬갈고、
二 삼신산、불노초를、여거

【본문】

본 가집은 표지에 "시됴책"의 제명을 두고 있으며 이후 한 면에 한 두 수의 작품을, 작가 정보 없이 수록하고 있다. 작품마다 초장은 일(一), 중장은 이(二), 종장은 삼(三) 등으로 장 표시를 하여 그 아래 사설을 두고 있다. 전체 구성은 아래와 같다.

- 평시조〔악곡 표지 없음〕: 1번~28번(28수)
- 반사설: 29번~31번(3수)
- 사설: 32번~34번(3수)
- 평됴: 35번~40번(6수)

악곡 표지가 없이 1~28번까지는 평시조를, 29~31번까지는 평시조와 사설시조가 섞여 부르기 위한 반사설이, 32~34번까지는 사설시조를 그리고 35번~40까지는 평조인 평시조를 다시 수록하고 있다. 이러한 구성은 곡조를 기준으로 편찬한 것인지 연창을 위한 것인지 알 수는 없으나 편찬자 개인의 시조창 관습에서 정리한 것으로 보인다.

2) 작품 현황

작품 표기 방식은 한자 표기 없이 순 한글 표기 방식을 따르고 있다. 표기에서 의미상 약간의 오류가 보이는데, 특히 한시차용이나 전거 및 고사를 활용한 작품에서 일부 나타난다. "간밤에 부던 바람 만졈도화~"(〈9번〉 초장)에서 "만졈도화"는 '만정도화(滿庭桃花)'의, "아마도 지긔명쳘은~"(〈36번〉 종장)에서는 '견기명철(見機明哲)'의 오기로 보인다. 이는 아마도 편찬자가 확실한 문헌에 근거했다기보다는 불분명한 문헌이나 노랫소리 전파에 대한 기억에 의존한 결과가 아닌가 생각한다.

〈6〉
삼춘이 좃타 해도 황국 단풍 제일이라
봉봉마다 단풍이요 골골마다 국화로다
아마도 경개 좃키난 중양가졀.

〈20〉
우연히 터를 어더 초당삼간 지엇더니
백호난 부귀봉이요 청용은 자손봉이라
아마도 차강산 부귀영달은 주인공인가.

〈26〉
산촌에 봄에 드니 나 할 일이 분분하다
약포도 하련이와 화초 모종 게 뉘하리
동자야 후원의 대 비여라 사립졋자.

〈40〉
부를 줄 모로난 시됴를 부르라니 부르러라
고쳐 장단 다 버리고 되난 대로 부르오니
아마도 차방중 실예난 나 뿐인 듯.

화초에 물 주기를 늙어지면 마잿드니
춘광이 곳 도라오니 옛 마음이 새로워라
동자야 후원에 대 비여라 사립 졀게. 『시평』(11번)

본 가집에만 단독으로 출현하는 작품은 4수이며, 이 가운데 40번은 편찬자의 작으로 보인다. 다만 〈26〉인 경우 종장이 이미 다른 작품의 종장으로 나타나고 있어 단독 출현으로 처리할지에 대한 문제가 남으나 초장과 중장이 전혀 다르고 작품 전개에서 차이가 있어 우선 단독 출현으로 두는 것이 어떨까 한다. 게다가 종장 가운데 어떤 것은 여러 작품에 공통으로 삽입되는 경우를 상기할 때 이 작품은 단독 출현 작으로 두어도 무방할 듯하다.

〈10〉
공산이 젹막한대 슬피우난 져 두견아
울야면 네나 울지 월하 삼경 웃난 꽃슬 울이난야
밤중만 네 우름 소리의 잠 못 일워.

空山이 寂寞한ᄃᆡ 슬피 우ᄂᆞᆫ 져 杜鵑아
蜀國興亡이 어졔오날 아니여ᄂᆞᆯ
至今에 피나도록 무삼 ᄒᆞᆯ려요. 『동명』(王鎧, 258번)

공산이 적막한ᄃᆡ 슯히 우넌 저 두견아
고국흥망이 어제오날 아니여든
지금에 귀촉도 불여귀라 우러 무삼. 『시평』(50번)

본 가집이 수록하고 있는 40수 중 4수를 제외한 작품들은 이미 알려진 작품이라 할 수 있다. 하지만 몇 작품은 이본으로 처리하기 어려운 경우도 보인다. 본 가집 10번 작품은 『동국명현가사집록(동명)』 258번과 『시조집 평주본(시평)』 50번의 이본으로 분류될 수도 있다.[1] 하지만 초장을 제외하고는 거리가 있으며 『동명』과 『시평』의 근접 작품(『고시조대전』 2363.1)과도 차이가 있어 작품을 어떻게 처리할지 과제로 남는다. 이와 비슷한 상황에 있는 작품은 〈37〉에도 해당된다.

---

1) 김흥규 외, 『고시조대전』(고려대학교 민족문화연구원, 2012), 77면. 0358.2번.

〈24〉 춘광이 구십이나 쏫 볼 나리 몃 날이며
인생이 백연인들 손년행낙이 몇 날인가
우리도 화장춘 인장수를 하여 볼가.

또한 본 가집에는 『고시조대전』의 기준으로 근접 작품으로 처리할 수 있는 작품도 보인다. 〈24〉은 『고시조대전』 4971.1(『시평』, 99번; 『시관』 48번), 4971.2(『가나』 167번; 『조연』 18번), 4971.3(『시오』 113번), 4971.4(『가감』 230번; 『조선』 203번) 등의[2] 초장과 중장은 이본의 범주에 있으나 종장은 달리 나타나고 있어 추후 자료 정리 과정에서 추가할 여지를 남기고 있다. 이와 비슷한 상황에 있는 작품은 〈33〉, 〈34〉에도 해당된다.

3. 편찬 환경

가번(歌番)	공유 가집	비고
1 (5495.1)	해수.0357; 시박.0346; 가조.0347; 가권.0277; 병가.0692; 영류.0145; 청장.0399; 객악.0120; 청영.0399; 시김.0342; 영규.0466; 시경.0103; 청육.0917; 악나.0073; 홍비.0074; 무명.0010; 원국.0721; 원육.0676; 원불.0681; 원연.0586; 원하.0712; 원황.0571; 해악.0716; 협률.0692; 원규.0720; 원가.0351; 원김.0711; 원박.0585; 여요.0051; 여이.0051; 여양.0055; 시음.0069; 가나.0043; 가요.0073; 사장.0067; 시서.0004; 조연.0019; 시재.0049; 방초.0086; 시국.0011; 시하.0039; 시관.0013; 시만.0093; 대동.0194; 무인.0008; 조사.0002; 시연.0003; 금성.0066;	74

2) 김흥규 외, 같은 책, 1082면.

가번(歌番)	공유 가집	비고
	시구.0028; 삼가.0016; 율보.0020; 시세.0016; 남전.0090; 조시.0003; 시요.0022; 소우.0037; 해가.0059; 악고.0431; 악고.0856; 잡장.0028; 교아.0077; 정가.0282; 잡증.0087; 잡무.0139; 잡유.0006; 잡선.0139; 잡대.0144; 가감.0030; 교주.0089; 원증.0622; 시평.0007; 조선.0036; 잡쌍.0165; 평권.0023	
2 (1863.2)	악나.0078; 홍비.0079; 남태.0026; 가나.0171; 시여.0021; 남상.0026; 영산.0037; 시주.0024; 시만.0089; 시연.0020; 삼가.0044; 시세.0011; 남전.0014; 남민.0032; 남민.0065; 악고.0446; 잡유.0002; 가감.0129; 조선.0121; 평권.0006	20
3 (1567.1)	시경.0041; 악나.0312; 무명.0007; 가나.0166; 사장.0091; 조연.0020; 시재.0047; 방초.0080; 영산.0013; 시국.0008; 시하.0010; 시만.0059; 조사.0029; 시연.0013; 금성.0038; 시구.0044; 율보.0003; 시세.0010; 시평.0048; 조선.0234; 평권.0010	21
4 (1789.7)	시관.0055; 금성.0047; 율보.0006; 시세.0022; 평권.0046	5
5 (5117.1)	청진.0374; 해박.0469; 해수.0026; 시박.0511; 고금.0022; 가조.0514; 병가.0639; 동가.0053; 악서.0310; 청장.0272; 청가.0187; 객악.0159; 청영.0302; 동국.0021; 동국.0116; 동국.0167; 가보.0021; 영규.0061; 시경.0077; 시권.0021; 청육.0326; 악나.0454; 근악.0021; 가연.0017; 지음.0079; 남태.0148; 원국.0109; 원동.0102; 원육.0116; 원불.0116; 원연.0103; 원하.0098; 원황.0101; 해악.0105; 화악.0103; 협률.0101; 원규.0109; 원가.0072; 원일.0107; 원서.0102; 원김.0098; 원박.0102; 시음.0098; 가나.0104; 시여.0080; 시선.0007; 남하.0002; 조연.0080; 사서.0020; 시재.0009; 시조.0075; 대동.0124; 가선.0115; 금성.0156; 삼가.0043; 율보.0089; 남전.0130; 남권.0002; 시미.0025; 악고.0187; 정가.0100; 잡증.0039; 잡무.0054; 잡선.0054; 잡대.0062; 가감.0218; 교주.0046; 원증.0371;	74

가번(歌番)	공유 가집	비고
	역시.0048; 시평.0027; 조선.0194; 잡쌍.0014; 잡쌍.0083; 평권.0033	
6		신출
7 (1064.3)	율보.0112	1
8 (2490.1)	고명.0067; 병가.0394; 동가.0091; 가단.0043; 악서.0158; 청연.0210; 시김.0128; 청육.0186; 악나.0566; 지음.0061; 원국.0090; 원동.0086; 원육.0087; 원불.0087; 원연.0086; 원하.0084; 원황.0084; 해악.0090; 화악.0085; 협률.0083 원규.0090; 원가.0060; 원일.0089; 원서.0086; 원김.0084; 원박.0085; 원순.0004; 가선.0086; 교주.1474; 원증.0316; 역시.0179; 시평.0086; 금현.0004	34
9 (0088.1)	청진.0411; 해일.0443; 시박.0472; 고금.0148; 가조.0475; 병가.0516; 청홍.0268; 영류.0130; 악서.0343; 청장.0340; 청가.0377; 객악.0053; 청영.0355; 청연.0167; 시김.0220; 가보.0364; 영규.0456; 시경.0032; 시권.0322; 청육.0895 악나.0199; 악나.0561; 홍비.0201; 남태.0001; 금오.0017; 원국.0673; 원육.0634; 원불.0639; 원연.0546; 원하.0665; 원황.0530; 해악.0666; 협률.0650; 원규.0672; 원가.0321; 원김.0665; 원박.0544; 여요.0008; 여이.0008; 여양.0015; 교방.0034; 시음.0065; 가나.0017; 사장.0026; 시여.0001; 남상.0001; 조연.0069; 성악.0028; 방초.0078; 시주.0001; 시조.0038; 시하.0018; 시만.0098; 대동.0164; 시연.0038; 금성.0073; 삼가.0007; 율보.0059; 시세.0017; 시요.0001; 해가.0047; 남민.0033; 남민.0045; 악고.0618; 악고.0853; 잡장.0023; 교아.0074; 정가.0263; 잡증.0078; 잡고.0063; 잡무.0124; 잡유.0005; 잡선.0124; 잡대.0129; 가감.0001; 교주.0008; 원증.0034; 역시.0251; 시평.0023; 조선.0001; 잡쌍.0150; 산양.0134	82
10 (0358.2)	동명.0258; 시평.0050	2

가번(歌番)	공유 가집	비고
11 (5219.1)	청진.0163; 해일.0414; 해수.0051; 고명.0016; 시박.0159; 고금.0068; 가조.0158; 가권.0142; 병가.0216; 동가.0155; 영류.0214; 악서.0359; 청장.0101; 청가.0155; 객악.0027; 청영.0096; 가보.0121; 영규.0025; 시경.0001; 시권.0121; 청육.0177; 악나.0084; 악나.0509; 근악.0290; 가연.0030; 지음.0115; 홍비.0085; 남태.0150; 원국.0177; 원동.0165; 원육.0167; 원불.0167; 원연.0168; 원하.0161; 원황.0165; 해악.0171; 화악.0171; 협률.0166; 원규.0177; 원일.0173; 원서.0165; 원김.0161; 원박.0167; 동명.0160; 시선.0011; 대동.0102; 가선.0163; 해영.0044; 시연.0040; 금성.0044; 삼가.0023; 율보.0081; 남전.0132; 남권.0004; 악고.0162; 가감.0220; 교주.0224; 원증.0617; 역시.0127; 시평.0082; 조선.0196; 남하.0004	63
12 (2965.1)	청진.0370; 해박.0338; 해일.0325; 해수.0241; 시박.0470; 고금.0135; 가조.0473; 가권.0333; 악서.0258; 청장.0332; 청가.0396; 객악.0214; 청영.0316; 청연.0153; 시김.0034; 동국.0182; 영규.0148; 청육.0416; 악나.0528; 근악.0172; 홍비.0373; 동명.0355; 시관.0061; 대동.0144; 악고.0536; 정가.0167; 교주.0191; 원증.0137; 역시.0033; 가평.0065; 시평.0019	33
13 (0453.1)	시선.0001; 시연.0016; 율보.0030	3
14 (2957.1)	시박.0417; 가조.0419; 가권.0306; 시단.0035; 원국.0250; 원동.0237; 원육.0346; 원불.0348; 원연.0240; 원하.0231; 원황.0237; 해악.0241; 화악.0242; 협률.0239; 원규.0250; 원가.0135; 원일.0245; 원일.0733; 원서.0237; 원김.0231 원박.0239; 시선.0033; 시만.0084; 가선.0341; 시연.0036; 시세.0037; 정가.0246; 잡무.0118; 잡선.0118; 잡대.0123; 교주.1011; 원증.0537; 가평.0008; 잡쌍.0144; 평권.0005	35
15 (1677.1)	시선.0012	1

가번(歌番)	공유 가집	비고
16 (3743.1)	송이.0017; 청진.0054; 경구.0019; 송성.0016; 시박.0081; 고금.0027; 가조.0080; 가권.0069; 송관.0017; 송별.0020; 병가.0137; 청홍.0081; 청가.0056; 영총.0015; 청육.0101; 근악.0025; 지음.0043; 청계.0079; 원국.0063; 원동.0064; 원육.0063; 원불.0063; 원연.0060; 원하.0060; 원황.0059; 해악.0061; 화악.0061; 협률.0058; 원규.0063; 원일.0062; 원서.0064; 원김.0060; 원박.0059; 해규.0017; 경가.0016; 경국.0016; 경경.0016; 경칠.0016; 가선.0062; 율보.0096; 교가.0056; 교주.0618; 원증.0267	43
17 (2356.1)	원일.0734; 시선.0010; 시만.0024; 금성.0010; 악고.0516; 가평.0001; 잡평.0393	7
18 (4510.1)	청진.0319; 해일.0324; 해수.0130; 시박.0455; 고금.0150; 가조.0457; 병가.0199; 청홍.0259; 동가.0076; 가단.0187; 악서.0291; 청장.0321; 청가.0336; 객악.0285; 청영.0165; 청영.0348; 영총.0031; 동국.0150; 가보.0167; 영규.0207; 시경.0019; 산양.0073; 시권.0162; 청육.0160; 악나.0487; 근악.0187; 남태.0099; 무명.0063; 원국.0422; 원동.0421; 원육.0414; 원불.0416; 원연.0409; 원하.0411; 원황.0405; 해악.0412; 화악.0428; 협률.0407; 원규.0422; 원가.0209; 원일.0409; 원서.0421; 원김.0411; 원박.0408; 동명.0058; 가나.0076; 시여.0057; 남상.0099; 옛시.0015; 시국.0064; 시조.0052; 대동.0093; 가선.0409; 삼가.0022; 율보.0069; 시미.0064; 악고.0156; 악고.0858; 교아.0079; 교주.0165; 원증.0942; 시평.0016	62
19 (4732.1)	금연.0007; 금백.0001; 청진.0312; 해박.0479; 해수.0453; 시박.0430; 고금.0125; 가조.0432; 가권.0312; 병가.0016; 청홍.0264; 동가.0006; 영류.0122; 악서.0295; 청장.0331; 청가.0328; 청영.0342; 청연.0246; 동국.0211; 가보.0008; 산양.0003; 시권.0008; 청육.0008; 악나.0605; 근악.0144; 가연.0107; 지음.0009; 금오.0012; 원국.0009; 원동.0009; 원육.0009; 원불.0009; 원연.0009; 원하.0009; 원황.0009; 해악.0009;	64

가번(歌番)	공유 가집	비고
	화악.0009; 협률.0009; 원규.0009; 원가.0009 원일.0009; 원서.0009; 원김.0009; 원박.0009; 동명.0378; 정음.0016; 금고.0002; 대동.0062; 가선.0009; 해영.0024; 소우.0081; 악고.0168; 악고.0849; 잡장.0101; 교아.0070; 정가.0123; 잡무.0063; 잡특.0047; 잡선.0063; 잡대.0071; 교주.0085; 원증.0010; 역시.0056; 잡쌍.0092	
20		신출
21 (1101.1)	시박.0428; 고명.0021; 가조.0430; 병가.0572; 청장.0414; 시김.0362; 남태.0170; 무명.0071; 동명.0331; 시여.0148; 시선.0028; 남하.0024; 시국.0072; 시하.0045; 시관.0021; 시만.0100; 금성.0133; 남전.0150; 남권.0024; 시요.0146 남민.0026; 남민.0150; 악고.0344; 가감.0139; 교주.1121; 시평.0037; 조선.0130; 평권.0027	38
22 (0563.1)	남태.0154; 원국.0728; 원육.0683; 원불.0688; 원연.0595; 원하.0719; 원황.0580; 해악.0725; 협률.0698; 원규.0727; 원가.0356; 원김.0718; 원박.0594; 여요.0058; 여이.0058; 가나.0143; 가요.0040; 남하.0008; 조연.0075‘ 남전.0136; 남권.0008; 해가.0135; 교가.0124; 가감.0236; 가감.0244; 교주.0097; 원증.0454	27
23 (3431.1)	청진.0364; 해일.0405; 해수.0316; 시박.0332; 가조.0333; 가권.0265; 병가.0054; 청홍.0019; 동가.0016; 영류.0031; 악서.0358; 청장.0362; 청가.0383; 청영.0028; 청영.0283; 시경.0120; 청육.0041; 악나.0371; 원국.0310; 원동.0303; 원육.0276; 원불.0278; 원연.0297; 원하.0305; 원황.0293; 해악.0298; 화악.0317; 협률.0296; 원규.0310; 원일.0302 원서.0303; 원김.0305; 원박.0296; 가선.0271; 해영.0065; 금성.0101; 교주.0130; 원증.0829; 역시.0007; 시평.0076; 잡쌍.0005	41
24 (4971.1/ 2/3/4)	시평.0099; 시관.0048 / 가나.0167; 조연.0018 / 시요.0113 / 가감.0230; 조선.0203	7

가번(歌番)	공유 가집	비고
25 (4897.3)	시관.0039; 시평.0021; 잡평.0230	3
26	시평.0011번 종장과 유사	신출
27 (4277.1)	해주.0516; 악서.0445; 객악.0230; 시경.0174; 청육.0417; 악나.0101; 지음.0208; 홍비.0102; 남태.0070; 원국.0399; 원동.0395; 원육.0388; 원불.0390; 원연.0386; 원하.0392; 원황.0382; 해악.0389; 화악.0407; 협률.0384; 원규.0399; 원가.0198; 원일.0388; 원서.0395; 원김.0392; 원박.0385; 가나.0128; 가요.0004; 시여.0043; 남상.0070; 조연.0050; 시주.0050; 시만.0056; 가선.0383; 조사.0030; 삼가.0049; 남전.0056; 남민.0103; 악고.0447; 잡고.0001; 가감.0153; 가감.0180; 교주.1604; 원증.0940; 조선.0144	44
28 (4769.1)	어단.0016; 도산.0011; 청진.0037; 해박.0054; 해주.0048; 해정.0048; 해일.0047; 해수.0022; 시박.0072; 가조.0071; 가권.0060; 병가.0084; 청홍.0073; 가단.0093; 악서.0026; 청장.0052; 청가.0036; 객악.0085; 청영.0059; 청연.0049; 동국.0176; 가보.0136; 영규.0090; 시경.0057; 시권.0136; 청육.0086; 악나.0004; 악나.0441; 지음.0113; 원국.0171; 원동.0162; 원육.0164; 원불.0164; 원연.0162; 원하.0153; 원황.0159; 해악.0165; 화악.0163; 협률.0160; 원규.0171; 원일.0167; 원서.0162; 원김.0153; 원박.0161; 고요.0011; 가선.0160; 해영.0041; 금성.0109; 율보.0098; 시미.0074; 악고.0755; 교가.0032; 잡특.0083; 교주.0549; 원증.0591; 역시.0055; 가평.0017	57
29 (1801.1)	시선.0039; 시연.0069; 금성.0122; 시세.0057; 시평.0121	5
30 (2336.1)	남태.0108; 가나.0157; 시여.0061; 시철.0005; 남상.0108; 조연.0035; 방초.0048; 영산.0005; 시조.0058; 시하.0029; 무인.0001; 조사.0040; 시구.0043; 율보.0060; 남전.0091; 남민.0122; 악고.0654; 잡신.0009; 잡정.0009; 잡특.0009; 잡현.0009; 잡보.0009; 가감.0202; 교주.0255;	28

가번(歌番)	공유 가집	비고
	시평.0120; 조선.0180; 잡평.0097; 평권.0052※(반조)	
31 (2387.1)	시하.0049; 시만.0094; 조사.0035; 시연.0068; 금성.0079; 시구.0027; 율보.0027; 시요.0140; 남민.0183; 악고.0065; 잡증.0091; 시평.0131; 조선.0252; 평권.0035※(반조)	14
32 (4431.1)	남태.0218; 가나.0180; 시여.0116; 시선.0024; 남하.0071; 조연.0121; 시조.0113; 시하.0069; 시관.0089; 조사.0043; 시연.0079; 금성.0096; 율보.0078; 남전.0185; 남민.0174; 악고.0879; 교주.1344; 원증.1335; 시평.0136; 조선.0295	20
33 (1640.1/ 2/3/4)	시선.0013; 시관.0094; 금성.0088; 시세.0059; 조시.0021; 시평.0146; 평권.0042 / 시연.0091 / 가나.0199; 조연.0012 / 시하.0068	11
34 (0985.1/ 0986.1/0 987.1/09 88.1)	교가.0191 / 금성.0092; 시세.0066 / 시평.0124 / 시구.0030; 조선.0284	6
35 (1437.1)	청진.0161; 해박.0151; 해주.0162; 해정.0163; 해일.0158; 시박.0179; 가조.0179; 가권.0156; 병가.0264; 청홍.0169; 가단.0144; 악서.0045; 청장.0116; 청가.0153; 청영.0091; 청연.0226; 가보.0119; 영규.0214; 시권.0119; 청육.0141; 악나.0042; 지음.0041; 홍비.0042; 원국.0046; 원동.0043; 원육.0043; 원불.0043; 원연.0045; 원하.0041; 원하.0244; 원황.0045; 해악.0047; 화악.0041; 화악.0252; 협률.0043; 원규.0046; 원가.0038; 원일.0045; 원서.0043; 원김.0041; 원김.0244; 원박.0045; 동명.0143; 시재.0071; 방초.0055; 시만.0101; 대동.0142; 가선.0043; 해영.0036; 시미.0001; 악고.0534; 악고.0964; 정가.0055; 잡증.0024; 잡특.0072; 교주.0746; 원증.0199; 가평.0048; 조선.0207	59
36 (0260.1)	악서.0276; 청육.0500; 시여.0168; 금성.0143; 교주.0897; 원증.0434	6

가번(歌番)	공유 가집	비고
37 (1309.1)	시세.0036	1
38 (4777.1)	원국.0261; 원동.0254; 원육.0241; 원불.0243; 원연.0251; 원하.0258; 원황.0248; 해악.0252; 화악.0266; 협률.0249; 원규.0261; 원가.0141; 원일.0256; 원일.0689; 원서.0254; 원김.0258; 원박.0250; 방초.0052; 가선.0236; 정가.0200; 교주.1734; 원증.0747; 평권.0049	23
39 (1868.3)	해일.0489; 객악.0167; 가보.0139; 영규.0247; 시권.0139; 원국.0458; 원동.0451; 원육.0434; 원불.0436; 원연.0444; 원하.0451; 원황.0439; 해악.0446; 화악.0462; 협률.0441; 원규.0457; 원가.0218; 원일.0444; 원서.0451; 원김.0451; 원박.0443; 시음.0034; 방초.0124; 가선.0429; 해가.0021; 정가.0259; 잡무.0121; 잡선.0121; 잡대.0126; 원증.0967; 조선.0273; 잡쌍.0147; 해박.0374	33
40		신출

본 가집의 작품을 중심으로 다른 가집들과 공유 정도를 확인하면 위와 같다.[3] 신출 작품을 제외한 36수가 공유하고 있는 양상은 다양하여 그 수가 1~82까지 넓게 나타나고 있다.

3) 검토를 위해 김흥규 외, 『고시조대전』(고려대학교 민족문화연구원, 2012)을 참고하였다. 『고시조대전』 이후 적지 않은 가집들이 소개되었으나 이들은 반영하지 못했다. 이유는 이들 가집들에 대한 정리가 이루어지지 않았고 본 가집에 대한 거시적 위치를 살피기 위해서 2012년까지의 시조 자료 현황으로도 무리가 없다고 판단했기 때문이다.
한편, 가번은 본 가집의 작품 번호이며 괄호 안은 『고시조대전』에서 부여한 번호이다. 공유 가집은 가집 약어와 해당 가집 수록 번호이며, 밑줄은 시조창 사설을 표시한 것이다. 그리고 비고에서는 신출 내지 공유 작품 수를 밝혔다.

구분	10 이하	11~30	31~50	50 이상
가번 (공유 수)	4(5), 7(1), 10(2), 13(3), 15(1), 17(7), 24(7), 25(3), 29(5), 34(6), 36(6), 37(1)	2(20), 3(21), 22(27), 30(28), 31(14), 32(20), 33(11), 38(23), 39(33)	8(34), 12(33), 14(35), 16(43), 21(38), 23(41), 27(44), 39(33)	1(74), 5(74), 9(82), 11(63), 18(62), 19(64), 28(57), 35(59)
계	12	9	8	8

31 이상 공유하고 있는 작품들은 널리 알려진 것들로 초기 가집에서부터 후기 가집에 이르기까지, 가곡창본 및 시조창본 가집 등에서 고른 분포를 보인다. 1번 〈황산곡~〉의 경우 『해아수』에서부터 『평시조(권순회본)』까지 걸쳐 있고 9번 〈간밤에~〉는 『청구영언(김천택 편)』에서 『대증보무쌍유행신구잡가(2)』와 『산양악부정음』 등 18세기 가곡창본 가집에서부터 20세기 잡가집에 이르기까지 수록되어 있다.

다만 30 이하인 경우 대부분 작품들이 시조창본 내지 가곡창본 가집 가운데 어느 한쪽으로 기운다. 2번 〈백구야~〉, 30번 〈산중에~〉, 31번 〈석양의~〉 등은 시조창본 가집들과, 22번 〈기럭이~〉, 33번 〈명연 삼월~〉, 38번 〈청산이~〉 등은 가곡창본 가집들과 더 많이 공유하고 있다.

이렇게 볼 때 본 가집 편찬자가 여러 저본을 참고했거나 또는 당시 유행하던 사설 가운데 선택하여 수집한 결과라 추정할 수 있으나 작품 수가 적어 여러 저본을 참고했을 가능성보다는 편찬자가 놓인 환경에 따라 제한적으로 수집되었을 가능성이 더 높다고 할 수 있다.

가번	공유 가집	비고
4	시관.0055; 금성.0047; 율보.0006; 시세.0022; 평권.0046	5
7	율보.0112	1
10	동명.0258; 시평.0050	2
13	시선.0001; 시연.0016; 율보.0030	3
15	시선.0012	1
17	원일.0734; 시선.0010; 시만.0024; 금성.0010; 악고.0516; 가평.0001; 잡평.0393	7
24	시평.0099; 시관.0048; 가나.0167; 조연.0018; 시요.0113; 가감.0230; 조선.0203	7
25	시관.0039; 시평.0021; 잡평.0230	3
29	시선.0039; 시연.0069; 금성.0122; 시세.0057; 시평.0121	5
34	교가.0191; 금성.0092; 시세.0066; 시평.0124; 시구.0030; 조선.0284	6
36	악서.0276; 청육.0500; 시여.0168; 금성.0143; 교주.0897; 원증.0434	6
37	시세.0036	1

본 가집의 편찬 환경을 구체적으로 살피기 위해서는 공유 대상을 10 이하 작품들에 주목할 필요가 있다. 10 이하 공유 수를 보인 작품은 모두 12작품이며, 이것들과 공유하는 가집은 모두 47종이다. 『가감』을 포함한 16가집은 공유 수가 1이며, 『잡평』·『조선』은 2, 『시관』·『시여』·『율보』는 3, 『시선』·『시세』는 4, 『금성』·『시평』은 5순으로 나타나고 있다. 그리고 본 가집과 공유 수가 하나인 가집은 『율보』, 『시선』, 『시세』 등이었다.

이렇듯 본 가집과 거리가 비교적 가까운 놓인 가집들은 『율보』, 『시선』, 『시세』, 『금성』, 『시평』 등이라 할 수 있다. 『율보』는 20세기 전라북도에서 필사된 시조창 가집으로 알려져 있으며,[4] 『시조선집』(시선)은 1957년 시조창 선집이고[5] 『시조국문가사』(시세)는 20세기 편찬된 시조창 가집이다.[6] 그리고 『금성옥진』(금성)은 20세기 초 전라도 전주 지역에서 유통되던 시조창 가집이며,[7] 『시조집(평주본)』(시평)은 1956년 편찬된 시조창 가집으로[8] 보고되었다. 이러한 점을 고려할 때 본 가집은 20세기 시조창본 가집들이 편찬 환경에 놓여 있다고 할 수 있다.

또한 본 가집 〈29〉~〈31〉은 반사설 작품으로 분류되어 있는데, 〈30〉·〈31〉이 해방 이후 편찬된 시조창 가집 『평시조(권순회본)』(평권)에서는[9] 반조(半調) 안에 각각 52번과 35번으로 수록되어 있다. 반사설과 반조(半調)〔엇조〕가 시조 창법으로서 동일하다고는 할 수 없으나 형태상 유사성이 적지 않으므로 이들의 관계를 간과하기 어려울 듯하다. 다시 말해 본 가집과 유사도 높은 가집 가운데 『평권』이 10 이하에는 포함되어 있지 않지만 반사설 3수 중 2수가 『평권』과 관계가 있다면 이들 사이의 관련성도 주목할 부분이라 할 수 있는 것이다.

이외에 사설 중 '으'를 '이'로 표기한 경우가 있는데, "어지버~(14번 종장); 깁자리(18번 초장); 비진술(27번 종장); 읏지하야(28번 초장); 져근너(30번 종장)" 등이 그것이다. 이러한 현상이 특정 지역 방언의 결과인지 개인적 언어 습관인지 알 수는 없으나 편찬 환경을 고려할 요소로 보인다.

---

4) 이상원, 신경숙 외, 『고시조문헌해제』(고려대학교 민족문화연구원, 2012), 392면.
5) 이상원, 신경숙 외, 『고시조문헌해제』(고려대학교 민족문화연구원, 2012), 410면.
6) 권순회, 신경숙 외, 『고시조문헌해제』(고려대학교 민족문화연구원, 2012), 418면.
7) 김용찬, 신경숙 외, 『고시조문헌해제』(고려대학교 민족문화연구원, 2012), 375~377면.
8) 이상원, 신경숙 외, 『고시조문헌해제』(고려대학교 민족문화연구원, 2012), 402면.
9) 권순회, 신경숙 외, 『고시조문헌해제』(고려대학교 민족문화연구원, 2012), 414면.

따라서 본 가집은 20세기 이후 시조창 가집들인 『금성』, 『시평』, 『평권』 등과 어느 정도 관계를 맺고 있으며, 지역 내지 개인 언어 습관이 반영되어 편찬된 것이라 할 수 있다.

4. 주제 분포

본 가집 수록된 40수를 주제별로 보면, (1) 세속과 거리를 두고 있는 선계, 강호, 전원 등에서의 흥취, 자긍, 자족, 취락, (2) 계절 변화를 통해 느끼는 정취와 감회, (3) 인사무상과 탄로, (4) 이별의 아픔과 그리움, (5) 유가적 이념에 대한 권계와 권면 그리고 (6) 세태에 대한 비판 등으로 나눌 수 있다. 이에 속하는 작품들은 다음과 같다.

(1): 〈1〉, 〈2〉, 〈3〉, 〈8〉, 〈11〉, 〈12〉, 〈14〉, 〈18〉, 〈19〉, 〈20〉, 〈25〉, 〈26〉, 〈29〉, 〈30〉, 〈31〉, 〈32〉, 〈34〉, 〈36〉, 〈37〉, 〈38〉, 〈39〉, 〈40〉 〔22首; 55%〕
(2): 〈6〉, 〈15〉, 〈27〉 〔3首; 7.5%〕
(3): 〈4〉, 〈9〉, 〈23〉, 〈24〉, 〈35〉 〔5首; 12.5%〕
(4): 〈7〉, 〈10〉, 〈21〉, 〈22〉, 〈33〉 〔5首; 12.5%〕
(5): 〈5〉, 〈16〉, 〈28〉 〔3首; 7.5%〕
(6): 〈13〉, 〈17〉 〔2首; 5%〕

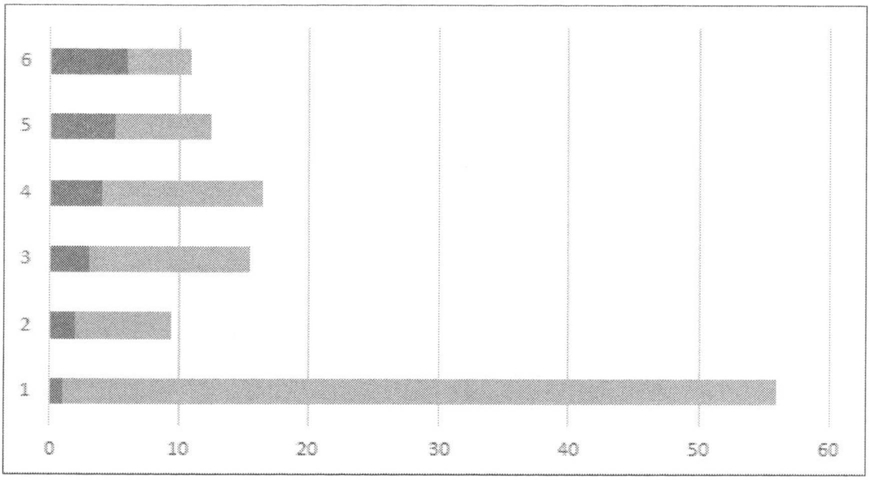

【주제별 분포】

작품에 따라 각 주제들과 겹치는 부분이 있음을 인정한다고 하더라도 본 가집의 수록된 작품의 성격들은 '자연에서 자족하는 삶'에 경도되는 현상을 보인다.〔(1), (2)〕 그리고 서정적인 자아로서 느끼는 소회가 작품 전체의 85% 이상을 차지고 있다.〔(1)~(4)〕 이에 비해 공동체의 질서에 대한 보수적 태도를 보이거나 세상에 개탄 내지 비판적 태한 입장은 15% 이하를 보이고 있다.〔(5), (6)〕 이렇게 볼 때 본 가집의 편찬자는 국가, 사회의 문제보다는 개인의 정서에 관심을 갖고 가집을 편찬했다고 할 수 있다. 이러한 결과가 개인의 취향인지 제한된 편찬 환경 때문인지 알 수는 없으나 본 가집은 역사적, 시대적 주제를 피했다고 할 수 있다.

5. 성과와 전망

본 가집은 개인 소장본으로 편찬자와 편찬 연대를 알 수 없으며, 필사본 1책 31면에 40수의 작품을 수록하였다. 표지에 "시됴책"의 제명을 두고 한 면마다 한두 수의 작품을 담고 있으며, 각 작품마다 초, 중, 종장의 표시를 하였다. 전체 구성은 악곡 표지가 없이 1~28번까지는 평시조를, 29~31번까지는 평시조와 사설시조가 섞여 부르기 위한 반사설이, 32~34번까지는 사설시조를 그리고 35~40번까지는 평조인 평시조를 다시 수록하고 있다. 작품은 순 한글로 표기하였다. 본 가집에 단독으로 출현하는 작품은 4수이며, 이외 단독 출현과 이본 사이에 놓인 작품은 2수이며, 근접 작품으로 볼 수 있는 작품이 3수가 있다.

본 가집의 편찬 환경을 탐색하기 위해 작품을 중심으로 다른 가집들과 공유 정도를 확인한 결과 본 가집 편찬자는 여러 저본을 참고했거나 또는 당시 유행하던 사설 가운데 제한적으로 선택하여 수집했다고 할 수 있다. 그리고 본 가집은 20세기 이후 시조창 가집들인 『금성』, 『시평』, 『평권』 등과 어느 정도 관계를 맺고 있으며, 지역 내지 개인 언어 습관이 반영되어 편찬된 것이라 할 수 있다. 본 가집 수록된 40수를 주제별로 보면, (1) 세속과 거리를 두고 있는 선계, 강호, 전원 등에서의 흥취, 자긍, 자족, 취락, (2) 계절 변화를 통해 느끼는 정취와 감회, (3) 인사무상과 탄로, (4) 이별의 아픔과 그리움, (5) 유가적 이념에 대한 권계와 권면 그리고 (6) 세태에 대한 비판 등으로 나눌 수 있는데, 대체로 (1)과 (2)에 해당하는 '자연에서 자족하는 삶'에 경도되는 현상을 보이며, 85% 이상이 서정적 정서를 다루고 있다. 이렇듯 본 가집의 편찬자는 국가, 사회의 문제보다는 개인의 정서에 관심을 갖고 가집을 편찬했다고 할 수 있다.

앞으로의 과제는 첫째, 단독 출현과 이본 사이에 놓인 작품들과 근접 작품들에 대한 처리 문제이다. 이 문제는 시조 작품 유형을 풍성하게 혹은 정밀하게 재정립하는데 중요한 과제라 할 수 있다. 또한 시조 전승사에서 편찬자에 의한 변형과 변이를 재점검하는 기회가 될 수도 있을 것이다.

둘째, 본 가집의 가집 편찬사적 위치에 대한 탐색이다. 본 가집이 20세기 이후 편찬된 시조창본 가집들과 관련성이 있을 것으로 추정되나 실제 이들과 계보학적 관계가 있는지 없는지, 있다면 어느 수준에서 관계가 맺고 있는지에 대해서는 면밀한 고찰이 요구된다. 이와 함께 20세기 이후 편찬된 시조창본 가집들의 수록 작품들의 성격들까지 함께 고려한다면 본 가집과의 내용상의 관계도 아울러 살필 수 있을 것으로 기대한다.

6. 원문

【일러두기】

- 원문의 표기 형태를 그대로 따랐다.
- 노랫말은 원전의 줄글 형태를 초・중・종장으로 나누고 띄어쓰기를 하여 제시하였다. 띄어쓰기는 현행 한글맞춤법 규정을 따르되 율독을 고려하여 신축적으로 적용하였다.
- 일련번호는 본문의 출현을 기준으로 저자가 부여하였다.
- 본 가집에서 단독 출현한 작품은 작품 번호 옆에 신출(新出)로 표시하였다.
- 마모되어 판독이 어려운 글자는 '□'로 표기하였다.

〔1면〕 (표지)
시됴책

〔2면〕
〈1〉
황산곡 도라드러 이백화을 썩거 들고
도연명 차즈랴고 오류촌을 차져가니
갈건의 술 듯난 소리 세우성가.

〔2~3면〕
〈2〉
백구야 한거하다 너야 무삼 일 이쓰랴
강호로 쪄단일 제 어대 어대 경 좃턴가
우리도 공명을 다한 후에 너를 좃차.

〔3~4면〕
〈3〉
만학쳔봉 운심쳐의 이삼 일경 밧슬 갈고
삼신산 불노초를 여긔저긔 심엇더니
문젼에 학 탄 선관이 오락가락.

〔4면〕
〈4〉
바람아 부지 마라 나무입이 쪄러진다
세월아 가지 마라 녹빈홍안이 다 늙난다
인생이 일장춘몽이라 안이 노든.

〔5면〕

〈5〉

ᄐᆡ산이 놉다 해도 하날 아래 모히로다
오르고 ᄯᅩ 오르면 못 오르 리 업건만은
사람이 제 안니 오르고 산만 놉다.

〔5~6면〕

〈6〉 ※신출(新出)

삼춘이 좃타 해도 황국 단풍 제일이라
봉봉마다 단풍이요 골골마다 국화로다
아마도 경개 좃키난 중양가절.

〔6~7면〕

〈7〉

녹양이 쳔만산들 가난 춘풍 자버 매며
탐화 봉졉인들 지난 ᄭᅩᆺ슬 어이하리
아모리 유졍할지라도 가난 임을.

〔7면〕

〈8〉

새별 지자 종다리 쎳다 호미 메고 살립 나니
긴 숨풀 찬 이살에 벼잠방이 다 져졋다
아ᄒᆡ야 시절만 잘 되랴면 져져 무삼.

〔8면〕

〈9〉

간밤에 부던 만졈도화 다 젓고나

아희난 비를 들고 쓰난이 낙화로다
동자야 낙환들 꼿 안인야 쓰러 무삼.

〔8~9면〕
〈10〉
공산이 젹막한대 슬피우난 져 두견아
울야면 네나 울지 월하 삼경 웃난 꼿슬 울이난야
밤중만 네 우름 소리의 잠 못 일워.

〔9~10면〕
〈11〉
풍파의 놀낸 사공 배를 파러 말을 사니
구곡양장 험한 길이 배보담도 더 어려워라
일후난 배도 말도 고만두고 밧갈기만.

〔10면〕
〈12〉
십연을 경영하야 초가 삼간 지엇더니
한 간은 청풍이요 또 한 간은 명워이라
아마도 차강산 청풍명월 주인은 나 뿐인 듯.

〔11면〕
〈13〉
구분 솔 굽다 마소 바람 부러 구벗노라
명사십니 해당화야 네 빗 곱다 자랑 마라
일후에 설분분 풍표표하면 나를 부러.

〔11~12면〕

〈14〉

십여장강 유수쳥이요 신사부운 무시비라
이 몸이 한거하니 ᄶᅡ르난니 백구로다
어지버 이 세상명니설이 귀에 올가.

〔12~13면〕

〈15〉

무궁화 옛 둥치에 새로 온 봄이 다시 왓네
삼쳘니 버든 가지 방방곡곡이 쏫시로다
아모리 춘설이 □□한들 피난 쏫 □□□.

〔13면〕

〈16〉

이보시오 늘그신이 짐을 버서 나를 주오
우리난 절멋스니 돌인들 무거우리
늘씨도 스려워라커든 짐질조차.

〔13~14면〕

〈17〉

산쳡쳡 쳔봉이라도 놉고 얏튼 분별이 잇고
대해망망 만니라도 깁고 얏튼 차이가 잇다
읏지타 사람의 일촌심은 알기 어려.

〔14면〕

〈18〉

깁자리 내지 마라 낙엽인들 못 안지며

솔불을 혀지 마라 어졔 진 달 다시 쁜다
산채박줄망졍 업다 마라.

〔15면〕
〈19〉
청양산 육육봉을 지자 도화 백구로다
백구야 긔젼설고 유불신자 도화로다
도화야 신물축수거하라 공혹인간어자지라

〔15~16면〕
〈20〉 ※신출(新出)
우연히 터를 어더 초당삼간 지엇더니
백호난 부귀봉이요 청용은 자손봉이라
아마도 차강산 부귀영달은 주인공인가.

〔16면〕
〈21〉
뉘라셔 장사라턴야 이별에도 장사가 잇나
당명황도 낙누를 하고 초픿왕도 우럿거든
하물며 우리 갓튼 소장부야 일너 무삼.

〔17면〕
〈22〉
기럭이 산 니로 잡버 길드리고 졍드려서
임의 집 가난 길을 역역키 가르처서
밤주만 임 생각 나거든 소식 젼케.

〔17~18면〕
〈23〉
오백연 도읍터를 필마로 도라드니
산쳔은 의구하나 인걸은 간 곳 업다
아마도 문장일월은 쉾결인 듯.

〔18면〕
〈24〉
춘광이 구십이나 쏫 볼 나리 몃 날이며
인생이 백연인들 손년행낙이 몇 날인가
우리도 화장춘 인장수를 하여 볼가.

〔18~19면〕
〈25〉
청산에 초동들아 나무하다 대 닷칠나
그 대를 곱게 길너 문왕의 낙시댈라
우리도 그런 줄 알기의 낙엽만 슬슬.

〔19면〕
〈26〉 ※신출(新出)
산촌에 봄에 드니 나 할 일이 분분하다
약포도 하련이와 화초 모종 게 뉘하리
동자야 후원의 대 비여라 사립졋자.

〔19~20면〕
〈27〉
젹설이 다 진토록 봄소식을 몰낫더니

귀홍 득의천공활이요 와류 생신수동유라
동자야 비진 술 건너라 새봄 맛자.

〔20면〕
〈28〉
청산은 읏지하야 사시로 장쳥이며
녹수난 읏지하야 주야로 흐르난가
우리도 청산과 녹수 갓치 만고상쳥.

〔21면〕
반사설

〔21면〕
〈29〉
바람이 불야넌지 나무 압히 흔들흔들
약수 장마 지랴난지 만수산에 구름인다
동자야 그믈 거더 사렴사렴 사려 담ᄭᅩ 닷 감고 돗 이어라 갈 길 밧버.

〔22면〕
〈30〉
산중에 무역일하니 쳘가는 줄 바이 몰나
꼿 피면 춘절 입 피면 하졀이요 황국 단풍 추절이라
져 근너 청숑 녹죽 백설이 펄펄 흔날이면 동졀인 줄.

〔22~23면〕
〈31〉
석양의 술을 취코 오경누에 올너본이

연져백노난 혹규어 혹면져하고 벽쳔추월은 반입산 반괘쳔이라 져 근너 일엽경 어부들아 소상팔경이 좃타한들 이에서 더할손가.

〔23면〕
사설

〔23~24면〕
〈32〉
죽장망혜 단표자로 쳘니강산 드러가니 그곳의 산은 놉고 골은 깁허난대 두견 졉동이 난잡히 운다
구름은 뭉긔뭉긔 봉두로 나려 낙낙장송 어려 잇고 바람은 솰솰 부러 세내가 암상 쏫가지만 흔들흔들 춤을 췬다
그곳시 경개 졀승하야 벼류쳔지 비인간이라 놀고 갈가.

〔24~26면〕
〈33〉
명연 삼월 오다더니 명년도 한니 업고 삼월도 무궁하다 양유청 양유황은 쳥황 변색이 몃 번이며 옥창앵도 붉것스니 화개화락이 몃 봄인가
한단침 도도비고 장주호졉이 잠간 되여 몽중상봉하잣더니 장장춘일단단야에 젼젼반측 잠 못 이러 몽불성을 어이하리
야속타 양안원성졔부진과 야월공산 두견성은 남은 심사를 더욱 살난.

〔26~27면〕
〈34〉
내 집을 차지랴면 안이 뭇고 못 찻난니 촌명은 오류촌이요 당호 이

르기난 백화당이라 하나이다

송단에 학이 울고 세비의 청쌉싸리 지져 잇고 단장 젼화 게상의 백구 잠든 겻테 잉무의게 무르면은 답하나니

동자야 문젼에 나 찻난 벗임 오시거든 백화당으로.

〔27면〕

평됴

〔27면〕

〈35〉

춘풍이 건뜻 부니 젹설이 다 녹앗다

사면 청산 드리 옛 얼골이 나도메라

귀밋테 무근 서리난 풀일 줄을.

〔27~28면〕

〈36〉

게명산 옥져 부러 팔쳔제자 헛친 후에

삼만호 새양하고 젹송자 짜라노니

아마도 지긔 명쳘은 장자방인 듯.

〔28면〕

〈37〉

대장부 세상에 쳐하야 공성신퇴 못할진대

차라리 다 버리로 운임쳐사 몸이 되여

공산의 잠긴 달 거러 두고 완월장취.

〔29면〕

〈38〉

청산이 불노하니 미록이 장수하고
강한이 무궁하니 구로의 평생이라
우리난 고해 인생이라 너를 부러.

〔29~30면〕

〈39〉

백연을 ㄱ인인수라도 우락중분미백연이라
항시백연을 난가페인대 불여장취 백연젼이라
오날도 백연중일일이라 안이 취튼.

〔30면〕

〈40〉 ※신출(新出)

부를 줄 모로난 시됴를 부르라니 부르러라
고쳐 장단 다 버리고 되난 대로 부르오니
아마도 차방중 실예난 나 쁜인 듯.

〈추풍감별곡(秋風感別曲)〉 두 이본의 특징

1. 〈추풍감별곡〉 두 이본 소개

지금까지 알려진 〈추풍감별곡〉의 이본은 필사본과 활자본을 포함하여 30여 종이 넘는다.[1] 다만 활자본은 전승된 필사본을 교합·대교본으로 문헌 및 계통 연구에서 제외될 수 있기에 이를 제외하면 20여 종의 필사본이 전한다고 할 수 있다. 이들 필사본은 연구자료집(『역대가사문학문학전집』),[2] 자료DB(한국가사문학관,[3] 경상북도 내방가사 DB[4]) 그리고 개별 논문[5] 등에서 공개된 바 있다. 하지만 존재만 확인될 뿐 미공개 이본들이 적지 않고 이 이본들에 대한 계통 연구는 아직 초보 단계에 머물러 있는 실정이다.[6] 이런 상황에서 필사본 두 이본을 발굴 공개함으로써 본 작품군을 추가로 확보할 수 있게 되었다.

두 이본은 개인이 소장한 필사본으로 하나는 두루마리 형태로 필사자와 필사 시기를 알 수 없으며, 다른 하나는 전적 형태로 필사자를

---

1) 강전섭, 「추풍감별곡의 원전 모색」, 『어문연구』 26(충남대 어문연구회, 1995), 362면.
2) 임기중 편, 『역대가사문학전집』 1-51권(아세아문화사, 1987-1997.); 한국역대가사문학집성(www.krpia.co.kr), 누리미디어, 2005).
3) 국가지식DB 한국가사문학(www.gasa.go.kr), 담양군.
4) 경상북도 내방가사 조사, 정리 및 DB구축(waks.aks.ac.kr), 한국학중앙연구원.
5) 박요순, 「추풍감별곡」 -자료해설-, 『한남어문학』 제15호(한남어문학회, 1989).
6) 정규복, 「추풍감별곡의 신연구: 문헌학적 검토를 중심으로」, 『대동문화연구』 20(성균관대 대동문화연구원, 1986).

알 수 없으나 필사 시기는 부기('大正拾年')를 통해 1921년임을 알 수 있다. 이 이본들은 기존 이본들과 내용에서 적지 않은 부분을 공유하고 있고 필사 수준이 높지 않은 것으로 보이나 작품 중간 또는 후반부에 내용이 달라진 부분이 있어, 이에 주목한다면 필사 흐름 및 계통 연구, 전승 및 변용 양상 연구 그리고 〈추풍감별곡〉 작품(군) 연구 등에 긍정적으로 기여할 것으로 생각한다.

2. 이본 현황

연번	작품명	형태	표기	규격(cm)	소장처·자 (출처)	비고
1	츄풍간별곡 ㅊ	전적	한글	20.5×29	한국가사 문학관	국가지식DB 한국가사문학
2	추풍감별곡 (秋風感別曲)	두루 마리	한글	18.85×385	한국가사 문학관	국가지식DB 한국가사문학
3	추풍감곡 (秋風感曲)	전적	한글 한문	23×24	한국가사 문학관	국가지식DB 한국가사문학
4	차운	전적	한글	19.5×20.5	한국가사 문학관	국가지식DB 한국가사문학
5	상사가라	전적	한글	22.3×23.2	한국가사 문학관	국가지식DB 한국가사문학
6	추풍감별곡	두루 마리	한글	17.3×247	치암고택	경상북도 내방가사 DB
7	추풍감별곡	두루 마리	한글		조춘호	경상북도 내방가사 DB
8	추풍감별곡	두루 마리	한글		조춘호	경상북도 내방가사 DB

연번	작품명	형태	표기	규격(cm)	소장처·자 (출처)	비고
9	추풍감별곡	두루마리	한글	22.8×624.8	김구현	경상북도 내방가사 DB
10	추풍감별곡	전적	한글	27×19.5	조춘호	경상북도 내방가사 DB
11	츄풍감별곡	두루마리	한글	26.2×313.7	조춘호	경상북도 내방가사 DB
12	秋風感別曲 (츄풍감별곡)		한글		규장각 (長篇歌集)	역대가사문학전집 17권 (938번)
13	秋風感別曲 (츄풍감별곡)	전적	한글 한문	22×20	임기중 (校合樂府 上)	역대가사문학전집 17권 (939번)
14	秋風感別曲	전적	한글 한문	22×20	임기중 (校合歌集)	역대가사문학전집 17권 (940번)
15	추풍감별곡		한글		장서각 (庚戌國恥歌)	역대가사문학전집 17권 (941번)
16	츄풍감별곡		한글		규장각 (농가월령가)	역대가사문학전집 18권 (942번)
17	츄풍감별곡		한글		장서각 (忘憂消遣錄)	역대가사문학전집 18권 (943번)
18	츄풍감별곡		한글		장서각 (가사집)	역대가사문학전집 18권 (944번)
19	추풍감별곡		한글		임기중 (가사집)	역대가사문학전집 28권 (1339번)
20	츄풍감별곡		한글		김문기	역대가사문학전집 28권 (1343번)
21	츄풍감별곡		한글		김문기	역대가사문학전집 28권 (1344번)

연번	작품명	형태	표기	규격(cm)	소장처·자(출처)	비고
22	秋風感別曲		한글 한문		임기중	역대가사문학전집 46권 (2262번)
23	츄풍감별곡		한글		임기중	역대가사문학전집 47권 (2284번)
24	츄풍감별곡		한글		임기중	가사집성 47권 (2285번)
25	秋風感別曲 (츄풍감별곡)	전적	한글 한문	22×30	고려대학교	『악부』(고대본)
26	秋風感別曲	두루 마리	한글	25×315	박요순	『한남어문학』 제15호

지금까지 공개된 필사본 〈추풍감별곡〉은 26종이다.7) 제명은 한글인 '츄풍감별곡, 추풍감별곡'과 한자인 '秋風感別曲' 그리고 병기 형태로 된 것이 다수이다. 이 가운데 '추풍감곡(秋風感曲), 차운, 상사가라' 등은 전적 내 다른 작품들과 함께 놓인 것들이다. 형태는 두루마리 또는 전적이며, 표기는 순한글로 되어 있거나 한글과 한자가 병기 또는 한글과 한자가 섞여 있다. 규격은 전적에서 세로와 가로가 20~30cm 내외이며, 두루마리는 세로 20~25cm를 두고 가로는 300~600cm 사이에 있다. 두루마리 규격이 차이를 보이는 것은 필사 당시 글자 크기, 내용 범위 등이 작용했기 때문으로 보인다.

〈추풍감별곡〉은 이본에 따라 내용에서 약간의 차이를 두고 있지만 전체적으로 평양을 공간적 배경으로 하며, 주인공이 사랑하는 사람과

---

7) 연번은 편의에 따른 것이며, 출처와 서지 정보는 비고에 두었다.

이별의 아픔과 이를 극복하기 위한 내용을 담고 있다. 이를 내용별로 나누어 보면 다음과 같다.[8]

① 임과 이별한 화자의 상황이 계절, 자연물 등과 조응하여 슬픔이 극대화되고 있다.
② 화자는 이별의 아픔을 잊기 위해 술에 취해 을밀대에 올라보지만 슬픔은 더해 간다.
③ 화자는 슬픔을 극복하기 위해 영명사를 찾아가 부처님께 임과 함께하기를 기원한다.
④ 화자는 다시 부벽루에 올라 달을 바라보나 구름이 막는 것을 보고 좌절한다.
⑤ 술이 깬 화자는 다시 술을 마시며 자신의 처지와 다른 좋은 경치, 짝을 이룬 새들을 바라보며 외로움을 느낀다.
⑥ 화자는 좋은 경치와 아름다운 것들을 임과 함께 즐기고 싶으나 불가능함을 깨닫는다.
⑦ 화자는 앞서 일들을 겪으면서도 임과 함께 좋은 곳에서 살기를 바란다.
⑧ 화자 자신이 앓고 있는 상사병은 명의인 신농씨나 편작도 고칠 수 없다고 체념한다.

이본들 가운데 ②에서 초패왕과 우미인의 이별, ④에서 달 보기와 구름 훼방, ⑤에서 봉구황(鳳求凰) 한 곡조와 이별의 지속, ⑧에서 상사병 치료 불능 등의 내용 유무가 달리 나타난다. 특히 후반부(결사) 부분은 이본에 따라 차이를 크게 보이기도 한다.

8) 강전섭은 '君子悲秋曲(서사), 遊覽名勝曲·反芻孤獨曲·恨歎別離曲(본사), 秋夜述懷曲(결사)'으로 구분하였다. 강전섭, 같은 글, 389면.

3. 구성

1) 두루마리 형태 〈츄풍감별곡〉

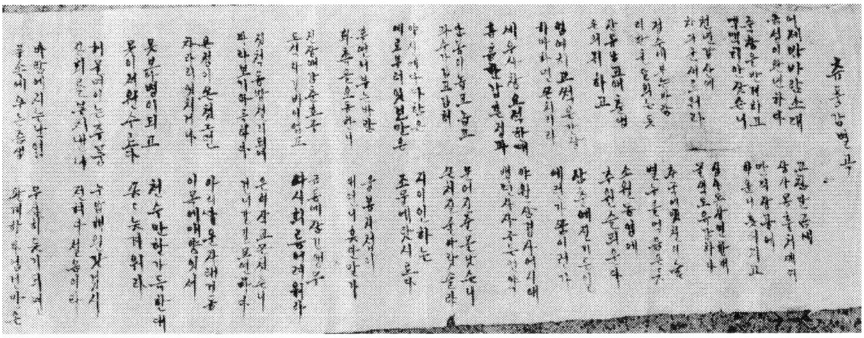

〈츄풍감별곡(두루마리)〉

이 이본은 세로 20cm 가로 336cm 크기의 두루마리에 작품이 단독으로 필사되어 있다. 순한글로 표기하였으며, 378구 2,774자이다. 두음에 'ㄹ'이 살아 있으나(룡산애; 리별은) 아래아(·)는 없으며 구개음화도 적용되지 않았다(디이인하). 혼철과(하운니; 올나본니) 어두에 합용병서가(ᄯᅳᆫ치리라; ᄲᅮᆷ이런가) 간혹 보인다. 다만 이것들이 철저히 지켜지지는 않은 편이나 이런 점을 고려하면 이 이본은 평안도 지역에서 1930년대 전후에 필사된 것으로 추정된다. 필사 수준은 다소 높은 편이라 할 수 있다. 대개 순한글 〈추풍감별곡〉 이본들에서는 전거에 있는 내용, 관습적인 한자성어 그리고 다소 낯선 한자어 등을 잘못 옮긴 경우가 적지 않은데, 이 이본은 한자어의 한글 표기를 비교적 정확하게 하고 있다. 내용은 〈추풍감별곡〉 이본들이 담고 있는 내용을 거의 담고 있다.

따라서 이 이본이 정확한 표기를 하고 있고 내용상 기존 한글 이본들은 내용을 종합, 수용한 점에서 이본 계통 연구에서 중요하게 기능할 것으로 보인다.

2) 전적 형태 〈秋風感別曲〉

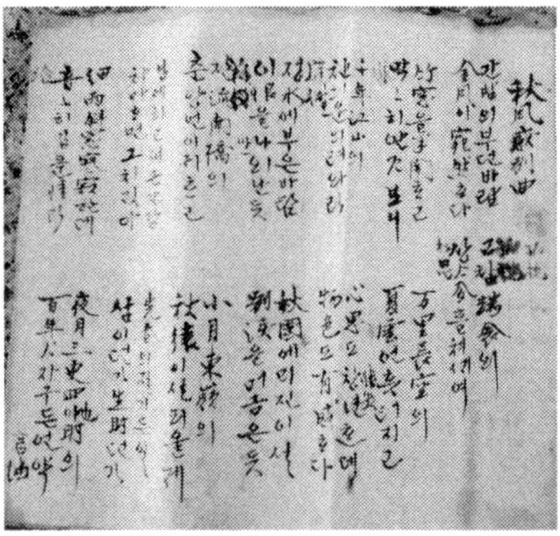

〈추풍감별곡(전적)〉

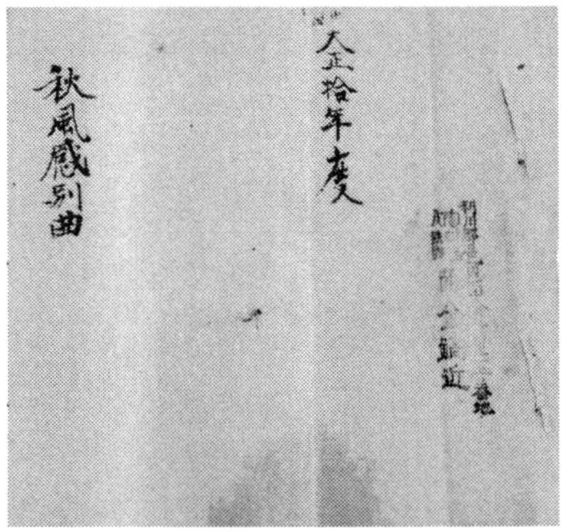

〈추풍감별곡(전적)〉

이 이본은 세로 17cm 가로 21cm 크기의 전적에 작품이 단독으로 필사되어 있다. 한글과 한문이 병기된 부분이 있으나 대부분 한자와 한글이 번갈아 표기되었다. 226구 1,906자로 아래아 표기를 유지하고 있으며(안ᄌᆞ보니; 하마ᄒᆞ면), 중설고모음화 현상(바이읍다; 읍건마ᄂᆞᆫ), 혼철(문난니; 빗철), 합용병서(ᄯᅩ;짝을)가 보인다. 특이한 점은 목적격 조사로 '-얼'(光明얼; 절얼)이 보인다는 점이다. 중설고모음화 현상은 비경상권 방언의 특징이고 중설중모음화 현상은 경상권 방언의 특징이라서 필사 지역과 필사 언어 관습을 추정하기 어렵기 때문이다. 다만 필사 시기가 1921년으로 특정할 수 있을 뿐이다.

필사 수준은 높지 않은 편이라 할 수 있다. 한자어 표기에서 특히 그러하다. '지리(地理) 인화(人和)'를 보면, '지이인하(地邇人遐; 땅은 가깝고 사람은 멀다.)'의 오기로 작품의 맥락과 부합하지 않다. ('小月東嶺' → '素月東嶺'의 오기) 그리고 지명에서 을밀대(乙密臺)를 '은밀(隱密)臺'로 영명사(永明寺)를 '暎明寺'로 표기한 것도 지명 오기에 해당한다. 이런 현상은 한자·한문에 능숙하지 않은 필사자가 필사 대본을 삼은 것을 그대로 옮겼거나 아니면 들은 내용을 스스로 판단하여 옮긴 경우라 할 수 있다. 내용에서는 전체적으로 압축적, 요약적 묘사가 두드러지고 후반부에 많은 변용이 있다. 대부분 이본에서 보이는 자신의 병을 고칠 수 없다는 내용은 이 이본에서는 나타나지 않는다. 그리고 다른 이본에서 노래로 시름을 잊겠다는 내용이 간략히 나타난 반면 이 이본에서는 다르게 서술되어 있다.

> 上絃의 옛 곡조을 한심 적게 타니
> 가다가 아모듸나 손조흔 곳 물 조흔 듸
> 自上絃의 右曲調로 六句가 쎠저소

따라서 이 이본은 표기에 문제가 있으나 다른 이본들과 다른 특징이 있는 점에서 이본 연구에 중요하게 작용할 것으로 보인다.

4. 과제

이번에 발굴 소개된 두 이본으로 인해 앞으로 〈추풍감별곡〉 연구 방향을 다음과 같이 제시할 수 있으리라 본다.

첫째, 그동안 학계에 보고된 〈추풍감별곡〉 작품군에 대해 체계적이고 계통적 연구가 요구된다. 주지하다시피 〈추풍감별곡〉은 소설 〈채

봉감별곡〉에 삽입되어 전승되거나 독자적으로 파생된 만큼 이 둘의 관계를 포함하여 거시적이고 입체적인 계통 연구가 뒤따라야 할 것이다. 이는 본 작품이 서사 안에 존재할 경우, 단독으로 유통·수용될 경우마다 수용 시기 및 담담층별 수용 태도가 달라질 것이기 때문이다.

둘째, 가사 〈추풍감별곡〉의 변용 양상에 대한 연구가 요구된다. 본 작품은 여러 이본을 파생하면서 크고 작은 변화 양상을 보이고 있다. 이별의 상황과 극복 방식 등에서 화자의 태도가 달라지는 것은 필사자, 필사 시기, 필사 상황 등에 따른 결과라 할 수 있다. 이는 본 작품이 넓고 다양한 독자층과의 적극적인 반응에서 파생된 것이기 때문에 20세기 가사 전승 및 수용사에 중요한 지표로 작용할 것으로 보인다.

결국 〈추풍감별곡〉 두 이본과 〈추풍감별곡〉 작품군에 대한 종합적인 연구는 가사사와 수용사에 새로운 구도를 전망하는 밑거름이 될 것으로 기대한다.

5. 기대

현재 〈추풍감별곡〉의 이본은 필사본과 활자본을 포함하여 30여 종이 넘지만 공개된 이본은 20여종에 불과하다. 따라서 이번에 두 이본을 소개하는 것은 〈추풍감별곡〉 작품군의 계통을 밝히는 데 기여할 것으로 보인다. 공개된 〈추풍감별곡〉 필사본은 모두 26종으로 제명은 '츄풍감별곡, 추풍감별곡, 秋風感別曲' 그리고 한글과 한자가 병기된 형태의 것들이 있다. 형태는 두루마리 또는 전적이며, 표기는 순한글로 되어 있거나 한글과 한자가 병기 또는 한글과 한자가 섞여 있다. 내용은 평양을 공간적 배경으로 하며, 주인공이 사랑하는 사람과 이별의 아픔과 이를 극복하기 위한 내용을 담고 있다.

새로 소개된 두루마리 형태의 〈츄풍감별곡〉은 세로 20cm 가로 336cm 크기의 두루마리에 순한글로 표기되어 있으며 평안도 지역에서 1930년대 전후에 필사된 것으로 추정된다. 필사 수준은 다소 높은 편이며 내용은 풍부하게 담고 있어 이본 계통 연구에서 중요하게 기능할 것으로 보인다. 전적 형태의 〈秋風感別曲〉은 전적에 단독으로 한글과 한문이 병기 또는 한자와 한글이 번갈아 표기되었다. 필사 시기는 1921년이다. 필사 수준은 한자어 표기를 고려할 때 높지 않은 편이라 할 수 있다. 하지만 내용이 압축적, 요약적 묘사가 두드러지고 후반부에 많은 변용이 있는 점에서 이본 연구에 중요하게 작용할 것으로 보인다. 앞으로 이 이본을 바탕으로 〈추풍감별곡〉 작품군에 대해 체계적이고 계통적 연구와 가사 〈추풍감별곡〉의 변용 양상에 대한 연구가 요구된다고 할 수 있다. 이는 곧 가사사와 수용사에 새로운 구도를 전망하는 밑거름이 될 것으로 기대한다.

6. 원문

【일러두기】

- 원문의 표기 형태를 그대로 따랐다.
- 노랫말은 원전의 구 형태를 유지하되 띄어쓰기를 하여 제시하였다. 띄어쓰기는 현행 한글맞춤법 규정을 따르되 율독을 고려하여 신축적으로 적용하였다.
- 판독이 어려운 글자는 '□'로 표기하였다.

■ 〈츄풍감별곡〉(두루마리)

어제밤 바람 소래 금성이 완넌하다
고침단금에 상사몽 훌처께여
죽창을 반게하고 백백히 안잣슨니
만리장공에 하운니 흣터지고
천 년 강산에 찬긔운 새로워라
심사도 창연한대 물색도 유감하다
정수에 부는 바람 리한을 알외는 듯
추국에 맷친 이슬 별누를 먹음은 듯
잔유남교애 춘엥은 의귀하고
소월동영에 추원 슬픠운다
림 여히고 썩은 간장 하마하면 끈치리라
삼춘에 질기든 일 예런가 쑴이런가
세우 사창 요적한대 흡흡한 갑흔 정과
야월삼경 사어 시애 백년 사자 구든 언약
단봉이 놉고놉고 파수가 깁고깁허
문어질 줄 몰낫슨니 끈처질 줄 아랏슬랴
양신에 다마함은 에로부터 잇건만은
디이인하는 조물에 탓시로다
홀연니 부는 바람 화촉을 요동한니
웅봉자접이 애연니 흣단말가
진장애 감춘 호구 도적할 길 바이 업고
금롱에 잠긴 앵무 다시 희롱 어려워라
짓척 동방 철리되여 바라보기 아득하다
은하작교 끈첫슨니 건너갈 길 묘연하다

은정이 끈쳣그던 차라리 잇치거나
아리짜운 자태거동 이목에 매양 잇서
못 보아 병이 되고 못 이저 원수로다
천수만한 가득한대 끗끗 늣겨워라
허물머 이는 추풍 심회를 부처낸니
눈압해 윈갓것시 전혀 다 설음이라
바람에 지는 낙엽 풀속에 우는 즘생
무심히 듯기되면 관계할 바 업건만은
유유별한 간절한 소래소래 수성이라
구곡에 맷친 서럼 엇지하면 풀처낼고
아해야 술 부어라 행혜나 관회할가
잔대로 가득 부어 취토록 먹은 후에
석양 산로로 을밀대 올나 간니
풍광은 예와 달나 만물이 소연하다
릉나도 쇠한 버들 성긴 가지 소슬하고
금수 끈진 남게 상엽이 표불하다
인간에 변화함을 층양하여 이를손가
가련이 눈을 들어 원근을 바라본니
마탄에 너른 물결 탕양함이 회포갓고
룡산애 느진 경은 차울함이 심사갓다
부통문 송객정에 리별액겨 설음마라
초패왕 장한 뜻도 죽기로 리별 서러
옥장비가에 눈물은 지엇스나
오강풍우에 울단 말은 못드럿네
천지난 몃몃 재며 리별은 누구누구
세상리별 남녀 중애 날 갓튼니 뇌 잇슬가

수로문애 쓰는 배는 향하는 곳 어대 맨고
만장수회 시른 후애 철리 약수 건느가서
우리 임 계신 곳에 수이수이 풀고지고
성두애 느진 경을 견대여 못볼내라
장탄 단우로 곡난을 지엿슨니
바람결에 오종성 뭇난니 어느 절고
초화를 떨처 신고 섬거이 이러거러
영명사 차저드러 중아 물어보자
인간 이별 내신 부처 어느 탑전 안지신고
임 그린 일편단심을 불전에 발원하여
임을 다시 못볼망정 찰아리 죽어저서
백골은 진토되니 영혼은 놉히 날나
임안지신 안간 압해 얼우와 보리로다
다시금 생각한니 이 쏘한 천수로다
죽장을 곳쳐 집고 부벽누 올나본니
덜밧게 점점봉은 구름 속애 소사잇고
청강애 흐르는 물 추천과 빗치라
이윽고 돗는 명월 교교이 비치는대
그른 상사 지리한 중 옥면닌가 반겻든니
어이한 뜬 구름이 명광을 가리원노
어화 이 왼이린고 조물에 타시로다
저 구름 언제 것처 발근 빗 다시 볼가
송지 간에 명화편을 길이 을퍼 배회한니
할로 상풍 소슬한대 최한 술이 다시 쎄엿다
낙엽을 쓸고 안저 금준을 다시 열고
일배 일배 부일배에 몽롱이 취하얏세라

저른 탄식 긴 한심에 발을 밀러 이러거러
지향 업시 가는 길에 애연당 드단말가
부용일지 석거죄고 유정이 돌아본니
수면에 빗친 꼿천 임이 날를 반기는 듯
업간에 쓴는 비는 내 심정 알외는 듯
양양 백구는 홍요본애 왕래하고
쌍쌍 원앙은 록수 중에 부침한다
이 인생 가련함애 미물만도 못하도다
홀연니 다 떨치고 백말을 채를 처서
산이야 구름이야 정처 업시 가자한니
내 마음이 현황하여 갈 곳이 아득하다
허어탄식하여 초려로 도라온니
간 곳마다 비는 물색 어이 그리 심란한고
울밋테 피는 황국 담 안에 서는 단풍
임과갓치 보랑이면 경기좃타 하련마는
도도심사 울울한 중 도리여 수색된다
무정세월 여류한대 나나리 깁허간니
가긔난 때를 차자 구츄에 느젓제라
상하에 우는 실솔 너넌 무삼 나를 미워
지는 달 새는 밤에 잠시도 긋치지 안코
긴 소래 저른 소래 경경이 슬피 울어
적이나 남은 간장 어이 마저 써여주노
촌계도 더듸 울어 밤조차 못 길엇세라
상풍에 우는 홍안 운소에 놉히 써서
옹옹한 긴 소래로 짝을 불너 슬피 운니
춘풍 화월야에 두견성도 슬푸그던

오동야 단장시에 차마 어이 들을손냐
네 비록 미물이나 사정은 날과 갓다
일폭화전 쎨처노코 세세사정 그려내여
외웃처 일으기를 이내 사정 갖어다가
명월사창 요적한대 임 압해 쩐저줄렴
인비목석 안이연니 임도 응당 늑기리라
지리한 이 이별 생각사록 긋치 업내
인연 업서 못 보는지 유정하여 그리는지
연분도 업지 안코 유정도 하건마는
일셩중 남북촌애 어이 그리 못 보는고
오호명월 발근 때와 초산운우 성길 적에
설진심중 무한사도 황연한 꿈이로다
무진정회 강잉하여 문을 열고 바라본니
무심한 뜬 구름은 끈칫다가 다시 잇네
우리 임 게신 곳은 저 구름 아래은마는
오며가며 두 사이에 무산 약수 가렷건대
양처가 막막하여 연신이 끈탄말가
둘 때 업는 이내 사정 어대다 지접하리
벽상에 그린 오동 강잉하여 내려노코
봉구황 한 곡조를 한심 썩거 기리탄니
여음이 요요하여 원하는 듯 한하는 듯
상여에 옛 곡조는 의연히 잇건마는
탁문군에 말근 지음 심심히 자최업다
결연한 이 이별이여 잇치기도 어렵도다
전생차생 무삼 죄로 우리 둘리 생겨나서
인간 백년 얼마관대 각재동서 그리는고

황천후토 이 뜻 알어 이별 업기 원니로다
진시황 분서시할 대 으느 틈에 숨엇다가
지금까지 유전하고 나에 일신 병이 된고
수양매월 흠석갈아 황모필 덤석 풀어
월매초죽 그리기는 올컨마는
명월 사창 압해 니넌 무엇 그리는고
상사 두걸자을 나을위헉 지엇쏘다
창해월영 두운은 임에 곳애 빗치리라
심중에 무한정수 나 혼자뿐 안이로다
갓득에 심란한대 해는 어이 수이 가노
잘 새는 깃슬기저 무리무리 도라가고
야색은 참담한대 먼 대 남기 히하다
경경이 흐르는 빗 절긔 찻는 형화로다
적적한 빈방 안에 털연히 혼자 안자
지낸 일 풀처내고 오는 서럼 생각한니
산 밧게 태산니요 물 밧게 대해로다
구의산 구름 갓치 바라도록 멀리난대
단장추야 긴긴 밤에 참아 어이 견댈소냐
아모쪼록 잠을 들어 쑴에나 보려하나
원앙침 서늘하고 비최금 랭낙한대
효월잔등에 쑴도 어렵도다
일병잔촉 벗을 삼아 전전불매 안젓스니
금강영 새벽달이 오경인줄 쌔닷게라
안잣다가 누엇다가 다시금 일어 안저
이리하고 저리헤여도 찰찰리 원수로다
고진감래는 이윽키 알건마는

명쳔니 감동하고 귀신니 유의로다
남교의 굿센 풀로 월로승 다시 매저
소상강 어내 날에 고인을 다시 만나
봄 바람 가을 달에 거울 갓치 마주 안저
이른 일 저른 말삼을 정회 중에 너어 두고
백년니 다 진토록 가이 업시 즐기다가
유자생여하고 한삼시 지낼 적에
인심이 귀이하야 뉘라 시비 크던
추풍오호 저문 날에 금법을 놉히 달고
가다가 아모 대나 산 조코 물 조흔대
자좌오향 제법으로 수간초옥 지어낸나
집터를 볼작시면 평생에 소원니라
경태룡 묘입수에 고두안산 더욱 조타
창송은 울울한니 울매여 무엇하며
벽게는 유유한니 우물 파서 무엇하리
감쳔에 토후로다 농업을 하여보세
석천을 깁히 갈고 초식을 먹을망정
백년이 다 진토록 이별 업기 원니로다
다시금 생각한니 쓸대업는 한별일세
이회별 한뫼 갓흔대 단장초혼 뿐니로다
악수환연 만나보와 작조진정 하고지고
임 리별 하든 달에 나는 엇지 못 죽언노
대천 바다 깁흔 물에 풍덩실 빠지련만
지금까지 사라잇기는 부모와 정든 임 만날난지
창천도 미워하고 조물에 시긔로다
성음이 귀에 쟁쟁 불 사이 자사하여

태도가 눈에 암암 용망이 란망이라
상사의 중한 병을 엇지하면 곳처낼고
신롱씨 갱생하고 편작이 부생한들
상사에 깁흔 병을 어이 하면 곳칠손가
상사에 곤한 몸이 상두에 잠을 드러
그리든 우 임을 꿈 가운태 잠간 만나
비회교집하고 별래사정 다 못하여
수가옥적성이 츄풍에 석겨 부러
처량한 곡조로 잠든 나를 ᄭᆡ울세라.

■ 〈秋風感別曲〉(전적)

간 밤의 부던 바람 金月이 宛然ᄒᆞ다
고침(孤枕) 單衾의 상ᄉᆞ(相思)夢 흘쳐 ᄭᆡ여
竹窓을 半開ᄒᆞ고 막막(漠漠)히 안ᄌᆞ보니
万里 長空의 夏雲언 흣터지고
千年 江山의 찬 ᄀᆡ운 ᄂᆡ려와라
心思도 창년(愴然)ᄒᆞᆫ데 物色도 有感ᄒᆞ다
정水(庭樹)에 부은 바람 이恨을 알외난 듯
秋國에 ᄆᆡ진 이설 別淚을 머금은 듯
殘流南橋의 춘앙언 이귀ᄒᆞ고
小月東嶺의 秋猿이 실피울제
님 에히고 쎠근 간장 하마ᄒᆞ면 그치깃다
先春의 질기든 일 꿈이던가 生時던가
細雨紗窓 寥寂ᄒᆞᆫ데 흡흡(洽洽)히 깁픈 情과

夜月三更 야(也)時의 百年ᄉ자 구든 언약(言約)
丹峰이 넙고넙고 河水가 깁고깁고
무너질줄 몰나거던 긋처질쥴 어이 알가
兩□에 擇□ᄒ면 예로부터 잇건마는
지리(地理) 인화(人和) 홈언 조물(物)의 탓시로다
홀연(忽然)이 찬 바람 화총얼 용도ᄒ다
웅봉자접이 의연(然)이 흣단말가
진장의 감츈 狐裘 盜賊할 卍無ᄒ다
金籠의 집긴 鸚鵡 다시 戲弄 어러외라
只尺 東西 千里道에 바라보기 渺然ᄒ다
銀河鵲橋 긋처시니 근너길 길 바이읍다
人情이 긋처시면 차랄이 니저거나
아람답고 고언 얼골 눈 압헤 미양 잇서
못 보아 病이 되고 못 이저 怨讐로다
千愁万恨 가득ᄒ데 긋긋치 늣기워라
하물며 부난 秋月 니회(離懷) 부처닉니
눈 압페 뵈난 거시 전여 다 愁心일다
바람의 지은 임과 풀 속에 우난 禽生
무삼이 듯계 두면 관게할 빅 읍건마는
유유별한(悠悠別恨) 간切ᄒ디 소릭소릭 水聲일다
九曲 미친 愁心 웃지 ᄒ야 풀어닐고
兒嬉야 술 부어라 幸여 이닉 愁心풀가
잔딕로 가득 보어 醉토록 먹은 后의
夕陽 山路의 은밀(隱密)臺 올나 가니
月光언 예와 달러 万物이 소연ᄒ다
능나도 놈헌 버들 석긴 가枝 蕭瑟ᄒ다

근슈봉 곤친 안기 霜葉이 飄불ᄒᆞ다
人情이 變化ᄒᆞ면 測量ᄒᆞ여 알손야
마탄의 너른 물언 蒼孟ᄒᆞ미 心思갓고
보통(普通) 송킥졍(送客亭)의 離別악겨 슬러말라
人間離別 万思中에 날 갓튼 이 또 인난가
수리문 덧ᄂᆞᆫ ᄇᆡᄂᆞᆫ 向ᄒᆞ난 바 어듼요
万腸愁懷 시러너여 千里弱水 근너가서
우리 님 기신 곳의 수이수이 풀고지고
城樓의 느진 빗천 견드여 못 보리라
바람결의 오난 종성(鐘聲) 문난니 어듸민요
草鞋를 곳처 신고 석거이 이러거러
暎明寺 차자 가서 즁을 다려 문난마리
人間離別 너신 부처 어ᄂᆞᆫ 젼에 안잔난고
離恨別愁도 씃ᄒᆞᆫ 中 수로다
竹杖을 곳처 집고 부碧樓 올라가니
뜰 박게 쳠치(忝差)한 ᄆᆡᄂᆞᆫ 구름 속의 소사잇고
蒼江의 말근 빗천 秋天과 ᄒᆞᆫ빗치라
이윽고 돈난 달리 皎皎이 빗철 페니
어이 한 구름이 光明얼 갈이왓고
어화 어닌 일고 造物에 탓시로다
언제나 구름 거더 발근 빗 다시 볼고
宋之文 明下篇을 기리 읍고 徘徊ᄒᆞ니
一杯一杯 復一盃 몽몽히 醉케 먹고
금쥰(金樽)을 다시 열고 □□을 ᄊᆞᆯ고 안제
寒露霜風의 醉ᄒᆞᆫ 술리 다 ᄭᆡ여다
ᄌᆞ른 歎息 긴 소릐로 셕거이 이러 거러

지향(地向) 읍시 가단 길의 ᄋᆡ연당 되단말가
芙蓉花 썩거 들고 有情이 도라 보니
水過에 피ᄂᆞᆫ 쏫흔 임이 나을 반기ᄂᆞᆫ 듯
葉間에 듯는 비ᄂᆞᆫ 나에 ᄉᆞ情 알외난 듯
兩兩 白鷗ᄂᆞᆫ 홍요변(紅蓼過)에 往來ᄒᆞ고
雙雙 鴛鴦언 綠水中의 浮沈이라
人生의 可憐ᄒᆞ미 微物마도 못ᄒᆞ도다
忽然이 다 쑬치고 白馬을 칙을 처서
山이야 물이야 지힝 읍시 가자ᄒᆞ니
너 말이 眩왕ᄒᆞ야 갈 길이 아득ᄒᆞ다
어화 歎息ᄒᆞ고 초회로 도라드니
간 곳마다 뵈는 물(物)色 어이 그리 心亂ᄒᆞᆫ고
울 밋테 피ᄂᆞᆫ 黃菊 江山의 불근 丹楓
임과 갓치 보기드면 景槪로다 ᄒᆞ란마ᄂᆞᆫ
도도심ᄉᆞ 답답ᄒᆞ여 도로여 愁色이다
無情歲月 如流ᄒᆞ여 나나리 달라가니
가긔(佳期)ᄂᆞᆫ 절얼 차저 九秋의 던저서라
상하(上下) 우난 蟋蟀 너난 무삼 나을 미워
지난 날 식난 밤의 暫時 쓋치지 안코
긴 소릐 자른 소릐로 경경이 셕거울러
다 썩고 나문 간(肝)腸 어이 마ᄌᆞ 썩이ᄂᆞᆫ고
시게(時鷄)ᄂᆞᆫ 더듸 울려 밤조차 기단말가
ᄉᆞ월(月)의 놀난 鴻雁 雲霄의 놉피 써서
옹옹(噰噰)ᄒᆞᆫ 긴 소릐로 짝을 불너 시피우니
春風花月의 杜鵑聲도 늣세거던
梧桐秋夜 달 발근 듸 이러ᄒᆞ고 어이홀니

네 비록 김싱이나 事情은 날과 갓다
일보화전 펼퍼 녹코 셰셰 思情 그러ᄂᆡ여
明月紗窓 寥寂ᄒᆞᆫᄃᆡ 님 긔신 곳의 侍케드면
人非木石이라 임도 응당 늣기이라
支離ᄒᆞᆫ 이별(離別)언 싱각도록 뜻치읍ᄂᆡ
人緣 읍서 못 보난가 有情ᄒᆞ여 그러ᄒᆞᆫ가
人緣 읍서시면 有情인들 어이ᄒᆞ며
有情ᄒᆞ미 읍서시면 그리 긴들 어니하리
人緣도 읍지 아코 有情도 ᄒᆞ것마난
一聲中의 黃鶯잇서 어이 그리 못 보난고
梧桐秋夜 달 밝근근데 초가 雲雨 싱길적의
셜진 심사 무한사온 황여 쑴이로다
無心相思 강ᄀᆡᄒᆞ여 門中 열고 바라보니
无心ᄒᆞᆫ 저 구럼은 슷첫다가 다시 잇ᄂᆡ
우리 님 기신 곳전 저 구럼 아릐연만
오먀가며 두ᄉᆡ이ᄋᆡ 무심 약수 막키관ᄃᆡ
兩處分明ᄒᆞᆫᄃᆡ 消息좃차 돈絶ᄒᆞ고
둘 ᄃᆡ 읍난 이ᄂᆡ 心腸 어ᄃᆡ가 지접ᄒᆞᆯ가
壁上ᄋᆡ 걸인 梧桐 강下의 ᄂᆡ여노코
上絃의 옛 곡조을 한심 적게 타니
가다가 아모ᄃᆡ나 ᄉᆞᆫ조흔 곳 물 조흔 ᄃᆡ
自上絃의 右曲調로 六句가 ᄲᅧ저소.

『초당문답가(草堂問答歌)』 이본 『오륜편』의 특징

1. 『초당문답가』와 『오륜편』

현재까지 알려진 '초당문답가'의 이본의 수는 연구자마다 약간 차이를 두고 있다. 그간 작품집의 발견 추이와 '초당문답가'를 어떻게 규정하느냐에 따라 이본으로서 포함 여부가 달라지기는 하겠지만 일련의 작품 질서를 감안할 때 필사본(23종)과 활자본(2종)을 포함하여 25여 종으로 볼 수 있다.1)

주지하다시피 '초당문답가'는 19세기 말부터 유행한 교훈류 가사들을 묶은 작품집으로, 작품집에 따라 5~16편의 작품을 담고 있으며, 작품의 배열 순서가 동일하지 않고 작품별 이본의 차이도 적지 않기 때문에 비교적 느슨하게 엮인 선집이라 할 수 있다. 이렇게 작품집별로 묶은 작품 수와 작품 배열이 일정하지 않기 때문에 이본의 분류와 이본 간 선후 관계에 관한 연구도 진행 중이다.2)

한편, '초당문답가'에 묶인 작품들은 개별 작품 또는 짝으로 유통이 활발한 경우가 적지 않다. 〈백발가〉, 〈치산가〉가 전자라면 〈우부가〉

---

1) 권순회, 「〈초당문답가〉의 이본 양상과 주제적 의미」, 『19세기 시가문학의 탐구』, 집문당, 1995, 340~352면; 정재호, 『주해 초당문답가』, 박이정, 1996, 4~5면; 박연호, 『교훈가사 연구』, 다운샘, 2004, 109~119면; 육민수, 「〈편편기담경세가〉와 〈만고기담처세가〉의 출판 배경과 텍스트 지향」, 『한민족어문학』 50, 한민족어문학회, 2007, 134면; 김기영, 「새 발굴 교훈가사 〈자작행실록〉을 살핌」, 『어문연구』 91, 어문연구학회, 2017, 66~69면.

2) 권순회, 같은 글, 1995; 박연호, 「신재효 〈치산가〉와 『초당문답가』의 관련 양상 및 그 의미」, 『국어국문학』 149, 국어국문학회, 2008, 193~195면. 권순회는 이본 계열을 두 개로, 박연호는 세 계열로 나누고 있어 계열 간 선후 문제는 앞으로 살펴야 할 과제이다.

와 〈용부가〉가 후자에 해당한다고 할 수 있다. 이러한 과정에서 각 작품은 유통 과정이나 전승 맥락에서 이본을 파생하고 주제의 변화를 가져오기도 한다. 〈우부가〉의 인물 유형과 성격 문제가 대표적이라 할 수 있다.[3)]

이런 상황에서 새롭게 공개되는 자료는 개인이 소장한 국문 필사본으로 총 48면 분량의 전적 형태로, 표지는 따로 없고 〈오륜편〉으로 시작해서 〈치신편〉(치산편)을 끝으로 하나 낙장(落張)의 흔적이 보인다. 대체로 한 면당 8행을 유지하며, 한 행은 20자 내외로 채우고 있다. 모두 9편으로 담고 있으며, 필사 시가나 필사자에 대한 정보가 없으나 표기 상태를 보아 필사 시기는 20세기 전으로 보이며, 동일 단어의 표기가 일관되지 않고 간혹 한자어 표기가 분명하지 않은 점으로 보아 필사 수준은 그리 높지 않다고 할 수 있다.

이처럼 이본 가운데 다소 적은 작품을 담고 있고 부기(附記)가 부재하며, 미완의 이본임에도 불구하고 『오륜편』은 『초당문답가』 초기 이본으로서의 성격을 띠며, 유기적인 작품 선집으로서 작품별로 필사자의 소견을 담고 있어 우리의 관심을 끌 만하다고 생각한다.

---

3) 우부가 인물형에 대한 연구사와 연구는 신성환, 「조선후기 유교의 통속화와 〈우부가〉」, 『한국시가연구』 41, 한국시가학회, 2016, 171~173면 및 이 논문 참고.

2. 이본 현황

앞서의 연구 성과를 바탕으로 이본을 정리하면 다음과 같다.[4)]

〈표 1〉『초당문답가』의 이본 현황

연번	표제명	기록 형식	소장처·자 (출처)	비고
1	가사집	필사본	박요순	설태본
2	가사집	필사본	한국학중앙연구원	
3	과일회록(課日誨錄)	필사본	고려대도서관	1918년
4	낙지편(樂志篇)	필사본	한국학중앙연구원	1900년경
5	만고기담처세가 (萬古奇談處世歌)	연인본 (鉛印本)	신구서림, 연세대도서관	1914년
6	빅가사	필사본	규장각	
7	백발편(白髮編)	필사본	국립도서관	
8	백발편(白髮編)	필사본	한국학중앙연구원	
9	악부(樂府)	필사본	고려대도서관	1933년 이전, 소재 수록본
10	여자계행(女子戒行)	필사본	김미란	1917
11	오륜행록(五倫行錄)	필사본	이기원, 강전섭	1860년 전후
12	처세가(處世歌)	필사본	규장각	1917
13	초당가	필사본	한국학중앙연구원	1911
14	초당문답(草堂問答)	필사본	규장각	일사본(一簑本)
15	초당문답	필사본	서울대도서관	일석본(一石本)
16	초당문답가(草堂問答歌)	필사본	고려대도서관	1905년

4) 각주 1번 참고.

연번	표제명	기록 형식	소장처·자 (출처)	비고
17	편편긔담경세가(警世歌)	연인본(鉛印本)	보문사, 임형택	1908년
18	후일경계록(後日敬戒錄)	필사본	임형택	1896년
19	초당문답(草堂問答)	필사본	고려대 도서관	육당본(六堂本)
20	오륜가(五倫歌)	필사본	단국대 율곡도서관	나손본
21	벽계언집(蘗溪諺集)	필사본	정기석	1898년
22	아악부가집(雅樂府歌集)	필사본		1934년, 소재 수록본
23	사녀필지오륜행실가(士女必知五倫行實歌)	필사본	조동일	1925년
24	만고기담가사(萬古奇談歌詞)	필사본	전남대	
25	자작행실록(自作行實錄)	필사본	김성수	1930년

이상의 이본들에 수록된 작품 전체를 보면, 〈백발편(白髮篇)〉, 〈역대편(歷代篇)〉, 〈지기편(知己篇)〉, 〈오륜편(五倫篇)〉, 〈사군편(事君篇)〉, 〈부부편(夫婦篇)〉, 〈부인잠(婦人箴)〉, 〈장유편(長幼篇)〉, 〈총론편(摠論篇)〉, 〈개몽편(開夢篇)〉, 〈우부편(愚夫篇)〉, 〈용부편(傭婦篇)〉, 〈경신편(敬身篇)〉, 〈치산편(治産篇)〉, 〈낙지편(樂志篇)〉, 〈종족편(宗族篇)〉, 〈가정편(家庭篇)〉 등 17편 내에서 이본별로 작품을 수록하고 있다. 이본에 따라 문답을 주도하는 〈백발편〉를 비롯한 여러 작품이 빠진 것과 '초당문답가'의 성격과 다른 작품이 추가로 수록된 경우가 있고 작품의 배열 순서도 약간의 차이를 보이는 경우가 적지 않다. 이 가운데 비교적 선본(善本)으로는 규장각본 『초당문답』을,[5] 초기 이본으로는 이기원(李基遠) 필사본(강전섭 소장) 『오륜행록(五倫行錄)』을[6] 들 수 있다.[7]

3. 구성

1) 표기

어와 셰상 스람들아 이 닉 말숨 들어 보소
쳔지지간 만물 즁의 인싱 셰간 더욱 귀타
인의예지 품슈 타셔 숨람마다 가져건만 〈오륜편〉

모시 삼베 나아 두면 부모 슈의 즈여 혼슈
송앗치가 큰 소 딕고 믹아지가 쥰마 되고
목화밧치 오록 되고 집 터밧치 금쏙 되다 〈치산편〉

표기를 보면 이중모음, 혼철, 고어, 방언, 초성 합용병서 표기가 두드러진다. '셰상, 쳔지지간, 즁, 셰간, 품슈'에서 볼 수 있듯이 이중모음 현상이 빈번하게 나타나고 있다. 인용된 부분 이외에도 '쇼, 츔, (…)' 등이 보인다. '숨람'에서 보듯 혼철 현상이 나타나고 있다. 이외에도 '박궈아셔, 놉픈 딕, (…)' 등이 나타나고 있다. '닉'의 경우 옛 표기가 그대로 남아 있는 경우로 '긔', '치위', '됴흔' 등도 비슷한 사례라 할 수 있다. '송앗치〔송아지〕, 믹아지〔망아지〕'와 같은 방언이 명사는 물론 부사에도〔몬저, 몹실〕 나타난다. 그리고 '금쏙'에서 보듯 초성 합용병서가 드러나 있는 점도 주목할 점이다. 본 이본 전반에서 보면 표기 방식이 일관하지 않고 개인적 언어 습관을 무시할 수 없지만 이러한 특징이 나타난다는 점에서 이 이본은 20세기 이전 국어 표기의 특징을 어느 정도 반영하고 있다고 할 수 있다.

---

5) 규장각본(일사본) 『초당문답』은 정재호 같은 글, 자료 영인 참고.

6) 이기원 필사본(강전섭본) 『오륜행록』은 임기중 편, 『역대가사문학전집』 26권(아세아문화사, 1992), 1261번 참고.

7) 권순희, 앞의 글, 345~347면.

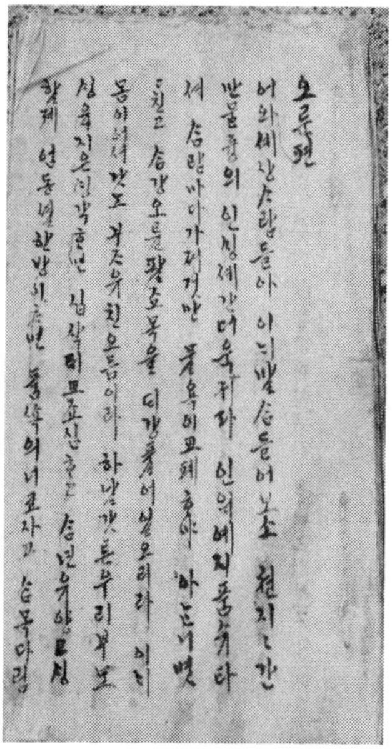

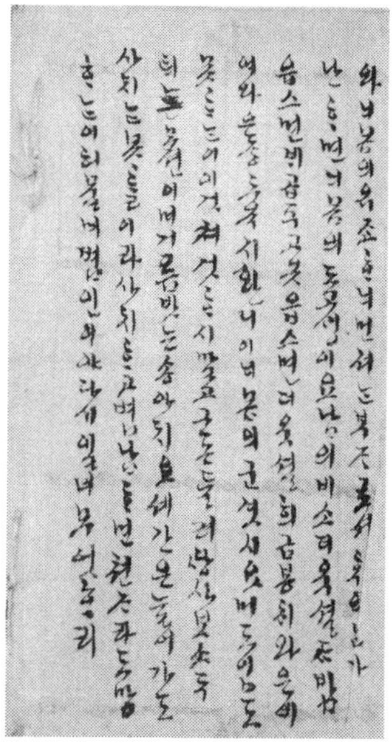

〈그림 1〉 시작면　　〈그림 2〉 끝면

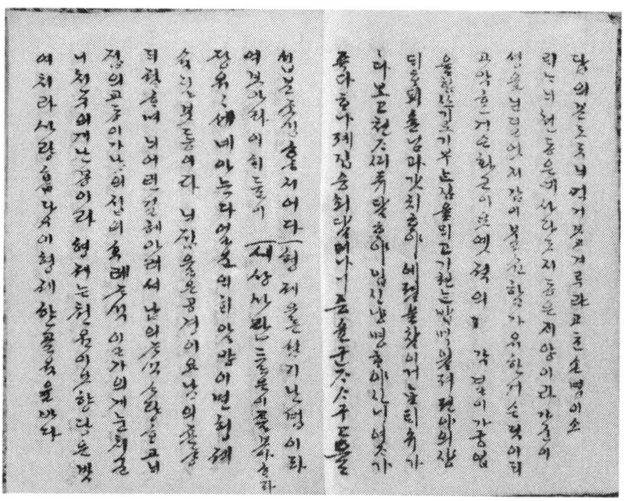

〈그림 3〉 부부편과 장유편 일부(21~22면)

따라서 이 이본은 표기에 문제가 있으나 다른 이본들과 다른 특징이 있는 점에서 이본 연구에 중요하게 작용할 것으로 보인다.

2) 수록 작품

본 이본은 총 48면에 걸쳐 〈오륜편〉(1~10면), 〈사군편〉(10~13면), 〈부부편〉(13~16면), 편명 없음〔부인잠〕(16~21면), 편명 없음〔장유편〕(21~23면), 〈총논〉〔총론편〕(23~26면), 〈우부편〉(26~36면), 〈용부편〉(36~40면), 〈치신편〉〔치산편〕(40~48면) 등 9편의 작품이 수록되었다. 〈오륜편〉에는 필사자의 소견 없이 작품을 시작하고 있으나 이후 작품부터는 편마다 필사자의 의견을 붙였다. 〈오륜편〉 다음에 행을 나누지 않고 바로 "사군편이라 조정의 벼슬ᄒᆞ미 인군의 거ᄒᆞ난 법이라"로, 〈부부편〉에서는 "ᄂᆡ외간이 비록 각ᄎᆞ오나 무간이 말고 셔ᄅᆞᆯ 공경ᄒᆞ란 말이라"로, 〈부인잠〉에서는 "부인네 ᄒᆞ난 볍과 힝실인이 부인네난 이 일을 보아 이ᄃᆡ로 힝ᄒᆞ란 말이라"로, 〈장유편〉에서는 편명 없이 바로 "형제 으른 섬기난 법이라 세상 사람들은 이를 보아 ᄒᆞ라"로, 〈총론편〉은 "이 위 다셧가지 일을 다 말ᄒᆞᆫ 것시니 이ᄃᆡ로 힝ᄒᆞ라"로, 〈우부편〉은 "우부는 고악ᄒᆞᆫ ᄉᆞᄂᆡ 이 세ᄉᆞᆼ 사람들은 이을 보와 그리말ᄂᆞᆫ 말리라"로, 〈용부편〉은 "요부(용부)ᄂᆞᆫ 고약ᄒᆞᆫ 부인이라 부인네ᄂᆞᆫ 이 칙을 보고 그리ᄒᆞ지 말ᄂᆞᆫ 말이라"로 그리고 〈치산편〉은 "셰간ᄉᆞ리 ᄒᆞᄂᆞᆫ 법이 이셰ᄉᆞᆼ ᄉᆞ람들은 일보와 이리로 ᄒᆞ라" 등으로 각각 적어놓았다.

이렇게 각 편의 행을 나누지 않고 작품을 필사한 것은 9편의 유기성을 고려한 것으로 보이며, 작품별로 필사자의 견해를 드러낸 점에서는 작품의 효용성에 대한 필사자의 주관적 인식이 반영되었음을 짐작할 수 있다.

〈표 2〉 이본별 작품 배열

『오륜편』(본 이본)	『오륜행록』(1860년)	『초당문답』(규장각본)
		백발편(白髮篇)
		역대편(歷代篇)
		지기편(知己篇)
오륜편	오륜행록(오륜편)	오륜편(五倫篇)
사군편	사군편	사군편(事君篇)
부부편	부부편	부부편(夫婦篇)
부인잠〔편명 없음〕	부인잠	부인잠(婦人箴)
장유편〔편명 없음〕	장유편	장유편(長幼篇)
총논	총논	총론편(摠論篇)
		개몽편(開夢篇)
우부편	우부편	우부편(愚夫篇)
용부편	용부편	용부편(傭婦篇)
		경신편(敬身篇)
치신편〔치산편〕	치산편	치산편(治山篇)
		낙지편(樂志篇)

위 표에서 보듯 본 이본은 선본인 규장각본과 비교하면 6편이 제외된 것을 알 수 있으며, 초기 이본인 『오륜행록』과는 일치된 모습을 보이고 있다. 게다가 '총논'의 표기가 같고, 우부편의 세 인물명이 '망돈이, 김싱원, 썡싱원'〔본 이본〕, '망동이, 곰싱원, 썡싱원'〔『오륜행록』〕이 비슷한 점에서 볼 때 두 이본은 서로 깊은 연관성을 맺고 있다고 할 수 있다.[8] 다만 본 이본의 치산편을 『오륜행록』과 비교할 때, 미

완으로 남아 있어 본 이본이 낙장본으로 짐작되나 두 이본의 일치 여부는 좀더 지켜볼 일이다.

이렇듯 『오륜편』이 초기 이본인 『오륜행록』과 긴밀한 관계를 맺고 있고 완비된 것으로 평가 받는 규장각본 『초당문답』에 비해 전 작품이 포함된 점에서 본 이본은 초기 이본으로서의 위치에 놓여 있다고 할 수 있다.

4. 과제와 전망

이번에 공개되는 『초당문답가』 새로운 이본인 『오륜편』을 통해 다음과 같은 연구를 전망할 수 있겠다.

첫째,『초당문답가』 26종에 대한 전면적이고 입체적인 관계 연구의 토대를 마련할 수 있을 것이다. 그간 몇몇 연구자들에 의해 이본 계통 및 계열 간 연구가 진행된 바 있으나 여전히 이본 간 영향 관계, 계열 간 차이, 필사본과 활자본 사이의 연관성 등에 대해서 검토할 여지가 적지 않다. 이는 『초당문답가』의 성립 과정과 후대 전승 양상에 대한 선집사적 연구와도 상통하는바, 19세기에서 20세기 문화사 전반의 교훈 조류와 작품 집성 사이의 관계가 살펴보는 계기가 되리라 생각한다.

둘째, 『오륜편』(신자료)과 『오륜행록』 간 비교 연구를 통해 초기 이본의 유통 연구의 전기를 마련할 수 있을 것이다. 앞서 언급한 바와 같이 본 이본은 『오륜행록』과 밀접한 관계에 놓여 있고 표기에서 20세기 이전의 표기 양태를 보이고 있는 점에서 볼 때, 이른 시기의 이

---

8) 각 작품을 대조해 보아도 한두 어구의 출입과 표기상의 차이만 있을 뿐이다.

두 이본에 대한 선후 및 영향 관계, 변모 양상 등을 통해 '초당문답가'의 성립 과정과 그 의미를 살펴볼 수 있으리라 여겨진다.

셋째, 『초당문답가』 소재 작품 간 변이 및 파생 양상, 작품의 독자적 행보 등에 대한 연구 토대를 조성할 수 있을 것이다. 주지하다시피 『초당문답가』 소재 작품은 복수로 이본들에 이동하거나 독자적으로 여타 가집, 선집 등에 정착하면서 다양한 변이와 파생을 보여주고 있다. 이는 수용과 계승 과정에서 필사자·편찬자의 주관, 매체의 성격, 전승 맥락 등 복합적인 요소가 작용한 까닭이기도 하다. 이렇듯 복잡한 유통 속에서도 『초당문답가』와 소재 작품들이 유행 유전한 저변에는 중세해체기의 성찰이 작용했다고 할 수 있으니, 이에 대한 탐색은 작품론 연구이면서 동시에 시대 담론 연구라 할 수 있다.

5. 마무리

현재까지 알려진 '초당문답가'의 이본은 필사본 23종과 활자본 2종을 더해 모두 25종이다. '초당문답가'는 19세기 말부터 20세기 초기까지 광범위하게 유행한 교훈가류 작품집으로 이본에 따라 5~16편의 작품을 수록하고 있고 작품의 배열 순서도 일정하지 않기 때문에 유연한 교훈가류 선집의 총칭이라 할 수 있다.

이번에 공개된 이본인 『오륜편』은 개인 소장 국문 필사본으로 총 48면에 9편의 작품을 수록하고 있으며, 완질은 아닌 것으로 보인다. 표기는 이중모음, 혼철, 고어, 방언, 초성 합용병서 표기가 두드러진 것으로 보아 20세기 이전 국어 표기의 특징을 어느 정도 반영하고 있다고 할 수 있다. 동일 어휘가 일관되지 않게 표기되고 한문 어구의 한글 필사 과정에 간혹 오류가 나타나고 있어 필사 수준은 그리 높지 않다고 할 수 있다. 수록된 작품은 〈오륜편〉, 〈사군편〉, 〈부부편〉, 〈부인잠〉, 〈장유편〉, 〈총논〉, 〈우부편〉, 〈용부편〉, 〈치신편〉(치산편) 등을 행 구분 없이 기록하고 있고 〈오륜편〉을 제외하고 각 편마다 필사자의 소견 기록하였다. 이러한 배경에는 9편의 유기성을 고려하고 작품에 대한 필사자의 견해를 적극 드러내고자 의도가 있다고 할 수 있다. 수록된 작품과 그 배열을 선본인 규장각본과 초기 이본인 『오륜행록』과 비교했을 때, 규장각본에서 6편이 제외되었고 『오륜행록』과는 일치된 것을 확인할 수 있었다. 이는 『오륜편』이 『오륜행록』과 긴밀한 관계를 맺고 있으며 후대 이본에 영향을 준 초기 이본으로서의 위치에 놓여 있다고 할 수 있다.

새로운 이본인 『오륜편』을 통해, 『초당문답가』 26종에 대한 전면적이고 입체적인 관계 연구의 토대와 『오륜편』과 『오륜행록』의 초기 이본 간 유통 연구의 전기를 마련할 수 있겠다. 그리고 『초당문답가』 소재 작품의 변모 파생 양상을 살필 수 있는 계기가 되리라 기대한다.

6. 원문

【일러두기】

- 원문의 표기 형태를 그대로 따랐다.
- 작품은 원전의 구 형태를 유지하되 띄어쓰기를 하여 제시하였다. 띄어쓰기는 현행 한글맞춤법 규정을 따르되 율독을 고려하여 신축적으로 적용하였다.

■『오륜편』

오륜편

어와 셰상 ᄉᆞ람들아 이 ᄂᆡ 말ᄉᆞᆷ 들어 보소
쳔지지간 만물 즁의 인싱 세간 더욱 귀타
인의예지 품슈 타셔 ᄉᆞ람마다 가져건만
물욕이 교폐하여 아ᄂᆞᆫ 니 몃몃친고
ᄉᆞᆷ강오륜 팔죠목을 ᄃᆡ강 풀어 일오리라
이 ᄂᆡ 몸이 어셔 낫노 부ᄌᆞ유친 으듬이라
하날 갓튼 우리 부모 싱육지은 싱각ᄒᆞ면
십삭 ᄐᆡ교 죠심ᄒᆞ고 ᄉᆞᆷ년유양 고싱할 졔
엄동셜한 방이 ᄎᆞ면 품 쏙의 너코자고
ᄉᆞᆷ목다림 더운 날에 부칙질의 잠이 셸까
져진 자리 박귀아셔 말은 자리 골나 뉘며
밥샹 밧고 똥을 치니 더러온 쥴 모로던가
형님은 등의 업고 아우ᄂᆞᆫ 품의 안고
온갓 일의 분쥬ᄒᆞ니 갓분 쥴을 아랏던가
졋 먹일 쩨 이 죽이며 곤ᄒᆞᆫ 잠을 못 일운다
ᄌᆔ암ᄌᆔ암 둥게둥게 ᄯᆞ로ᄯᆞ로 셤마셤마
길라랄비 츔쥬이며 귀함도 귀할시고
치위 더위 살펴가며 쓴 것 단 것 골라 ᄂᆡ여
ᄀᆡᄒᆞᆫ이 도골ᄒᆞ되 ᄂᆡ 입은 모로고셔
역질 홍역 제구실의 ᄉᆞᄉᆞ맘영 업슬숀가
옥일넌가 금일넌가 만져 보면 다치세라
들며ᄂᆞᆫ 병이 날가 나며ᄂᆞᆫ 욕을 볼까

놉푼 ᄃᆡ ᄯᅥ어질가 깁푼 ᄃᆡ 드러갈가
남의 ᄌᆞ식 우ᄂᆞᆫ 쇼ᄅᆡ 가ᄉᆞᆷ을 놀ᄂᆡ것다
오륙십을 먹여셔도 못 걸을가 염너ᄒᆞ야
임죵토록 유언하야 ᄉᆞ후ᄉᆞ를 걱졍ᄒᆞ니
그런 은공 ᄯᅩ 잇슴나 남의 공도 ᄉᆡᆼ각거든
부모 은공 잇질소가 만분지일이라도 갑기를 ᄉᆡᆼ각ᄒᆞ면
ᄐᆡ산이 나져지고 하ᄒᆡ가 얏트리라
쳔하를 다 단여도 부모 갓튼 이 ᄯᅩ 잇슴노
온갓 공을 다 입으이 부모 갓튼 이 ᄯᅩ 잇스라
부모봉양 ᄒᆞ난 법은 승슌하기 위쥬ᄒᆞ소
감모 공양 ᄒᆞ려니와 마음 ᄯᅳᆺ즐 편계 ᄒᆞ고
ᄂᆡ 고집을 세지 말소 잘난 쳬를 하지 말소
형졔슉질 화목ᄒᆞ고 남의계도 공슌하며
큰 소ᄅᆡ를 ᄂᆡ지 말고 부모 근심 ᄉᆡᆼ각ᄒᆞ소
교만ᄒᆞ고 호한ᄒᆞ면 부모의 북그림과
무긔탄 불의홍식 죠상의 욕이로다
부모의 명ᄒᆞ시믈 불슌이 ᄃᆡ답 말고
과상치 아니커든 구타여 거역 말 거시오
망영이라 ᄒᆞ지 말고 올흔 훈계 걱졍이오
ᄋᆡ미ᄒᆞ고 원통ᄐᆡ 웃고 ᄃᆡ답 할 것시오
아모이 부모ᄅᆡ도 남의 눈을 보소 그러
부모의 글은 일을 거스려 탄치 말고
분 ᄶᅥ지기 기다려서 화안유성 극간ᄒᆞ소
혼정신성 하런이와 유필유방 부ᄃᆡ ᄒᆞ소
불의힝사 할여 기의 츄입처름 쇼기ᄂᆡᄋᆡ
부지거처 나간 후의 급한 일을 뉘 전할가

늘근 부모 집의 두고 먼 길 가지 말 거시오
무상츌입 부디 말고 오만 써의부디 오소
빅난지중 디인난의 무삼 염여 업슬손가
닉 마음을 조심ᄒᆞ여 신병나게 말지어다
부모의 칫지 근심 ᄌᆞ식병의 혼비빅산
이 마음을 박과아셔 병든 부모 싱각ᄒᆞ소
싱전의 정성디로 사후의 유한 업이며
의약을 심썻ᄒᆞ면 신명이 감동ᄒᆞ리
부모 뜻슬 밧들라면 얼골빗슬 슌이 ᄒᆞ소
도척 갓튼 몹쓸 놈도 교훈심은 발그온이
닉 몸 칙망 뉘가 ᄒᆞᆯ고 말 디답을 부디 말소
의복음식 장만할 제 부모 ᄎᆞ지 몬저 ᄒᆞ소
돈 들일을 당ᄒᆞ거든 죠상붓텀 ᄉᆡᆼ각ᄒᆞ소
조흔 음식 만나거든 부모ᄉᆡᆼ각 하여 보소
입의 안 너흐면 쏘한 복이 더 싱기
이 닉 집의 난 법이 되고 남의 입의 칭촌이라
어린 자식 먼저 쥬면 그 ᄌᆞ식이 훌에ᄌᆞ식
아희를 선악간의 이신코지 절노디고
효양부모 짜라 가면 부모 ᄒᆞᆫ 번 도라가면
도라간들 이질손야 귀의 징징 눈의 암암
삼츈화목 피난 디로 구츄단풍 낙엽 디로
사모지통 간절ᄒᆞ여 불망지은 제 지닐 제
한식 츄석 명일마다 미봉가절 비ᄉᆞ친을
삼ᄉᆞ월 됴흔 산치 구시월 으든 과실
하나도 먹지 말고 제사 써을 싱각ᄒᆞ미
서모가 천인인들 닉 부모의 공경이여

부모의 부탁ᄒᆞᆫ 일 자손의 유전ᄒᆞ야
부모의 사랑ᄒᆞ는 ᄀᆡ와 닥도 귀ᄒᆞ려든
허믈며 사람이야 이 아니 공경할가
봉제사를 조심ᄒᆞ면 음덕이 나이나이
선대의 오른 ᄒᆡᆼ실 쥬제 넘게 변치 말소
조상의샤 안튼 일을 굿타여 ᄒᆞ지 말소
ᄇᆡᆨ가지 ᄒᆡᆼ실 즁의 효ᄒᆡᆼ이 읏듬이라
친구벗슬 사괴여도 불효ᄌᆞ난 친치 말소
제 부모의 불효ᄌᆞ가 남을 어이 알라 볼가
양ᄌᆞ 셔ᄌᆞ 슈양ᄌᆞ야 지은 부모 간격 말소
ᄉᆡᆼ아ᄌᆞ도 부모여이와 유아ᄌᆞ도 부모온이
녜젹의 슌님군이 계모시하 고ᄉᆡᆼ할 제
하빈의 독 장사와 역산의 밧츨갈라
신심갈녁 봉양ᄒᆞ며 이복동ᄉᆡᆼ 우ᄋᆡᄒᆞ되
부완모은 피약ᄒᆞ여 평ᄉᆡᆼ 계교 ᄒᆡ하려나
효셩이 지극기로 천신이 감동하ᄉᆞ
도당시가 불너 다가 사회를 삼으시고
산ᄒᆡ를 모도 쥬이 만승 천ᄌᆞ 되여시이
사람마닥 어러서는 부모를 사랑랑타가
물욕이 교폐ᄒᆞ면 금슈와 갓튼지라
슬푸다 아ᄒᆡ들아 본심을 일치 말소

사군편

사군편이라 조정의 벼ᄉᆞᆯᄒᆞᄆᆡ 인군의 거ᄒᆞ난 법이라

어화 셰상 ᄇᆡᆨ성덜아 군신유의 들어 보소
초목금슈 미물덜도 쳔지의 우로 바다
먹고 입고 ᄒᆞ야써든 ᄒᆞ물며 사람이야
이 죠정의 벼살 ᄒᆞ고 부모 조ᄉᆞᆼ 봉양ᄒᆞ며
처사권속 살여간이 오륜 상의 ᄒᆞᄂᆞ아도
무군이면 다 죽으이 츙셩되이 극간ᄒᆞ며
올흔ᄃᆡ로 보도ᄒᆞ여 챵ᄉᆡᆼ을 ᄉᆡᆼ각ᄒᆞ야
공명도 전컨이와 반복소인 노릇하이
ᄌᆡ물도 조컨이와 쥰민고턱 ᄎᆞᆷ마 할가
명연은 승슌ᄒᆞ나 아쳠을 어이 할고
상총도 부질업다 신명을 도라 보소
쵸야의 어부덜아 ᄌᆞᆼ슈 업시 어이 ᄉᆞᆯ니
먹고 입고 쓰난 것시 절노 나며 졀노 되나
젼ᄉᆡᆼ 이휴 몃 ᄇᆡᆨ년의 우이 인군 덕 안인가
위ᄌᆞᆼ자 절 지키든 국사를 안이 할사
사쵀도 어렵거든 공납 지체 부ᄃᆡ 말소
놀난 조졍 불긴ᄒᆞ다 셰상 시비 어니 할리
금영을 범치 마쇼 망신ᄑᆡ가 잠간이니
셰상의 몹실 놈아 부귀로 너를 밧계
권셰를 총집 ᄒᆞ녀 ᄇᆡᆨ셩을 다 살리어
무어시 부족ᄒᆞ야 적심을 먹단 말가
옛적의 비간이닌 ᄇᆡᆨ셩을 건지랴고

빅를 갈너 쥭어서도 시ᄉᆞ불변 ᄒᆞ야나이
허물며 이진 인군 총명을 갈이 올라
구은이 망극ᄒᆞ다 직분을 일치 마소
갈충보국 하량이며 유방빅세 안이 될가

부부편

닉외간이 비록 각ᄎᆞ오나 무간이 말고 셔홀 공경ᄒᆞ란 말이라

이팔청츈 소년더라 부부유별 웬 말인가
부부아 하난 것시 외면은 시들ᄒᆞ나
이승지합 ᄒᆞ온 후의 오윤의 시족이요
만복지원이로다 하날게 밍세ᄒᆞ고
남남기리 셔로 만나 ᄌᆞ식 나아 봉ᄉᆞ ᄒᆞ고
부모거ᄉᆞᆼ 한게 입고 닉 평싱을 입받으며
싱직동거 ᄉᆞ직동혈 이런 의를 ᄉᆡᆼ각ᄒᆞ면
어이ᄒᆞ야 빅덕할고 본시난 의인이라
소빅도 아조 쉽다 음양이 빅합ᄒᆞ면
혹ᄒᆞ기도 ᄯᅩ 쉬오이 화슌ᄒᆞ고 정슌ᄒᆞ면
구방의 복이로다 친합ᄒᆞ고 불슌ᄒᆞ면
제가을 못 ᄒᆞ나이 금실이 조티 희도
불에치 말지어다 사랑 계워 싸홈이요
말슈빠제 실슈로다 선실기도 잘못ᄒᆞ면
긔계를 어지ᄒᆞ며 닉 체통을 못 ᄎᆞ이면
남의 딕접 바들손가 게으르고 잉편ᄒᆞ면

음심이 절노 나고 분별 업시 갓ᄎᆞ은면
화근이 ᄆᆡᆼ동이라 ᄂᆡ외가 화순ᄒᆞ면
부모가 질겨ᄒᆞ고 부부가 불화ᄒᆞ면
ᄌᆞ손이 외로은이 가ᄂᆡ가 화목ᄒᆞ면
만ᄉᆞ가 절노 되고 불화ᄒᆞ고 요란ᄒᆞ면
가도가 못 되나이 쳐궁이 불화ᄒᆞ야
실인이 못 나거든 요란이 구지 말고
은근이 경계 ᄒᆞ소 의리로 인ᄌᆞᄒᆞ야
들네지 말지어다 부인네난 편승인이
무식을 용셔ᄒᆞ소 칠거지악 예방 ᄒᆞ소
제 밋 드러 남 보기이 급ᄌᆞᆨ이 ᄶᅧ거라면
만녁슈가 나가난이 ᄎᆞ물 인ᄶᆞ 공부 ᄒᆞ야
오근피지 무방ᄒᆞᆫ이 단엄유아 제일이요
지더라도 천ᄌᆞᆼ부라 처궁이 부족ᄒᆞ면
복첩ᄒᆞ면 무엇ᄒᆞ리 헌 집을 곳칫 들면
슈고난 덜릴계요 ᄉᆡ 오슬 입고 나면
심신이 편ᄎᆞᆫ느이 ᄌᆞᆨᄌᆞᆨ도화 곳ᄶᅧᆨ만는
낙화의 샹심처요지지ᄒᆞᆫ 저 송ᄇᆡᆨ은
사기 ᄌᆞᆼ천 불변이라

부인잠〔편명 없음〕

부인네 ᄒᆞ난 볍과 ᄒᆡᆼ실인이 부인네난 이 일을 보아 이ᄃᆡ로 ᄒᆡᆼᄒᆞ란 말이라

여보시오 부인네야 여ᄌᆞ ᄒᆡᆼ실 엇더ᄒᆞᆫ가
삼종지예 말언ᄒᆞᆫ이 가군을 조칠세라
남의 손의 ᄆᆡ여시이 ᄂᆡ 임으로 못 ᄒᆞ나이
도중 속의 나지 말고 침선방적 알 거시요
봉제사 졉빈ᄀᆡᆨ을 직분ᄃᆡ로 출일세라
여즁 군ᄌᆞ 부질 업다 규즁 호걸 쓸 ᄯᆡ 업다
글 잘 ᄒᆞ고 안난 체난 팔ᄌᆞ가 ᄀᆡ박ᄒᆞ고
말 줄 ᄒᆞ고 아난 체난 칙척불화 ᄲᅮᆫ이로다
몸 편ᄒᆞ고 일 업시면 간악이 절노 나고
여공에 즘심ᄒᆞ면 사심이 물너가이
부화부순 의논 ᄃᆡ로 각진기도 ᄒᆞ야 갈 제
박ᄀᆡ로 쥬션키난 남ᄌᆞ의 할 도리요
안의로 쥬션커ᄂᆞᆫ 여ᄌᆞ의 슈단이라
친정을 도라볼 졔 ᄂᆡ 것슬 쥴지아도
연고를 엇싸와셔 시부모을 ᄀᆡ망 마소
인ᄉᆞ도 ᄯᅥᆺᄯᅥᆺᄒᆞ고 마암을 편케ᄒᆞ소
ᄂᆡ 팔ᄌᆞ 불ᄒᆡᆼᄒᆞ야 남편이 무도커든
ᄂᆡ 고집을 세지 말고 승순ᄒᆞ기 위쥬ᄒᆞ소
가군이 발이커든 시부모을 의지ᄒᆞ고
부모ᄌᆞ식 다 업스면 봉제사난 극진ᄒᆞ소
공ᄌᆞ 갓튼 ᄃᆡ승인도 삼ᄃᆡ츌쳐 ᄒᆞ야다에
허물며 소중부야 유죄 무죄 ᄉᆡᆼ각ᄒᆞ나
소박 구박 예사온이 시집사이 어러워라
일편단심 먹엇거든 나죵 ᄭᅳᆺ츨 부ᄃᆡ 보소
쥭ᄌᆞ온이 쳥춘이요 사ᄌᆞᄒᆞ니 고ᄉᆡᆼ이라
지쳑이 쳔리 갓고 야속ᄒᆞ고 셜다히도

ᄂᆡ도 리만 ᄎᆞ져가소 홍안과 박명이ᄂᆞ
청춘의 ᄉᆡᆼ이별은 옛사람도 지ᄂᆡᆫ ᄇᆡ라
팔ᄌᆞ 도망 못 ᄒᆞᄂᆞ이 부인네 일련심은
여필종부 ᄲᅮᆫ안니가 즉금 고ᄉᆡᆼ 못 ᄎᆞ마셔
이 문 박긔 ᄒᆞᆫ변 나면 그 신셔가 무엇되며
일후을 엇지ᄒᆞ리 고ᄉᆡᆼ 아ᄋᆡ 낙이 ᄂᆞ고
설음 ᄭᅳᆺᄐᆡ 질거우이 삼ᄌᆡ팔ᄂᆞᆫ 다시 ᄂᆡ고
길운이 없술손야 가군이 ᄒᆞᄂᆞ이라
시부모야 더ᄒᆞᆯ손가 ᄒᆞ날이 언ᄶᅳᆫ은들
이 쳔지의 안이 살며 시부모가 심ᄒᆞ다고
부모 발린 ᄀᆡ천인나 걱정 ᄭᅳᆺᄐᆡ 올흔 말이
말ᄃᆡ답의 본 도도두ᄂᆡ 썩거 보고 겨루랴고
말ᄃᆡ답이 분 도드기 썩거 보고 결우랴고
ᄎᆞᆫ 손벽이 소ᄅᆡ ᄂᆞᄂᆡ 쳔동은 예 사라도
지동은 ᄌᆡ양이라 가군 셩을 ᄂᆡᆫ덜
엇지 감이 불슌할가 유한 거슨 덕이 되고
악ᄒᆞᆫ 거슨 화근이요 옛적의 각결이가
궁업을 힘쓰기로 기부ᄂᆞᆫ 짐을 ᄆᆡ고
기쳔ᄂᆞᆫ 밥 먹일 져 젼야의 상ᄃᆡ ᄒᆞ되
숀님과 갓치 ᄒᆞ야 예절을 찰이거ᄂᆞᆯ
ᄐᆡ슈가 가다 보고 쳔ᄌᆞᄭᅴ 쥬달ᄒᆞ야
입신냥명 ᄒᆞ여신니 여ᄌᆞ가 즉다 ᄒᆞ나
졔 집 승쇠 달니나니 승슌 군ᄌᆞ ᄉᆞ구 고을
십분 조심ᄒᆞᆯ지어라

장유편〔편명 없음〕

형제 으른 섬기난 법이라 세상 사람들은 이를 보아 ᄒᆞ라

여보아라 아희들이 장유유서 네 아는다
얼운 이희 알양이면 형졔 숙질 붓틈이라
닉 집 울은 공경이요 남의 존중 디졉ᄒᆞ며
닉 어린 걸 헤아려서 남의 ᄌᆞ식 ᄉᆞ랑ᄒᆞ고
닉 집의 교동이가 남의 집의 후레ᄌᆞ식
일가의게 눈치 군니 친구의게 난봉이라
형제는 천윤이요 향당은 박여치라
사량홉다 우이 형제 한골육을 바다나서
두 몸이 디여슨들 형제 일신 안일넌가
한 품의 졋슬 먹고 한 그릇세 밥을 먹고
의복을 갓치 입고 콩 한 쪽을 난호면셔
부모 은공 가치 입어 이 몸이 ᄌᆞ셩ᄒᆞᆫ이
친근ᄒᆞ고 귀즁함미 일시나썬 살가
다 각긔 쳐ᄌᆞ 두고 불효을 할지라도
형제의 즁ᄒᆞᆫ 마암 시각인들 이질손야
집안의 큰 화근은 환과고독 염녀로다
불상ᄒᆞ고 가런ᄒᆞ다 집안의 쳥상과부
문 박긔 닉지 말고 황산의을 도아
츄초 평시의ᄂᆞᆫ 괴로와도 환ᄂᆞᆫ지시 당코보면
외인은 지물이요 친쳑은 이목이라
동싱 족속 불화화면 픠가ᄒᆞ기 목젼일네
일가간의 흥보기ᄂᆞᆫ 누어셔 춤 밧기라

화목을 쥬장ᄒᆞ여 황당의 득죄 마소
ᄂᆡ 집이 번족ᄃᆡ고 테셰도 부ᄃᆡ 마소
옛젹의 장공예ᄂᆞᆫ 구셰동거 ᄒᆞ야잇고
강쥬 ᄯᅡ 진씨 집은 칠ᄇᆡᆨ구가 동거ᄒᆞᆯ졔
슈 지른 ᄀᆡ가 사람이 밥을 쥬면
ᄒᆞᆫ 말이가 ᄂᆞ가셔도 모든 ᄀᆡ가 아이 먹고
오기을 기다리이 쥬인을 달무이라
육축도 이러커든 사람이야 더ᄒᆞᆯ말가

총논

이 위 다셧가지 일을 다 말ᄒᆞᆫ 것시니 이ᄃᆡ로 ᄒᆡᆼᄒᆞ라

오륜이 져러ᄒᆞ이 삼강도 거긔 잇ᄂᆡ
부모 업ᄂᆞᆫ 작식 ᄂᆞ며 인군 업난 신ᄒᆞ 잇ᄂᆞ
여ᄌᆞ의 ᄒᆞᆫ 평상이 가군의게 ᄆᆡ여나이
군신유의 모로거든 효양부모 옴겨 가고
장유유셔 모로거든 형제간의 밀워 가면
붕우유신 모로거든 부모간을 ᄉᆡᆼ각 ᄒᆞ소
부모공을 모로거든 졔 ᄌᆞ식을 길너보지
호어부 츈여군과 화형졔 낙쳐ᄌᆞ며
경존장 신붕우와 무종족 함양이면
셩의정심 근본이요 슈신제가 ᄎᆞ례로다
이거시 사람이지 져마닥 사람이라
슬푸다 져 짐싱은 오히여 긔특ᄒᆞ다

욕심 만ᄒᆞᆫ 가마귀도 져 막올 쥴 모로고셔
부모공을 반포ᄒᆞ고 호랑 갓튼 모진 즘ᄉᆡᆼ
ᄉᆡᆨ기 둔 골 두남두워 제 ᄌᆞ식을 사랑ᄒᆞ니
부ᄌᆞᄌᆞ효 거룩ᄒᆞ다 죠고만한 불ᄀᆡ암미
무슴 소견 잇셧관ᄃᆡ ᄌᆞᆼ슈 ᄯᅡ라 절사ᄒᆞ이
군의신튱 경영ᄒᆞ다 청강녹슈 원낭ᄉᆡ
쥭어지라 원을 ᄒᆞ며 종신불ᄀᆡ 슈절ᄒᆞ니
부ᄎᆞᆼ부슈 분명ᄒᆞ다 소상동정 졔 기럭기
남북의로 왕ᄂᆡ할 졔 션후불별 ᄎᆞ례ᄒᆞ니
ᄌᆞᆼ유유셔 안일넌가 만첩ᄉᆞᆫ즁 시랑니도
먹근 고기 토ᄒᆡ 쥬며 졔 동무를 기다니이
붕우유신 안일넌가 얼음 궁긔 슈달피ᄂᆞᆫ
불망기본 졔 지ᄂᆡ니 이도 져도 다 못ᄒᆞ면
금슈만둇 못ᄒᆞ리라

우부편

우부ᄂᆞᆫ 고약ᄒᆞᆫ ᄉᆞᄂᆡ 이 세ᄉᆞᆼ 사람들은 이을 보와 그리말ᄂᆞᆫ 말리라

ᄂᆡ 말ᄉᆞᆷ이 광언인가 졔 우인을 구경ᄒᆞ소
님촌황양 망돈인가 부모 덕의 편이 길너
호의호식 호강으로 ᄇᆡ운 거시 업셧시이
무식ᄒᆞ고 우악ᄒᆞ여 ᄒᆞᄂᆞᆫ 거시 무어신가
그 즁의 눈 놉고 손 커셔 쌍양 업시 쥬제 넘어
시체ᄯᅡ려 의관ᄒᆞ고 남의 운만 ᄯᅡ러간다

ᄌᆞᆼᄌᆞᆼ츈일 낫잠ᄌᆞ기 조셕으로 반촌투졍
일 업시 무ᄉᆞᆼ 츌닙 ᄆᆡ일 ᄌᆞᆼ취 게트림과
이리 모야 도로긔요 져리 모야 투젼질의
기ᄉᆡᆼ쳡 일ᄉᆞᆷ기와 외닙ᄌᆞᆼ이 친구로다
ᄉᆞ랑의ᄂᆞᆫ 조방군이 안방의ᄂᆞᆫ 노구할미
명죠상을 쎳세ᄒᆞ고 세도명 기웃기웃
혀욕 불려 ᄌᆞᆼᄉᆞ학기 남의 빗치 ᄐᆡᄉᆞᆫ이라
졔 무식은 ᄉᆡᆼ각 안코 ᄎᆞᆨᄒᆞᆫ ᄒᆡᆼ실 투긔ᄒᆞ기
쳔ᄒᆞᆫ ᄉᆞ람 업신여겨 어진 ᄉᆞᆷ람 미어ᄒᆞ며
후할 ᄃᆡᄂᆞᆫ 박ᄒᆞ여셔 ᄒᆞᆫ 푼 돈의 ᄊᆞᆷ이 나고
박ᄒᆞᆫ ᄃᆡᄂᆞᆫ 후ᄒᆞ여셔 슈ᄇᆡᆨ양이 헛 것시라
친구벗슨 조와ᄒᆞ며 졔 집안은 불목ᄒᆞ고
승긔ᄌᆞ을 염지ᄒᆞ며 반복소인 허긔지다
남의 말은 탄지 안고 병날 노릇 모도ᄒᆞ고
인ᄉᆞᆷ 녹용 모보긔라 쥬ᄉᆡᆨ잡기 모도ᄒᆞ며
돈정졍 모도ᄒᆞ데 ᄂᆡ ᄒᆡᆼᄉᆞᄂᆞᆫ ᄀᆡᄎᆞ반니
경계판은 질머 지고 부모 조상 조ᄉᆞᆼ 안좃잇고
계집 ᄌᆞ식 ᄉᆡᆼ각이라 ᄌᆡ물이ᄂᆞ 슈탐ᄒᆞ기
일가 친척 구박허며 ᄂᆡ 인ᄉᆞᄂᆞᆫ 방중이요
남의 흉은 ᄌᆞ아ᄂᆡᆫ다 업ᄂᆞᆫ 말도 지어ᄂᆡ셔
시비ᄌᆞᆼ의 션봉되기 날 ᄃᆡ 업시 용젼여슈
ᄉᆞᆼᄒᆞᄐᆡᆼ셕 ᄒᆞ야간다 오ᄂᆞᆫ ᄉᆞ람 빗 밧짓
군말 ᄭᅳᆺ마닥 ᄌᆡ리오다 이구명이 졔일이라
돈날 노릇 ᄒᆞ여 보세 젼답 팔라 화리돈의
죵 파라셔 월슈 쥬기 논 파라셔 ᄌᆞᆼᄉᆞᄒᆞ기
동ᄂᆡ ᄉᆞ람 미워 ᄒᆞ기 외촌 ᄇᆡᆨ셩 ᄒᆡᆼ악질노

ᄌᆞ바 오라 ᄯᅳ불이라 즁즁격지 몽둥이질
젼당 노리 셰간 즙기 계집 문셔 죵 ᄉᆞᆷ기와
쥴리 틀고 쇼 ᄭᅳᆯ기와 불효령의 ᄉᆞᆺᄶᅧᆺ여라
여긔져긔 간 곳마다 젹실 인심 ᄒᆞ것구ᄂᆞ
사람마닥 도젹이요 원ᄒᆞᄂᆞᆫ니 ᄉᆞᆫ손로다
산소나 쳔즁 홀가 집 니ᄉᆞ나 ᄒᆞ볼가
가즁지물 다 파라셔 즁팔십의 ᄂᆡ 신셰라
존손 핑계 위답 팔아 투젼 비셰 다 ᄂᆞ가고
졔ᄉᆞ 핑계 졔긔 팔라 슐 갑시 모ᄌᆞ란다
구쵀신쵀 뒤뎝펴셔 관ᄌᆡ 구셜 이러ᄂᆞ이
뉘라셔 도라 볼고 독부가 되단 말가
가련타 져 모양이 일조의 걸ᄀᆡᆨ이라
ᄃᆡ모관ᄌᆞ 어ᄃᆡ 두고 물네쥴은 무ᄉᆞᆷ 일고
통냥 사립 어ᄃᆡ 두고 헌 파립의 통ᄃᆡ우라
쥬쳬로 못 먹던 슐가락이 ᄎᆡᆨ역 보고
약포육은 어ᄃᆡ 두고 씀마귀을 단슐 ᄲᆞᆯ 듯
쥭역고ᄂᆞᆫ 어ᄃᆡ 두고 모쥬 ᄒᆞᆫ ᄌᆞᆫ 어러워라
울타리가 ᄲᅧᆯᄂᆞ무요 동ᄂᆡ 소곰 반ᄎᆞᆫ이라
각즁즁판 소라빈ᄌᆞ 당지도ᄇᆡ 어ᄃᆡ 두고
벽 ᄯᅥ러진 단간방의 공셕ᄌᆞ리 무삼일고
호젹지로 문 바으로 신쥬보가 갓ᄭᆞᆫ이라
은안 ᄇᆡᆨ마 즁보고의 젼후구종 어ᄃᆡ 두고
쇠코 집신 집힝이로 졍강발이 졔격이라
삼승보션 ᄐᆡ사혜가 ᄭᅳᆯ레발이 가련ᄒᆞ다
젼쥬머리 ᄒᆞᆫ 포단과 활류면경 어ᄃᆡ 두고
ᄉᆞᆫ낙ᄭᆞᆫ 다님ᄆᆡ고 ᄯᅥ러진 굴낭니라

초피ᄇᆡᄌᆡ 담뷔휘양 등나금슈 어ᄃᆡ 주고
동지 셧달 베듕 옷과 숨복다림 바지거죽
궁둥이ᄂᆞᆫ 울군불군 엽거름의 ᄀᆡ 쏫치며
담ᄇᆡ 업ᄂᆞᆫ 빈 곰빙이 소일쏘로 손의 들고
이 집 져 집 단이면셔 ᄒᆞᆫ 되 곡식 슈숨젼을
역질 핑게 졔ᄉᆞ 핑게 야속ᄒᆞ다 동ᄂᆡ 임심
어이 ᄀᆡ리 무졍ᄒᆞᆫ고 졀통ᄒᆞ고 분ᄒᆞ다네
져 건너 김ᄉᆡᆼ원은 원ᄒᆞ이 팔ᄌᆞ로다
져 아반이 덕분으로 션쳔이ᄂᆞ 가졋던이
슐 ᄒᆞᆫ 존 밥 ᄒᆞᆫ 상을 친구 ᄃᆡ졉 ᄒᆞ여던가
주졔 넘게 아ᄂᆞᆫ 쳬로 음양 슐슈 고혹ᄒᆞ여
ᄎᆞᆫ중도 ᄌᆞ로 ᄒᆞ며 이사도 힘을 쓰고
당ᄃᆡ 발복 예 아이며 올 적 갈 적 ᄒᆡᆼ노ᄉᆞᆼ의
쳐ᄌᆞ식을 헛써노코 유모ᄉᆞᆼᄌᆞ 안이쥬고
공ᄒᆞᆫ 것만 바라것다 ᄀᆡ인취물 ᄒᆞᄌᆞᄒᆞᆫ이
두번ᄎᆡ야 줄 속을가 공납범용 ᄒᆞᄌᆞᄒᆞ되
일가집의 부ᄌᆞ 업고 쓴 ᄌᆡ물을 경영ᄒᆞ고
경향 츄입 쏘ᄃᆡᆼ기면 ᄌᆡᄉᆞᆼ가의 쳥실ᄒᆞ다
봉변ᄒᆞ고 물셔고 남의 결테 갓다
호금의 쏫겨나고 혼인 즁ᄆᆡ 션ᄎᆡ든의
무유 보고 쎔 마지며 가ᄃᆡ 흥셩 구문 먹다
핀존 보고 좁밧지기 불의ᄒᆡᆼᄉᆞ 씨그렁이
위쥬 문셔 비리 호송 부ᄌᆞ나 훌레볼가
감인이셜 쐬야볼가 은막기며 보막이며
은졈이며 금졈이라 ᄃᆡ로변의 ᄉᆡᆨ쥬가며
노림판의 분쏜쥬기 남북촌의 쑤장이로

인물 쵸심 ᄒᆞ여볼가 ᄉᆡᆼᄆᆡ ᄌᆞ버 길들리기
ᄭᅯᆼ사양 도라ᄂᆞᆫ다 ᄃᆡ존손 양반 ᄌᆞ랑
상됴ᄂᆞ 파라볼가 효인 핑계 어린 ᄯᆞᆯ리
ᄇᆡᆨ양ᄌᆞ리도 안구ᄂᆞ 안ᄒᆡᄂᆞᆫ 친정사이
ᄌᆞ식은 고공사리 일가의 눈 흘기고
친구의 손가락질 부지 것쳐 나간 후의
소문이나 드러든가
산 너머 ᄭᅯᆼᄉᆡᆼ원은 그야말이 ᄒᆞ우로다
거들거려 ᄒᆞᄂᆞᆫ 말이 ᄃᆡᄌᆞᆼ부의 ᄀᆡ상으로
동ᄂᆡ 죤ᄌᆞᆼ 몰나 보고 이소능ᄌᆞᆼ 욕ᄒᆞ기와
의관열팔 사람치기 나무 과부 동여오기
투ᄌᆞᆼ군의 청병가기 친척 집에 소ᄭᅳᆯ기와
청목방ᄆᆡ 일슈로다 부ᄌᆞ집의 긴ᄒᆞᆫ 체로
친ᄒᆞᆫ 사람 이간질과 일슈돈과 월슈돈의
ᄌᆞᆼ변노리 체게로리 종계돈과 과부월의
명일 금일 졸나 ᄂᆡ여 졔 동ᄉᆡᆼ은 못시 굴고
투젼군은 조와ᄒᆞ여 여형약제 논일면셔
손목 ᄌᆞᆸ고 술 젼ᄒᆞ되 졔 쳐ᄌᆞ난 몰라 보고
노류ᄌᆞᆼ화 졍묘ᄒᆞ기 졔 ᄌᆞ식은 귀이 알고
며나리ᄂᆞᆫ 들복는다 쳔ᄒᆞ 난봉 ᄌᆞ쳐ᄒᆞ며
무조불위 가관일세 ᄉᆞᆯ집이 안방이요
투젼방이 사랑이라 늘근 부모 병든 쳐ᄌᆞ
ᄉᆞᆫ톱 발톱 ᄌᆞᆸ바지게 누에치고 길ᄉᆞᆷ호 걸
ᄉᆞᆯᄂᆡ기 ᄌᆞᆼᄀᆡ두기 칭밍 업시 버린 몸이
무삼 ᄉᆡᆼ각 못 ᄒᆞᆯ손가 누의 동ᄉᆡᆼ 족ᄒᆞ 족하 ᄌᆞ식
ᄉᆡᆨ쥬가로 환미ᄒᆞ세 부모가 걱정ᄒᆞ면

완악기 말딕답과 가속이 사셜ᄒᆞ면
밥상치고 계집치기 져역 굼고 나간 후의
유리사방 ᄒᆞ여ᄂᆞᆫ지 듯도 보도 못ᄒᆞᆯ네라

용부편

요부ᄂᆞᆫ 고약ᄒᆞᆫ 부인이라 부인네ᄂᆞᆫ 이 칙을 보고 그리ᄒᆞ지 말ᄂᆞᆫ 말이라

흉보기도 실타마는 져 부인닉 모양 보소
츌가ᄒᆞᆫ 지 셕 달만의 시집사리 심ᄒᆞ다고
친정의 편지ᄒᆞ야 시집 흉도 허다ᄒᆞ다
이리져리 눈치 보와 게엄실언 시어머이
암특ᄒᆞᆯᄉᆞ 시ᄋᆞ반니 야의덕이 시누의와
엄슈덕이 맛동셔와 요악ᄒᆞᆫ 아오 동셔
여호 갓튼 시아년의 거셰도다 남여 노비
들며 나며 흉부덕의 여긔져긔 사셜이요
규셕규셕 모함이라 가군이나 밋어쩐이
십별지목 되얏셰라 시집사리 못ᄒᆞ겟닉
간슈병을 에을으고 치마 쓰고 닉 닷기와
봇짐 싸고 도망ᄒᆞ기 오악각악 못 견딕여
여승이나 짜라 갈가 들구경을 ᄒᆞ여 볼가
쇽의로ᄂᆞᆫ 짠 싱각의 반분딕로 일을 숨고
털 쏫기가 셰월이라 시부모가 걱정ᄒᆞ면
말 딕답을 풍당풍당 남편이 걱정ᄒᆞ면
뒤등그려 맛넉슈라 들고나이 초롱군의

팔ᄌᆞ나 곳쳐 볼가 양반 ᄌᆞ랑 모도ᄒᆞ며
ᄉᆡᆨ쥬가나 ᄒᆞ야 볼가 남ᄃᆡ문 밧 쌩듀어멈
청ᄉᆞᆼ구져 그러ᄒᆞᆫ가 ᄇᆡ와셔 그러할가
무무ᄒᆞ게 ᄌᆞᄅᆞᄂᆞᆫ네 여긔져그 무릅마지
싸홈질노 셰월이요 남의 집 마실 가면
니간 붓쳐 말젼쥬요 졔 집으로 도라가면
남의 음식 흉보기라 졔 조ᄉᆞᆼ은 젓쳐 노코
불공ᄒᆞ기 위업이라 무당 판쥬 푸닥거리
의복가지 다 나간다 남편 모양 볼ᄌᆞᆨ시면
삽살ᄀᆡ 뒤달이라 엿장ᄉᆞ 썩ᄌᆞᄉᆞ난
아침사리 군것질의 물ᄂᆡ 압과 씨아 압은
선합품과 기지ᄀᆡ라 이아기와 ᄎᆡᆨ 소일의
음담ᄑᆡ셜 요리좃다 이 집 져 집 이간질노
무함ᄌᆞᆸ고 쏭 메이며 인물요인 썰여ᄂᆞ기
쪽박이 되것구ᄂᆞ 셰간은 쥬러가고
걱정만 느러간다 치만난 줄너 가고
허릿동이 길러간다 총 업ᄂᆞᆫ 현 집신에
어린 ᄌᆞ식 둘쳐 어고 혼인 장ᄉᆞ 집집마다
음식 츄심 일을 사마 쩐양식 기울여라
한 변 곡회 든여 보ᄌᆞ 아ᄒᆡ 싸홈 얼운 ᄊᆞ화
가부지죄 ᄆᆡ맛치기 공연이 셩을 ᄂᆡ며
무리ᄒᆞᆫ ᄌᆞ식치기 졔 가솔을 남을 쥬고
즁ᄆᆡ아비 원망이라 며나리 쫏ᄎᆞ시니
아들은 홀아비라 ᄊᆞᆯᄌᆞ식 다려온이
남의 집 결단이라 목구명이 드슈ᄒᆞ면
음심이 ᄃᆡ발ᄒᆞᆫ이 두 손벽을 두다리며

방셩ᄃᆡ곡 ᄒᆡ곤ᄒᆞ다 무신 쏠의 ᄉᆡᆼ투귀로
머리 싸고 두러분고 간부 달고 다라나ᄂᆞᆫ
관비증속 흐뭇ᄒᆞ다 무식ᄒᆞᆫ 창ᄉᆡᆼ들아
져 거동을 ᄌᆞ세보쇼 그른 쥴을 아라거든
곳칠 ᄀᆡ ᄶᆞ 힘을 쓰쇼 올흔 거슬 알냥이면
ᄇᆡ우기을 위쥬ᄒᆞ소 아무리 용열 ᄒᆞ나
글읍을 몰올손가

치신편〔치산편〕

세간ᄉᆞ리 ᄒᆞᄂᆞᆫ 법이 이셰ᄉᆞᆼ ᄉᆞ람들은 일보와 이리로 ᄒᆞ라

슈신을 ᄒᆞ얏시니 치산도 ᄒᆞ야 보셰
낙지 이후 ᄒᆞᆫ 평ᄉᆡᆼ을 의지 식지 ᄉᆡᆼ각ᄒᆞ면
공슈ᄅᆡ 공슈거의 ᄇᆡᆨ연간이 가쇼롭다
아ᄉᆞ부육 ᄒᆞᄌᆞᄒᆞ면 두 몸이 셰 몸 되야
밥상의 ᄊᆞᆯ 돗치면 밋 업ᄂᆞᆫ ᄃᆡ 물 깃기니
늘근 부모 고기 ᄉᆡᆼ각 어린 ᄌᆞ식 밥 다나면
그 안니 맛당ᄒᆞᆫ가 못 ᄒᆞ면 죄닌이라
상봉ᄒᆞ솔 여러 식구 일연계활 ᄒᆞᄌᆞᄒᆞ면
ᄒᆡ갈동구 절노 되면 죠반 셕쥭 절노 되ᄂᆞ
남ᄌᆞ라도 무항산은 곡복 사신 어렵거던
허물며 약쳐ᄌᆞ야 다시 일너 무엇ᄒᆞ리
환샹 구실 봉ᄒᆡᆼᄒᆞ고 흉연 살연 당ᄒᆞᆫ 후의
숙흥야ᄆᆡ 일을 삼고 남농여직 위엽니라
구사불셕 ᄒᆞ얏시이 일시 반시 논일손야

근ᄒᆞᆫ 거시 야석요 그막ᄒᆞᆫ 게 미쳔이라
ᄉᆞ농공샹 ᄉᆞ과 즁의 농ᄉᆞ 밧긔 ᄯᅳᆺ 잇습나
근력기즁 ᄒᆞ련이와 거름박게 ᄯᅳᆺ 잇씀나
메말은 사셕밧도 거름ᄒᆞ면 곡식 되고
두렁 놉푼 건곤ᄃᆡ도 잘 거두면 일등이요
게 검불을 헛지 말고 거름의로 가게 ᄒᆞ소
조셕의로 ᄌᆡ를 모와 농사 ᄊᆡ을 ᄉᆡᆼ각 ᄒᆞ소
ᄎᆡᆨ간의 물을 달면 그 안니 부슐인가
ᄯᅩᆼ 오즘을 줄 모으소 의식이 에샤 나며
슈족을 희ᄒᆞ면 ᄌᆡ물니 에셔 나며
가난ᄒᆞᆫ 농부덜아 죠ᄉᆞᆼ지업 업다 말소
무슈공쳐 ᄎᆞ져 가셔 헛 ᄯᅩ랑을 널니 파셔
말은 ᄃᆡ난 밧츨 일고 져진 ᄃᆡᄂᆞᆫ 논을 파셔
이 구셕 져 구셕의 오곡 ᄇᆡᆨ곡 소보소복
고물고물 칙소 노라 반ᄎᆞᆫ 갑슬 ᄂᆡ지 말고
여긔져긔 과목 심어 돈진 사람 오게 ᄒᆞ소
담불담불 ᄲᅩᆼ을 심어 일시 좀송 힘을 쓰소
여ᄌᆞ의 한 달 요긴ᄒᆞ고 요긴ᄒᆞ다
모시 삼베 나아 두면 부모 슈의 ᄌᆞ여 혼슈
송앗치가 큰 소 ᄃᆡ고 ᄆᆡ아지가 쥰마 되고
목화밧치 오록 되고 집 터밧치 금쪽 되다
과동양식 게양할 졔 몸의 거름 ᄀᆡᄯᅩᆼ이라
밤이면 ᄉᆡᆨ기 ᄭᅩ고 나지면 ᄊᆡ를 비여
육치월 풀 모아 모ᄆᆡ젼의 힘을 쓰소
츈분 젼의 봄 보리요 닙ᄒᆞ 젼의 목화로다
곡우 젼의 낙종 조ᄉᆞᆼ을 겁홀손야
입츄 젼 무를 갈면 삼동 반ᄎᆞᆫ 낭ᄑᆡ할가

경칩 후 중을 담아 일연 중을 예비 ᄒᆞ고
파 마눌 외 가지 아욱 곳초 무 ᄇᆡᄎᆞ를
번연이 이지 말고 울을 ᄒᆞ고 붓슬 쥬어
사오월 그루외며 칠팔월 호박니라
미나리ᄂᆞᆫ 사졀이요 콩기름은 곡긔로다
ᄎᆞᆫ쐐 ᄶᅥ셔 기름 되고 무구뎅이 움파로다
산봉 도봉 밧 놋코 계돈을 굴게 길너
조혼 ᄯᅦ 쓰러니와 급ᄒᆞᆫ ᄯᅦ도 긴ᄒᆞ도다
갑 읍ᄂᆞᆫ ᄉᆞᆫ치와 임ᄌᆞ 없난 물고기난
졉빈ᄃᆡ도 ᄒᆞ런이와 봉졔사의 졍멸이라
오월 오일 익못초와 구월구일 구졀초ᄂᆞᆫ
부인네게 승낙이요 ᄂᆡᆼ병 쳑셔 졔일이라
즁ᄒᆞᆫ 셔십 조심ᄒᆞ요 약 갑슬 ᄉᆞ지 말고
고량의 병이 ᄂᆞ고 쳐소의 살이 진다
취수의 조밥 말아 두부장을 지져 놋코
부모형졔 쳐ᄌᆞ덜고 너 머거라 나 머거라
의지지낙 좀 죠흐며 지족이 착심ᄒᆞ다
송졍 밋틔 노옹들아 사풍 졔운 ᄂᆞᆺ지잠 말소
ᄯᅦ를 ᄯᅡ라 몸 편ᄒᆞ면 치운 거슨 어지 ᄒᆞ고
슈족이 ᄒᆞ면 입좃차 편ᄒᆞ온니
남보담 먼져 ᄒᆞ면 농ᄉᆞ 중원 안일넌가
츄수동장 ᄒᆞ올 젼의 종ᄌᆞ부텀 기피두소
공츌물 ᄂᆞ지 말고 임갈굴졍 ᄒᆞ지 말소
여보소 부인네야 셰간ᄉᆞ리 드러 보소
나넌 ᄃᆡ넌 ᄒᆞᆫ 가지 쓰는 ᄃᆡ넌 무궁ᄒᆞ고
식구 보고 셰월 보와 양식 실 쩨 ᄉᆡᆼ각ᄒᆞ면

시음족의 손이 크면 이담 영위 어이 할가
잣싼 곡식 간슈 ᄒᆞ소 쥐 막고 시 먹난니
슉흐야미 ᄒᆞ랑니면 도젹도 못 오난니
불 켜 녹콕 ᄌᆞ지 말소 등존 밋티 귀신 보니
칠월화 션들바람 마젼ᄒᆞ고 솜을 피여
구월 속의 ᄒᆞ여 보세 불씨 셩양 ᄯᅳᆫ치 말소
바람 불고 치운 날은 불소심을 부ᄃᆡ ᄒᆞ소
ᄒᆞᆫ가ᄒᆞ고 일 업다고 헛되니 소일 ᄒᆞ지 말소
눈니 올가 비가 올가 나무 걱정 예비ᄒᆞ소
몸 편ᄒᆞ고 무고 할 셰 염녀을 놋치 말소
우환질고 싱각ᄒᆞ여 빅ᄉᆞ을 유렴ᄒᆞ소
어린 ᄌᆞ식 귀여 말고 노리기만 ᄉᆞ랑 ᄒᆞ소
호의호식 ᄌᆞᆯ 입고셔 남의 말을 부ᄃᆡ 말소
부모 덕의 호ᄉᆞᄒᆞᆫ들 ᄌᆞᆼ니도 그러ᄒᆞᆫ가
먼져ᄂᆞᆫ 간난ᄒᆞ고 후의난 부ᄌᆞ되면
남의 이목 좃켠이와 니 몸의 유? 죠ᄒᆞ
니 먼져ᄂᆞᆫ 부ᄌᆞ로셔 후의난 가난ᄒᆞ면
니 몸의도 고싱이요 남의 비소 더욱 셜ᄡᅥ
밥 업스면 비곱푸고 옷 읍스면 더육 셜희
금봉치와 은비여와 은ᄌᆞᆼ도 옥지환니
이 니 몸의 군겻시요 머도 입도 못 ᄒᆞᄂᆞᆫ이
이것 져것 ᄒᆞ지 말고 그 돈 들려 짱 사 보소
두팀 ᄂᆞ는 모젼이며 거름 밧는 송아치요
셰간은 늘어가도 사치ᄂᆞᆫ 못 홀리라
사치ᄒᆞ고 볌남ᄒᆞ면 쳔ᄌᆞ라도 망ᄒᆞᄂᆞᆫ이
허물며 범인이야 다시 일너 무엇ᄒᆞ리

제2부
작품론

〈조홍시가(早紅柹歌)〉에서 '효'의 의미

1. 박인로의 〈조홍시가〉에 대한 의문

박인로(朴仁老, 1561~1642)의 〈조홍시가〉는 비교적 널리 알려진 작품이나 창작 경위 및 동기, 연시조로서의 성립 및 주제의 일관성 여부 등에서 적지 않은 논란이 있어 왔다. 이러한 논쟁들은 작품을 수록하고 있는 문헌들의 부기(付記) 차이에서 비롯되었다고 할 수 있다. 박성의는 『노계선생문집(蘆溪先生文集)』의 기록을[1] 근거로 한음(漢陰)〔이덕형(李德馨, 1561~1613)〕이 박인로에게 조홍감을 보낸 것이 창작 동기가 되었다고 했다.[2] 이상보는 창작 동기에 대해서 박성의와 견해를 같이 하면서 〈조홍시가〉를 연시조로서의 성립 가능성에 대해 의문을 제기하기도 하였다.[3] 박성의와 이상보가 이른 시기의 문헌인 고사본(古寫本) 『손씨수견록(孫氏手見錄)』의 존재를 알고 있었지만 별로 주목하지 않은 반면 황충기는 이 문헌을 통해 〈조홍시가〉에 대한 새로운 견해를 제시하였다. 황충기는 『손씨수견록』에 〈조홍시가〉의 첫 수만 실려 있고, 부기에 여헌(旅軒)〔장현광(張顯光, 1554~1637)〕이 조홍감을 박인로에게 주고 노래를 짓게 했다는 것에[4] 주목하여 〈조홍시가〉는 원래 4수의 연시조가 아니며 이 작품의 창작 배경에 이덕형이 아닌 장현광이 깊이 관여했다고 논하였

---

1) "辛丑九月初 漢陰相公饋公早紅柹 公因時物有感而作." 『노계선생문집(蘆溪先生文集)』

2) 朴晟義, 『蘆溪歌辭』(正音社, 1974), 210면.

3) 이상보, 『노계시가연구』(이우출판사, 1980), 233-234면; 이상보, 「박인로」, 황패강 외, 『한국문학작가론 2』(집문당, 2000), 307~308면.

4) "旅軒先生賜早紅柹 蘆溪命製" 『손씨수견록(孫氏手見錄)』. 저자는 『손씨수견록』 원본을 구하지 못해 황충기 논문에 기록된 것을 재인용하였다. 黃忠基, 「〈早紅柹歌〉 考究」, 『어문연구』 55·56호, 한국어문연구회(일조각, 1987), 416면.

다. 이렇게 황충기의 논의에 의해 〈조홍시가〉의 '명제(命製)'에서 '명(命)' 주체가 이덕형과 장현광이 서로 대립하게 되었고, 연시조로서의 성립 가능성은 더욱 희박해졌다고 할 수 있다.

이러한 논란은 김석배의 연구에 이르러 어느 정도 일단락되었다. 김석배는 이덕형의 손자 이윤문(李允文, 1646~1717)이 간행한 경오본(庚午本, 1690) 『노계가집(蘆溪歌集)』의[5] 협주(夾註)를 분석하여 저간의 창작 경위를 밝혀 놓았다. 〈조홍시가〉의 협주 "漢陰大鑒見盤中早紅命作三章"에서 "반중조홍"은 조홍감이 아니라, 박인로가 지은 시조 "반중 조홍감~"이며, "삼장"은 그 이하 노래 3장을 가리킨다고 했다.[6] 이로써 〈조홍시가〉의 일련의 창작 과정에서 장현광과 이덕형이 순차적으로 관여했고, 작품 또한 시기를 두고 형성되었음을 알 수 있었다. 그리고 제2수부터 제4수까지 3장으로 함께 묶일 수 있는 계기를 마련함으로써 연시조로서의 성격을 회복해 놓았다고 할 수 있다.

한편, 〈조홍시가〉 총4수가 창작 단계에서 연관이 있다고 할지라도 대부분의 논자들은 제4수에 대해서는 다른 수들과 주제를 달리한다고 보았다. 이는 〈조홍시가〉를 연시조로서의 성립 여부와도 연동되는 것으로, 제4수의 주제에 대해서 "군봉(群鳳) 속에 노는 비조(飛鳥)(작자)의 심정을 노래"한 것,[7] "마지막 수(제4수)는 '효'와 전혀 거리가 먼 내용으로…… 군봉을 모셔서 노는데 전혀 개의치 않겠다는 태도를 표명하고 있는 작품",[8] "현인(賢人) 군자(君子)들과 교유(交

5) 김석배가 소개한 것으로 책표지에 『永陽歷贈』로 표기되어 있으며, 이윤문이 간행한 노계가집의 초간본으로 보았다. 金奭培 編, 『庚午本 〈蘆溪歌集〉』(龜尾文化院, 2006), 7~8면.

6) 김석배, 「朴仁老의 〈早紅枾歌〉 研究」, 『문학과 언어』 제27집(문학과언어학회, 2005), 114~118면.

7) 이상보, 『노계시가연구』(이우출판사, 1980), 233~234면.

8) 崔顯載, 「朴仁老 詩歌의 現實的 基盤과 文學的 指向 研究」(文學博士學位論文, 서울大學校 대학원, 2004), 54면.

遊)하는 것을 즐거워하는 심정을 토로하고 있어…… 노계 자신의 유자(儒者)로서의 자긍심"을 표현한 것[9] 그리고 "효도와 상관없이 자신이 처해 있는 환경을 노래하고…… 그가(박인로) 당시에 교유(交遊)하던 한음(漢陰)과 같은 대문사(大文士)들 사이에서 느낀 감흥을 피력한 것"[10] 등 대부분의 연구자는 제4수를 효와 무관한 노래로 작자 자신의 태도 또는 의식을 드러낸 것으로 보았다.

하지만 이덕형에 의해 추가된 '3장'(제2수~제4수)의 형성 과정에는 일관성이 있고, 〈조홍시가〉 총4수를 수록한 문헌과 가집에서 이들을 "단가사장(短歌四章)", "사친지성(思親至誠)"으로 묶고 있는 점에서 볼 때,[11] 〈조홍시가〉 전체는 긴밀한 구성과 일관된 주제를 형성하고 있다는 가설을 세울 수 있겠다. 특히 제4수의 까마귀가 반포지효(反哺之孝)의 상징임을 고려한다면 작품 전체의 주제가 '효'로 수렴될 가능성이 적지 않다고 할 수 있다. 이에 저자는 〈조홍시가〉 4장 전체를 '효가 구현된 노래'로 보고, 효의 의미를 살펴보고자 한다.

2. 〈조홍시가〉의 작품 세계

1) 전본(前本) 〈조홍시가〉

〈1〉〈입암〉 29곡은 노계가 여헌 선생의 명을 받아 지은 것이다. 또 여헌 선생은 조홍감을 주어 노계에게 노래를 지으라 하였다.(立巖二十九曲 蘆溪所製 旅軒先生命製 旅軒先生賜早紅柹 蘆溪命製.)

9) 김석배, 같은 글, 123~124면.

10) 남대극, 「박인로(朴仁老)의 〈조홍시가(早紅柹歌)〉」, 『숲속의 문학』 제18권 4호(2009), 31면.

11) 경오본 『노계가집』, 『노계선생문집』, 진본(珍本) 『청구영언(靑丘永言)』, 박씨본(朴氏本) 『시가(詩歌)』, 육당본(六堂本) 『청구영언(靑丘永言)』.

고사본(古寫本)의 기록으로 전본 〈조홍시가〉가[12] 〈입암〉과 함께 생성 배경에 여헌 장현광이 깊이 관여하고 있음을 보여주고 있다. 박인로는 입암에 머물던 장현광을 찾았으며, 이후 그의 명에 따라 〈입암〉과 전본 〈조홍시가〉를 지었기 때문이다. 선행 연구에서 전본 〈조홍시가〉의 창작 시기를 여헌이 입암에 머물던 때를 고려하여 1600년(선조 33년) 또는 1601년 가을로 보고 있는 것도[13] 이와 관련이 있다. 또한 기록에서 보듯 애초의 〈조홍시가〉는 장현광, 〈입암(立巖)〉 등과 관련을 맺으면서 단수(單數)의 작품일 가능성이 매우 높다고 할 수 있다. 노래의 창작 계기와 전거(典據)가 특정 고사에 집중되어 있기 때문이다.

盤中에 노힌 早紅 두려움도 두려울샤
비록 橘이 아니나 품엄즉 ᄒᆞᄃᆞ만은
품어도 듸릴 듸 업ᄉᆞ이 글로 셜워 ᄒᆞᄂᆞ라.[14]

이 작품은 『이십사효(二十四孝)』에 실린 육적(陸績)의 이야기를 통해 주제를 드러내고 있다.[15] 회귤고사(懷橘故事)는 다음과 같다. 육적이 여섯 살 때 당대 거물인 원술(袁述)이 준 귤을 먹지 않고 품었다가 돌아갈 때 귤이 떨어지는 바람에 들키고 말았다. 이에 원술이 그 연유를 묻자 육적이 "집에 가서 어머님께 드리려 한 것입니다.〔欲歸以遺母〕"라고 답하자 원술이 육적의 효성에 감동했다는 이야기이다.

---

12) 총4수의 〈조홍시가〉가 초본 1수의 〈조홍시가〉를 바탕으로 확장된 형태일지라도 전후의 창작 배경이 다르고 내용 상 적지 않은 차이가 있어, 여헌과 관련이 있는 단수(單數)의 〈조홍시가〉를 전본 〈조홍시가〉로, 한음과 관련이 있는 총4수의 〈조홍시가〉를 후본 〈조홍시가〉로 부르고자 한다.

13) 김석배, 같은 글, 54~55면.

14) 『손씨수견록』 소재 작품으로 황충기 논문에서 재인용. 황충기, 같은 글, 415면.

15) 郭守正·高月偓 輯錄, 林東錫 譯註, 『이십사효(二十四孝)』(동서문화사, 2012), 98면.

이 이야기는 육적이 보여준 효성(孝誠)과 실천을 보여주고 있지만, 그 이면에 담긴 원술의 태도와 편집자의 송시(頌詩) 또한 주목할 지점이다. 육적을 효아(孝兒)로 평가하고〔術大奇之〕 그를 기린 시에서,[16] 주인〔원술〕이 먹으라고 준 귤을 먹지 않은 객〔아이〕의 행동보다는 그것을 모친께 드리려 했던 아이의 행위와 본능적 효성에 더 큰 의미를 두고 있기 때문이다.

초장에서 반중에 놓인 조홍감은 주인과 객 사이에 놓인 상관물로 기능하고 있다. 예전 원술과 육적 사이에 귤이 매개한 것처럼 장현광과 박인로의 관계에서 조홍감이 매개하고 있는 것이다. 초장 3, 4구의 "두려움"은 객으로서 주인의 성의를 받아들여 먹어야 하나 그렇지 못하는 갈등의 표현이다. 이러한 갈등은 중장에서 육적의 전거에 의지하여 화자가 조홍감을 품는 쪽으로 전개되면서 고조된다. 하지만 종장에 이르면 갈등은 새로운 국면을 맞게 된다. 그것은 대상의 부재로 인한 안타까움 곧 풍수지탄(風樹之嘆)으로의 귀결이었다. 그렇다고 해서 이 작품을 봉양에 실패한, 좌절된 효의 노래로 볼 수는 없다. 효가 물질적인 봉양으로 구현되는 것이 아니라 유자(儒者)의 관점에서 보면 공경과 정성이 바탕이 되어야 하기 때문이다.[17] 초·중장에서 이미 화자는 부모에 대한 정성과 공경은 구비되었으며, 종장에서 비록 대상이 부재한다고 할지라도 그리워하는 마음은 지속된다. 따라서 이 노래는 장현광을 원술과 같은 상황의 설계자로, 화자를 육적처럼 공경과 정성을 다하는 효자로 그리고 있다.

이 노래의 탄생 배경에는 장현광과 박인로의 관계 형성과 연관이 있는 듯하다. 박인로는 장현광을 만나기 이전부터 성리학에 뜻을 둔

16) "孝悌皆天性 人間六歲兒 袖中懷橘實 遺母報乳哺." 『이십사효(二十四孝)』 본(本) 9.
17) "子游問孝 子曰 今之孝者 是謂能養 至於犬馬 皆能有養. 不敬 何以別乎." 『논어(論語)』 「위정(爲政)」.

바 있으며, 기회가 되자 장현광에게 가르침을 청하였다.[18] 이런 상황에서 장현광은 성리학을 배우기 위해 찾아온 박인로에게 조홍감을 주고 노래를 짓도록 하였고, 박인로는 '효' 노래를 통해 유자(儒者)의 자세를 드러내려 했던 것으로 보인다. 이렇게 박인로가 장현광과 종유(從遊)하면서 그의 명을 받아 지은 노래가 전본 〈조홍시가〉라면, 이 노래에는 성리학적 근본을 담으려 했던 두 사람의 의도가 반영되었다고 할 수 있다. 성리학에서 '효'는 인(仁)을 행하는 근본으로 보고 있기에[19] 두 사람은 이 노래를 통해 학문의 근본으로서 효에 대한 의미를 확인하고자 했다고 할 수 있다.

한편 효란 『이십사효』와 같은 효행전(孝行傳)에서 보여주는 경직된 차원의 윤리 개념으로서 존재하는가 하면 개인적 차원으로서 존재하기도 한다. 물론 이 둘을 분명하게 나눌 수는 없지만 효를 바라보는 이중적 차원이 있는 것은 사실이다. 이런 면에서 다음 박인로의 〈사친(思親)〉은 앞의 노래와 조금 다른 양상을 보여준다.

霜露 旣降ᄒᆞ니 볼기도 悽愴코야
이 옷시 열다ᄒᆞ야 치워저허 그러하랴
一生애 永慕方寸의 문득 늣겨 ᄒᆞ로라.[20]

이 작품의 대상 역시 〈조홍시가〉와 같은 부재하는 부모이다. 화자는 서리와 이슬이 내리자 돌아가신 부모님을 생각하고 서리 밟아 애달픈 것은 추워서가 아니라 오래도록 어버이를 그리워하는 마음〔永慕

18) "男兒事業至大 文章猶爲餘事 矧弓馬耶 夫子言朝聞道夕死可矣 豈可以年老自畫 日取鄒魯諸書及紫陽附註 潛心誣讀……時芝旅兩賢林居講道 公頻往請教 張先生與語數日 歎曰 無何翁老且病 而能發憤忘食 有志大人之道." 『노계선생문집』 권2 부록 「행장(行狀)」.

19) "君子務本 本立而道生 孝悌也者 其爲仁之本與." 『논어』 「학이(學而)」.

20) 『노계선생문집』 권3.

方寸〕 때문이라 한다. 돌아가신 부모를 그리워하고 부재의 상황을 슬퍼하는 것은 인지상정이다. 누가 시켜서가 아니라 화자가 "문득", 우연히 느끼는 마음이다. 이념의 강요 없이 저절로 드는 마음을 이렇게 표현한 것이다.

이처럼 전본 〈조홍시가〉와 〈사친〉이 동일 대상에 대해 노래했을지라도 성리학적 교학 관계에서의 효와 개인적 차원의 효가 달리 나타났음을 엿볼 수 있다. 따라서 이후의 효 노래가 사회적으로 확장하려면 후자보다 전자에 기대는 편이 효율적이라 할 수 있다.

2) 후본(後本) 〈조홍시가〉

〈2〉 한음 대감이 단가를 지도록 명하였다. (협주) 신축년(1601) 9월초 한음 대감이 "반중조홍(盤中早紅)~"의 노래를 보고 3장을 추가하여 짓도록 하였으니 대개 사친지성의 드러난다.(漢陰大鑒命作短歌 辛丑九月初 漢陰大鑒見盤中早紅命作三章此盖出於思親至誠.)[21]

〈3〉 조홍시가(早紅柹歌) (협주) 신축년(1601) 9월초 한음 상공이 공에게 조홍감을 보내었다. 공이 홍시로 인하여 느낀 바가 있어 노래를 지었다. (辛丑九月初 漢陰相公饋公早紅柹 公因時物有感而作.)[22]

〈2〉와 〈3〉은 후본 〈조홍시가〉의 형성 과정을 보여주는 기록들이다. 총4수의 〈조홍시가〉는 박인로가 지은 것은 분명한데 〈2〉는 이덕형이 명에 따라, 〈3〉은 박인로가 스스로 감발하여 지은 것으로 서술되어 있다. 이러한 기록의 차이로 인해 〈조홍시가〉의 창작 경위에 대

21) 경오본 『노계가집』.
22) 『노계선생문집』 권3 〈조홍시가〉.

한 혼란이 야기되기도 했다. 하지만 〈2〉가 이덕형이 후손 이윤문에 의해, 〈3〉이 노계 후손이 각각 정리된 문헌에 수록된 점을 고려한다면 이를 이해하는 것은 그리 어렵지 않다. 〈2〉는 1690년의 기록이고 〈3〉은 1831년 초간 이후 3차에 걸쳐 추간과 복각되었기 때문에 원전 비평의 관점에서 보면 〈2〉가 더 사실에 가깝다고 할 수 있다. 노계 후손의 입장이라면 누군가의 명에 의해 노래를 지었다는 것보다는 접대를 받은 선조(先祖)가 이에 감흥을 하여 노래를 지었다고 보는 것이 불편하지 않았을 것이다. 〈사제곡(莎堤曲)〉을 두고도 경오본(1690)이 "한음이 노계에게 회포를 풀게 하였다.〔曾祖考漢陰相國使朴萬戶仁老 述懷之曲也〕"라고 하고, 『노계선생문집』이 "한음이 노계와 더불어 회포를 펼친 노래〔曾祖考漢陰相國退老 與朴蘆溪仁老述懷之曲也〕"라고 한 것에서도 이를 확인할 수 있다. 그리고 『노계선생문집』이 변개가 있었음은 1728년 편찬된 진본 『청구영언』의 기록이[23] 경오본과 더 가까운 것에서도 미루어 짐작할 수 있다. 따라서 후본 〈조홍시가〉는 경오본과 진본 『청구영언』의 기록대로 이덕형이 초본 〈조홍시가〉를 보고 연시조로 확장하여 짓게 한 결과물이라 할 수 있다.

후본 〈조홍시가〉의 창작 시점은 기록에서 보듯 신축년(1601) 9월 초라 할 수 있다. 이덕형이 41세 되던 해 5월 그는 시조묘(始祖墓)에 제를 올리기 위해 영천(永川)을 방문하게 된다.[24] 연보에 이덕형이 노계를 만났다는 내용은 없지만 노계의 〈행장〉에, 이덕형이 영천에 내려가 조상 묘를 배알하고 나서 박인로를 만난 것으로 보인다. 이덕

---

23) "박인로 선조 때 무인으로 관직은 만호에 올랐다. 한음이 '반중조홍'의 노래를 보고 박인로에게 명하여 3장의 노래를 짓게 하였으니 대개 사친지성이 드러났다."(朴仁老 宣廟時武人官至萬戶 漢陰見盤中早紅使朴仁老命作三章盖出於思親至誠.) 김천택 편 『청구영언』.

24) "巡到永川 祭始祖墓." 『한음선생문고(漢陰先生文稿)』 부록(附錄) 권2 연보(年譜).

형이 박인로를 국사(國士)로 대우하고 그의 조상 역시 배알할 만하다고 한 것에서[25] 이 때 둘의 관계가 형성되었음을 추측할 수 있다. 다만 9월 초에 이 두 사람이 재회했다는 기록이 없어 단언할 수 없지만 이덕형이 그 해 10월 조정에 돌아가기〔十月 承召命 還朝〕 전에 〈조홍시가〉가 이루어졌을 것으로 보인다.

盤中 早紅감이 고와도 보이ᄂᆞ다
柚子 아니라도 품엄즉도 ᄒᆞ다마ᄂᆞᆫ
품어가 반기리 업ᄉᆞᆯᄉᆡ 글로 셜워 ᄒᆞᄂᆡ이다.(제1수)

王祥의 鯉魚잡고 孟宗의 竹笋것꺼
검던 머리 희도록 老萊子의 오ᄉᆞᆯ 닙고
一生애 養志誠孝를 曾子ᄀᆞᆺ티 ᄒᆞ리이다.(제2수)

萬鈞을 느려내야 길게길게 노ᄅᆞᆯ ᄭᅩ와
九萬里 長天의 가ᄂᆞᆫ ᄒᆡᄅᆞᆯ 자바 ᄆᆡ여
北堂의 鶴髮雙親을 더ᄃᆡ 늘게 ᄒᆞ리이다.(제3수)

群鳳 모ᄃᆞ신 ᄃᆡ 외가마기 드러오니
白玉 싸힌 곳의 돌 ᄒᆞ나 ᄀᆞᆺ다마ᄂᆞᆫ
두어라 鳳凰도 飛鳥와 類이시니 뫼셔 논ᄃᆞᆯ 엇ᄯᅥᄒᆞ리.(제4수)[26]

제1수는 전본과 구조적 측면에서 차이는 없으나 초장과 종장에서 의미 상 적지 않은 차이를 보여준다. 전본에서 화자가 조홍을 보고

25) "惟李漢陰相國 氣宇暗符 遇之以國士 嘗奉使南下 登公祖墓而拜之曰 朴某之祖可拜也." 『노계선생문집』 권2 부록 「행장」.
26) 경오본 『노계가집』.

'먹을까, 가져갈까'하는 갈등을 '두려움'으로 표현하고 있지만, 제1수에서는 화자가 객이 아닌 자식으로서 조홍을 품을 '고운' 대상이라 여긴다. 그리고 중장에서 전본의 '귤'이 유자로 바뀜으로써 전본과 거리를 좀 더 두고 있다. 종장에서는 "드릴 듸"가 "반기리"로 바뀌면서 '드리고자 한 화자의 마음' 대신 '기쁘게 생각할 대상의 마음'으로 시의 초점을 옮겨 놓았다. 이처럼 제1수는 전본과 거리를 두면서 효행의 당연함과 이를 받아들이는 대상의 태도를 흔들림 없이 설정해 놓았던 것이다.

제2수는 왕상, 맹종, 노래자, 증자 등 『이십사효』 고사의 주인공들이 노래를 이루고 있다.[27] 이들은 모두 효의 표상들로 앞서의 육적을 확장시킨 인물들이라 할 수 있다. 왕상과 맹종은 천지를 감동시킬 만큼 효성이 깊은 자들이며, 노래자와 증자는 평생 효를 실천한 인물들이기 때문이다.

평소 자신을 헐뜯는 계모가 물고기를 먹고 싶다고 하자 왕상은 추운 날임에도 불구하고 옷을 벗고 얼음에 누워 있자 잉어 두 마리가 올랐다는 이야기는, 효의 대상을 친모는 물론 자애롭지 못한 계모까지 넓혀야 함을 말해 주고 있다. 그리고 홀로 남은 병든 노모를 위해 추운 겨울 대숲에서 죽순을 구하고자 곡을 하였더니 죽순이 솟았다는 맹종의 이야기는, 왕상의 고사와 함께 효가 자연의 법칙을 넘어 존재할 수 있는 힘을 보여준다고 할 수 있다.[28]

또한 노래자는 평소 양친을 위해 봉양을 게을리 하지 않았으며, 나이 70세가 넘어서도 그의 부모님 앞에서 어린 아이처럼 행동하여 그들을 기쁘게 했다고 한다. 이는 효의 실천이 일회성에 그치는 것이 아

---

27) 『이십사효』 본 12, 23, 17, 3번.

28) 臧健, 「『二十四孝』와 中國傳統孝思想」, 『韓國思想史學』 第10輯(韓國思想史學會, 1998), 233면. "효의 역량을 과대선전하고 있다."고 한 것도 이런 맥락에서 이해할 수 있다.

니라 평생 지속해야 함을 말해주고 있다. 그리고 『이십사효』에 실린 증자 이야기는 증자 모친이 손가락을 깨물자 밖에 있던 증자가 통증을 느껴 집에 돌아왔다는 내용이다. 이는 효성 깊은 자식은 공간을 넘어 모친과 교감할 수 있다는 다소 신비스러운 면까지 보여주고 있다. 주지하다시피 증자는 효의 모범적인 실천가이자 효 사상을 집대성한 인물로 알려져 있다. 화자는 이를 "양지성효(養志誠孝)"라 했다. 이를 통해 화자는 증자와 같은 삶을 지향하겠다고 한다.

이처럼 제2수는 역사적 효인(孝人)들의 행적을 들어 제1수에서 보인 경화(硬化)된 효를 보다 공고히 하고 있다. 이로써 효의 지평은 일회적 개인적 차원을 넘어 사회적 역사적 차원으로 그 공간과 시간이 넓혀졌다고 할 수 있다.

제3수는 〈오관산(五冠山)〉과 비슷하게 역설적 상황을 설정하여 부모의 장수를 기원하고 있다.[29] 화자는 만균의 끈을 만들어 구만리를 가는 해를 잡겠다고 한다. 구만리의 거리가 만균의 끈으로 극복될 수 있다는 것은 심리적 믿음을 전제한 것이다. 구만리를 가는 해는 자연의 힘이요, 노끈을 길게 만드는 것은 인간의 의지여서 후자가 아무리 가능하다 할지라도 전자를 극복할 수는 없다. 하지만 이처럼 불가능성을 전제로 한 시적 형상화는 화자의 절실한 의지의 표현이라 할 수 있다. 그것이 부모의 무병장수라면 형상화의 리얼리티는 더욱 보장받게 되는 것이다. 이덕형과 관련이 있는 〈사제곡(莎堤曲)〉에 "압뫼해 뎌 솔이 프ᄅᆞᆫ 쇠 되도록, 鶴髮을 뫼시고 白髮애 아민 줄 모ᄅᆞ도록 ᄒᆞᆷᄭᅴ 뫼셔 늘그리라"라는[30] 표현 역시 이와 같은 맥락에서 이해할 수 있다.

---

29) "木頭雕作小唐鷄 筋子拈來壁上棲 此鳥膠膠報時節 慈顔始似日平西." 『익재난고(益齋亂藁)』 권4.

30) 경오본 『노계가집』.

또한 제3수의 비유가 다소 과한 것일지라도 이곳에 어울릴 수 있는 것은 제1수와 제2수에서 이미 과도함이 있었기 때문이다. 이들의 이야기가 비록 역사적 인물에 기반하고 있지만 그 내용에서는 가공된 비현실적 측면이 적지 않다. 그렇지만 이들을 용납할 수 있는 것은 내용의 실제성보다는 교화적 효용성에 비중을 두었기 때문이다. 따라서 제3수의 과한 비유는 제1수와 제2수와 내용 상 나란히 하면서 화자의 절실함 마음을 드러내기 위한 장치이며, 이로써 효의 심리적 태도가 더욱 경직되었다고 할 수 있다.[31]

한편 제1수~제3수에서의 효는 특정 개인뿐만 아니라 누구에게나 적용될 수 있다. 효의 대상이 생전과 사후 부모 모두에 해당하고 효 정신 또한 경직되어 나타나기 때문이다. 연구사 초기에 효의 대상이 생전과 사후로 혼재되어 있어 후본 〈조홍시가〉를 '모순'된 작품으로 보았다.[32] 하지만 성리학에서 사친지성(事親至誠)이 부모의 생전은 물론 사후까지 이어져야 한다는 점을 고려할 때,[33] 대상의 현존 여부는 모순이 아니라 당연한 것이라 할 수 있다. 이렇게 효행의 실천을 지나치게 강조한 나머지 개인차를 인정하지 않고 윤리적 경직성을 보이게 된 것이다.

앞서 언급했다시피 제4수는 후본 〈조홍시가〉에서 이질적인 성격의 노래라 평가되었다. 그러나 까마귀가 동아시아 문학 관습에서 효조(孝鳥)로 규정되고[34] 이후 널리 사용되고 있음을 염두에 둔다면 "외

---

31) "子曰 父母之年 不可不知也. 一則以喜 一則以懼." 『논어』 「이인(里仁)」.

32) 황충기, 같은 글, 422~423면.

33) 공자 말하기를, "효자로서 부모를 섬김에 평소에는 공경하는 마음을 다하고, 봉양함에 그 즐거움을 다하고, 병이 들면 그 근심을 다하고, 상을 당하면 그 슬픔을 다하며, 제를 올릴 때 그 엄숙함을 다해야 한다. 이 다섯 가지가 갖추어진 다음에 부모님을 능히 섬겼다고 할 수 있다."(子曰 孝子之事親也 居則致其敬 養則致其樂 病則致其憂 喪則致其哀 祭則致其嚴 五者備矣 然後能事親事親者.) 『효경(孝經)』 제10장 기효행(紀孝行).

34) "烏鳥私情 願乞終養". 이밀(李密), 〈진정표(陳情表)〉.

가마기" 역시 같은 상징으로 읽을 수 있다. 게다가 『이십사효』 별집에 부친의 장례를 치룰 수 없는 안오(顔烏)를 위해 까마귀가 흙을 물어 그를 도와주었다는 고사 또한 까마귀가 의오(義烏)로 기능하고 있다.[35] 그리고 〈사제곡〉에서도 "甘旨奉養을 足다사 홀가마는, 烏烏含情을 베ㅂ고야 말렷노라"라[36] 하여 까마귀〔烏烏〕를 반포지효로 그리고 있다. 따라서 〈조홍시가〉의 까마귀는 동아시아 문학 관습과 『이십사효』와의 관련성에 비추어 보아 효조(孝鳥)·의조(義鳥)라 할 수 있다. 이는 효가 인간의 도리만이 아니라 자연만물까지 해당되는 보편적 것임을 말해준다고 할 수 있다.

초·중장에서 까마귀는 지극히 초라해 보인다. 화려한 봉황들 사이에 까마귀가 홀로 있기 때문이다. 화자는 이를 백옥이 쌓인 곳에 있는 돌 같다고 한다. 하지만 드믄 것이 흔한 것보다 귀할 수 있는 법이다. 보통 까마귀는 흔히 볼 수 있지만 봉황을 만나기란 어렵다. 마찬가지로 세상에 널리 것이 돌이라면 백옥은 이와 정반대이다. 하지만 작품은 이들의 관계를 뒤집어 놓고 있다. 결국 흔한 까마귀가 봉황이 되고 귀한 봉황이 까마귀가 된 셈이다. 이렇게 역전이 벌어지게 된 것은 까마귀의 '효성' 때문으로 이미 전3수에서 여건이 마련된 것이라 할 수 있다. 종장에 이르면 화자는 까마귀의 관점에서 "봉황도 날짐승이 그들을 모시고 논들 어떠하겠느냐."라고 한다. 이제 까마귀가 주인이 되고 봉황이 객이 된 것이다. 겉으로는 화려하고 귀한 것일지라도 효성이 없으면 평범한 것이 될 수 있고, 보이는 모습이 비록 평범하고 소박할지라도 내면에 효성을 갖추었다면 귀한 것이 될 수 있다는 반전이 숨어 있었던 것이다. 이처럼 제4수는 삶에서 가장 가치 있고 우선한 것이 효성임을 강조하면서 노래를 마무리 하고 있다.

---

35) 『이십사효』 별록 별3.
36) 경오본 『노계가집』.

결국 후본 〈조홍시가〉에서의 '효'는 개인적 차원을 넘어 역사적 사회적으로 존재하는 경직된 규범이자 보편적 가치를 지닌 것이라 할 수 있다.

3. 〈조홍시가〉와 '효'의 의미

우리는 앞서 〈조홍시가〉에서의 '효'가 사회적 규범으로 존재함을 살펴보았다. 그리고 이 노래의 형성 과정에서 장현광, 이덕형 그리고 박인로가 상호 작용하였음을 확인할 수 있었다. 따라서 이 노래는 17세기 초반 영남 영천을 중심으로 여러 인물들의 사유가 중첩되거나 확장되었다고 할 수 있다. 이에 본장에서는 이들이 가졌던 '효'에 대한 의미를 검토하고자 한다.

1) 장현광과 이덕형에게 '효'

장현광, 이덕형은 당대 사상적, 정치적으로 영향력 있는 인물이라 할 수 있다. 그렇다면 그들이 이 작품을 통해 '효'를 강조했던 까닭은 무엇일까. 개인적 차원에서 장현광의 '효경(孝敬)의 관습화(習慣化)'에 기인한 것으로 볼 수 있고,[37] 이덕형이 시조묘제를 보기 위해 우연히 영천에 방문한 결과로도 이해할 수 있다. 그러나 〈조홍시가〉은 개인적 차원을 넘어 정치 사상적 요인이 작용했던 것으로 보인다.

〈조홍시가〉의 탄생 시기는 임진왜란이 끝난 뒤로, 국가와 사족은 지배체제를 재정비하는 과정에서 열녀와 충신을 표창하는 한편 국가 재건과 향촌 지배질서의 회복에 큰 관심으로 두었다.[38] 특히 장현광

37) 金時晃, 「旅軒 張顯光 先生의 禮學思想」, 『東洋禮學』 第24輯(東洋禮學會, 2011), 10~12면.

은 전란 이후 국가의 현안 문제를 타개하기 위해 집권 세력의 반성, 사대부의 조화, 교화를 통한 민심 수습 등을 주장하였으며, 보은 현감으로 재직할 때에 향약의 시행을 통해 민심 수습과 향촌 지배 질서의 안정에 힘썼고 특히 무너진 지배체제를 회복하기 위해 인륜과 기강의 확립을 강조했던 인물이다.[39] 따라서 이러한 그가 입암에 머물면서 관여했던 초본 〈조홍시가〉는 개인적 사친지정(思親之情)뿐만 아니라 성리학적 지배질서를 재구축하려는 의도까지 반영되었다고 할 수 있다.

또한 이덕형은 후본 〈조홍시가〉를 완성하기 일 년 전인 1600년에 4도(충청, 전라, 경상, 강원)의 도체찰사(都體察使) 직을 수행하였다. 도체찰사가가 민심 수습과 체제 안정이 주요 임무였다는 점을 상기한다면 그가 이 시기에 국왕을 대신하여 민심 수습에 진력했음을 짐작할 수 있다. 실제 민심을 수습하고 민폐를 없애기 위해 교화를 넓힐 것을 건의한 것에서도[40] 이를 확인할 수 있다. 따라서 대민 교화의 의식을 갖고 실천을 했던 이덕형이 〈조홍시가〉에서 바란 것은 '효'를 통해 근본을 일깨워 이반된 민심을 귀화시키려는 목적이 있지 않았을까 생각한다.

효는 본래 친족간의 기본적인 윤리이기 때문에 친족들로 이루어진 향촌 공동체를 안정화 하는 데는 '효'만큼 주효한 것은 없다. 이렇게

---

38) 한국역사연구회, 『한국역사』(역사와비평사, 1992), 142~143면; 전란 이후 향촌 사회의 질서 회복하는 과정에서 '충과 효'를 포함하는 오륜 개념이 확산되었다는 주장 또한 시사하는 바가 적지 않다. 하윤섭, 『조선조 오륜시가의 역사적 전개 양상』(고려대학교 민족문화연구원, 2014), 249~268면.

39) 박학래, 「旅軒 張顯光의 시대인식과 經世論」, 『儒敎思想硏究』 第22輯(한국유교학회, 2005), 229; 239면.

40) "滌蕩錮弊 恢弘政化 號令一新 風采丕變." 『한음선생문고(漢陰先生文稿)』 권8 계사(啓辭) 진시무팔조계(陳時務八條啓).; 김문준, 「한음 이덕형의 생애와 실천사상」, 『韓國人物史硏究』 제7호(한국인물사연구소, 2007), 48면.

종법(宗法)을 이용하여 향촌 공동체 내의 질서를 회복함은 물론 효가 내포한 수직적 질서 개념을 통해 체제 안정까지 도모했던 것으로 보인다. 따라서 이들이 경세적(經世的) 도구로써 효를 인식했다고는 할 수 없으나, "지으라 명"〔命製·命作〕 했을 때 '命'은 당대 현실적 문제를 풀고자 했던 방편으로서의 의미를 가진다고 할 수 있다.[41)]

2) 박인로에게 〈조홍시가〉와 '효'

〈조홍시가〉에서 박인로는 장현광과 이덕형이 가진 '효'에 대한 의식과 일정 정도 공유하고 있으면서도 의도한 점은 약간 달랐을 것으로 보인다. 여헌과 한음이 일찍부터 성리학적 학습 경험을 바탕으로 『소학』의 차원에서 효를 오륜의 하나로 이해했을 것 같다. 그들의 문집에도 '효'를 특별하게 다룬 기록이나 『효경』에 대해 언급을 찾아볼 수 없고 성리학적 차원에서 다른 개념들과 함께 다룬 것들만 보이기 때문이다. 이에 비해 박인로의 경우 '효'를 '충'과 거의 같은 비중으로 놓고, 삶의 과정에서 실천 덕목으로 보고 있다고 할 수 있다. 황충기가 언급했다시피 박인로의 일생 전반에 충효사상이 나타나지만,[42)] 특히 전란 전후로부터 52세 이전까지 이러한 점은 더욱 두드러지게 나타난다.

華山이 어듸오 이 말을 보내고져
天山이 어듸오 이 활을 노피 거쟈
이제야 ᄒᆞ올 일이 忠孝一事ᄲᅮᆫ이로다. 〈태평사(太平詞)〉[43)]

---

41) 이윤문이 〈사제곡〉 〈누항사〉 〈상사곡〉 〈조홍시가〉 등을 판각한 이유가 선조 이덕형의 자취를 남기고 싶었기 때문이라 할 수 있으나 현재 영천 군수로서 '훈민' 의도 역시 일정 정도 반영되었음을 추정할 수 있는 것도 이같은 이유가 아닌가 싶다.

42) 황충기, 같은 글, 24~25면.

성윤문(成允文)의 막하에 있으면서 그의 명에 의해 지은 것이 〈태평사〉(1598)이다.44) 여기서 화자는 전쟁 도구인 말〔馬〕과 활을 화산과 천산으로 보내고 나면 '충효'만이 있다고 한다. 전시에 참전 군인으로서 종전을 바라는 마음과 전쟁 이후 다가올 태평시대에 충효를 다짐하고 있는 것이다. 대개 전시에서 국가와 국왕에 대해 '충'을 강조하는 것은 흔한 일이지만 화자는 '충'과 '효'를 함께 강조하고 있다. 이를 중세 시가가 갖는 관습으로 볼 수 있지만 이후의 작품들을 볼 때 박인로에게 '충'과 '효'는 일련의 의식의 산물이라 할 수 있다.

이 몸이 無狀훈들 臣子ㅣ 되야 이셔다가
窮達이 길이 달라 몬 뫼옵고 늘거신들
憂國丹心이야 어닉 刻애 이즐넌고. 〈선상탄(船上嘆)〉45)

〈선상탄〉(1605)은 부산 통주사로 부임하여 지은 노래이다. 전쟁은 끝났지만 전운이 남아 있던 분위기에서 화자는 국가 안위를 걱정하고 충군(忠君)의 자세를 보여주고 있다. 직접 군주를 옹위하지 못한 말직의 무신(武臣)이라 할지라도 국가와 국왕에 대한 변함없는 충성의 마음을 드러내고 있다. 이것을 〈조홍시가〉(1601)의 '효'와 연관지어 보면 〈태평사〉에서 말한 "忠孝一事"의 뜻이 순차적으로 나타남을 알 수 있다.

私情이 이러훅야 아직 물러나와신들
罔極훈 聖恩을 어닉 刻애 니즐런고

43) 『노계선생문집』 권3.
44) "太平詞 戊戌季冬 釜山屯賊 乘夜奔潰 時公佐左兵使成允文幕 兵使聞卽率軍馳到釜山 留十餘日後還到本營 明日 使之作此歌." 『노계선생문집』 권3.
45) 『노계선생문집』 권3.

犬馬微誠은 白首에야 더옥 깁다
時時로 머리 드러 北辰을 ᄇᆞ라보니
놈 모ᄅᆞ는 눈믈 이 두 사매예 다 젓ᄂᆞ다
이 눈믈 보거든 ᄎᆞ마 믈러 날가는
ᄌᆞ득 不才예 病 ᄒᆞ나 디터가고
萱堂老親은 八旬이 거의거든
湯藥을 그치며 定省을 뷔올런가. 〈사제곡〉[46]

박인로의 '충효' 의식은 〈사제곡〉에 이르면 동반하여 등장한다. 주지하다시피 〈사제곡〉(1611)은 이덕형과 관련된 작품으로 명작(命作)의 성격이 있지만[47] 박인로의 '회포(懷抱)'[48] 또한 반영된 작품이라 하겠다.

사정(私情)이 있어 임금 곁을 떠나 있지만 군은(君恩)을 잊지 못하고 연군(戀君)으로 눈물을 흘린다고 한다. 당시 이덕형과 박인로 모두 관직에 있지 않고 나이 또한 노년에 가까운 때이니 현실적인 정도의 차이만 있을 뿐 두 사람의 처지는 비슷하다고 할 수 있다. 예전에 군주와 가까이 있었던 이덕형이나 애초부터 거리가 있었던 박인로 모두 지금은 북쪽에 있는 별처럼 군주와 거리를 두고 있다. 그럼에도 불구하고 이들은 '무능력〔不才〕'과 병(病)으로 인해 군주를 모시지 못함을 안타까워하고 있다. 그러면서도 선사부모(善事父母)의 도리를 다하고 있음을 자부하고 있다. 실제 이 작품이 창작되기 전에 한음과 노계의 모친은 이미 세상을 떠났기 때문에 작품의 내용과 부합하지 않

46) 경오본 『노계가집』.
47) "萬曆辛亥春 漢陰大鑒命作此曲 莎堤勝地名 在龍津江東 距五里許 大鑒江亭所在處也." 경오본 『노계가집』.
48) "莎堤曲 何爲而作也 昔在辛亥春 曾祖考漢陰相國 使朴萬戶仁老 述懷之曲也." 경오본 『노계가집』.

다. 그러나 이미 전장에서 효가 개인적 차원이 아니라 공식적 규범으로 적용된 것처럼 〈사제곡〉에서도 이 공식이 반영된 것이라 할 수 있다. 이처럼 〈사제곡〉에서 '출충처효(出忠處孝)'의 규범적이고 당위적 공식이 성립되었다고 할 수 있다.49)

太平 天下애 忠孝롤 이롤 삼아
和兄弟 朋友有信 외다 ᄒᆞ리 져글션정
그 밧긔 녀나믄 이리야 삼긴대로 살련노라. 〈누항사(陋巷詞)〉50)

박인로의 '충효' 의식은 〈누항사〉에 이르면 더욱 확산한다. 〈누항사〉(1611) 또한 이덕형과 관련이 있는 작품으로51) 〈사제곡〉과 달리 답가(答歌)의 성격으로 박인로의 의식을 좀 더 담고 있다고 할 수 있다. 곤궁한 삶 속에서 빈이무원(貧而無怨)하며, 앞으로 충효를 본업으로 하겠다고 〈태평사〉에서 이어 다시 다짐한다. 그리고 여기에서 더 나아가 형제화목, 붕우유신을 실천 덕목으로 추가하고 있다. 효가 근본적인 가족간의 윤리라면 충은 효의 최대치라 할 수 있다. 그 사이 가족 윤리로서의 형제유애(兄弟有愛)와 사회 윤리로서 붕우유신을 담음으로써 충효의 의식은 더욱 튼튼하고 풍성해졌던 것이다.

이렇게 〈태평사〉, 〈조홍시가〉, 〈사제곡〉 그리고 〈누항사〉을 통해 볼 때, 박인로에게 '효'란 '충'을 염두에 둔 확장 가능태로서의 효라 할 수 있다. 중세 이전 '효'가 개인적 차원을 넘어 국가 내지 국왕에 대해 '충'과 동일한 맥락에서 이해될 때, '효'는 '충'으로 쉽게 전용되며52)

49) 김석배는 〈사제곡〉이 "어버이를 봉양하는 효성과 임금을 사모하는 충성이 잘 표현되어 있다."고 했는데, 같은 의미로 해석될 수 있다. 김석배, 같은 글, 18면.

50) 경오본 『노계가집』.

51) "陋巷詞 公從遊漢陰相公 相公問公山居窮苦之狀 公乃述己懷作此曲." 『노계선생문집』 권3.

52) 우경섭, 「조선후기 『효경』·『충경』 이해와 효치론」, 『정신문화연구』 제35권 제1호, 37면.

이는 『효경』과 『충경』의 논리이기도 하다. 이런 점에서 박인로에게 효는 충을 향한 출발점이라 할 수 있다.[53]

그가 '충-효'의 관념을 중요하게 가졌던 이유는 전란에 참전 군인으로서 체제 안정과 유지의 절심함 때문으로 볼 수 있다. 국왕을 중심으로 하는 정치 권력의 집중을 국가 유지와 안녕을 위한 현실적인 타개책으로 이해했을 것이기 때문이다. 평시에 정치 권력은 군신간 혹은 신료간 제휴, 분열, 갈등, 대립, 소멸 등 유동적인 조합을 보이기 마련이다. 하지만 비상시국에서 외부의 위협을 극복하기 위해 내부적 결속은 필수적이라 할 수 있다. 국왕이 곧 국가라는 개념이 지배하던 시절, 집단 전체는 국왕을 정점으로 질서화 할 필요가 있는 것이다. 이는 앞서 살핀 장현광이 향촌 사회의 질서 회복을, 이덕형이 민심 수습을 주장한 것과도 궤를 같이 하면서도 이를 국가적 차원까지 확장한 것이라 할 수 있다. 따라서 〈조홍시가〉가 명작(命作)의 산물이라 할지라도 박인로가 '作'한 〈조홍시가〉는 국가 위기를 현실적으로 타개하기 위한 군주 중심의 정치적 '충'의 이형태이자 효치천하(孝治天下)의 '효'를 노래한 것이라 할 수 있다.

또한 〈오관산〉에서 문충(文忠)이 모범적인 효인이라 할 때, 그의 이름 '충'은 '효'를 내재한 것이어서 이 역시 '충'은 확장된 '효'로서의 '충'의 노래라 할 수 있다. "五冠山 孝子文忠所作也 忠居五冠山下 事母至孝 其居 距京都三十里 爲養祿仕 朝出暮歸 定省不少衰 嘆其母老 作是歌." 『고려사(高麗史)』 권71 악지(樂志).

53) 박인로의 충효 의식은 그의 한시에서도 엿볼 수 있다. "少日居官有何效　氷淸玉潔而已矣 生於斯世有何名　孝友淸白而已矣 不虞之譽過情聞　心獨恥之而已矣 此翁胸中何所蓄　忠孝二字而已矣." 『노계선생문집』 〈안빈음(安貧吟)〉.

4. 〈조홍시가〉의 유기성과 문학사적 위치

〈조홍시가〉는 박인로를 중심으로 장현광이 관여한 전본 〈조홍시가〉 총1수와 이덕형이 관여한 후본 〈조홍시가〉 총4수로 이루어진 작품군을 이룬다. 연구사에서는 창작 경위에 대해 여러 논란이 있었으나 장현광이 박인로에게 조홍감을 주어 노래를 짓게 한 것이 전본이며, 이 노래를 보고 추가로 지은 것이 후본이라 하겠다. 그리고 후본 제4수에 대해서 효와 거리가 있는 작품이라 보았으나 '까마귀'를 효조(孝鳥)로 본다면 총4수의 긴밀성을 얻을 수 있다고 보아 논의를 진행했다.

전본 〈조홍시가〉는 단수(單數)의 노래로 박인로가 장현광을 찾았을 때 지은 것이다. 이 노래는 육적의 회귤고사를 바탕으로 한 것으로 원술과 육적의 관계를 장현광과 박인로의 관계로 비의하여 효성과 실천 정신을 말하고 있다. 후본 〈조홍시가〉는 이덕형에 의해 전본에 3장이 추가된 총4수의 노래로, 제1수는 전본에 비해 효행의 당연함을 말하고 있으며, 제2수에서는 왕상, 맹종, 노래자, 증자 등 『이십사효』의 주인공들을 통해 제1수에서 보인 경화된 효를 더욱 강화하고 효의 지평을 개인적 차원을 넘어 사회적 역사적 차원으로까지 넓혀 놓았다. 제3수에서는 불가능한 상황을 설정하여 부모의 장수를 기원하고 있는데, 이는 심리적 믿음으로 극복할 수 있다는 절실한 의지를 보여준 것이라 하겠다. 이러한 과한 비유가 이 작품에서 어울릴 수 있는 것은 제1수와 제2수에서 이미 과도함이 있었고, 공리적이면서 교화적 효용성에 비중을 두었기 때문이다. 그리고 제3수까지 효의 대상을 생전과 사후 부모를 포함한 것은 사친지성(事親至誠)이 부모의 생전은 물론 사후까지 이어져야 한다는 것에서 비롯했다. 이로써 효행은 개인차를 인정하지 않은 보편적인 윤리적 경직성으로 변질되게 되었다. 제4수의 까마귀는 동아시아 문학 관습에서 효조(孝鳥)로 규정된 바 있고 〈조홍시가〉 창작에 의지했던 것으로 보이는 『이십사효』 별집에 까마귀가 의오(義烏)로 기능하고 있으며, 이덕형과 박인로가 함께 관여한 〈사제곡〉에서도 까마귀〔烏鳥〕를 반포지효로 그리고 있어 〈조홍시가〉의 까마귀는 효조(孝鳥)·의조(義鳥)라 할 수 있다. 결국 후본 〈조홍시가〉는 '효'가 개인적 차원을 넘어 역사적 사회적으로 존재하는 경직된 규범이자 보편적 가치라 할 수 있다.

〈조홍시가〉에서 '효'의 의미에 대해 장현광과 이덕형, 박인로가 공유하는 면이 있으면서도 각각 지향한 점은 달랐다. 장현광과 이덕형은 당대 성리학적 정치적으로 영향력이 있었던 인물들로 장현광은 전쟁 이후 '효'를 통해 성리학적 지배질서를 재구축하고 향촌 질서의 회복하려 했으며, 이덕형은 도체찰사로서 민심 안정과 수습을 위해 '효'를 노래하도록 했던 것이다. 친족들로 이루어진 향촌 공동체의 안정화는 수직적 질서를 강조한 '효'가 주효했기 때문이라 할 수 있다. 박인로 또한 이들과 의식을 공유했을 것으로 보이지만 참전 경험을 바탕으로 전후 국가 질서의 회복을 국왕에 중심을 두어 '충으로의 확장을 위한 효'에 더욱 비중을 두었다. 전쟁 중 지은 〈태평사〉(1598)에서 충효일사(忠孝一事)에 뜻을 둔 이후 〈조홍시가〉(1601)에서는 '효'를, 〈선상탄〉(1605)에서는 '충'을, 〈사제곡〉(1611)과 〈누항사〉(1611)에서 '충-효'를 노래한 것에서 이러한 의식을 볼 수 있다. 이렇게 순차적이고 일관된 '충효' 의식은 1611년에 이르러 '출충처효(出忠處孝)'의 규범적이고 당위적 공식으로 성립되었으며, 오륜의식으로 확산되기에 이른다. 이런 점에서 박인로에게 '효'란 '충'을 염두에 둔 확장 가능태로서의 효이자 '충'을 향한 출발점이라 할 수 있다. 그가 '충-효'의 관념을 중요하게 가졌던 이유는 전후 복구 과정에서 국왕을 중심으로 하는 정치 권력의 집중이 국가 유지와 안녕을 위한 현실적인 타개책으로 보았기 때문이라 할 수 있다. 따라서 박인로의 〈조홍시가〉는 국가 위기를 현실적으로 타개하기 위한 군주 중심의 정치적 '충'의 이형태이자 효치천하(孝治天下)의 '효'를 노래한 것이라 할 수 있다.

앞으로 〈조홍시가〉와 박인로의 〈오륜가〉, 18세기 영조 시대『효경』·『충경』과의 관련성을 살펴야 할 것이다. 이미 〈오륜가〉에 대해서는 적지 않은 논의가 있었지만『소학』과의 관련성과『효경』또한 관련성이 적지 않기 때문이다. 초기 〈오륜가〉의 작자인 주세붕이『효경』을 강조한 바 있고[54] 그 이후의 〈오륜가〉들도『소학』이외에『효경』과도 상관성이 있다고 믿어지기 때문이다. 이는 정치적 기능으로서 '효'의 시적 구현이라는 측면에서 관심이기도 하다.

---

54) 강문식, 「조선전기의『효경』이해」,『정신문화연구』제35권 제1호(한국학중앙연구원, 2012), 16면.

조선 후기 영세 경영농의 몰락과 〈고공가(雇工歌)〉

1. 〈고공가〉와 조선 후기 농정사

〈고공가〉에 관한 연구는 작자, 성격 및 주제 등이 있어 왔다. 작자 문제는 이미 이수광(李睟光, 1563~1628) 때부터 시작되었는데, 『지봉유설(芝峯類說)』에서 그는 〈고공가〉가 선조(宣祖) 작(作)이라고 전해지지만 실제는 무과(武科)에 오른 허전(許㙉)이 지은 것이라고 하였다.[1] 하지만 숙종(肅宗) 대에 오면 이복(李馥)은 그의 상소문에서[2] 선조가 사람들에게 알기 쉽게 깨우치기 위해 한글로 〈고공가〉를 지었다고 하였다. 그러나 당시 조정에서 이복의 상소와 그 내용 가운데 선조 소작설(所作說)에 대한 규탄의 목소리가 적지 않았음을 볼 때[3] 숙종 대에도 〈고공가〉를 선조 소작으로 인정하지 않았던 것으로 보인다. 이후 〈고공가〉가 발견되고 이를 수록한 『잡가(雜歌)』 발문(跋文)에[4] 다시 "선조가 창작했다."〔宣廟御製〕고 하였다. 이를 통해 19세기까지 작자에 대한 논쟁이 상존하고 있음을 엿볼 수 있다. 이에 대해 연구자들은 위 기록들 가운데 어느 한 쪽을 긍·부정하면서 나

1) "俗傳雇工歌 爲先王御製 盛行於世 李完平元翼 又作雇工答主人歌 然余聞 非御製 乃許㙉所作 而時俗誤傳云 許㙉以進士登武科者也."『芝峰類說』卷14, 文章部7, 歌詞.

2) "惟我昭敬大王 經年覊紲之餘 克遂光復之志 瘡痍甫定 國容草草 於是時也 不有大警動大策厲之擧 則終無以鎭定而收拾 故欲人易曉 述以諺語作爲雇工歌一章 以示朝紳."『陽溪集』卷3, 疏, 應旨進言兼呈御製雇工歌疏 丁巳.

3) "東萊府使李馥 以俗傳雇工歌 謂之宣廟御製 譯以諺語 自爲序跋 隨疏投進至謂之 堯舜心法 平治要道 皆在於此 政院 以僭褻可駭 還給而請推之. 後諫院又以馥前後啓聞 辭語胡亂 人多傳笑 今以閭巷俚謠 妄謂御製 諺飜投進 題跋亦多猥褻 謬妄如此 他事可知 請罷職."『宗實實錄』卷6, 肅宗 3年 5月 辛丑.

4) "此宣廟御製 壬辰經亂之後 作此歌以寓慷慨臣僚之意."『雜歌』.

름의 작자설을 제기해 왔다. 처음 〈고공가〉를 발굴 소개한 김동욱은 선조(宣祖) 창작설을,[5] 이상보, 임기중 등은 허전(許㙉) 창작설을,[6] 김용섭은 이들 주장을 절충한 허전 대작설(代作說)을[7] 각각 주장하였다.

한편 작품의 성격 및 주제에 대해서 대부분 논자들은 〈고공가〉는 임진왜란 직후에 지은 노래로 국정 운영을 농사에 빗대어 백관(百官)들의 탐욕과 무능함을 개탄하고 근검할 것을 훈계한 것이라 하였다.[8] 이와는 달리 김용섭은 〈고공가〉는 임란(壬亂)으로 파괴된 농업생산(農業生産)을 재건(再建)하기 위한 정치성을 띤 권농적(勸農的) 성격의 가사로, 국왕과 진보적인 지식 관료층이 자영농을 중심으로 농업 기반을 재건해야 한다는 주장을 담았다고 보았다. 다시 말해 이 작품을 주인·고공의 관계가 임금-관료 사이를 비유한 노래가 아니라 전쟁 이후 피폐한 농촌 경제를 그대로 드러낸 작품으로 본 것이다.[9] 위 쟁점을 정리하면 선조 혹은 (선조의 의중을 간파한) 허전이 '① 임란 이후 혼란한 정국을 수습하기 위해 관료들의 각성을 촉구한 우의적 노래' 또는 '② 임란 이후 피폐해진 농촌 경제를 부활하기 위한 실사(實事)의 노래'로 나눌 수 있겠다.

---

5) 金東旭, 「雇工歌 및 雇工答主人歌에 대하여」, 『韓國歌謠의 硏究·續』(二友出版社, 1980), 241면.

6) 이상보, 『17세기 가사전집』(교학연구사, 1987), 19면; 임기중, 『한국가사문학 주해연구 1』(아세아문화사, 2005), 547면.

7) 金容燮, 宣祖朝 雇工歌 의 農政史的 意義 , 『學術院論文集(人文·社會科學篇)』 第42輯, 2003, 84면.

8) 이상보, 같은 글, 19면; 柳海春, 〈雇工歌〉·〈雇工答主人歌〉의 作品構造와 現實認識 , 『文學과 言語』 第9號(문학과언어학회, 1988), 121면; 윤덕진, 『가사읽기』(태학사, 1999), 142면; 임기중, 같은 글, 547면; 채현석, 「조선후기 현실비판가사 연구」, 문학박사학위논문(조선대학교, 2008), 30면.

9) 성격 및 주제 논의를 직접적으로 개진하지는 않았지만 김형태 역시 김용섭의 견해에 동의하고 있다. 김형태, 『대화체 가사의 유형과 역사적 전개』(소명출판, 2009), 110~112면.

이 가운데 김용섭을 제외한 대부분의 연구는 전자 쪽에 서 있다. 하지만 〈고공가〉를 전란 이후 사리사욕만을 좇거나 무능한 관료를 비판한 것으로 보기에는 석연찮은 점이 없지 않다. 왜냐하면 주인을 임금으로, 고공을 관료로 비유했다면 이들이 치자(治者) 계급으로서 정치적 대상인 민의 모습이 보여야 하지만 이 작품에서는 찾을 수 없기 때문이다. 단지 주인과 고공의 관계만 나타나며 한 집안의 피해 복구만이 관심사일 뿐이다. 그리고 (작가를 선조로 상정했을 때 이들의 주장이 탄력을 받을 수 있겠지만) 이수광의 기술 태도와 숙종 대의 반응 등에서 보듯 이 작품을 선조 소작으로 보기에 무리가 따르므로 재고의 여지가 있는 것이다. 이런 면에서 김용섭의 견해는 〈고공가〉를 다른 각도에서 조망할 수 있는 계기를 마련했다고 할 수 있다.

그렇다 하더라도 그의 주장에 몇 가지 의문은 여전히 남는다. 작자 문제의 경우 그는 허전의 선조 대작설을 주장하면서 선조의 의중이 작품에 반영되었다고 했지만, 과연 작품 창작에 선조가 관여했을지가 궁금하다. 이미 언급한 바와 같이 선조 창작 또는 관여설에 대해 숙종 시대부터 강한 비판이 있었기 때문이다. 그리고 작품을 조선 후기 농정사적(農政史的) 관점에서 볼 수 있는가도 자못 의심스럽다. 작품을 자영농의 육성, 권농 권유 등으로 읽는 것은 자칫 확대 해석의 우려가 있기 때문이다. 끝으로 작품의 형성 시기를 선조 시대로 국한할 수 있는가 하는 점이다. 〈고공가〉의 필사가 19세기까지 이루어진 점을 볼 때,[10] 이 작품을 17세기에만 국한하기 어렵기 때문이다. 다시 말해 수용사적 입장에서 어떤 작품이 후대까지 유통되었다면 그 작품이 가지는 의미를 특정할 수 없기 때문이다.

이에 저자는 이 작품을 실사(實事)의 견지에서 출발하면서도 앞서

10) 윤덕진, 가사집『雜歌』解題, 『洌上古典研究』제9집(洌上古典研究會, 1996), 447면.

의 의문을 품고 논의를 전개하기로 하겠다. 그리고 이 작품이 조선 후기 농업 경영의 모습을 반영하고 있고 경영 주체인 화자의 자술(自述)로 진행되어 있으므로 화자에 초점을 두어 논의를 전개하고자 한다.

한편, 논의에 앞서 본고가 대상 삼을 자료는 『잡가(雜歌)』이며,[11] 경우에 따라 『역대가사문학전집(歷代歌辭文學全集)』 소재 28번과[12] 1468번[13] 작품도 참고하도록 하겠다.[14]

2. 갈등, 불신 그리고 그 이면

1) 갈등의 시작

노래의 제목이 '고공의 노래'이기는 하나 정작 창작의 계기는 고주(雇主)와 고공 간의 갈등이다. 고공은 양인가(良人家)에 고용된 유임(有賃) 노동자를 뜻하며, 우리나라에서는 고려 말에 발생하여 조선 시대에 이르러 새로운 신분층을 이루게 된다.[15] 고공은 생래적 신분이 아니기 때문에 평민, 천민뿐만 아니라 양반이라도 상황에 따

11) 『洌上古典研究』 제9집 부록.

12) 임기중, 『歷代歌辭文學全集』 제6권(아세아문화사, 1983), 526면.

13) 임기중, 『歷代歌辭文學全集』 제31권(아세아문화사, 1998), 556~560면.

14) 현재까지 발굴된 〈고공가〉는 연민본 『가집』(열상고전연구 제9집 수록), 『역대가사문학전집』 제6권과 제31권 등 모두 3종이다. 이 가운데 『역대가사문학전집』 제31권의 필사본은 김동욱이 연민본 『가집』의 작품을 임서(臨書)한 것이며, 제6권의 필사본은 출처가 불분명한 것으로 가독성이 현저히 떨어진다. 따라서 〈고공가〉의 선본(善本)은 연민본 『가집』에 필사된 것이라 할 수 있다.

15) 姜勝浩, 「朝鮮前期 雇工의 類型과 그 性格」, 『實學思想研究』 5·6집(무악실학회, 1995); 姜勝浩, 「朝鮮後期 雇工定制 研究」, 『실학사상연구』 10·11집(무악실학회, 1999); 이정수·김희호, 「17-18세기 雇工의 노동성격에 대한 재해석」, 『경제사학』 제47호(경제사학회, 2009). 고공에 관한 견해는 위 글들을 참고하였다.

라 고공 계층이 될 수 있고, 고용 조건에 따라 다양한 고용 노동층이 존재하였다.

고주와 고공 간의 관계가 마냥 불편한 것은 아니지만 고주의 경제적 능력 정도와 양자(兩者)의 선천적 신분 차이 때문에 종종 문제가 발생하기도 하였다.[16] 경제적으로 넉넉한 양반이 고주가 되고 고공이 양반이 아니라면 이 둘은 보다 분명한 상하의 관계를 맺겠지만, 고주가 경제적으로 넉넉지 못하고 평민인 경우에 평민 혹은 양반이 고공이라면 비교적 느슨한 상하 관계를 형성하게 될 것이다. 다시 말해 고공이 부농 경영인 내지 지주 경영인과 고용 계약을 하지 않고 영세 농업인과 고용 계약을 체결했을 때, 고공의 신분이 고주와 선천적으로 동등하거나 역전된 상태라면 갈등의 가능성은 크다고 할 수 있다.

집의 옷 밥을 언고 들먹는 져 雇工아

화자인 고주가 시작부터 고공을 강하게 비판한다. 고공이 집, 옷, 밥을 받고도 일을 하지 않고 먹기만 한다는 것이다.[17] 사용자 편에서 보면 의식주를 보장해 주었으니 노동자는 응당 업무에 충실해야 함이 마땅하나 고공은 그렇지 않고 있으니 화자가 고공을 나무라는 것은 당연하다. 하지만 노동자의 입장에서 보면 고주의 의식주 제공은 당연한 것이고 '먹는 것'은 일을 어느 정도 했기 때문에 받은 정당한 임금이라 할 수 있는 것이다.

---

16) 이와 같은 문제를 해결하기 위해 숙종 6년(1680)에 이르러 고공정제(雇工定制)에 대한 논의가 시작되어 조선 말기까지 몇 차례 수정 보완을 거듭하였다. 고공정제의 논의 과정에 관한 자료는 『추관지(秋官志)』에, 고공에 대한 규정은 『대전회통(大典會通)』 권(卷) 5 등을 참고.

17) '들먹는'에 대한 기존 어석은 '못생기고 마음이 올바르지 못한'(이상보: 63면, 임기중: 548면)과 '들입다 먹기만 하는'(최강현: 380면, 윤덕진: 144면)으로 나뉘나 모두 고공을 부정적으로 그리고 있다.

노사관계가 늘 그렇듯이 고용주는 피고용인에게 많은 임금을 지급한다고 여기고 고용인은 일한 것보다 적은 임금을 받는다고 생각한다. 그리고 사용자는 조직을 위해 희생하고 성실한 노동자를 원하지만 노동자는 사용자가 영업 이윤을 최대로 나눠주길 바란다. 이처럼 서로 다른 입장에서 바라보고 상대방의 요구를 충족시키지 못할 때, 양자의 대립은 심화된다고 할 수 있다. 따라서 노래의 시작에서 보듯 화자와 고공의 대립은 양자 간 동등 혹은 역전된 신분, 고주의 경제적 무능 그리고 노사의 임금 견해 차이 등에서 비롯했다고 할 수 있다

2) 갈등의 심곡(深谷)

우리 집 긔별을 아ᄂᆞᆫ다 모로ᄂᆞᆫ다
비오ᄂᆞᆫ ᄂᆞᆯ 일업ᄉᆞᆯ 직 ᄉᆞᆺ ᄭᅩ면셔 니ᄅᆞ리라
처음의 한 어버이 사ᄅᆞᆷᄉᆞ리 ᄒᆞ려ᄒᆞᆯ직
仁心을 만히 쓰니 사ᄅᆞᆷ이 절노모다
플 쎳교 터을 닷가 큰 집을 지어내고
셔리 보십 장기 쇼로 田畓을 긔경ᄒᆞ니
오려논 터밧치 여드레ᄀᆞ리로다
子孫에 傳繼ᄒᆞ야 代代로 나려오니
논밧도 죠키니와 雇工도 근검터라
저희마다 여름지어 가ᄋᆞᆷ여리 사던 것슬

화자는 자신의 가문과 과거의 고주-고용 관계를 들어 고공들을 질타한다. 새끼를 꼬는 행위를 통해 쉼 없이 일하는 자신을 보여주며 게으른(?) 고공들을 다그친다. 화자의 조부가 이곳에 터를 닦을 때 인심(仁心)이 후하여 고용 희망자가 자발적으로 찾아왔으며 열심히 일

한 결과 큰 집과 여드레갈이 논밭을 이루었다고 한다. 황무지와 다름 없는 곳을 정비하여 집을 짓고 거친 텃밭을 연장과 노동력으로 넓은 옥토로 만들었으니 자랑할 만하겠다. 이러한 집과 논밭을 대대로 이어오는데 고공들의 근검과 성실로 한몫을 했을 것이다. 게다가 고공들 스스로가 농사를 열심히 지어 부요(富饒)하게 살았으니 그때는 고주-고공 모두에게 행복한 시절이었다.

이처럼 과거를 들어 화자는 지금의 고공들에게 자발적 참여, 근검 그리고 희생을 강조한다. 하지만 주인-노비의 관계에서도 이러한 덕목을 강요하고 실천하기 매우 어려운데 하물며 금전적인 계약을 맺는 관계라면 더더욱 힘든 일이다. 그리고 화자가 내뱉고도 간과한 중요한 것은 고주의 '인심(仁心)'이다. 과거 고공의 근검에는 조부의 인심이 바탕하고 있었음을 알 수 있다. 그리고 과거의 고공이 자신의 논밭을 돌볼 수 있었다는 것은 과거의 고주가 그만큼 편의를 제공했다는 뜻이기도 하다.

이렇듯 과거 화자의 조부 때부터 전대까지 성공적인 개척과 수성(守成)이 가능했던 까닭은 고공만의 근검과 희생이 아니라 이를 가능케 한 고주의 넉넉함〔仁心〕이 있었기 때문이라 할 수 있다. 따라서 화자가 이를 간과한 채 고공만을 탓하는 것은 내성(內省)의 부족에서 오는 우매한 질호(叱呼)라 할 수 있다.

요ᄉᆞ이 雇工들은 혬이 어이 아조 업서
밥사발 큰나 쟈그나 동옷시 죠코 즈나
ᄆᆞ음을 ᄃᆞᆺ호ᄂᆞᆫ 듯 호슈을 ᄉᆡ오ᄂᆞᆫ 듯
무ᄉᆞᆷ 일 걈드러 흘긧할긧 ᄒᆞᄂᆞᆫᄉᆞᆫ다
너희ᄂᆡ 일 아니코 時節좃ᄎᆞ ᄉᆞ오나와
ᄀᆞᆺ득의 ᄂᆡ 셰간이 플러지게 되야ᄂᆞᆫᄃᆡ
엇굿지 火强盜에 家産이 蕩盡ᄒᆞ니

집 ᄒᆞ나 불다붓고 먹을 썻시 젼혀 업다
큰나 큰 셰ᄉᆞ을 엇지ᄒᆞ여 니르려료

고공에 대한 화자의 비판은 계속된다. 과거의 고공들에 비해 지금의 고공은 먹을 것, 입을 것에 대한 투정과 마름,[18] 호수(戶首)를 질시하고 있다는 것이다. 조선 후기 고공층은 대부분 소작농에서 전락한 경우가 많았으며, 이들은 각종 역(役)의 의무가 있었다. 이런 까닭에 고공들이 마름과 역을 담당하던 호수에게 좋은 감정을 가질 리가 없었던 것이다. 이를 두고 화자는 고공의 고주에 대한 불만〔부족한 의식(衣食) 제공〕과 고공의 사회적 불만〔마름과 호수에 대한 부정(否定)〕을 함께 묶어 고주, 마름, 호수를 속이고 흘기고 있다고 한다.

그리고 화자는 고공의 무노동과 여러 악재로 최악의 상황까지 내몰렸다고 한다. 시절이 좋지 않아 고공들의 세간까지 없어지게 되었고, 화자 또한 화적(火賊)들에게 재산이 강탈당했다고 한다. 시절이 좋지 않다는 것은 자연 재해로 농사에 어려움이 있었음을 짐작할 수 있고, 화적이 출몰했다는 것은 흉년이 더욱 심해졌다고 할 수 있다.

주지하다시피 화적〔화강도(火强盜)〕은 조선 시대 전반에 걸쳐 활동했으며 기근(饑饉)이 심해지면 그 규모나 빈도가 더욱 승했다.[19] 또한 이들은 활과 화살로 무장하여 양반가는 물론 일반 민가에까지 난입하여 재물을 약탈하고 불을 질러 사회적으로 큰 문제가 되기도

18) "ᄆᆞᄋᆞᆷ"을 "마음〔심(心)〕"으로 주석한 경우가 있으나 문맥상의 의미로 볼 때 "마름"(윤덕진: 145면)으로 보는 것이 타당한 듯싶다.

19) "좌변 포도 대장 황침(黃琛)이 아뢰기를, "흉년이 들었기 때문에 도적이 많이 생기고 있습니다. 성문 밖에는 명화강도(明火强盜)가 밤마다 횡행하고 있으니 항상 검거하여 체포해야 하는데, 좌·우변(左右邊)의 포도 군관(捕盜軍官) 10명, 포도 부장(捕盜部長) 3명, 군사 50여 명 만으로는 형세상 체포하기가 어렵습니다.(左邊捕盜大將黃琛啓曰 年運凶歉 故盜賊多興 門外則明火强盜 夜夜恣行 常時檢擧捕獲 而但以左右邊捕盜軍官十人 捕盜部將三人 軍士五十餘名 以此勢難捕捉.)『中宗實錄』卷96, 36年(1541 辛丑 / 명 가정(嘉靖) 20年) 11月 11日(癸巳).

하였다.[20] 이처럼 천재(天災)와 인재(人災)로 인해 고공 및 화자 모두 극단적 지경에 이르게 되었을 때, 화자는 복구의 어려움을 토로한다. 화자는 지금의 고공들이 적극적으로 복구 작업에 임해 주기를 바라고 있으나 생각 없는("이 어이 아조 업서") 고공들이기에 그 일은 매우 소원(疏遠)할 것이라 생각한다. 그렇지만 고공 또한 처지가 미편하기에 다른 이를 살필 겨를이 없으며 고용주까지 파산했으니 고공 자신의 생존을 우선하는 것은 당연한 이치다. 이를 두고 화자가 고공에게 무개념 운운하는 것은 이기적 언사는 아닐까.

3) 회유(懷柔)

金哥李哥 雇工들아 싀 ᄆᆞᄋᆞᆷ 먹어슬라
너희닉 졀머ᄂᆞᆫ다 혬 혈나 아니ᄉᆞᆫ다
ᄒᆞᆫ 소틔 밤 먹으며 매양의 灰灰ᄒᆞ랴
ᄒᆞᆫ ᄆᆞᄋᆞᆷ ᄒᆞᆫ ᄠᅳᆺ으로 녀름을 지어스라

---

20) "상이 이르기를 "금년 농사가 이와 같아(흉년이 들어) 도적이 반드시 일어날 것이니, 장차 어떻게 하면 되겠는가?" 하니, 혁연이 아뢰기를, "전에는 명화 강도(明火强盜)가 반드시 부잣집에만 들어갔는데, 금년에는 베 한 필, 쌀 몇 말만 보아도 오히려 그 마을에서 횃불을 들고 공격합니다. 이에 사람마다 스스로 위태하게 여기고 있는데, 장래에 반드시 확산될 근심이 있습니다." 하자, 상이 서울과 지방에 방비를 엄하게 하도록 하였다.(上曰 年事如此 盜賊必起 將奈何 赫然曰 在前明火强盜 必入於富家 而今年則見一匹布數斗米 猶明火攻之村落間 人人自危 將來必有滋蔓之患矣 上令京外 嚴飭防備.) 『顯宗改修實錄』 卷17, 8年(1667 丁未 / 청 강희(康熙) 6年) 7月 26日(戊辰); "명화대적(明火大賊)이 왕래하며 둔취(屯聚)해 있다가, 인명(人命)을 살상하고 재물(財物)을 겁략(刦掠)하여 여리(閭里)가 소란스러운데, 토포(討捕)하는 책임을 맡은 자가 근포(跟捕)할 것을 생각지 아니하니, 청컨대 전주(全州) 나주(羅州) 운봉(雲峯) 등 세 곳의 토포사(討捕使)를 우선 먼저 종중추고(從重推考)하고, 본도(本道)에 신칙해서 특별히 모두 잡게 하소서." 하니 모두 그대로 따랐다.(明火大賊 往來屯聚 殺越人命 怯掠人物 閭里騷然 而爲討捕之任者 無意跟捕 請全州羅州雲峰三處討捕使 姑先從重推考 申飭本道 別樣勦捕 竝從之.) 『肅宗實錄』 卷49, 36年(1710 庚寅 / 청 강희(康熙) 49年) 9月 14日(乙巳).

ᄒᆞᆫ 집이 가음열면 옷밥을 分別ᄒᆞ랴
누고ᄂᆞᆫ 장기잡고 누고ᄂᆞᆫ 쇼을 몰니
밧갈고 논살마 ᄡᅵ 셰워 더져두고
ᄂᆞᆯ 됴흔 호ᄆᆡ로 기음을 ᄆᆡ야스라
山田도 것츠럿고 못논도 기워간다
사립피 ᄆᆞᆯ목 나셔 볏 겨티 셰을셰라
七夕의 호ᄆᆡ 씻고 기음을 다 ᄆᆡ 후의
ᄉᆞᆺ ᄯᅩ기 뉘 잘ᄒᆞ며 셤으란 뉘 엿그랴
너희 ᄌᆡ조 셰아려 자라자라 맛스라
ᄀᆞ을 거둔 후면 成造들 아니ᄒᆞ랴
집으란 내 지으큼 움으란 네 무더라
너희 ᄌᆡ조을 내 斟酌ᄒᆞ엿노라

매사 비판만이 능사는 아니다. 어차피 함께 가야 할 대상이라면 꾸지람 뒤에 달래는 것도 나쁘지는 않기 때문이다. 화자는 이와 같은 방법으로 고공을 회유한다.

화자는 김, 이 두 고공에게 마음 다잡기를 권한다.[21] 그리고 젊었으니 계산적으로 살지 않기를 바라며,[22] 한솥 밥을 먹은 처지니 따로 두겠느냐고[23] 한다. 그러면서 공동 농경에 적극 참여하기를 독려함과 동시에 다가올 소산(所産)에 대한 공동 분배를 약속하며 봄, 여름,

---

21) 조선 후기 한 가구 당 고공을 둘 수 있는 인원은 최대 2인까지로 이는 국가가 권세가의 강압으로 양민이 고공화를 막기 위한 조치로 보인다. 『秋官志』 卷3. 考律部 定制 雇工; 姜勝浩, 朝鮮後期 雇工定制 硏究 , 『실학사상연구』 10·11집, 560면.

22) "혬 혈나"에 대한 어석으로 "샘 차릴"(최강현: 383면), "생각을 하려고"(윤덕진: 146면) 등이 있으나 모두 어색하다. 문맥 상 "셈 세려고, 계산하려고"(임기중: 549면)로 읽는 것이 나을 듯하다.

23) "측측(仄仄)"에 대해 그간 "회회(恢恢)〔관대하다.〕"로 보는 견해가 있었으나 필사본에 "仄仄"으로 기록되어 있으므로 글자대로 푸는 것이 옳다. "仄仄"에 대해 윤덕진은 "기울측이란 글자 뜻으로 보아 '한솥밥을 먹는 처지에 서로 아웅다웅하는 모양'을 나타낸 듯하다."고 풀었으며(146면), 저자 또한 이에 의견을 같이 한다.

가을 농사의 청사진을 제시한다. 우경(牛耕)으로 정리된 논밭에 씨를 뿌리고 김매기를 해도 조금만 태만하면 밭이 황폐될 수 있고 논에 잡초가 무성할 수 있음도 경계한다. 칠석 이후 마지막 논매기와 김매기를 끝내고 곡식을 보관할 도구를 준비하라고 하면서 자신의 능력에 따라 쉼 없이 일을 맡아 하라고 한다. 가을걷이 이후에는 가옥 재건축을 계획한다. 화자는 자신이 집을 지을 것이고 고공들에게는 농산물을 보관할 창고 정비를 지시할 것이다. 이렇듯 화자는 희망 사항에 기댄 채 고공의 재주를 갑자기 긍정하고 있다.

이 부분에서 화자가 고공들에게 강조하는 것은 이해타산하지 말 것, 공동체 의식을 가질 것 등이다. 하지만 정작 화자 자신은 이타적이었는가. 고공들에게 봄부터 가을까지 휴식 없는 노동을 교묘하게 강요하고 있고 생산에 대한 구체적인 분배 약속 없이 한솥밥의 인정(人情)으로 슬쩍 모면하고 있지는 않은가. 고주와 고공은 정(情)으로 맺어진 관계가 아니다. 계약으로 성립된 관계이므로 이에 따른 노사 간의 권리와 의무가 동시에 존중되어야 하며, 사용자의 이익만을 위해 노동자가 무조건적 희생을 강요당하는 것은 옳지 않다. 가족과 같은 회사를 강조하면서 부당 근로를 강요하는 것, 노동자의 능력을 과잉 칭찬하여 과로케 하는 것 그리고 공동체 의식을 앞세워 개인의 정당한 권리를 자진 반납하게 하는 것 등은 분명 노동자를 위한 것이 아니라 사용자를 위한 것임을 우리는 이미 역사를 통해 목도(目睹)한 바 있다. 이런 점에서 볼 때, 화자가 고공을 회유한 것은 자신의 이윤만을 우선시한 결과라 할 수 있다.

4) 불신(不信)과 좌절

너희도 머글 일을 分別을 ᄒᆞ려므나
명셕의 벼롤 넌들 됴흔 ᄒᆡ 구름 찌여 볏뉘을 언직 보라
방하을 못 찌거든 거츠나 것츤 오려
옥 ᄀᆞᆺᄐᆞᆫ 白米될쥴 뉘 아라 오리스니
너희ᄂᆡ ᄃᆞ리고 새ᄉᆞ리 사쟈ᄒᆞ니
엇그직 왓던 도적 아니 멀니 갓다 ᄒᆞᄃᆡ
너희ᄂᆡ 귀 눈 업서 져런 줄 모로관ᄃᆡ
화살을 젼혀 엇고 옷밥만 ᄃᆞᆺ토ᄂᆞᆫ다
너희늬 다리고 텁ᄂᆞᆫ가 주리ᄂᆞᆫ가
粥早飯 아춤 져역 더ᄒᆞ다 먹엿거든
은혜란 ᄉᆡᆼ각아여 제 일만 ᄒᆞ려 ᄒᆞ니
혬혜ᄂᆞᆫ 새 드이리 어ᄂᆡ 제 어더 이셔
집 일을 맛지고 시름을 니즈려료
너희 일 ᄋᆡᄃᆞ라 ᄒᆞ며셔 ᄉᆞᆺ ᄒᆞᆫᄉᆞ리 다 ᄡᅩ래라

화자는 고공들에게 먹고 사는 일의 중요성을 강조한다. 농사란 하늘과 사람 모두 정성을 다했을 때 성공할 수 있으니 바르게 판단하여 미래를 준비하라고 한다. 추수한 벼를 말릴 때 늘 햇볕이 있는 것이 아니고 나락도 방아를 찧지 않으면 좋은 쌀을 얻을 수 없는 것이 세상살이다. 전자가 하늘의 일이라면 후자는 사람의 일인 셈이다. 이렇듯 화자는 고공들에게 삶의 이치를 말하였던 것이다.

그러나 화자는 이들을 끝내 믿지 못 한다. 화자는 고공들과 함께 새로운 경영을 시도하지만 지난 번 습격했던 화적떼가 가까이 있고 방어할 무기조차 없는데 고공들은 여전히 옷과 밥을 요구한다고 한다.

화자의 처지에서 보면 대외적 위협에 대해 무심한 고공들이 야속할 수 있겠으나 고공의 입장에서 보면 화적들과의 전투가 무모할뿐더러 부담스러울 것이다. 물론 평소 고주가 고공들에게 인심을 많이 베풀었다면 상황은 달라지겠지만.

화적의 발생은 탈농화(脫農化)에 따른 것으로 가뭄과 같은 자연 재해로 인한 생산량 감소와 수취 체제의 문란에 그 원인을 두고 있다. 따라서 고공 또한 소작농에서 나락한 처지이며 경우에 따라 화적이 될 수 있기에 그들은 고주보다 화적에 더 가깝다고 할 수 있다. 또 생존조차 위태로운 상황에서 고공이 옷밥에 집중하는 것은 당연한 것이며, 고주만큼 고공도 삶이 절실했던 것이다.

다시 화자의 말을 들어보자. 화자는 그 동안 고공들에게 은혜를 베풀었으나 고공들은 제 잇속만 챙겼다고 한다. 화자는 고공들이 춥게 지내지는 않는지, 굶주리지는 않는지를 걱정하며 아침, 저녁으로 더 많이 먹였지만 고공들은 그 은혜를 저버렸다고 말한다. 그리고 새로운 일꾼을 얻어 일을 맡기기에는 늦었다고 탄식한다. 이렇게 진퇴양난의 기로에서 화자는 새끼 한 사리나 꼬을 것이라고 하면서 좌절의 노래를 마친다.

액면 그대로 보면 화자가 베푼 인덕(仁德)만큼 고공은 그렇지 않았기에 화자는 동정의 대상으로, 고공은 파렴치한으로 이해할 수 있다. 다시 말해 화자는 '풍족한 임금을 제공했으나 고공은 아예 일을 하지 않았거나 그만큼의 일을 하지 않았다.'고 생각할 수 있는 것이다. 그러나 이 노래 전체가 화자의 일방적인 언술로 일관된 점에 비추어 볼 때, 이는 지극히 주관적 판단이라 할 수 있다.24) 따라서 이 부분 역시 화자의 생각만이 드러나 있다고 할 수 있기 때문에 옷과 밥이 고공

24) 류해춘, 같은 글, 127~128면.

에게 '은혜'였는지는 생각해 볼 일이다.

애초부터 화자는 고공들에게 좋은 감정이 없었다. 이러한 배경에는 고공들이 받은 만큼 일을 하지 않는다는 생각이 놓여 있었기 때문이다. 이에 갈등은 증폭되어 불신에 이르고 화자는 시름을 떨칠 수 없었던 것이다. 그러나 이러한 갈등의 단초에는 화자의 욕심도 한 자리를 차지했다고 볼 수 있다. 거래되는 일반적인 상품에 비해 노동력은 구매자의 만족도를 높이기에 매우 어렵다. 노동자가 자신의 노동력을 극대화한 경우에도 사용자는 비용 이상의 효율성을 추구하는 경우가 종종 있기 때문이다. 이처럼 사용자가 노동자의 노동력을 '더' 요구하는 것은 노동자의 노동 행위에 대한 불신과 사용자의 과욕이 맞물린 주문이라 할 수 있다. 따라서 갈등의 주 유발자는 화자 자신이고, 고공에 대한 불신과 자신에 대한 시름도 과욕이 빚어낸 결과라 할 수 있다.

3. 화자의 몰락 이유와 현재적 의미

1) 화자의 몰락 이유

앞서 우리는 화자가 고공과의 갈등을 봉합하지 못한 채 결국 좌절했음을 살폈다. 이러한 지경에 이르게 된 이유에 대해 화자는 고공의 이기적 태도 등을 들고 있으나 이는 화자의 일방적 진술에 불과하며 이보다 고주-고공이 노동력을 매개로 한 경제적 계약 관계임을 고려할 때 양자 간 비슷한 계층, 화자의 불충분한 경제적 조건 그리고 화자의 과욕이 빚어낸 것 등에서 찾을 수 있다.

그렇다면 농업 경영인이자 고주인 화자의 욕망과 좌절은 무엇을 의미하는가. 이에 우리는 이 노래가 농업 경영을 제재로 하고 있는 점에 주목할 필요가 있다. 다시 말해 조선 후기 농업 경제 구조의 변동과 농민층의 분화 양상 과정 속에서 화자를 살펴야 한다는 것이다.

17세기 이후부터 농촌 경제는 이앙법(移秧法)과 새로운 시비법(施肥法)의 보급, 토지 이용 방식〔윤작법(輪作法) 및 이모작〕의 발전 등으로 농업 생산력은 비약적으로 발전하게 된다. 이에 따라 농민층은 분화를 하게 되는데 자작농 가운데 일부는 경제 변화에 편승하여 부를 축적하게 되지만 그렇지 못한 농민은 부세, 고리대 부담으로 인해 소작농 또는 고공으로 전락하게 되었다. 결국 18·19세기에 이르면 농민층은 소수의 부농과 다수의 빈농으로 나뉘게 되었다.[25)]

전 장에서 보았듯이 〈고공가〉의 화자는 부농은 아니다. 물론 조부 때는 8일 경작의 토지가 있었으니 부농이었다고 하겠지만 지금은 가산을 탕진했으니 영세 자영농이라 할 수 있다. 그리고 고공이 화자에게 온순하지 않다는 것으로 보아 화자의 사회적 경제적 지위도 높아 보이지는 않는다. 이처럼 화자는 조선 후기 농민층 가운데 중하층에 속한다고 할 수 있다. 비록 무전농민(無田農民)과 같은 처지는 아닐지라도 빈농화(貧農化)의 길을 가고 있다고 볼 수 있다. 조선 후기 고공 가운데 무전농민 혹은 빈농이 대부분을 차지한다고 볼 때, 화자 또한 고공인이 될 가능성이 적지 않다. 이런 까닭에 고공이 화자에게 불순(不順)한 것은 아니었을까 생각한다.

그렇다면 화자의 영세농화(零細農化)는 어디에서 기인했을까. 자연재해 및 화적의 출몰 등 외부에서 그 요인을 찾을 수 있겠지만 보다 근본적인 이유는 경영의 실패에 있다고 할 수 있다. 17세기 이후에 농법 개량을 통해 역농적(力農的)인 농민들은 경영 규모를 확대하고 부를 축적하였다.[26)] 이는 새로운 경제 변동을 적극적으로 이용하여

25) 韓沽劤, 『韓國通史』(乙酉文化社, 1987), 325~327면; 한국역사연구회, 『한국역사』(역사비평사, 1992), 144~146면.

성공한 경우라 하겠다. 만일 화자가 면물, 연초(煙草), 인삼, 약재와 같은 상업적 농업을 계획하고 고공을 단기로 계약했다면 상황은 달라졌을 것이다. 당시 상품과 화폐 경제 발달은 시장의 번성을 가져왔으며 이에 따라 상업적 농산물 재배와 판매로 큰 부를 얻을 수 있었던 것이다. 그리고 조선 후기에 오면 고공은 장기 계약에서 단기로 바뀌면서 임노동의 형태를 띠게 된다. 이는 농번기 때만 부족한 노동력을 구매하는 것으로 인력의 효율적 고용이라 할 수 있다.

하지만 화자는 새로운 농업 환경에 적응하지 못했고, 인력을 탄력적으로 이용하지도 못 했다. 시간이 흘렀음에도 여전히 과거를 추억하고 고주-고공의 관계도 옛날처럼 유지되기를 바랐던 것이다. 변화하는 환경에 적응하지 못하고 과거에 연연하는 경영, 고비용-저효율의 구조를 개선하지 못하는 경영 그리고 자신의 희생 대신 노동자의 희생만을 강요하는 경영은 종국에 파산할 수밖에 없는 것이다. 이처럼 화자는 시대를 읽지 못하고 노동력을 효과적으로 활용하지 못한 실패한 농업 경영인이라 할 수 있다. 이런 까닭에 〈고공가〉의 작가를 선조로 규정한 이복을 처벌하라는 주장도[27] 이해가 된다. 그리고 실제 작가로 지목된 허전이 광해군 때 몰락하게 되는 것도 작품과 궤를 함께 하고 있음을 알 수 있다.[28]

또한 실패의 원인에는 화자의 무기력함과 우유부단함을 들 수 있다. 화자는 옛날의 영화를 회상하고 농토와 가옥에 대한 미련을 버리지 못하나 이를 자신이 적극적으로 해결하려는 의지가 없다. 농업 경

---

26) 李景植, 「農業의 발달과 地主制의 변동」, 한국사연구회 편, 『제2판 한국사연구입문』(지식산업사, 1989), 346면.

27) 각주 3번 참고.

28) "罪人前縣令許㙉 幼學崔有涵 官奴李勝春供招." 『光海君日記』 卷104, 8年(1616 丙辰 / 명 만력(萬曆) 44年) 6月 7日(丙午). "죄인 전 현령 허전(許㙉), 유학 최유함(崔有涵), 관노 이승춘(李勝春)이 공초하였다."

제가 예전과 달라졌음에도 불구하고 시종일관 무기력하게 자신에 대한 반성 없이 고공들의 각성만을 촉구하고 있다. 고용인은 고용 조건에 따라 늘 이동할 수 있다. 우수 인력은 좋은 조건으로 발탁되기도 하며, 그렇지 못한 경우에는 퇴출되기도 한다. 만약 화자가 고공을 더 두고 싶다면 그들이 소속감을 가질 수 있도록 노력했어야 했고, 그것이 아니라면 과감히 정리했어야 할 것이다. 하지만 화자는 이러지도 저러지도 못한 채 결국농촌 사회의 잉여자로 남게 되었던 것이다.

2) 현재적 의미

앞서 우리는 조선 후기 실패한 농업 경영인을 만났다. 그는 자신의 능력과 처지를 고려하지 않은 채 복구 가능성이 없는 농토와 가옥에 집착하기만 했다. 경영은 자신의 생각만으로 되는 것은 아니다. 관리자로서의 능력, 노동자들에 대한 배려, 사회적 책무 그리고 예지력 등이 뒷받침되어야 한다. 이러한 것들에 대해 자신이 없다면 자신의 경영권을 능력 있는 자에게 양도해야 할 것이다. 이런 까닭에 이원익(李元翼, 1547~1634)은 〈고공가〉의 화자에게 농사일을 '어른 종'(전문경영인)에게 믿고 맡기라고 했던 것이다.

ᄉᆞᆺ쏘기 마ᄅᆞ시고 내 말솜 드로쇼셔
집 일을 곳치거든 죵들을 휘오시고
죵들을 휘오거든 賞罰을 ᄇᆞᆯ키시고
賞罰을 발키거든 어른 죵을 미드쇼셔
진실노 이리 ᄒᆞ시면 家道 절노 닐니이다.[29]

---

29) 〈고공답주인가(雇工答主人歌)〉『雜歌(잡가)』.

고주(주인)가 집안을 일으키기 위해서는 고공을 잘 부려야 하고, 고공의 충성도를 높이기 위해서는 신상필벌(信賞必罰)를 확실히 해야 한다. 그리고 이보다 더 중요한 것은 선임 고공(어른 종)에 대해 믿음을 가져야 한다고 말한다. 비록 자신의 자산을 경영할지라도 해당 분야의 전문가를 믿고 그에게 경영의 권한을 준다면 가도(家道)가 회복될 것이라 한다.

주지하다시피 조선 후기는 농업 생산력의 증대, 세제개편, 광산 개발, 민영 수공업과 자유 상업의 발달 등으로 자본주의가 성장한 시기이기도하다. 이에 따라 다양한 형태의 경영이 존재했을 것이다. 많은 경영인 가운데 일부는 많은 부를 얻었을 것이고 또 다른 일부는 파산도 했을 것이다. 이를 경영 방식과 성패(成敗)를 기준으로 나누어 보면 다음과 같다.

① 합리적이고 인간적인 경영으로 성공한 경우
② 합리적이고 인간적인 경영을 했으나 실패한 경우
③ 비합리적이고 비윤리적 경영을 했으나 성공한 경우
④ 비합리적이고 비윤리적 경영으로 실패한 경우

역사를 통해 보면 노동자의 노동력을 부당하게 착취하여 막대한 부를 축적한 이들이 있었고(③), 이윤의 공정한 배분과 윤리적 경영을 했지만 파산한 이도 있었다(②). 그렇다고 우리는 전자를(③) 성공한 경영, 후자는(②) 실패한 경영이라 하지 않는다. 인간애를 중심에 놓고 미래를 전망한다면 평가는 역전될 수 있기 때문이다. 선한 경영은 좋은 결과를(①), 악한 경영은 나쁜 결과를(④) 낳는다는 것은 건전한 자본주의가 가지는 당위이자 믿음이다. 실제 조선 후기 농업 경영인 가운데 비도덕적 경영으로 부를 축적한 경우가 있을지라도 그것은 선망이 아니라 질시의 대상인 것이다. 이러한 측면에서 〈고공가〉는 건전한 자본주의를 위한 타산지석이라 할 수 있다. 경영자가 합리적 경영 없이 노동자(인간)를 믿지도 배려치도 않는다면 결국 파국에 이를 것이라는 메시지를 남기고 있기 때문이다. 다시 말해 모순의 현실이 사실일지라도 〈고공가〉는 진실을 반영했다고 할 수 있다.

4. 농업 경영인 편에만 서 있는 〈고공가〉

이 노래는 고주와 고공 간의 갈등에서 비롯된 것으로 고주인 화자가 고공에게 일방적인 비판과 자신의 견해만을 토로하고 있다. 이에 노래는 고공의 입장은 전혀 배려하지 않은 채 화자의 입장만 나열하는 것으로 전개하고 있다. 갈등의 시작되는 부분부터 화자가 고공의 태업을 지적하고 있지만, 노사 관계로 보면 양자 간의 대립은 차이 없는 신분, 고주의 경제적 무능 그리고 노사의 임금 견해 차이 등에서 비롯했다고 할 수 있다. 그리고 화자는 과거의 사례를 들어 고공의 불성실을 비판하고 앞으로 근검, 성실, 희생할 것을 요구하지만 정작 자신은 그에 맞는 행위를 약속하지 않고 있어 일방적 요구만을 하고 있다고 할 수 있다.

노래의 중반에서 화자는 고공에게 장밋빛 청사진을 제시하며 공동분배를 약속한다. 이처럼 회유를 하면서도 화자는 고공에게 지속적인 노동과 공동체 의식을 갖도록 권유한다. 하지만 여기서도 역시 화자는 고공에게 인간적인 배려 없이 쉼 없는 노동과 무조건적 희생만을 강요하였다. 또한 화자는 고공에게 경계의 말을 전하기는 하나 그들을 믿지 못한다. 화적에 대비하지 않는 것을 비난하고, 베푼 은혜를 망각했다고 질타한다. 그러나 고공은 화적에 맞설 명분이 없고, '시혜

발언'이 화자의 일방적 언술로 신뢰할 수 없기 때문에 화자의 고공에 대한 힐난은 명분이 없는 것이다. 끝내 화자는 이러한 상황을 체념하고 좌절함으로써 노래를 마쳤다. 이렇게 볼 때 이 노래에서 갈등의 주 유발자는 화자 자신이고, 고공에 대한 불신과 자신의 시름도 과욕이 빚어낸 결과라 할 수 있다.

이렇듯 〈고공가〉는 농업 경영인이자 고주인 화자의 욕망과 좌절을 노래한 것으로 볼 수 있다. 만약 화자가 경영자로서의 능력과 자질을 가지고 인간애를 바탕으로 경영 활동을 했었더라면 좋은 결과를 얻을 수 있을 것이다. 하지만 화자가 조선 후기 변화하는 농업 경제를 바로 읽지 못하고 노동력 또한 효과적으로 활용하지 못해 결국 실패하고 말았던 것이다.

이를 통해 다음 두 가지 현재적 의미를 찾을 수 있었다. 첫째, 경영자로서 능력이 없다면 경영권을 과감히 양도하라. 그리고 경영을 맡겼으면 신뢰하라. 둘째, 합리적 인간적 경영 없이는 선한 결과를 얻을 수 없다. 이것이 건전한 자본주의가 갖는 당위인 것이다. 따라서 〈고공가〉는 건전한 자본주의 경영을 위한 타산지석의 노래라 할 수 있다.

〈할미·영감과장〉의 지역적 변이 양상

1. 부부간 불균형성의 초상 〈할미·영감과장〉

〈할미·영감과장〉은[1] 〈양반과장〉, 〈노장과장〉 등과 더불어 전국적으로 분포하고 있으며, 극적 짜임새가 흥미로워 일찍부터 관심을 끌었다. 〈할미·영감과장〉에 대한 기존 연구는 크게 사회사적 측면과 제의적 측면에서 진행되었다. 연구자들은 둘 중 하나만 수용(측면)하여 다른 쪽을 비판하거나 상호 보완적 또는 절충적 입장에서 논의를 전개하였다. 제출된 논의들 중 쟁점이 되었던 것은 주제와 미의식(극의 유형) 등이었다.

먼저 주제에 대한 논의들을 보면 다음과 같다. ① 조선 후기 모순된 사회 구조 속에서 가족 제도의 붕괴, 공동체의 파괴, 서민생활의 궁핍상을 보여주는 것,[2] ② 관념적 허위, 신분적 특권, 남성의 횡포 등을 비판한 것(페미니즘),[3] ③ 남성의 횡포를 무비판적으로 반영함과 아울러 합법화한 것(반페미니즘),[4] ④ 여름과 겨울의 싸움으로 생산력을 상실한 불모의 겨울인 할미(또는 늙은 신)가 생산의 가능성으로

---

1) 지역의 놀이마다 〈할미·영감과장〉에 대해 명칭을 달리 하고 있다. 〈신할아비와 미얄할미〉(양주별산대), 〈샌님과 미얄할미〉(송파 산대), 〈미얄춤〉(봉산), 〈영감 할미광대춤〉(강령, 은율), 〈농창탈〉(통영 오광대), 〈저밀주〉(고성 오광대), 〈할미 · 영감〉(가산 오광대, 수영 야류, 동래 야류), 〈할미마당〉(하회 별신굿) 등이 그것이다. 저자가 〈할미·영감과장〉으로 지칭한 것은 할미와 영감이 극의 주연이며, 이 용어를 세 지역에서 공용하고 있기 때문이다.

2) 고정옥, 『조선구전문학연구』(과학원 출판사), 1962, 248면; 이두현, 『한국가면극』(가면극 예술연구회), 1969; 유영대, 「탈춤미얄과장 분석」, 『문예진흥』 91 (문예진흥원), 1984.

3) 조동일, 「봉산탈춤 미얄과장의 웃음과 눈물」, 『연극평론』 10, 1974.

4) 박영경, 「한국 가면극의 영감 · 할미과장 연구」, 문학석사학위논문(동아대학교), 1987.

충만한 여름인 젊은 첩(또는 젊은 신)에게 패배함으로써 풍요가 기약되는 것,[5] ⑤ 희생제의[6] 등이다. ①부터는 ③까지의 연구는 사회사적 측면에서 〈할미·영감과장〉의 주제를 살핀 것이다. 특히 ②와 ③은 여성주의적 관점에서 동일하게 출발하였으나, 그 결과는 정반대였다. 이러한 견해에 대해 최근 통합해 보려는 노력도 있었다.[7] ④와 ⑤는 제의적 측면(굿)에서 〈할미·영감과장〉을 살피고 있다. 이들이 이와 같은 관점을 견지한 것은 가면극의 기원을 굿으로부터 찾으려는 입장 때문인 것 같다.

〈할미·영감과장〉의 미의식에 관한 논의는 가면극 전체의 미의식과 극의 유형과 동궤를 이루며 진행되었는데, 그 쟁점을 정리하면 다음과 같다. ① 희극미가 두드러진다.[8] ② 희극미와 비극미가 공존한다.[9] ③ 비극미가 두드러진다.[10] 주제 논의와 마찬가지로 미의식에 대한 견해 또한 관점에 따라 차이를 보이고 있다. ①의 입장이 제의적 측면에 있다면, ②와 ③은 사회사적 측면에 놓여 있다고 볼 수 있다. ②의 입장에 서 있는 논자라 할지라도 미세한 차이를 보이는데 경우에 따라 다시 둘로 나눌 수 있다. ②-1 : 희극미와 비극미가 공존하나 희극미가 우월한 경우(김욱동)와 ②-2 : 희극미와 비극미가 공존하

5) 조동일, 『탈춤의 역사와 원리』, 홍성사, 1979, 210~222면; 성병희, 「한국 가면극의 여역」, 『여성문제연구』 8(효성여자대학교 한국여성문제연구소, 1979); 황루시, 「할미 영감놀이 연구」, 『이대어문논집』 5(이화여대 한국어문학연구회, 1982); 정승희, 「한국민속극 할미마당 비교연구」, 문학석사학위논문(이화여자대학교, 1990).

6) 한철수, 「양주별산대 미얄할미마당의 구조 연구」, 문학석사학위논문(서울대학교, 1986) 재수록 : 『한남어문학』 12집(한남대학교 국어국문학회).

7) 신동흔, 「들놀음 할미마당의 극적 짜임새와 주제」, 『한국 극예술연구』 1(한국극예술학회, 1991). 이 글에서 할미와 영감 모두 피해자로 보고 있다.

8) 조동일, 같은 글, 28면; 황루시, 같은 글, 44면.

9) 김욱동, 「탈춤의 비희극적 성격」, 『탈춤의 미학』(현암사, 1994), 90면; 신동흔, 같은 글, 19~25면.

10) 심상교, 「민속극에 나타난 비극적 특성 연구(II)」, 『한국민속학』 29(한국민속학회, 1997).

나 비극미가 우월한 경우(신동흔)가 그것이다.

이처럼 〈할미·영감과장〉에 대해서 상반 또는 상이한 논의가 전개되었던 이유는 〈할미·영감과장〉의 단일성에 초점을 두었기 때문이다. 즉 '〈할미·영감과장〉이 전국 가면극에 골고루 분포되어 있기 때문에 어느 지역이라 할지라도 〈할미·영감과장〉은 동일한 것(계통)이다'는 전제에서 출발했던 것이다. 그래서 일부 지역의 연구 결과만을 가지고 〈할미·영감과장〉 전체의 것으로 확대 해석하여 문제의 심각성을 초래했다.

특히 박진태는 '가면극 전체는 동일한 발전원리가 있다'는 가설 아래 〈할미마당〉〈중마당〉〈벽사탈마당〉 등에 관해 일련의 논의를 전개했다. 그는 13종의 가면극 대본에서 〈할미·영감과장〉의 등장인물의 수를 분석한 뒤 8개로 유형을 분류하였다.[11] 논의를 정리하면서 그는 가면극은 등장인물이 적은 것부터 많은 것으로 발전했다고 주장했다. 하지만 그의 연구는 적지 않은 문제점을 안고 있다. 첫째, 그가 분류한 유형 가운데 3 유형과 4 유형을 제외하면 각 유형에 해당하는 대본이 하나만 있는데, 이것을 유형으로 볼 수 있는가. 둘째, 그는 송파나 양주보다 통영의 가면극이 가장 발전되었다고 보았는데, '차이'를 '차별'로 인식한 것은 아닌가. 셋째, 4 유형에 해서지역 가면극과 영남지역 일부의 가면극이 포함되어 있는데, 지역적 격차를 무시해도

---

11) 박진태, 「가면극의 발전원리(1)-할미마당」, 『난대 이응백박사 회갑기념논문집』(보진재, 1983).
제1유형: 할미 : 하회A
제2유형: 할미+영감 : 하회B
제3유형: 할미+영감+아들(딸) :송파, 양주
제4유형: 할미+영감+첩 : 봉산, 강령, 은율, 동래, 수영
제5유형: 할미+영감+첩+아들 : 백석
제6유형: 할미+영감+첩+첩의 아들 : 고성
제7유형: 할미+영감+첩+아들+할미 구애자 : 가산
제8유형: 할미+영감+첩+첩의 아들+첩의 정부(情夫)들 : 통영

좋은가. 이와 같은 의문점을 제시할 수밖에 없던 까닭 또한 가면극 전체를 차별성 보다 공통점에 비중을 두었기 때문이라 할 수 있다.

이처럼 선행 연구는 〈할미·영감과장〉의 공통된 특징을 중심으로 진행되었으며, 그 결과 〈할미·영감과장〉은 물론 가면극 전체에 대한 깊은 이해를 제공한 것을 부정할 수 없다. 하지만 〈할미·영감과장〉이 유사한 모티프를 가지고 전국적으로 분포했을지라도 각 지역이 보여주는 현상적 차이를 고려했어야 하지 않았던가. 이에 〈할미·영감과장〉에 나타난 대립 양상과 할미의 성격을 지역별로 살핀 전신재의 연구는 이 과장에 관한 새로운 접근로를 개척했다는 점에서 의의를 둘 수 있다.[12] 하지만 그의 논의가 영남지역에 집중하였고 지역적 차이를 밝힌다고 했으나 피상적 언급에 머무른 것 같다. 이러한 아쉬움 또한 본고의 출발을 도왔다.

가면극이 구비 전승 예술임은 주지의 사실이다. 구비 예술의 특징 중 적층성(積層性)과 유동성(流動性)을 무시할 수 없다. 가면극도 예외는 아니어서 적층성과 유동성을 지닌다고 할 수 있다. 한 지역의 가면극은 그 지역대로의 적층성이 있으며, 어떤 지역에서 다른 지역으로 전파될 때는 유동성을 가지기 때문이다. 적층성과 유동성은 모두 고정적이 아니라는 공통점이 있으나 전자는 있었던 것에 새로운 것을 더한다는 의미를, 후자는 이 지역의 것의 저 지역으로 이식을 뜻한다고 할 수 있다. 따라서 전국적으로 분포한 가면극을 지역적 차이를 무시하고 하나로 재단해서는 안 된다고 본다.

이러한 문제의식에서 출발한 본 논의는 〈할미·영감과장〉이 전국적으로 분포했던 가면극의 한 과장이기 때문에 지역적 차이를 전제로 한다. 논의의 순서는 먼저 표면에 드러난 차이를 지역적으로 밝히고

12) 전신재, 「할미마당의 갈등구조와 할미의 인간상」, 『구비문학연구』 9집(한국구비문학회, 1999).

이후 내용상 두드러진 부분을 추려 논하기로 하겠다.

논의의 대상 지역은 크게 3곳으로 하였다. 즉 경기(양주, 송파), 해서(봉산, 강령, 은율, 서흥), 영남(수영, 동래, 통영, 고성, 가산, 진주, 하회) 등이 그것이다. 이처럼 큰 지역(경기, 해서, 영남)을 위주로 하겠지만 경우에 따라 작은 지역도 언급의 대상이 될 수 있음을 밝힌다. 강원도(통천) 지역을 제외한 것은 이곳에서 채록한 대본에 〈할미·영감과장〉이라 할 만한 요소가 부족했기 때문이다. 그리고 대상 자료가 시간적으로 50년의 간극이 있음을 인정하고 이에 따른 오류의 가능성 또한 받아들일 수밖에 없다. 하지만 논의의 중점이 가면극의 시대적 차이를 밝히는 데 있다기보다 지역적 차이를 살피는데 있기 때문에 본고에서는 시기적 차이를 염두에 두지 않겠다.

현재까지 수집된 가면극의 대본은 양주별산대가 8종, 송파 산대놀이 3종, 봉산 탈춤 6종, 강령탈춤 6종, 은율탈춤 2종, 서흥 탈놀이 1종, 통천가면극 1종, 수영야류 6종, 동래야류 3종, 통영 오광대 5종, 고성 오광대 4종, 가산 오광대 3종, 진주 오광대 3종, 하회별신가면극 5종 등 총 56종이며,[13] 이 중 본 논의의 대상 자료로 삼은 대본은 가장 널리 알려진 15종으로 한정하였으며, 대상 자료는 다음과 같다.

13) 전경욱, 『민속극』(고대민족문화연구소, 1993); 이두현, 『한국가면극선』(교문사, 1997).

지역	대 사	채록 / 주석	채록·수록지, 연대	약 칭
경기	양주별 산대놀이	김지연/전경욱	『산대도감극각본』, 1930	〈양주/김〉
		이두현/이두현	『한국가면극』, 1969	〈양주/이〉
	송파 산대놀이	이병옥/전경욱	『송파산대놀이의 연구』, 1982	〈송파/병〉
		이두현/이두현	『한국문화인류학』 5집, 1972	〈송파/이〉
해서	봉산탈춤	임석재/전경욱	『국어국문학』 18집, 1957	〈봉산/임〉
		이두현/이두현	『한국가면극』, 1969	〈봉산/이〉
	강령탈춤	임석재/전경욱	『서낭당』 2집, 1972	〈강령/임〉
		이두현/이두현	『연극평론』 3집, 1970	〈강령/이〉
	은율탈춤	이두현·김기수/전경욱	『국어교육』 26집, 1975	〈은율/이〉
영남	수영야류	강용권/전경욱	『국어국문학』 27집, 1964	〈수영/강〉
		이두현/이두현	『문화재』 5호, 1971	〈수영/이〉
	동래야류	천재동/전경욱	『창작과 비평』 1974	〈동래/천〉
	통영오광대	이두현/이두현	『한국가면극』, 1969	〈통영/이〉
	고성오광대	이두현/이두현	『한국연극』, 1977	〈고성/이〉
	가산오광대	이두현/이두현	『한국연극』, 1977	〈가산/이〉

2. 조망

이 장은 〈할미·영감과장〉의 내용상 비교를 위한 예비적 검토를 시도하였다. 〈할미·영감과장〉의 지역차의 전제를 위해 지리적 구분뿐만 아니라 채록 대본의 현상을 놓칠 수 없기 때문이다. 따라서 대상 자료에서 보이는 융기점을 중심으로 논의를 전개하겠다.

먼저 극 전개에 있어 가장 중심이라 할 수 있는 갈등(대립)의 양상을 보도록 하자.

	경기				해서					영남						
	양/김	양/이	송/병	송/이	봉/임	봉/이	강/임	강/이	은/이	수/강	수/이	동/천	통/이	고/이	가/이
갈등	↕	↕	↕		↔ ⇔	↔ ⇔	↔ ⇔	↔ ⇔	↔ ⇔	↔	↔	↔ ⇔	–⇔	↔ ⇔	↕ ↔
결말	∪	∪	∪	∪	▣	▣	≡	≡	▣	▣	▣	▣	▣	▣	▣

※ 갈등 : 부부 ↔ / 처첩 ⇔ / 夫妾 — / 부모자식 ↕ // 만남 ∪ / 죽음 ▣ / 헤어짐 ≡

경기는 다른 지역과는 달리 부부나 처첩갈등은 거의 없고, 부모 자식 갈등이 주를 이룬다. 그리고 결말에서도 다른 지역이 죽음과 헤어짐으로 나타나는 데 반해 만남으로 끝맺고 있다. 해서와 영남도 차이를 보이고 있다. 해서의 모든 가면극이 부부, 처첩 갈등을 보이는데 비해, 영남은 부부, 처첩, 부첩, 부모 자식 갈등이 대본마다 달리 나타난다. 반면 결말에서 해서의 대본은 죽음과 헤어짐으로 나타나지만 영남은 모두 죽음으로 끝나고 있는 특징이 있다.

한편 모든 〈할미·영감과장〉에 죽음이 있는데, 그 양상 또한 지역적 차이를 무시할 수 없다.

	경 기				해 서					영 남					
	양/김	양/이	송/병	송/이	봉/임	봉/이	강/임	강/이	은/이	수/강	수/이	동/천	통/이	고/이	가/이
할 미	□ ○	□ ○	□ ○	□ ○	■ ○	■ ○			■ ●	■ ○	■ ○	■ ○	■ ●	■ ○	
영 감															■◆
처 자식					◆	◆	◆	◆	×	◆	◆	◆	×	×	
첩	×	×	×	×											
첩 자식	×	×	×	×	×	×	×	×	×	×	×	×		■ ◎	×

※ 초반 죽음□ /후반 죽음■ // 영감이 죽임○ /첩이 죽임● /할미가 죽임 ◎ /기타◆ /등장 인물 아님 ×

경기에 나타난 죽음은 전반부 할미의 죽음에 집중되었으나, 해서는 후반부에 할미의 죽음이 나타난다. 그리고 영남은 죽음의 대상이 할미뿐만 아니라 처의 자식, 첩의 자식, 영감 등 다양하게 나타나고 있다. 또 같은 영남 지역 내라도 할지라도 죽음의 대상과 가해자가 대본마다 달리 나타나고 있다.

끝으로 인물별 대사 빈도수 또한 지역적 차이를 보이고 있다. 극에서 대사는 극을 이끌어 가는 중요한 요소 중의 하나인데, 이를 인물별로 살펴보면 누가 극의 중심에 있는가를 알 수 있다. 이에 대상 대본(15종)마다 각 인물의 대사 수를 조사하고 이를 지역별로 묶어 합산 후 백분율화하였는데 흥미로운 결과를 얻어냈다. 조사표와 결과는 다음과 같다.

▲ 인물별 대사 빈도 조사표

	경기				계	해서					계	영남						계	총계
	양/김	양/이	송/병	송/이		봉/임	봉/이	강/임	강/이	은/이		수/강	수/이	동/천	통/이	고/이	가/이		
대사 수	40	104	33	15	192	99	107	113	116	26	461	19	24	45	81	23	177	369	1022
할미	0	0	3	0	3	39	38	40	41	11	169	9	8	16	17	5	77	132	305
영감	15	31	10	8	64	41	38	39	39	5	162	6	8	20	28	9	15	86	313
첩						0	5	0	0	5	10	0	0	0	11	3	0	14	24
아들	16	48	8	6	78												32	32	110
딸	9	25	4		38														38
악공						18	26	34	36	1	115	1	5	4	9			19	134
취괄·말뚝										2	2								2
몽돌이															13	3		16	16
오입장이															2			2	2
옹생원																	39		39
의원												1	1	1			9	12	12
봉사														2		1	5	8	8
무당			8	1	9					2	2	2	2	2				8	19
남강노인						1					1								1
상여꾼															1	2		3	3

※ 빈 칸은 인물이 등장하지 않은 경우임.

▲ 경기 지역 가면극 인물별 대사 빈도율

인물 (%)	
할미 (1)	*
영감 (33)	*********************************
아들 (41)	***
딸 (20)	********************
무당 (5)	*****

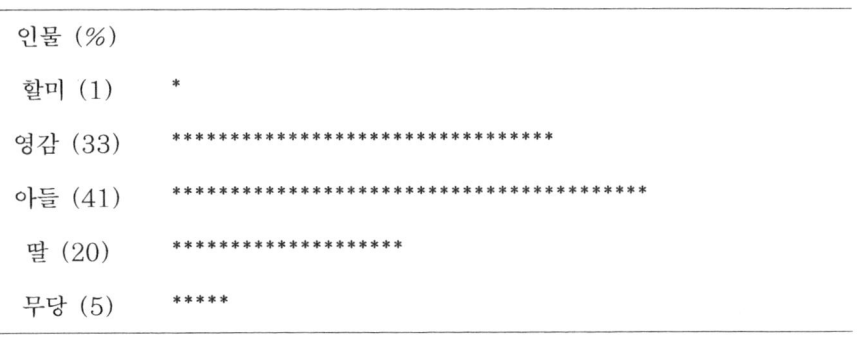

※ 총대사 수 = 대상 가면극 대본 전체 대사 수

해당인물 대사 수 = 대상 가면극 대본 전체 중 해당 인물 대사 수
(_ %) = 해당 인물 총대사 수 ÷ 총대사 수(192) × 100

▲ 해서 지역 가면극 인물별 대사 빈도율

인물 (%)	
할미 (37)	*************************************
영감 (35)	***********************************
첩(2)	**
악공(25)	*************************
무당·남강노인(1)	*

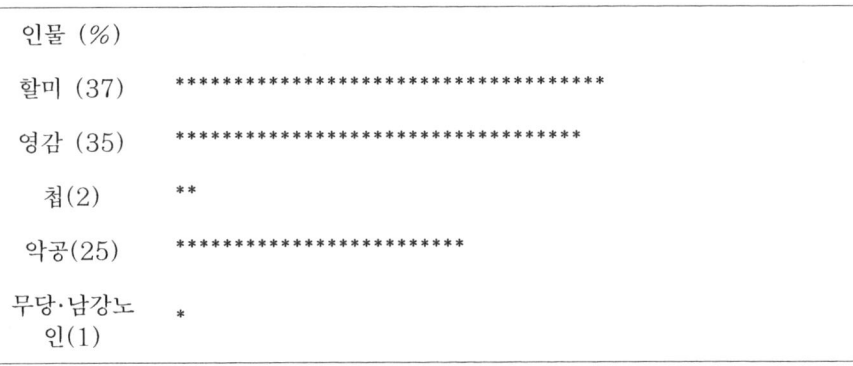

※ (_ %) = 해당 인물 총대사 수 ÷ 총대사 수(461) × 100

▲ 영남 지역 가면극 인물별 대사 빈도율

인물 (%)	
할미 (34)	**********************************
영감 (21)	*********************
첩(4)	****
아들(9)	*********
악공(5)	*****
몽돌이·오입쟁이(5)	*****
옹생원(10)	**********
의원·봉사 무당·상여꾼(12)	************

※ (_ %) = 해당 인물 총대사 수 ÷ 총대사 수(369) × 100

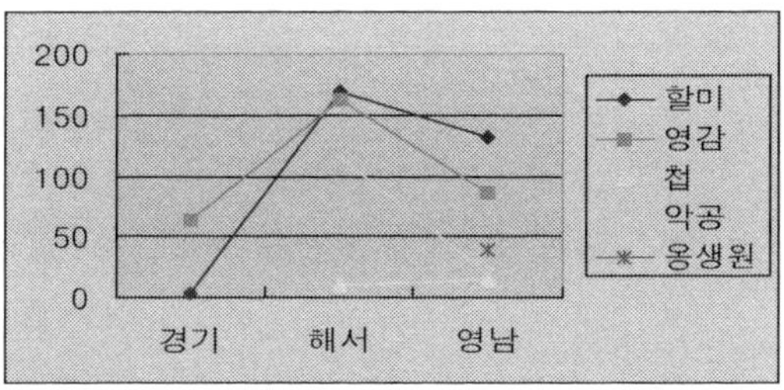

주요 인물 대사의 지역별 증감

경기 가면극에서 발화 중심 인물은 영감, 자식들이며, 할미는 잠재되어 있다. 이에 비해 해서와 영남에서의 할미가 극 진행의 중심에 있음을 알 수 있다. 한편 해서의 특징으로는 악공의 역할이 두드러진 점과 부부의 자식이 등장하지 않는 점 등을 들 수 있다. 또 영남의 경우, 다수의 인물이 등장하고 발화 또한 균형 있게 검출된다는 점에서 차이점을 발견할 수 있다. 이것은 해서가 소수 인물만을 등장시켜 극의 진행을 집중화한 반면, 영남은 다수의 인물을 등장시켜 극을 방사적 방향으로 이끌고 있음을 간취할 수 있다. 이외에 탈의 차이를 들 수 있다. 탈의 재료와 제작법은 물론 생김새 또한 지역적 분포만큼 달라짐을 알 수 있다.14)

요컨대 갈등과 결말, 죽음의 양상, 대사 빈도수 등의 현상적 비교만으로도 〈할미·영감과장〉의 지역적 변별을 찾을 수 있는데, 해서와 영남에 비해 경기는 매우 이질적임을 알 수 있고, 해서와 영남이 경기에 비해 상호 유사성이 있을지라도 영남이 해서에 비해 좀 더 다채로운 면이 있다고 할 수 있다.

3. 경기 지역

대본 (할·영과장 /전체과장)	등장인물	사건 진행		
		처음	중간	끝
〈양주/김〉 (11/11)	신할애비, 미얄할미 독기, 왜장녀	할미의 죽음	아들, 딸과의 재회	할미의 넋 위로 (가족)
〈양주/이〉 (8/8)	신할아비, 미얄할미 도끼, 누이	할미의 죽음	아들, 딸과의 재회	할미의 넋 위로 (가족)
〈송파/병〉 (12/12)	신할애비, 신할미 도끼, 도끼누이, 무당	이별 후 만남 할미의 죽음	아들, 딸과의 재회	할미의 넋 위로 (무당)
〈송파/이〉 (7/7)	신할아비, 신할미 도끼, 도끼누이, 무당	할미의 죽음		할미의 넋 위로 (무당)

14) 서연호, 『한국의 탈놀이』 1~3(열화당, 1987~1989).; 전경욱, 『한국의 탈』(문화체육부 한국문화재보호재단, 1996).

경기 지역의 〈할미·영감과장〉은 갑작스러운 할미의 죽음으로 인해 영감은 아들과 딸을 찾고, 넋을 가족끼리 위로하거나 무당을 통해서 달랜다는 것이 줄거리다. 다른 지역에서 흔히 등장하는 첩을 여기서는 볼 수 없다. 따라서 이 지역 〈할미·영감과장〉에서는 논의의 중점을 할미의 죽음, 죽음에 대한 가족들의 태도, 죽음의 의미 등에 둘 수 있다.

〈1〉
신할애비 : 자네도 늙고 나도 늙었스니 우리 이별이나 한 하여 볼까? 아 이것 보게. 마단 말 아니하고 그리하지고 그러네. 할 수 없다 〈唱〉 죽어라 죽어라 제발 덕분에 죽어라 너 죽으면 나 못살고 나 죽은들 네 못살랴!(미얄할미가 장중에서 죽는다.) 〈양주/김〉

〈2〉
신할애비 : 지긋지긋하게 쫓아다니는구나. 여태 죽지도 않고 살아 가지고 아침 굶은 강아지 모양 졸졸 따라 다니느냐? … 너 때문에 더 살려도 못 살겠다. 늙어서 마누라가 영감 거두지 못하면 이제 죽어야지. 제발 좀 없어져라. 얼른 죽어라 죽어!
신할미 : 뭐라고, 날더러 죽으라구!
신할애비 : 그래 죽어라. 어서 죽어!
신할미 : 젊어서 영감 잘 거둘 땐 좋아라고 하더니, 이젠 죽으라구! 아이고 분해라. (주저 앉아 지팡이로 땅을 치며 통곡하며) 아이고 원통해. (가슴을 주먹으로 치다가 뒤로 나자빠져 죽는다.) 〈송파/병〉

할미 죽음 직전의 상황에 대해 양주(〈1〉)와 송파(〈2〉)는 약간의 차이를 보이고 있다. 영감과 할미의 관계에 있어 전자보다 후자가 보다 감정적으로 부딪히고 있음을 알 수 있다. 영감이 할미에게 교살

(教殺)의 말을 했을 때, 할미의 반응에서 그 차이를 확인할 수 있다. 즉 양주 대본에서 할미는 어떠한 반응을 보이지 않으나 송파 대본에서 할미는 억울함과 서운함을 격정적인 언사를 통해 표출하고 있다. 이러한 차이에도 불구하고 우리가 주목해야 할 점은 영감이 할미를 의도적으로 교살(教殺)하지 않았다는 것이다. 다시 말하면 할미의 죽음은 미필적 고의인 셈이다. 할미가 죽은 줄도 모르고 할미를 찾아다니는 영감의 행동에서 이 사실을 알 수 있기 때문이다(〈2〉). 그리고 영감이 할미의 죽음을 확인하고 난 뒤 '죽은 혼신이나 좋은 데로 보내주마'(〈송파/이〉)라는 말과 허둥대는 모습(〈송파/병〉)을 통해서도 확인할 수 있다. 영감이 허둥대는 모습은 송파뿐만 아니라 양주에서도 읽을 수 있다.

〈3〉

신할애비 : 이거 인제는 파묻기나 할 수밖에 없는데, 난봉의 자식이 하나 있었는데 이름이 무슨 옌장인데! 이 때갈녀석이 이런 데 나왔슬까? 어디 찾아나 봐야지. 애! 독기야 독기야

독기 : 압세 네. …

신할애비 : 애 너의 누이 하나 있는데, 먼지골에서 살다가 잿골로 갔느니라. 네가 빨리 가 데리고 오너라.[15] 〈양주/김〉

〈4〉

누이 : 아이구 콧물도 누가 씻어주지도 못했구나 아버지허구 너허구 있었으니 이렇게 헐 수야 있느냐. 콧물 눈물이 죽어서 씻지 못하고 가니 저승에도 잘 못 갔겠다. 허니 약 한 첩 못써보구 . 약이나 좀 써보자. 약을 쓰니 살지 못하겠구나. (신할아비한테 가서 인사를 한다.) 〈양주/이〉

15) 〈양주/이〉에서는 '너의 뉘가 잿골에서 살다가 먼짓골로 갔다하니'로 되어 있다.

영감·할미 가족은 흩어져 지낸 지 오래다. 영감과 할미가 이별한 것은 물론 아들, 딸과도 헤어져 산 것이다. 아들(도끼, 독기)은 삼년 전에 집을 나갔고, 누이(왜장녀)는 출가했으나 남편을 잃고 동가식서가숙하며 사는 처지다. 이렇게 지낼 때 할미의 죽음은 가족을 불러 모은다. 재회한 가족은 할미의 죽음을 두고 슬픔, 비판 그리고 반성의 모습을 보여준다. 영감과 아들이 함께 울며,(〈양주/김〉) 딸은 통곡한다. 아들은 할미를 죽게 한 아버지(영감)에 대해 신랄한 비판을 가하며, 아버지는 자책하기도 한다.(〈양주/이〉) 비록 이들의 서로에 대한 아쉬움과 원망을 표현했을지라도 극의 후반에 이르면 할미 넋을 위로하면서 암묵적 화해와 용서를 하게 된다. 그리고 재별(再別)의 가능성을 남지지 않는다. 즉 만남과 이별을 축으로 정리하면 '이별(가족 전체의 이별) → 만남(부부 만남) → 이별(부부 이별:사별) → 만남(부모자식 만남)'과 같은 도식을 얻을 수 있다.

그렇다면 이 지역의 〈할미·영감과장〉은 무엇을 말하려 했던 것일까. 그 해답은 넋을 위로하는 부분에서 찾아야 할 것 같다.

〈5〉

무당 : 나 돌아 왔소. 나 돌아 왔소. 내가 누군 줄 아느냐. 살아 생전 같구, 사후 영천 같구나. … 우리 영감은 어딜 갔오? (영감 손목을 잡으며) 아이구 불쌍하구, 가련하구려 … 살아 생전에는 미우나 고우나 내가 뒤를 거두어 주고 받들어 주고 위해 주고 보살펴 주었는데, … 오래 살어 우리자식들이나 잘 보살펴 주고 시집 장가 들게 해 주오. … 아이구, 우리 도끼는 어딜 갔느냐? (도끼 손목을 잡으며) 우리 도끼야! 너를 내가 살아 생전에 장가를 못들이고 나이가 오십이 되도록 그냥 내버려두고 황천객이 되었으니 불쌍하구 가련하구 … 우리 도끼누이는 어딜갔느냐? (도끼누이를 붙잡고) 요런 불쌍하구 가련한 것 같으니 … 시집간 지 석달만에 서방, 영감, 시아범, 시어멈

죄 잡아먹고 독수공방 홀로 누워 … 내 이제부터 오는 서방 가는 서방 죄 업어다 다시 시집보내 줄테니 염려말고 걱정 말아라. 〈송파/병〉

〈5〉는 할미의 넋이 무당의 입을 통해 말하고 있다. 할미는 영감에게 자식들의 앞날을 부탁하고, 아들과 딸에게 혼인을 시켜주겠다고 말한다. 여기서 할미가 강조한 것은 자식들의 혼인 문제다. 아들은 오십이 넘도록 결혼하지 못했고, 딸은 남편과 사별한 지 오래되었다. 그 결과 아들은 난봉꾼이 되고, 딸은 헤픈 여자가 되고 만 것이다. 혼인은 가족을 이루는 시작이며, 정착과 안정을 의미한다. 할미는 가족을 이루기는 했으나 정착과 안정된 삶을 누리지 못하고 유랑의 길을 떠나야 했다. 결국 할미는 가족의 이별로 인해 죽음을 맞이했던 것이다. 이에 할미는 자식들의 미래가 자신과 달라야 한다는 소망을 자식에게 당부한 것이다. 그 소망은 혼인을 통한 안정된 삶인 것이다. 따라서 할미의 죽음은 가족주의를 위한 희생이라고 볼 수 있으며, 할미 넋의 발언은 〈할미·영감과장〉의 주제이자 연희자의 소망으로 받아들일 수 있는 것이다. 요컨대 이 지역 〈할미·영감과장〉은 가족을 위한 할미의 희생과 가족공동체적 삶을 소망한 것이라 할 수 있다.

4. 해서 지역

대본 (할·영과장 /전체과장)	등장인물	사건 진행		
		처음	중간	끝
〈봉산/임〉 (7/7)	영감, 미얄, 덜머리집 악공, 남강노인	할미와 영감 서로 찾음	자식의 죽음과 축첩으로 갈등	첩이 할미 죽임 남강노인의 굿
〈봉산/이〉 (7/7)	영감, 미얄, 덜머리집 악공, 남강노인	할미와 영감 서로 찾음	자식의 죽음과 축첩으로 갈등	첩이 할미 죽임 남강노인의 굿
〈강령/임〉 (9/10)	영감, 할멈, 소무, 악공	영감과 첩 성희(性戱) 할미와 영감 서로 찾음	자식의 죽음과 축첩으로 갈등	영감 할미 이별
〈강령/이〉 (7/8)	영감, 할멈, 용산삼개집 장구잽이	영감과 첩 성희(性戱) 할미와 영감 서로찾음	자식의 죽음과 축첩으로 갈등	영감 할미 이별
〈은율/이〉 (6/6)	영감, 할멈, 뚱딴지집 잽이, 최괄이, 말뚝이 무당	영감 할미 재회	처첩 분쟁을 최괄이, 말뚝이가 조정	첩이 할미 죽임 무당의 진오귓

이 지역 〈할미·영감과장〉은 부부가 재회한 이후 심각한 대결 양상을 보이다가 결국 할미가 죽거나 재별(再別)하는 방향으로 진행한다. 부부가 재회를 위해 노력하는 모습과 재회 후 일어나는 갈등의 태도가 모순되기도 하다.

강령이 봉산과 은율에 비해 다른 점은 할미의 죽음이 없다는 것이다. 더구나 대부분의 〈할미·영감과장〉이 할미의 죽음을 보여주고 있는데, 강령이 이를 재별(再別)로 처리하고 있는 점은 특이하다 할 수 있다. 이런 이유는 전체 과장 중 〈할미·영감과장〉이 배열한 위치 때문이라 할 수 있다. 일반적으로 〈할미·영감과장〉은 가면극 전체 과장 중 마지막에 위치하는데 비해 강령은 그렇지 않아서 위와 같은 특징을 보이는 게 아닐까 한다. 하지만 강령의 이런 차이는 극을 이끌어 갈 때 미세한 부분에 불과하다. 작품 결말에서 부부의 생이별이든 사별이든 간에 부부가 헤어진다는 골격은 변함없기 때문이다. 따라서 이 지역 〈할미·영감과장〉의 논의 대상은 부부 만남의 노력, 갈등의 양상, 영감의 이중적 태도 등이다.

〈6〉

미얄 : 노든지 마든지 허름만 영감을 잃고 영감을 찾어 다니는 할미가 영감 찾고야 아니 놀겠읍나. ……

악공 1 : 그러면 영감은 어째 잃었읍나.

미얄 : 우리 고향에 난리가 나서 목숨을 구하랴고 서로 도망했기 때문에 잃었읍네. ……

악공 1 : 모색을 자세히 대면 찾일 수 있지.

미얄 : 우리 영감에 모색을 대. 우리 영감에 모색을 대. 모색을 대면 좀 흉한데. 난간 이마에 주게턱 웅커눈에 개발코, 상통은 갖 발른 관역같고 수염은 다 모즈라진 귀열같고 상투는 다 갈아먹은 망좃같고 키는 석자 세치 되는 영감이올수에.

악공 1 : 옳지. 고 영감 마루 너머 등 너머로 망쪼러 갑데.

미얄 : 에에 고놈에 영감, 고리쟁이가 죽어도 버들가지를 물고 죽는다드니 상개 망을 쪼러 다녀. ……

영감 : 노든지 마든지 허름한 할맘을 잃고는 할맘을 찾고서야 놀겠읍나. ……

악공 2 : 그러면 할맘은 어째서 잃었읍나.

영감 : 우리 고향에 난리가 나서 각분 동서로 도망하다가 잃고 말았읍네.

악공 2 : 할맘에 모색을 말해 봅수에. ……

영감 : 할멈에 모색을 대면좀 흉한데. 난간 이마에 우멍눈 개발코에 주게턱 쌍통은 먹 푸는 바가지같고, 머리칼은 모즈러진 빗자루같고, 한켄 손엔 부채들고 한켄 손엔 방울들고, 키는 석자 세치되는 할맘이 올세.

악공 : 옳지, 고 할맘 마루넘 등 너머로 굿하러 갑데.

영감 : 에에 고놈에 하람 항상 굿만 하러 다녀. ……

영감·미얄 : (서로 맞대 보고서 놀래고 반가운 목소리로 合聲) 거 누구가. 거 누구가. 아무리 보아도 우리 영감(할맘)일시 분명쿠나. 지성이면 감천이라드니 이제야 우리 영감(할맘)을 찾었구나.

(합창) : 반갑도다 반갑도다 우리 영감(할맘) 반갑도다. 좋을시고 좋을시고 지화자자 좋을시고. 얼러 보세 얼러 보세.〔양인은 서로 얼른다. 미얄은 영감의 전하부(前下部)에 매달려 매우 노골적인 음행동을 한다. 영감이 땅에 누우면 미얄은 영감의 머리 위로 기어 나간다.〕〈봉산/임〉

극 전반부에 해당한다. 부부가 서로 찾는 부분인데, 독특한 구조를 가지고 있다. 악공이 전면에 나서 부부가 서로 만나도록 주선하고 있는데, 악공과 할미의 대화와 악공과 영감의 대화가 부절과도 같이 진행한다. 동일한 대화의 반복 구조로 보이며, 이로 인해 만남의 열망이 극대화됨을 읽을 수 있다. 또 만날 듯하다가 못 만나는 장면을 연출함으로써 극적 긴장감까지 주고 있다. 이것은 경기 지역 과장에서는 볼 수 없었던 점이라 하겠다.

부부는 난리로 인해 헤어졌고, 그들은 서로 만나기 위해 많은 시간이 필요했다. 그렇기 때문에 그들은 서로를 반기며, 정사(情事)를 통해 부부의 정을 느끼기도 했다. 애타는 그리움 끝에 상봉, 그들은 환희 정점에 선 것이다. 이후 그들의 삶은 행복으로 채워질 것이다. 그러나 이런 기대와는 정반대로 그들은 추락하고 만다.

〈7〉

미얄 : 연만칠십(年晩七十)에 생남자(生男子) 하였으니 이런 경사 어데 있나, 아들보니 좋을시구.

영감 : … 이년, 첫아들로 망신주는 구나. 이년 천하에 고약한 년이 있나 … (미얄을 때린다.) ……

영감 : 너 오래간만에 만났으니 아해들 말이나 물어보자. 처음 난 문열이 그놈은 어떻게 자랐나? ……

미얄: 아, 영감 하 빈곤하기에 산으로 나무하러 갔다가 호랑이에게 물려갔다오.

영감 : 무어야, 인제는 자식도 죽이고 아무 것도 볼 것이 없으니 너하고 나하고는 영영 헤어지고 말자. ……

미얄: (한편에 서 있던 용산삼개 덜머리집을 가리키며) 이 놈의 영감, 저렇게 고운 년을 얻어 두었으니까 나를 미워라고 흉만내지 이별하면 같이 이별하고 미워하면 같이 미워하지 … 네년 죽이고 나 죽으면 그만이다. (달려들어 때린다.)

덜머리집 : 아이고 사람 살리유. (운다.)

영감 : (미얄을 때리면서) 너 이년, 용삼개 덜머리집이 무순 죄가 있다고 때리느냐. 야 더러운 년, 구린내 난다. …

미얄 : 이봅소, 영감, 나의 것 짓모아도 사당일랑 짓모지 맙소. 사당 동티나면 어찌하오.

영감 : 흥, 사당 동티나면 나라지. (여전히 짓모는 춤을 추다가 갑자기 쓰러져 죽는다.)

미얄 : 잘 되었다. 이놈의 영감 사당 짓모지 말라 해도 내 말 안 듣고 짓모더니 사당 동티로 너 죽었구나. 동내 방내 키 크고 코 큰 총각, 우리 영감 내다 묻고 나하고 둘이 살아 봅세. …

영감 : 너 이년 무엇이 어째? 키크고 코 큰 총각 나하고 삽세? (벌떡 일어나 미얄을 때린다.)

미얄 : 이이구, 이놈의 영감 나 싫다더니 왜 날 때려?(미얄 운다.)

아이고 아이고, 사람 죽는다.
영감 : 야 이년 무슨 잔말이냐. (미얄을 마구 때린다. 미얄, 악을 쓰다가 죽는다.) 〈봉산/이〉

극적 반전은 달콤한 성희(性戲) 직후 시작된다. 정사 후 할미의 '생남자(生男子)' 발언에 대해 영감은 '망신'으로 받아들여 폭력을 행사한다. 또 영감은 자사(子死)의 책임을 할미에게 떠넘기고 헤어질 것을 요구한다. 이에 할미는 영감의 이혼 요구의 진의가 새장가에 있음을 간파하지만 영감 대신 첩을 공격한다. 이때 영감은 다시 할미를 공격한다. 대립의 골은 깊어지고 영감은 거짓 죽음으로 할미의 반응을 유도한다. 할미는 영감의 가사(假死)를 진사(眞死)로 착각하여 재가(再嫁)의 발언을 한다. 영감은 깨어나 결국 할미를 죽이고 만다. 여기서 우리가 주목해야 할 점은 같은 사건이 영감과 할미에게 똑같이 반복된다는 점이다. 영감과 할미의 상호 두 번의 공격, 영감의 새장가와 할미의 재가(再嫁), 영감의 가사(假死)와 할미의 진사(眞死) 등이 그것이다. 앞서 만남의 양상에서 살핀 반복 구조와 유사한 흐름을 보여주고 있다. 아마 이러한 이중적 대칭 구조의 장치는 극적 반전의 극대화와 관련하지 않을까 생각된다. 만남과 이별, 열정과 냉대, 조화와 파괴 등 보색 효과를 노린 것은 아닌가 생각한다.

〈8〉
할멈 : 야, 이 뚱딴지 같은 년아. 우리 영감이지 네 영감이냐.
뚱딴지집 : 이 거러지 같은 년아. 내 영감이지 네 영감이냐.
(서로가 옥시각신 자기 영감이라고 싸우는데, 구경하고 섰던 말뚝이와 쇠괄이 같리 들어와서)
쇠괄이 : 쉬이-. 여보시오. 웬 영감이, 할맘과 젊은 여자가 여기서 쌈을 하시오. ……

말뚝이 : 우리가 판가름해 줄 것인 둘 다 이리 오시오.

최괄이 : 영감의 특점을 말하시오.

뚱딴지집 : 우리 영감 밥 잘 먹고 무엇이든지 무던하고 착한 것이 특점이요. ……

할멈 : 우리 영감 누룽지 잘 먹고, 달린 것이 이네 사람과 다른 것이 있쉬다 … 그것이 (머뭇거리다가) 부랄이 네쪽이요, 좆대구리가 너덩치에 콩알만한 사마귀가 돋아서 잠자리에 들면 뼈골이 살살 녹습니다 ….

최괄이 : (할멈에게) 할멈 영감이 분명하오. ……

(뚱단지가 … 할멈의 뒷덜미를 잡고 마구 때린다. 할멈 그 자리에 쓰러져 죽는다.) 〈은율/이〉

영감 쟁탈전이다. 처첩이 영감을 차지하려는 싸움에서 최괄이와 말뚝이가 나선 것이 흥미롭다. 다른 과장의 인물이 〈할미·영감과장〉에 특별 출연하여 극의 재미를 돋고 있는 은율만의 특색이라 할 수 있다. 이 재판에서 승리는 할미에게 돌아갔다. 하지만 할미는 이번엔 첩에게 죽음을 당하고 만다. 〈8〉에서 할미는 외로운 투쟁 끝에 죽음을 맞이했고, 〈9〉에서 아군이 있음에도 불구하고 죽어야만 했다. 할미는 부부 갈등과 처첩 대결에서 남편과 첩에게 힘없이 패배하고 말았다. 죽음이 아니라 하더라도 할미는 쫓겨나기도 한다.(강령)

〈9〉

영감 : 야 이년아 노자돈 없다! 어서 나가거라!

할멈 : (노랫조로) 노자돈도 나는 싫고 세간도 나는 싫어 . 너의 둘이나 잘 살아라. (퇴장)

영감 : (시원히 여기며) 장 마누라 우리 쉬원한데 춤이나 한번 추세. 쉬원하다 놀아보세. 〈강령/이〉

할미는 영감과 첩에 밀려 냉소 한마디를 남기고 집으로 떠나고 만다. 영감은 할미의 하재(不在)를 시원하다고까지 말한다. 할미를 찾던 열정과 제거의 쾌감 사이에 있던 영감의 정체는 무엇인가. 할미와 재회 후 자식의 죽음을 호재로 하여 축첩의 정당성까지 확보한 영감은 교활하기까지 하다. 가면을 쓴 채 할미를 찾다가, 가면을 벗자마자 처첩의 싸움을 조장하고 자식의 죽음마저 할미에게 전가하는 이중적 모습은 부정 그 자체라 할 수 있다.

〈10〉

남강노인 : (미얄을 한참 바라보더니) 이것이 죽었구나. 불쌍하구도 가련하구나. 제 영감 이별 몇해에 독부(獨婦)로 지내드니 아아 매를 맞어 죽어? 하도 불상허니 넋이나 풀어 줄 수밖에 없다. 명산 대천 후투신령 불쌍한 이 인생을 극락세계 가게하소. 〈봉산/임〉

할미의 죽음 곁에 남강 노인이 있다. 할미의 죽음이 불쌍하고 가련하기 때문에 극락왕생을 빌어준다. 선행의 결과가 아니라 보상의 차원에서 극락행을 빌어준 것이다. 그 만큼 할미의 삶은 불행했다고 할 수 있다. 자식은 먼저 죽고, 남편에게 버림받은 데다가 제 명조차 못 누렸으니 박복한 삶이라 말할 수 있다. 요컨대 해서의 〈할미·영감과 장〉은 이중적 대칭 구조로 반전의 극대화를 꾀하고 있으며, 부부·처첩의 갈등을 통해 영감의 이중성과 할미의 나약함과 불행한 삶을 보여주고 있다.

5. 영남 지역

대본 (할·영과장 /전체과장)	등장인물	사건 진행		
		처음	중간	끝
〈수영/강〉 (3/4)	영감, 할미, 제대각시 악사, 의원, 봉사 향도군	할미와 영감 만남과 이별 재회	축첩과 자식의 죽음으로 할미 영감 갈등	영감이 할미 죽임 봉사 넋 위로
〈수영/이〉 (3/4)	영감, 할미, 악사 의원, 봉사, 향도군	할미와 영감 만남과 이별 재회	축첩과 자식의 죽음으로 할미 영감 갈등	영감이 할미 죽임 봉사 넋 위로
〈동래/천〉 (4/4)	영감, 할미, 제대각시 의생, 봉사, 무당 상여꾼	할미와 영감 서로 찾음 만남 후 성행위	처첩 갈등 자식의 죽음으로 할미 영감 갈등	영감이 할미 죽임 무당 넋 위로
〈통영/이〉 (4/5)	할미양반, 할미, 제자각시, 몽돌이, 오입장이들 악사	영감과 첩 성희 첩의 해산기	첩의 바람 할미가 영감 찾음, 만남	첩의 순산 아이 쟁탈(처첩) 첩이 할미 죽임
〈고성/이〉 (5/5)	영감, 할미, 제밀지 마당쇠, 황봉사	영감과 첩 성희 할미가 영감 찾음, 만남	처첩 갈등 첩의 해산	할미 아이 죽임 첩이 할미 죽임
〈가산/이〉 (6/6)	영감, 할미, 옹생원 마당쇠, 의원, 봉사 무당	할미와 아들	옹생원 할미 유혹 영감 첩과 등장 첩과 구애자로 인해 영감 할미 갈등	영감 죽음 봉사·무당 넋 위로

이 지역 〈할미·영감과장〉은 지역 대본마다 차이를 뚜렷이 보여준다. 수영과 동래는 부부 찾기로 시작하고, 통영과 고성은 영감과 첩의 성희로 시작한다. 또 통영은 첩의 바람기를 삽입하여 극의 재미를 살리기도 한다. 특히 가산은 여타 지역보다 더욱 이질적인데, 할미의

구애자의 등장, 영감의 죽음 등이 그것이다. 따라서 이 지역의 〈할미·영감과장〉은 다양성을 전제로 논의를 진행하기로 한다.

이 지역 과장은 할미와 영감의 재회 노력은 대폭 줄어든 반면 재이별을 한다든가 영감과 첩이 성희를 시작부터 보여줌으로써 할미 영감의 갈등을 복선화하고 있다. 또 첩의 출산 또한 처첩 갈등에 기여하고 있다. 또한 가산에 등장하는 집요한 구애자(옹생원)와 첩은 부부 갈등의 극대화를 이끄는 데 한몫하고 있다. 따라서 이 지역 과장에서 주목할 점은 갈등의 제 양상과 그 중심에 놓인 할미의 태도라 할 수 있다.

〈11〉

할미 : 내가 영감을 찾을랴고 계림팔도를 다 돌아댕겼고 면면촌촌이 방방곡곡이 얼개빗 틈틈이 찾다가 오늘 이 놀이판에서 만났구료

영감 : 할맘 할맘 내 말을 들어보게. 내가 할맘을 찾을랴고 인천 제물포까지 갔다가 거기서 작은 마누라 하나를 얻었네

(할미는 영감의 말뜻을 알아듣지 못하는데 영감은 장고장단에 춤추며 제대각시를 데리러 간다. 할미도 덩달아 엉덩춤으로 따른다)

영감 : (멀리 대고) 제대각시! 제대각시!

(꽃고깔을 쓰고 노랑 저고리에 다홍치마, 목에 분홍 명주수건을 두른 제대각시가 춤추며 등장하면 장단이 커진다) ……

할미 : (구경꾼을 향해)아이고 여보소 저 인물이 내보다 잘났나? 내가 더 잘났지! ……

영감 : 그런데 할맘 내 갈 적에 아들 삼형제를 두고 갔는데 큰 놈 내 솔방구는 어쨌노?

할미 : 떨어져 죽었다 ……

영감 : 그래 자식 셋을 다 죽였다 말이지 휴- (구경꾼을 향하여) 이 사람들아 다들 보소. 이년이 아이 셋 있는 것을 죽여버리고 또 내 소

실 하나 얻은 것까지 심술을 부리니 내가 어떻게 살겠나, 못살지 못 살아. (할미에게) 에이 이년 죽어라 죽어. (발로 찬다)

할미 : (두 손 모아 빌며) 영감아 내가 잘 못했다. 그것 복이라고, 잘 봐주소

영감 : 아나 여깄다. 네 복 가지고 가거라 (발로 몹시 찬다)

할미 : 아이고 아이고. (넘어졌다 다시 일어나며) 영감아 영감 …(전신을 떨다가 넘어져 끝내 죽는다.) 〈동래/천〉

할미 영감의 갈등 양상이다. 해서에서 할미와 영감이 상봉하기 위해 많은 노력이 있었던 것에 비해 여기서는 만남의 노력이 축소되었다. 그리고 만남으로 인한 반가움과 환희는 대결의 긴장으로 대치된다. 극 전반부에 비친 영감과 첩의 행복한 모습은 할미와의 예견된 갈등을 암시하기도 한다. 부부갈등의 원인이 해서지역에서는 '자사(子死) → 축첩(蓄妾)'으로 전개되었는데, 여기서는 '축첩(蓄妾) → 자사(子死)' 순서로 전개된다. 극 진행 순서가 중요하지 않을 수도 있지만 생각만큼 간단하지는 않다. 이 극에서 (합리적이지는 않지만) 자사(子死)의 책임은 할미에게 있다. 따라서 자식의 죽음은 영감으로 하여금 할미를 공격할 수 있는 기회가 된다. 반면 축첩은 할미가 영감을 공격할 수 있는 빌미가 된다. 이것들이 위치를 달리함에 따라 극의 진행에 영향을 준다. 해서의 경우, 할미가 자식을 잃었기 때문에 자식을 생산할 수 있는 첩을 취하는 것은 당연하다. 이때 영감은 공세적이며 할미는 수세적이 된다. 영남의 경우, 영감이 첩을 두었기 때문에 할미가 자식을 잃어도 영감에게 할 말이 있다. 즉 할미가 공세적이고 영감은 수세적이 된다. 영감은 해서의 할미를 공세적 입장에서 죽였고, 영남의 할미는 수세적 입장에서 죽여야만 했다. 해서에서 '영감의 처지를 보면, 이럴 수 있겠다'와 영남에서 '영감이 저럴 수가 있는가'

의 차이가 여기서 비롯된 것이 아닐까 한다. 그렇기 때문에 해서의 영감은 간교한 인물이며 영남의 영감은 단순한 인물이라 할 수 있다. 또 이 지역 과장이 다른 지역보다 할미의 발화가 보다 공격적이고 적극적인 현상도 여기에 기인하지 않을까 여겨진다.

〈12〉

큰어미 : 자식은 니가 낳았겠지만 자식은 내 자식이니까 내가 차지를 한다. ……

작은어미 : 아니 내가 낳았는데 어째서 네 자식이란 말고, 이리 둘라 내 자식이다.

큰어미 : 못 주겠다.

작은어미 : 이리 두라.

큰어미 : 못 주겠다.

작은어미 : 이리 두라. 내 자식이다. 내가 낳았다. (작은어미가 큰어미를 밀쳐서 넘어뜨린다.)

큰어미 : 아이고 내 죽겠다.(넘어져 죽는다.) 〈고성/이〉

할미와 첩이 첩의 자식을 놓고 벌이는 대립이다. 아이 다툼을 하다 첩이 할미를 죽인다. 첩이 할미를 죽이는 것은 여러 지역의 대본에도 보이는데 동기가 아이인 경우는 오광대 지역의 통영과 고성뿐이다. 특히 통영은 할미가 아이를 죽이자 첩이 할미를 죽이는 것으로 설정되어 있다. 여기서도 할미는 공격적인 모습을 보인다. 해서에서 첩에게 밀렸던 할미가 영남에서는 첩을 당차게 맞아들이고 첩의 자식까지 빼앗으려 한다. 이에 수세적일 수밖에 없던 첩은 할미를 죽이지 않을 수 없는 것이다. 해서에서 할미에게 수모를 주었던 첩이 여기서는 할미를 두려워한다. 남의 것(영감)을 빼앗을 때와 자기 것(아이)을 뺏길 때의 차이를 할미는 일깨워 주었고, 첩은 확인한 것이다.

비록 영감과 첩에게 죽임을 당했지만 강한 모습으로 남게 된 할미는 가산에서 새롭게 부활한다. 처음부터 극은 이전의 극과 다르게 시작한다. 옹생원은 할미에게 끈질긴 구애를 시도한다. 이를 방해하는 자는 영감이 아닌 아들(마당쇠)이다. 하지만 아들의 역할은 극적 긴장과 홍미를 위한 행위뿐이지 옹생원과의 치열한 대결은 없다. 옹생원의 구애는 영감이 첩을 데리고 왔다는 부분에서 더욱 집요하다. 한편 영감의 이혼 요구와 재산 분배에도 할미는 시종 여유 있고, 당당할 뿐이다. 반면 영감은 감정을 주체 못하고 조상 단지를 깨뜨리자 죽고 만다. 영감의 죽음은 다른 지역 가면극에서는 물론 야류 · 오광대에서 볼 수 없는 장면이다. 가장 많이 죽었던 할미가 여기서는 영감을 간접적으로 교살(教殺)한 것이다. 요컨대 영남 지역의 〈할미·영감과장〉에서 할미의 태도는 이전의 희생, 나약함에서 벗어나 공격적 이미지를 보여주고 있다. 영감을 죽이게 하거나 첩의 아이를 빼앗으려는 할미의 모습은 이제까지 영감과 첩에 당했던 수모를 복수한 셈이다.

6. 〈할미·영감과장〉의 가면극 연구사적 전망

〈할미·영감과장〉을 가면극 전체 차원에서 경기, 해서, 영남의 권역으로 나누어 검토했다. 먼저 지역별 차이를 지리적 차이뿐만 아니라 대본의 현상적 차이에서도 발견할 수 있었다. 갈등과 결말의 구조, 죽음의 양상, 인물별 대사 빈도수 등에서 나타난 점이 그것이다. 이러한 예비적 검토를 바탕으로 내용상 변별점을 살폈다.

그 결과 두드러진 점은 인물의 태도, 구조적 짜임새 등이다. 인물의 태도에서 영감은 해서에서 교활한 인물로, 영남과 경기에서 비교적 단순한 인물로 그려지고 있다. 또 첩은 해서에서 공세적으로 그려지나 영남에서는 수세적으로 나타났다. 특히 태도에서 할미가 많은 변신을 하였다. 경기의 할미는 가족을 위한 희생의 여인으로, 해서는 순종적이며 여린 모습으로, 영남은 적극적이고 당찬 이미지를 보여주었다. 할미의 성격변화는 '구비 예술이 전형적이다.'는 상식을 뛰어넘은 것으로 우리 가면극의 성과로 볼 수 있다. 어떤 환경에서도 진(眞)과 선(善)을 지역에 따라 다채로운 모습으로 가치 있게 전개하고 있는 것이다. 어쩌면 가면극 연희자의 가치관을 할미에게 투영시킨 것을 아닐까. 어떤 불리한 조건에서도 건강과 발랄을 잊지 않고 부정한 것을 공격하다가도 품을 때가 오면 포용하는 모습이 가면극 공연의 목적이자 〈할미·영감과장〉의 핵심이라고 생각한다. 구조적 짜임새는 해서가 많은 손질을 한 것으로 보인다. 극적 반전의 묘미와 영감의 이중성 부각 등에서 찾아볼 수 있었다. 영남은 극을 순차적으로 진행하기보다 대결의 순간에 집중하는 면을 보였다. 이들에 비해 경기는 상대적으로 극적 긴장, 반전 등은 별로 보이지 않고 낮은 톤으로 극을 이끈 것 같다. 또 극의 구도에 있어 해서의 극은 집중, 영남은 방사, 경기는 단선적이라는 느낌을 준다. 이외에도 해서는 악공의 역할이 두드러지고, 다른 과장의 중요 인물인 최괄이와 말뚝이가 등장하기도 했다. 영남은 다른 지역에 없던 의원과 상여꾼이 등장하여 극의 후반부를 채웠다. 또 죽은 자식의 인원은 해서에서 1~2명인 것이 영남에서는 3명으로 늘었다.

이상으로 볼 때 〈할미·영감과장〉은 전국적으로 분포한 지역만큼이나 다양하다고 할 수 있다. 여기서 〈할미·영감과장〉의 구비예술의 유동성에 관한 검토였다면 이후 과제는 지역별 적층성에 대한 고찰이 따라야 할 것 같다. 예컨대 양주별산대 대본이 시기적 차이를 두고 8

종이 채록되었는데, 이 8종 모두를 대상 자료로 삼아 시기적 차이를 살피고 변모된 점이 있다면 그것이 어떤 의미를 지니는가에 대한 검토인 것이다. 이렇게 10여 지역과 채록된 50여종의 대본에 대한 조사와 연구가 완성된 후에야 〈할미·영감과장〉에 대한 우리의 숙제를 풀 수 있지 않을까 한다.

모윤숙의 『풍랑(風浪)』과 한국전쟁

1. 모윤숙과 한국전쟁

모윤숙 시 연구는 주로 그의 생애와 관련하여 이루어졌는데, 해방(1945)과 1970년대를 기준으로 초기, 중기, 후기시로 각각 나누어 고찰하였다. 이 가운데 일제강점기에 발표된 초기시에 대해서 연구자 간 의견의 차를 보이고 있다. 그 차이는 모윤숙의 친일(親日) 행각을 어떻게 볼 것인가에 있다. 당시 문인들의 친일은 강요에 의한 것이었고 모윤숙 역시 여기서 자유로울 수 없었다는 입장과 모윤숙의 친일은 작품뿐만 아니라 실제 활동에까지 이어진 점으로 보아 적극적인 친일시인으로 보는 입장이 있다.[1] 이러한 견해의 차이는 그의 시에 대한 평가를 긍정 혹은 부정으로까지 연결하고 있다. 이에 비해 일부를 제외하고는 대부분의 연구자는 한국전쟁 시기의 시와 1970년대 이후의 시(서사시)에 대해서 모윤숙의 애국사상이 드러난 작품으로 평가하고 있다.[2] 그리고 특히 한국전쟁을 배경으로 한 『풍랑』에 대해서는 작가의 직접 체험이 애국(愛國)의 시적 형상화로 구현된 것이라는 점에서 대체로 공감하는 편이다.

---

1) 전자의 입장에는 김용직, 「민족의식과 예술성」- 모윤숙론, 최동호·송영순 엮음, 『모윤숙 시전집』(서정시학, 2009); 송영순, 『모윤숙 시 연구』(국학자료원, 1997)와 후자의 입장에는 이덕주, 「모윤숙, '나는 천황의 딸'」, 『월간말』(1989년 11월); 장하진, 「여류명사들의 친일행적 - 김활란, 모윤숙, 배상명, 이숙종, 송금선」, 『역사비평』(1990년 여름) 등이 있다.

2) 송영순, 『모윤숙 시 연구』(국학자료원, 1997); 송영순, 「모윤숙 서사시의 담화구조와 낭만적 상상력」-『황룡사구층탑』을 중심으로 -, 『돈암어문학』 22집(돈암어문학회, 2009); 정영자, 「서사시의 발전과 그 전망」- 모윤숙, 김후란, 문정희를 중심으로, 『문예운동 통권』 제57호(문예운동사, 1997).

하지만 이념 전쟁 기간에 발표된 『풍랑』(1951)이 조국애를 주제의식으로 삼고 있다면,[3] 이는 반공 이데올로기가 내재된 애국일 것이며 이는 일정 정도 편향성을 담지하고 있기 때문에 이에 대한 세밀한 탐구가 요청된다고 할 수 있다. 실제 모윤숙의 행적으로 보면, 그는 해방 이후 공간에서 이승만, 박순천 등과 교유하면서 사교클럽〔낙랑클럽(樂浪클럽)〕을 통해 밀실 정치를 도모하였고, 당시 UN한국임시위원단장인 메논과 긴밀한 관계를 맺어 이승만이 주도하던 남한 단독 정부 수립에 기여하기도 하였다.[4] 이러한 사실은 그의 의도 여부와 관계없이 그가 분단의 첨병 역할을 했다는 점을 보여준다.

또한 조연현은 『풍랑』 발문에서 "모윤숙은 모든 작품의 일체의 기교와 수사를 묵살하고 자유분방한 정열의 발산과 생명의 절규로써만 노래한 시인"이라 했고,[5] 김광섭은 "6·25의 기록으로 생명과 죽음의 한 뿌리에서 체득된 귀중한 소산"이라고[6] 평가하였다. 이는 『풍랑』이 전쟁 체험의 리얼리티가 성공적으로 구현한 산물이며, 높은 시 정신을 갖게 되었다는 것으로 주장과 맥을 같이 하고 있다.[7] 그러나 문제는 리얼리티의 범주를 어디까지 볼 것인가에 있다. 한림대학교 아시아문화연구소가 소장한 한국전쟁 기록 필름 가운데 모윤숙의 동영상을 보면 리얼리티와 어긋난 장면들을 발견할 수 있기 때문이다. 이외에도 당시의 여러 정황을 통해 작품을 좀 더 살핀다면 '사실 - 진실성'에 대한 의문을 더욱 증폭된다고 할 수 있다. 따라서 『풍랑』이 모

---

3) 송영순, 『모윤숙 시 연구』(국학자료원, 1997), 141~155면.

4) 공임순, 「스캔들과 반공」 - '여류' 명사 모윤숙의 친일과 반공의 이중주 - , 『한국근대문학연구』 제17호(한국근대문학회, 2008); 이덕주, 「모윤숙, '나는 천황의 딸'」, 『월간말』(1989년 11월), 120면.

5) 조연현, 발문, 모윤숙, 『풍랑(風浪)』(문성당, 1951), 132면.

6) 김광섭, 「시인 모윤숙론의 일단」, 『자유문학』(1959년 7월), 221면.

7) 송영순, 『모윤숙 시 연구』(국학자료원, 1997), 20~21면; 142~141면.

윤숙의 리얼리티와 거리를 둔다면 이에 대한 평가도 재고해야 하지 않을까 생각한다.

대상으로 삼은 자료는 초판본(1951) 『풍랑(風浪)』이며, 경우에 따라 여러 판본도 참고하고자 한다.

2. 『풍랑(風浪)』의 구성

1) 『풍랑』의 중간(重刊)과 변이 양상

주지하다시피 『풍랑』의 초판은 1951년 대구 문성당에서 발간된 것으로 총 35편의 시가 수록되었으며, 전쟁 전후의 경험이 창작 배경이 되었다. 시인이 말한 바 있듯이 『풍랑』은 수난편, 전쟁편, 서정편으로 분류할 수 있으며, 이 가운데 서정편은 전쟁 이전의 작품이 자리를 차지하고 있다.

『풍랑』은 몇 차례의 중간과 『국군은 죽어서 말한다』에 삽입을 되면서 작품 일부가 빠지기도 하고 작품 중 일부 내용이 달라지기도 했다. 『국군은 죽어서 말한다』는 『풍랑』의 35편과 『옥비녀』(1947년)의 22편을 함께 묶은 시집이기 때문에 『풍랑』의 확대편이라 할 수 있다. 이들 작품집은 단독, 선집, 전집 형태로 수차례 중판되면서 1986년 판에는 풍랑의 〈밀항의 밤〉, 〈당신의 신부로〉가 빠졌고, 〈어머니의 기도〉, 〈자유(自由)를 위하여〉, 〈수용소의 밤〉, 〈대숲〉, 〈낙동강 물〉, 〈C중장에게〉(초판에는 〈先鋒者 - 정일권 중장에게〉), 〈국군은 죽어서 말한다〉, 〈달〉, 〈그대 눈으로〉, 〈바닷길〉, 〈송도 해변〉, 〈위안〉, 〈달맞이〉, 〈하와이 색시들〉 등은 작품의 일부가 달라지기도 했다.

〈표 1〉『풍랑』과 이와 관련된 작품집 발간 현황

구분	작품집	출판사	작품 수	비고
1951	풍랑	문성당	35	
1952	국군은 죽어서 말한다		57	풍랑 35편과 옥비녀 22편
1959	모윤숙 선집	일문서관		
1962	모윤숙 선집	양문문고		
1974	모윤숙시 전집	서문당		
1978	영운 모윤숙 전집	지소림		
1982	영운 모윤숙 전집	호호출판사		
1983	국군은 죽어서 말한다	중앙출판공사		
1986	영운 모윤숙 전집	성한출판사	33	〈모쓰코바에서 온 사람들〉, 〈밀항의 밤〉 삭제
1987	국군은 죽어서 말한다	자유문학사		
2009	모윤숙 시전집	서정시학	33	

2) 창작 공간 및 시기

『풍랑』의 작품들은 1949년부터 1951년 사이에 창작된 것들로, 이 가운데 1950년 6월 25일 이후부터 1951년 4월 이전에 서울, 경기도 광주, 부산에서 지어진 것들이 대부분이다. 작품 중 부기(附記)가 없는 것들도 있지만 대개 위와 같은 정황에서 창작된 것들로 볼 수 있다. 작품의 순서는 창작 시기별로 배열되어 있지만 몇 작품의 경우 달리 배치되기도 하였다. 이는 내용에 따라 작품을 배열하려는 의도로 읽을 수 있다.

〈표 2〉 작품별 창작 정황 및 시기

번호	제목	창작 부기(附記)
1	모쓰코바에서 온 사람들	1950년 7월 6일 서울 거리에서
2	논두렁 길	1950년 7월 29일 석양 동대문 밖에서
3	수수밭에서	1950년 8월 10일 밤 서울 교외에서
4	깨어진 서울	6·25사변 당시 서울 강나루 산 속에서
5	오양간의 하룻밤	1950년 8월 10일 (경기도)8) 광주 근방에서
6	무덤에 나리는 소낙비	1950년 8월 11일 서울 광나루 어느 묘지에서
7	국회원 방송	1950년 8월 15일 밤 서울에서
8	숨어 올으는 길	1950년 8월 25일 광나루에서
9	수수밥 짓기	
10	달밤	1950년 8월 추석밤 서울(에)서
11	끌려간 사람들	1951년 4월
12	기다리던 그 날	(1951년 잠시 南北이 합쳤을 때)
13	어머니의 기도	
14	비밀전쟁	1951년 2월 26일
15	서울 나오던 밤	1950년 12월 21일, 딸아이 데리고 南으로 가면서
16	경주ㅅ 길	1950년 12월 16일
17	수용소의 밤	부산 나려오는 길에
18	대 숲	1950년 12월 20일 부산 나려오는 길에
19	낙동강물	(1951년) 12월 27일 중공군 침략 시
20	밀항의 밤	

번호	제목	창작 부기(附記)
21	당신의 신부로 -상이 군인 혼인식에서	1951년 3월 25일 부산(에)서
22	先鋒者(丁一權中將에게)	1951년 3월
23	국군은 죽어서 말한다 -나는 광주 산곡을 헤매다가 문득 혼자 죽어 넘어진 국군을 만났다.	(1950년 8월 그믐 광주 산곡에서)
24	壯行의 날(金活蘭 博士에게)	4월 8일 송도에서
25	달	1951년 3월 26일
26	기다림	
27	그대 눈으로	(1951년 가을)
28	모르겠어요	(1952년)
29	동백꽃	1950년 3월 병상에서
30	바닷길	송도에서
31	松島海邊	1951년 3월 25일
32	慰安	(1949년)
33	달마지 - 젊은 논개에게	1951년
34	하와이 색시들	1949년 12월 23일 밤 호노루루에서
35	타지마할	1949년 인도 아그라에서

8) ( )는 초판에는 없으나 이후 판본에 추가된 내용이다.

3) 작품 분류와 체재

> 風浪에 分類된 受難篇 戰爭篇以外에 第三部 抒情篇에 모여진 詩들은 틈틈이 마음에서 우러나는 感想으로 그 中엔 유엔 총회에 왔다갔다하는 동안 쓰여진 旅行詩들도 몇篇 끼어 있다.[9]

> 이 곳에 收錄된 三十餘篇의 作品은『빛나는 地域』,『옥비녀』,『렌의 哀歌』等에 收錄되지 않은 主로 解放以後로부터 六二五事變을 經由한 지금까지의 作品들 中에서 추려진 것으로 第一部의 受難篇은 六二五事變 中 敵治 九十日間의 受難 속에서 쓰여진 것이며 第二部의 戰爭篇은 六二五事變을 契機로 하여 發生된 氏의 愛國詩篇들이며 第三部의 抒情篇은 解放以後 틈틈이 쓰여진 氏의 아름다운 抒情詩抄로 엮거졋다.[10]

『풍랑』의 작품들은 작가의 서록(序錄)과 조연현의 발문에서도 확인할 수 있듯이 수난편, 전쟁편, 서정편으로 분류될 수 있다. 수난편은 모윤숙이 전쟁 직후 서울-부산 피난 시절 직접 체험을 바탕으로 한 작품들을, 전쟁편은 보다 거시적 차원에서 전쟁과 관련된 작품들을, 그리고 서정편은 전쟁과의 거리를 둔 작품들을 각각 담고 있다. 시집에는 다음과 같이 작품들을 수난편, 전쟁편, 서정편으로 나누고 있다.

【수난편】: 〈모스크바에서 온 사람들〉, 〈논두렁길〉, 〈수수밥에서〉, 〈깨어진 서울〉, 〈오양간의 하룻밤〉, 〈무덤에 나리는 소낙비〉,

---

9) 모윤숙, 「序錄」, 『풍랑(風浪)』(문성당, 1951), 2면.
10) 조연현, 「발문」, 모윤숙, 『풍랑(風浪)』(문성당, 1951), 132~133면.

〈국회원 방송〉, 〈숨어 올으는 길〉, 〈수수밥 짓기〉, 〈달 밤〉, 〈끌려간 사람들〉, 〈기다리던 그날〉

【전쟁편】: 〈어머니의 기도〉, 〈비밀전쟁〉, 〈경주ㅅ 길〉, 〈수용소의 밤〉, 〈대 숲〉, 〈낙동강의 물〉, 〈밀항의 밤〉, 〈당신의 신부로〉, 〈先鋒者(丁一權中將에게)〉, 〈국군은 죽어서 말한다〉, 〈壯行의 날(金活蘭 博士에게)〉

【서정편】: 〈달〉, 〈기다림〉, 〈그대 눈으로〉, 〈모르겠어요〉, 〈동백꽃〉, 〈바닷길〉, 〈松島海邊〉, 〈慰安〉, 〈달마지〉, 〈하와이 색시들〉, 〈타지마할〉

시적 상황과 주제 의식에 따라 나누고 있어 시를 이해하는데 도움을 주고 있기는 하지만 각 편별 간섭하는 부분이 많고 내용 상 층차가 있어 시집 체재로서 미흡한 감이 없지 않다. 수난편과 전쟁편을 나누고 있으나 양자 모두 전쟁을 배경으로 하고 있어 정확한 구분이 어렵고 〈경주길〉의 경우 관점에 따라 수난편과 전쟁편에 모두 걸칠 수도 있다. 그리고 서정편은 나머지 시들과는 층위를 달리하고 있고, 같은 서정편의 시들이라 할지라도 〈타지마할〉(과 〈하와이 색시들〉)은 다른 시들과 거리를 두고 있다. 따라서 『풍랑』은 체재를 잘 갖춘 시집이라기보다는 비교적 느슨한 구성으로 이루어진 시 모음집이라고 할 수 있다.

3. 작품 세계와 의미

1) 수난편

달아!
내 그림자 뒤에 있거라.
너를 피하노라 숨어 차면
몸 그림자는 더 흔들린다
한 그루의 나무도 서 있지 않은 山
땀 흘려 기어 오르는 길에
내 몸이 보이면
人民軍이 나를 다리고 간다.

지쳐서 숨을 모으면
버스럭 소리에도 소름이 끼친다.
수수깡 맛대인 어느 마을인가
바람아!
잠시만 가라 앉아다오.
소리 없이 어디로 숨어야 하는 몸이기에
별빛은 오히려 바늘같은 찔림
光明도 하늘도 다 - 등지고
소리 없이 숨어가야 하는데
어인 낯 모를 소리들이 이리도 뒤를 따를까?

나무라도 깊어주렴
기어오르며 어루만지는 山谷은
그대로 돌과 흙의 고독

차라리 찌져진 치마폭으로
얼굴을 가린다.
얼굴을 가린다. 〈숨어 오르는 길〉

작품 부기에 '1950년 8월 25일 광나루에서'라고 되어 있는 것으로 보아 이 시는 작가가 전쟁 발발 두 달이 지나도록 안전지대에 있지 못하고 이리저리 떠돌아다닌 것을 형상화한 것으로 보인다.

화자는 지금 밤길을 걷고 있다. 게다가 산길이다. 보통 때라면 여인의 밤 산행은 무모한 일일 것이나, 감행할 수밖에 없는 상황이라면 달은 위안의 대상이 될 것이다. 하지만 지금은 그렇지 않다. 쫓기는 자에게 노출은 곧 죽음이기에 낮보다 밤을, 큰길보다 산길을 선택한 것이다. 따라서 달빛은 화자에게 긍정적이지 못한 대상이 된다. 2연에서 빛 대신 소리가 화자에게 공포감을 불러일으킨다. 잠시 쉬어가는 수수밭에서 바람이 수수깡을 흔들어 소리를 내면 화자는 소리만큼 불안해진다. 아름다운 별빛도 화자에게는 바늘의 찔림과 같은 고통이듯이 약한 바람의 소리마저도 전율인 셈이다. 결국 3연에 오면 화자는 외부의 세계를 이기지 못해 스스로 시선을 차단하기에 이른다. 산곡을 힘들게 기어오르면서 만져보는 수많은 돌과 흙이 고통의 외부적 조건이라면, '찢어진 치마폭'은 그 고통을 안은 화자 자신인 셈이다. 이처럼 이 시는 피난길에서 느낄 수 있는 극도의 불안과 공포를 시공간의 이동을 통해 표현한 것이라 할 수 있다.

이렇게 작품을 이해한 독자라면 작가 모윤숙의 행적이 이와 같았을 것이라 생각할 것이다. 그러한 작가의 체험이 시로 형상화되었을 때, 시적 리얼리티는 그만큼 극대화할 수 있기 때문이다.

하지만 피난길을 재현한 모윤숙의 영상물을 보면 체험의 실체에 대해 약간 의문이 든다.

〈그림 1〉 모윤숙이 재현한 영상물에 대한 기록

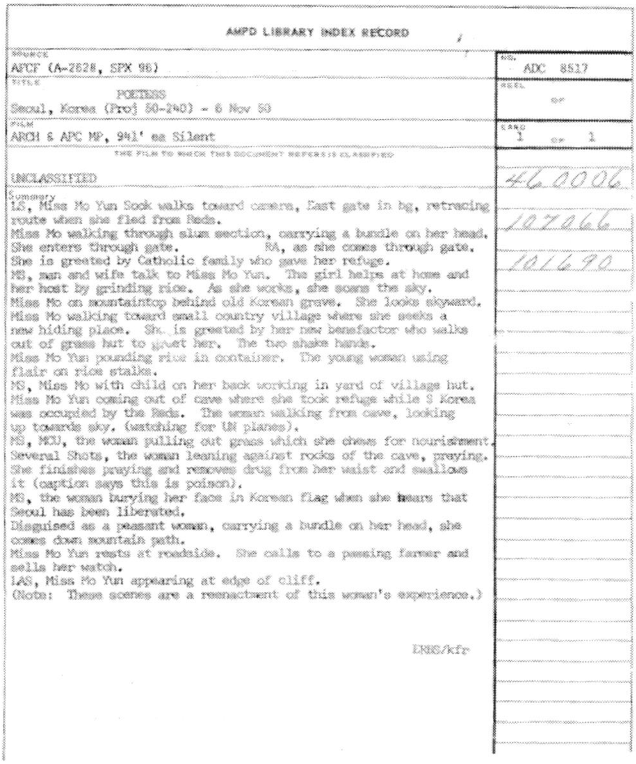

AMPD LIBRARY INDEX RECORD

SOURCE
AFCF (A-2828, SPX 98)

NO.
ADC 8517

TITLE
POETESS
Seoul, Korea (Proj 50-240) - 6 Nov 50

REEL
OF

FILM
ARCH & APC MP, 941' ea Silent

CARD
1 OF 1

THE FILM TO WHICH THIS DOCUMENT REFERS IS CLASSIFIED

UNCLASSIFIED

460006
107066
101690

Summary
LS, Miss Mo Yun Sook walks toward camera, East gate in bg, retracing route when she fled from Reds.
Miss Mo walking through slum section, carrying a bundle on her head.
She enters through gate. RA, as she comes through gate.
She is greeted by Catholic family who gave her refuge.
MS, man and wife talk to Miss Mo Yun. The girl helps at home and her host by grinding rice. As she works, she scans the sky.
Miss Mo on mountaintop behind old Korean grave. She looks skyward.
Miss Mo walking toward small country village where she seeks a new hiding place. She is greeted by her new benefactor who walks out of grass hut to greet her. The two shake hands.
Miss Mo Yun pounding rice in container. The young woman using flair on rice stalks.
MS, Miss Mo with child on her back working in yard of village hut.
Miss Mo Yun coming out of cave where she took refuge while S Korea was occupied by the Reds. The woman walking from cave, looking up towards sky. (watching for UN planes).
MS, MCU, the woman pulling out grass which she chews for nourishment.
Several Shots, the woman leaning against rocks of the cave, praying.
She finishes praying and removes drug from her waist and swallows it (caption says this is poison).
MS, the woman burying her face in Korean flag when she hears that Seoul has been liberated.
Disguised as a peasant woman, carrying a bundle on her head, she comes down mountain path.
Miss Mo Yun rests at roadside. She calls to a passing farmer and sells her watch.
LAS, Miss Mo Yun appearing at edge of cliff.
(Note: These scenes are a reenactment of this woman's experience.)

ERBS/kfr

〔장면 1〕 모윤숙이 대낮에 산에 올라 동굴에서 있다가 무슨 소리를 들었는지 밖으로 나온다. 그러다가 동굴 밖에서 풀을 뜯어 먹으면서 기다린다. 시간이 지나자 위험한 곳에서 손 모아 기도를 하기도 하고 몸이 아픈지 약을 먹기도 한다. 이윽고 태극기를 나뭇가지에 걸어 놓고 흐느낀다. 이런 장면이 여러 번 반복된다.11)

11) 한림대학교 아시아문화연구소, 한국전쟁 관련 영상자료 8517번, 1950년 11월 7일자, ROLL 1 - 5. 촬영분량: 4분 43초.

동영상에서 보듯 모윤숙은 대낮에 돌아다닐 정도로 행동의 제약이 없었다. 더구나 촬영 군인이 미군인 점을 감안한다고 하더라도 행동의 제약은커녕 비교적 안전하고 자유롭게 활동하고 있다. 이런 까닭에 위 시의 화자를 모윤숙의 분신으로 보는 것은 무리가 있다. 작품 속의 화자는 시인이 가공한 인물이며, 당시의 상황이라면 누구나 그릴 수 있는 여인이다. 이렇게 시인은 대단히 피상적이고 추상적인 화자를 작품 세계에 옮겨 놓음으로써 리얼리티의 실종과 함께 주제 의식마저 관념화했다고 할 수 있다. 이런 경우는 다음 시에서도 다시 확인할 수 있다.

기저귀로 머리는 가렸으나
붉은 수수쌀을 한 말이나 이고
우물에 가서 일어오는 일엔 우울하다.

못 나가는 내 심정은 모르고
"그것도 못하면서 남의 살이냐?
내가 갈께 애기나 업고 마을로 나가."
젊은 촌 아씨는 또 다른 명령에 볼이 탄다.
"애기도 못 업고 나가요"
내 몸은 진정 죄수처럼 떨렸다.

"나는 문 밖에 나가기 싫어요
부엌에서만 무에든지 하지요."
무너진 아궁이에 불을 지피기
한 시간이 되어도 수수밥은 안된다.
어떻게 짓는 건가? 못 해본 일이다.

아씨 성미는 고기 가시처럼
날카로이 이러서 고함을 질른다.
"나가, 나가, 당장 나가."

사랑스런 폭군의 노염은
차라리 내 자유를 위해선 정답다.

슬프지도 않은 黃昏길에
적은 보따리 내 허리에 다정하고
혼자 생각에 낯 붉어지는 일.

"우리 어머니 날 기를 제
수수밥 짓는 법 왜 안 일러 주셨던고?" 〈수수밥 짓기〉

화자는 어느 집에서 더부살이를 하고 있다. 할 줄 아는 것이라고 밥 짓기밖에 없으나 수수밥 짓기는 꽤 서툰 모양이다. 그리고 수수쌀을 일기 위해서 밖에 있는 우물까지 가야 하나 그것조차도 미편하다. 그것은 갓난 아이 때문만은 아니리라. 집 주인 촌 아씨가 애기 업고 마을로 나가라고 하나 화자는 "애기도 못 업고 나가요", "나는 문 밖에 나가기 싫어요"라고 한다. '죄수처럼 떨었다'는 것을 통해 화자가 누군가에 쫓기고 있다는 것만 짐작할 뿐이다. 이는 실제 모윤숙이 북한군에 지명수배를 받고 있었다는 것과 어느 정도 통하는 대목이기도 하다. 다시 작품으로 돌아가자. 전쟁 통에 모두가 넉넉할 수는 없다. 자기 식구들 먹을거리도 어려운 판에 다른 식구까지 챙기는 것은 더욱 버거운 일일 것이다. 그러니 촌 아씨의 "나가, 나가, 당장 나가"의 발언을 화자는 '사랑스런 폭군의 노염'이라고 이해하는 것이다. 그리고 애초 아씨와의 갈등이 수수밥을 잘 짓지 못한 것에서 시작되었음에 화자는 그저 "우리 어머니 날 기를 제, 수수밥 짓는 법 왜 안 일러 주셨던고."라고 말할 뿐이다. 이처럼 이 시는 송영순의 언급처럼 "피난민의 고통을 사실적으로 묘사하여 전쟁의 비극성을 드러낸 것"[12]이라고도 볼 수 있다.

하지만 모윤숙을 담은 동영상을 보면 앞서의 의문을 다시 들게 한다.

> 〔장면 2〕 모윤숙이 밖에서 먹을 것을 머리에 이고 세 살고 있는 집에 들어오자 집 식구들이 모두 맞아들이고 있다. 집 주인 남자는 물론 부인, 아이 4명이 모윤숙을 깍듯하게 대한다. 이 때 모윤숙은 앉아 있고, 집 주인 식구들은 모두 경직되어 서있다. 이후 모윤숙은 맷돌로 곡식을 깎고, 아기를 업고 수수를 털어 양식을 마련하는 장면이 NG가 났는지 여러번 거듭된다. 그리고 모윤숙은 끝까지 당당하게 행동한다.[13]

영상을 보면 모윤숙의 집에 다른 사람들이 세 들어 살고 있는지, 모윤숙이 세 들어 살고 있는지 착각할 정도이다. 주인집 남자는 물론 집 식구들 대부분이 모윤숙에게 어쩔 줄 모르며, 모윤숙의 행동거지는 거칠 것이 없어 보인다. 촬영 기사가 미군인 점을 감안한다고 하더라도 집 주인과 그 식솔들이 모윤숙을 대하는 모습은 약자의 자세에서 기인한 듯하다.

앞서의 시를 보면 애기가 있는 작중 화자는 출입이 자유롭지 못하고 집 주인의 아씨에게 구박을 받는 인물로 그려진다. 하지만 영상은 정 반대로 진행된다. 화자는 바깥 출입에 제한이 없다. 그리고 집 식구 가운데 어린 아씨의 구박은커녕 집 주인에게도 당당하게 행동한

---

12) 송영순, 『모윤숙 시 연구』(국학자료원, 1997), 150~155면.

13) 한림대학교 아시아문화연구소, 한국전쟁관련 영상자료 8517번, 1950년 11월 6일자, ROLL 1-4. 촬영분량: 5분 19초.

다. 따라서 이 역시 시인의 체험과는 거리가 먼 곳에서 잉태된 것이라 할 수 있다.

요컨대 모윤숙의 수난편은 작가의 직접 체험이 어느 정도 반영되었다고 하더라도 그와 관련된 영상기록을 참고할 때, 리얼리티의 성공적인 시적 형상화로 이해하기에 무리가 있고 따라서 주제 의식 또한 현실보다 관념에 기반한 피상적인 전쟁의 고통을 드러낸 것이라 할 수 있다.[14]

2) 전쟁편

노을이 잔물지는 나뭇가지에
어린 새가 엄마찾아 날아들면
어머니는 매무시를 단정히 하고
山위 조고만 성당안에 촛불을 켠다.
적은 바람이 성서를 날리고
그리로 들리는
멀리서 오는 병사의 발자국 소리들!
아들은 어느 山脈을 지금 넘나 보다.
쌓인 눈길을 헤엄쳐
폭풍의 채찍을 맞으며
적의 땅에 달리고 있나보다.
애달픈 어머니의 뜨거운 눈엔
피 흘리는 아들의 십자가가 보인다.
主여!

---

14) 모윤숙이 서울에서 숨어 지내던 심경을 그린 수필 「天地가 地獄化」, 金松 篇, 『戰時文學讀本』(대구: 啓蒙社, 1951)에서도 위 두 시와 비슷하게 서술하고 있으나 이 역시 실제 체험이 반영된 것인지 의문이다.

이기고 돌아오게 하옵소서
이기고 돌아오게 하옵소서. 〈어머니의 기도〉

이 시는 아들을 전선에 보내고 자식의 무사귀환을 기도하는 내용으로, 아들의 희생과 어머니의 자애로운 모성을 통해 조국애를 표현한 작품으로 이해되어 왔다.[15] 물론 전장에 나간 아들의 무운(武運)과 안녕을 기원하는 것은 모든 어머니의 마음일 것이다. 하지만 시를 조금 세심하게 살펴보면 우리는 이 시가 말하고 있는 어머니의 사랑과 아들의 희생이 갖는 허구성을 읽을 수 있다.

시는 노을진 외진 성당에서 어머니의 촛불 점화로 시작한다. 저녁이 되면 모든 것들이 집을 찾듯이 어린 새는 둥지를 찾아온다. 하지만 아들은 전장에서 돌아올 줄 모른다. 이처럼 어린 새의 귀소(歸巢)와 아들의 부재 사이의 괴리는 어머니의 심란함으로 이어지면서 기도를 이끈다. 바람은 성서(聖書)에 병사의 군화 소리를 담는다. 이에 어머니는 지금 여기 아들의 부재가 저쪽 행군 대열에 있음을 깨닫는다. 그리고 그 행군은 눈바람과 적지(敵地)라는 자연적 인위적 위험성에 놓여 있음을 안다. 이후 어머니는 곧 있을 아들의 희생을 애달프게 예상하면서, 아들의 희생이 전승의 밑거름이 되기를 바라며 기도를 마친다.

이 시는 단연(短聯)으로 되어 있으나, '기도 시작 전 - 전장터의 아들 환기 - 고난의 행군 - 아들의 희생과 승리 기원'으로 나누어 읽을 수 있다. 여기서 시 전체의 분위기를 통어(統御)하는 것이 기도가 주는 경건함이다. 이에 독자는 종교의 권위 앞에 일체의 비판을 차단 받게 된다. 전쟁터의 피비린내는 군화 소리도 성서에 이르면 작은 바람이 되고, 그 슬픈 전쟁 또한 성스런 전쟁으로 승화된다. 따라서 아들

15) 송영순, 『모윤숙 시 연구』(국학자료원, 1997), 148~149면.

의 참전은 성전(聖戰)에 참여하는 것이요, 아들의 행군은 적지 점령을 위한 숭고한 투쟁의 길이자 신의 섭리인 셈이다. 예수가 인류의 죄를 대신하여 십자가에 매달렸듯이 이제 아들은 집단의 이념을 위해 거룩한 희생양이 된 것이다. 어머니는 그것을 애달프나 뜨겁게 바라볼 뿐이다. 그리고 결국 승리를 위한 기도는 '승패와 관계없이 내 자식의 무사 귀환'보다는 '승리 후의 귀환'을 염원하면서 기도를 끝낸다.

사실 어느 누가 전쟁을 원하겠는가. 혹여 전쟁이 일어난다면 어느 어머니가 아들을 전장터로 보내고 싶겠는가. 또 아들이 전쟁에 참여한다면 전장터에서 사상(死傷)당하기를 원하겠는가. 이런 솔직한 의문을 가지고 위 시를 읽는다면 작품 속 어머니는 우리들의 어머니와는 다른 존재이다. 예나 지금이나 전쟁은 집권층의 입장에서 보면 집단의 이념과 체제 수호를 위해 개인의 권리와 자유를 뒤로하고 희생을 미덕으로 삼게 한다. 물론 집권층이 아니라 하더라도 자신의 속한 집단에 외부의 위험이 도래하면 개인의 희생을 감내하는 것은 당연한 것이라고 할 수 있다. 다만 이러한 각성이 개인적 판단 이전 공동체의 강요에 의한 것이라면 문제가 된다. 다시 말해 공동체의 이념을 이용하여 자신의 권력을 유지하고자 보통의 사람들을 교화(?)하려는 의도가 있다면 이는 숙고의 대상인 것이다.

앞서 언급한 바 있듯이 모윤숙은 해방 이후 이승만과의 긴밀한 관계를 맺고 이승만이 주장한 남한 단독 선거, 남한 단독 정부 수립에 적극 협력하면서 분단을 조장하는데 일조하였다. 분단이 한국전쟁과 직접적인 관계가 없을지라도 일정 정도 관계가 있다면, 모윤숙은 이 전쟁을 성전으로 보고 싶었을 것이다. 그리고 모윤숙이 이승만 정부에서 정치 권력자로 부상했다는 사실에서도, 전쟁의 승리는 모윤숙에게 권력 안정을 위한 발판일 수도 있는 것이다. 다시 말해 모윤숙은 자신의 권력 유지를 공동체의 존속으로 포장하고, 이를 위해 종교적 이미지를 통해 타인의 희생을 강요함과 동시에 일체의 비판을 무력화했던 것이다. 따라서 이 시의 어머니는 시인 자신의 복잡한 속내를 감춘 가면인 것이다.

사랑하는 이이!
당신은 나의 짝 나의 거룩한 님,
눈을 잃고
다리를 빼앗겼으나
그 남은 생명좇아
조국을 위해 마치고자 소원하는
아아! 나의 자랑스런 님이어라.
나는 임의 그대와 같은 나라에 낫고
같은 山脈과 江줄기에 태어난 몸이어니
祖國의 피에 이 몸을 이루어난 처녀
당신의 신부로 오늘을 맞이하오니
사랑하는 이여! 나를 받아 주옵소서.
〈당신의 신부로〉 - 상이 군인 혼인식에

화자인 신부는 상이(傷痍) 군인을 신랑으로 맞이하고 있다. 신랑이 비록 전쟁에서 눈과 다리를 잃었으나 화자에게는 사랑스럽고, 자랑스럽고, 거룩한 님이다. 그리고 신부는 남편과 같은 땅에서 나고 자랐기에 자신이 자랑스럽다고 한다.

시를 얼핏 보면 장애를 가진 신랑이지만 사랑으로 모든 것을 덮고 행복한 미래를 꿈꾸는 아름다운 신부의 이야기로 이해할 수 있다. 하지만 시인의 체험이 반영되지 않고 이중의 규정이 시를 끌고 가고 있는 점을 고려하면 이 작품은 아름다운 사랑시로만 읽을 수는 없을 것이다.

이 시는 모윤숙이 부산 피난 시절 이화대학의 텐트 교실에서 강의할 때 지은 것으로 보인다. 부제에서 알 수 있듯이 시인은 어느 상인 군인의 결혼식을 참석하고 난 이후에 신부를 화자로 삼아 시를 썼던 것 같다. 여기서 시인은 신부가 상이 군인을 신랑으로 받아들이는 것을 자랑스러워 할 것이라는 첫 번째 규정을 한다. 물론 예비 신랑의 귀환과 지금의 혼인이 신부에게 다행스러울 수도 있겠으나 조국을 위한 전쟁에서 눈과 다리를 잃었기에 사랑스럽다고 하는 것은 일종의 비약이다. 그리고 시인은 신부의 생각을 빌어 신랑이 그 남은 생명마저 조국을 위해 바칠 것이라는 두 번째 규정을 한다. 이렇게 시인은 신부와 신랑의 생각을 멋대로 규정하고 다른 해석마저 제한하고 있는 것이다.

공동체의 일원으로 가져야 할 덕목 중에 하나는 고통을 함께하고 이의 극복을 위해 공동으로 노력하는 것이다. 피치 못할 전쟁과 그로 인한 아픔은 당시를 살았던 사람들이라면 벗어나기 힘든 일임이 분명하다. 전쟁이 아니었다면 신랑은 물리적 정신적 상처 없이, 신부는 무겁고 어려운 생각 없이 행복한 삶을 살았을 것이다. 하지만 전쟁은 이들을 힘겹게 했다. 사정이 이와 같다면 공동체 혹은 공동체를 이끄는 자는 그들의 고통을 먼저 아파하고 현실적인 극복을 위한 방안을 모색했어야만 했다. 그럼에도 불구하고 모윤숙은 군인의 고통과 신부의 아픔을 고귀한 희생과 거룩한 마음으로만 읽었던 것이다. 이런 까닭에 모윤숙의 전쟁시는 왜곡과 편향이 어우러진 자기 중심적 세계상이라 할 수 있다.

요컨대 모윤숙의 전쟁편은 조국애가 어느 정도 반영되었다고 할지라도 자신의 권력 유지를 위해 조국을 성자적(聖者的) 어머니로 치환하여 개인의 희생을 비판 없이 강요하고 개인의 전쟁 고통을 외면하고 사랑의 감정마저 왜곡한 것이라 할 수 있다.

3) 서정편

서정편에는 모윤숙이 언급했다시피 대수롭지 않은 여행시 두 편이 끝 부분에 수록되어 있다. 이 두 편은 서정편의 다른 시들과 거리가 있고, 발표 시기를 굳이 전쟁에 한정할 필요가 없어 보임에도 불구하고 『풍랑』에 담고 있다. 이를 단순히 창작 시기가 이곳에 실린 다른 작품들과 가깝기 때문이라 볼 수 있지만, 숨은 의도가 있는 것 같다.

우유빛 동굴 안에
숨어자는 꽃 한 송이
물바람 날아오고 구름 모여드는 곳
여기 벗고 女王의 몸이 쉰다.

(중략)

새 울고 江물 예대로 흘러도
그대 모르는 허무로 가는가?
철되어 꽃은 다시 피어도
그대 홀로 무덤 속 어두운 落葉
찾는 이 없는 그 속에서
달과 별 멀리 두고 차게 변해가리니
해골이 벌레와 춤을 추며
지나간 生의 기쁨 흐늘어져 우서대리
人生의 어둠 속 지나가는 바람이라고. 〈타지마할〉

산호 냄새 풍기는 물나라의 몸이
"알로 하오 노후후 아코니히 힐리"
풀잎 치마 속에서 피리 분다.

(중략)

밤은 남국에 머믈러
그리운 사람들에게 술을 붓고
풀잎에 저즌몸을 사랑하게 한다.
곤하고 수고롭던 지나간 꿈이
아가씨야 불붙는 네 가슴에 담겼구나.
내 마음 빠라가는 네 눈동자, 눈동자.
잃어버릴듯 또 그리운 天國의 노래같이.

안고 몸부림쳐도 그대로 허전해
붙잡아도 달아나는 헛된 사랑에
긴 세월 가지 않는 손끝의 슬픔,
저 야자 열매 함께 먹던 사나이는 어디로 갔느뇨.

찬란한 검은 바람이로다. 네 머리카락은
어깨에, 젖가슴에, 마음대로 미친다
네 서름 빨아먹던 나비는
어디로 갔느냐, 이 밤에, 너를 버리고 ……. 〈하와이 색시들〉

위 시들에 대해 송영순은 "기다림과 고독의 내면세계를 그린 관념시"이며, 순수시로서의 변모를 보여는 주는 경향의 단초라고 말한 바 있다.16) 물론 이 시들이 수난편과 전쟁편의 작품들과 다른 양상을 보여준다고 할 수 있다. 그러나 이 여행시의 여행 경로를 살펴보면 과연 관념적인 순수시로 볼 수 있는가 하는 점이 의문이다.

〈타지마할〉의 부기에 '1949년 인도 아그라에서'인 것으로 보아 제

---

16) 송영순, 『모윤숙 시 연구』(국학자료원, 1997), 155면.

3차 파리 유엔총회가 끝난 다음 귀국길에 인도를 방문하고 지었던 것 같다. 모윤숙이 인도와 인연을 맺었던 계기는 인도인 메논과의 만남이었다. 1948년 유엔은 한반도 문제를 해결하기 위해 메논은 UN한국임시위원단장 자격으로 1월 한국에 입국한다. 원래 그는 입국하기 전 1월 15일에 유엔소총회에서 남한 단독 선거를 반대했으나 입국 이후 이승만의 노선 즉, 남한 단독 선거 남한 단독 정부를 지지하게 된다. 이 과정에서 낙랑클럽의 핵심 멤버였던 모윤숙이 그와 접촉하여 이승만과 연결하는 연락책의 역할을 했던 것이다.[17] 이후 모윤숙은 메논의 연설문을 책으로 엮기도 했으며,[18] 메논을 가리켜 '한국의 은인'이라고까지 했다.[19]

한편 모윤숙은 해방 이후 1947년부터 유엔 대표로 외교활동을 하였는데 1948년 10월에 제3차 파리 유엔총회에, 1949년 10월에는 뉴욕에서 열린 유엔총회에 각각 참석하였다. 〈하와이 색시들〉은 창작부기에 '1949년 12월 23일 밤 호놀룰루에서'로 기록된 것으로 보아 뉴욕 총회 참석 이후에 귀국하는 여정에서 지어진 것으로 생각한다.

이처럼 이들 작품은 정치인으로서의 모윤숙의 행로와 관계가 깊다. 모윤숙은 당시 최고 실력자인 이승만으로부터 신임을 얻을 수 있게 기회를 메논을 이용하여 놓치지 않았기에, 메논의 조국 인도는 그리움의 대상이 될 수 있었고, 정치인의 입지 구축과 역량 강화를 위한 미국 방문과 귀국길의 하와이는 기다림의 대상이었던 것이다. 따라서 모윤숙에게 서정성의 기초인 그리움과 기다림조차도 정치적으로 계산된 것이라 할 수 있다.

---

17) 공임순, 「스캔들과 반공」-'여류'명사 모윤숙의 친일과 반공의 이중주-, 한국근대문학연구』 제17호(한국근대문학회, 2008), 177면.

18) 모윤숙 엮음, 『메논박사연설문』(문화당, 1948).

19) 이덕주, 「모윤숙, '나는 천황의 딸'」, 『월간말』(1989년 11월), 120면.

4) 의미

해방 이후 대한민국의 이념 정립과 안보를 위해 노력한 사람들에 대해 우리는 경의를 표해 왔다. 그리고 그들의 헌신과 희생에 대해서도 우리 사회는 실천적 보상을 합의하고 있는 것도 사실이다. 그러나 공동체의 삶에서 진실과 위선, 목적적 수단과 방법적 목적이 뚜렷하게 구분되지 않기도 하다. 이는 인간 자체가 가지는 판단의 불완전성에 기인한 까닭이기도 하다. 아니면 권위가 주는 공포를 무한정 신뢰로 바꾸어 버리는 인식의 편의성 때문이기도 할 것이다.

모윤숙은 해방 이후를 살았던 인물 가운데 대한민국의 '여류' 명사라기보다 '주류(主流)'라 해도 전혀 어색하지 않다. 실제로 그가 죽기 전까지 문단과 정계에서의 활동은 국내외의 훈장과 상장, 직함 그리고 명예박사학위 등으로 요약할 수 있을 정도로 비중 있는 역할을 했기 때문이다.

그의 행보가 이렇게 화려함에도 불구하고 저자는 시인을 마냥 긍정할 수 없었던 이유는 일제강점기에 친일 활동을 해방 이후 반공으로 덮으려고 했던 의도 때문만은 아니다. 일제강점기 친일은 관점에 따라 달리 해석할 수 있고, 반공은 그것을 목적으로 하든지 수단으로 하든지 간에 국체(國體) 보전에 중요한 덕목이었다고 생각한다.

다만 공동체를 이끌어가는 주류로서, 그리고 인간을 이해하는 시인이라는 관점에서 본다면 모윤숙을 재조명할 필요가 있다고 생각한다. 공동체의 미덕은 공동체의 위기에 함께 대처하고 그 과정에서 희생을 나누며 동반 성장하는 것이다. 또한 인간애의 일단은 고통은 나누고, 희망은 키우는 것이라 할 수 있다. 전쟁은 공동체의 위협이며 그 구성원 간의 사랑을 파괴하는 것이다. 이런 상황에서 우리가 주류 시인에게 공동체의 재건과 사랑의 회복을 요구하는 것은 당연한 것이다. 전쟁의 참혹함을 노래하기 전에 전쟁의 악마성을 비판하고, 희생을 미화하기 전에 희생자의 고통을 아파해야 한다는 것이다. 그러나 모윤숙은 수난을 수난으로 보지 않았고, 전쟁을 전쟁으로 보지 않았다. 게다가 목적이 분명했던 해외여행을 서정의 세계로 덧칠하기까지 했던 것이다. 따라서 『풍랑』은 주류 시인으로서 모윤숙이 걸었던 다소 이기적이고 편벽된 발자국들이라 할 수 있다.

4. 현대사의 풍랑을 제대로 담지 못한 『풍랑』

『풍랑』의 구성을 보면, 내용 상 수난편, 전쟁편, 서정편으로 나눌 수 있으나 그 경계가 뚜렷하지 않고 같은 범주에 있는 작품 간에도 상호 견인력이 없어 단독 시집으로서의 위상이 높지는 않다고 할 수 있다.

수난편에 대해서 기존 연구는 작가의 전쟁 체험이 사실적으로 반영되었다 하지만 한림대학교 아시아문화연구소가 소장한 영상자료를 보면 리얼리티의 성공적인 시적 형상화로 해석하기 힘들며 주제 의식은 관념에 기반하여 전쟁의 고통을 상투적으로 드러냈다고 할 수 있다. 그리고 전쟁편에 대해서는 모윤숙의 애국주의가 그대로 표출되었다고 논의되었으나, 사실은 본인이 획득한 권력을 보존하기 위해 조국을 성자적(聖者的) 어머니로 치환하고 전쟁에 참여한 이들의 희생을 강요했다고 할 수 있다. 또한 서정편이 외부적 상황과 무관한 모윤숙의 내면세계를 그린 것이라는 주장 역시 허구이며 실제로는 본인의 정치 행로를 서정으로 포장한 것이라 할 수 있다. 이렇게 『풍랑』을 이해하고 모윤숙이 해방 이후 공간에서 정계와 문단의 주류였다는 점을 상기한다면, 우리는 그가 공동체의 가치를 시정신으로 승화했다기 보다는 자신의 과거 행적을 감추고 이기적 미래를 위해 전쟁을 이용했다고도 할 수 있다.

앞으로의 과제는 모윤숙의 후기시 또한 범박하게 읽었던 민족 의식 고양, 조국애 등에 대해서도 그의 행적과 기록을 통해서 면밀히 고구하는 일일 것이다. 이것이 어쩌면 한국현대사의 풍랑을 제대로 이해하려는 위험한 시도가 될 수도 있겠지만.

제3부
주변 탐색

춘천의 풍경과 산수시

1. 춘천의 한시들

춘천의 산수를 소재로 한 시는 고려시대부터 조선 후기까지 적지 않게 창작되어 인문지리지, 개인 문집, 기타 문헌 등에 전해온다. 이 가운데 춘천 출신 작가의 작품도 더러 있을 터이나 이것들은 주로 애향, 장소 추억을 주제 안으로 담을 수 있을 듯하다. 이에 비해 이방인의 관점에서 지은 작품은 각자의 처지와 상황에 따라 다양한 인식과 관통하는 의미를 보여준다고 할 수 있다. 다시 말해 이동 중에서 춘천의 산수를 발견하여 창작한 경우, 춘천을 위안과 안식처로 삼은 경우가 다를 것이고 전자라 하더라도 중앙에서 출발했을 때와 중앙으로 향했을 때 모두 달리 나타날 수 있는 것이다. 다만 어느 경우든지 춘천은 중앙 권력으로부터 물리적 거리가 있은 곳이기에 이곳의 주정자(駐停者)는 그만큼의 심리적 거리가 있어 이것들을 통괄하는 의미가 있다고 할 수 있다.

춘천은 많은 산과 강(호수)을 가지고 있으나 그 가운데 봉의산, 청평산 그리고 소양강을 중심으로 한 작품들을 살펴보고자 한다. 이 장소는 춘천의 중요한 자연 자원으로서 역사적으로 많은 사람들과 교감하여 인문학적 자산의 풍부한 생산지였다. 〈그림〉 1은 『춘천읍지』(1890년대) 소재 춘천 관내 채색도로 가운데 봉의산, 동북 방향에 청평산 그리고 서남 방향에 소양강이 있음을 보여주며,[1] 〈그림〉 2는 『대동여지도』(1861년)에 표시된 춘천의 소양강을 잘 나타내고 있

1) 허준구, 「청평산과 영지」, 『봄내』 364(춘천시청, 2021. 5.), 23면에서 지도 재인용.

다.[2] 이외에 『신증동국여지승람(新增東國輿地勝覽)』과 같은 인문지리지에서 이 장소들에 주목하고 있다.

〈그림〉 19. 춘천관내도

2) 조선일보사 편, 『大東輿地圖』, 『월간 山』 35주년 기념호 별책부록(조선일보사, 2004), 12-2.

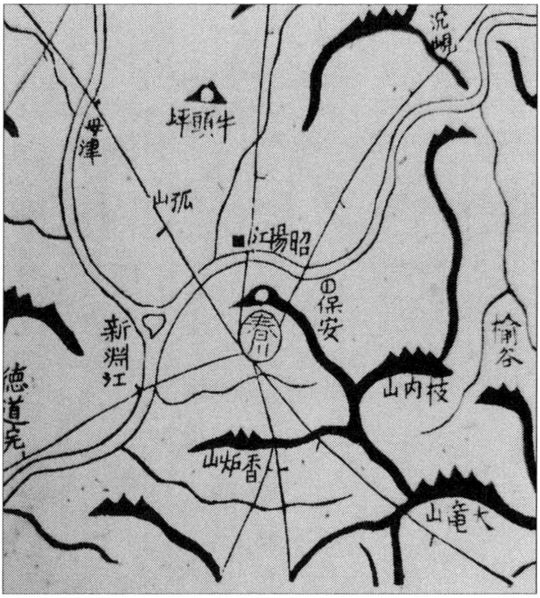

〈그림〉 20. 춘천 부분

2. 봉의산(鳳儀山)

〈그림〉 21. 봉의산(허준구 글, 봄내 360호 인용, 2021. 1.)

〈그림〉 22. 봉의산(강원도민일보 인용, 2019. 7. 19.)

소(韶) 음악을 아호 번 연주하며 봉황이 날아와 춤을 추었습니다. 기(夔)가 말하기를 제가 경(擊)을 치고 어루만지니 많은 짐승들이 와서 춤을 추었으니 여러 관장들이 진실로 화합하게 되었습니다.(簫韶九成 鳳凰來儀 夔曰於予擊石拊石 百獸率舞 庶尹允諧)[3]

봉의산. 부의 북쪽 1리에 있는 진산(鎭山)이다.(鳳山 在府北一里 鎭山)[4]

산을 올라가 그 꼭대기를 바라보면, 바람이 나부끼면서 선계에 오르는 듯하며 앞이 탁 트여 막힘이 없다. 들 밖은 여러 산들이 꼬불꼬불 열 지어 들러싸고 있는데 산들은 각각 몹시 아름답다.(登臨眺望 敞豁無碍 野外諸山 螺鬟列屛各有奇勝)[5]

---

3) 『서경(書經)』 우서(虞書) 익직(益稷).

4) 『신증동국여지승람(新增東國輿地勝覽)』 권46 강원도 춘천도호부(春川都護府).

5) 『국역 강원도지』(강원도, 2005), 114면. 『강원도지』는 1940년 강원도가 주관하여 발간한 것으로 그 때까지 강원도와 관련된 고전적(古典籍)을 집대성한 것이다. 그리고 이를 저본으로 2005년에 국역한 것이 『국역 강원도지』이다. 다음 각주부터는 서명만 제시한다.

'봉의(鳳儀)'는 『서경』 "簫韶九成 鳳凰來儀"의 '봉(鳳)'과 '의(儀)'에서 유래한 것으로 순임금 시절처럼 조화·평화의 시절을 상징한다고 할 수 있다. 이에 봉의산의 이름 또한 봉황이 날개를 펴고 위엄을 갖춘 모양새에서 유래하고 있다. 봉의산은 춘천의 진산으로서 막힘이 없고 옛날 순임금을 중심으로 세상 모든 것들이 모이듯 아름다운 것들이 이곳에 모이는 선경(仙境)으로 초상화되었다. 이처럼 봉의산은 유래, 명칭, 산세 등에서 보면 태평성대, 장엄함의 상징으로 읽을 수 있다.

기일(其一)
봉의산 저 건너의 작은 시내 서쪽에〔鳳儀山外小溪西〕
판자집 비스듬히 고목 언덕 잇닿았네〔板屋斜連古樹堤〕
손님 드문 바윗길 고운 이끼 우거지고〔巖徑客稀芳蘚合〕
그늘 다순 버들다리 늦꾀꼬리 울어대네〔柳橋陰暖晩鶯啼〕
마을 안의 진기한 풀 사람들 서로 부쳐 오고〔洞中瑤草人爭寄〕
상자 속의 귀한 서책 손수 글을 쓴다네〔笈裏瓊編手自題〕
듣자하니 이 지역은 다름 아닌 신선 마을〔聞說玆區是仙府〕
연하 깔린 곳곳에 은거할 만하고 말고〔煙霞隨處足幽棲〕

기이(其二)
그윽한 작은 뜨락 잎 푸르고 꽃 시드니〔嫩綠殘紅小院幽〕
지나가는 봄빛을 뉘를 빌려 만류할꼬〔韶華過盡倩誰留〕
연래에 낯설은 땅 오랫동안 객이 되어〔年來異地長爲客〕
늙어가며 만난 시절 그저 절로 시름겹네〔老去逢辰秪自愁〕
흰 종이로 등 만들어 명절 놀이 마련하고〔白紙作燈供節戲〕
미나리로 김치 담궈 소반의 반찬 꾸미네〔靑芹釀醋飾盤羞〕
시골 마을 좋은 벗 없다고 혐의 마소〔休嫌村巷無佳伴〕
맑은 술잔 마주하고 새벽까지 이른다네〔且對淸樽到曉籌〕. 〈영사(詠事)〉[6]

위는 신흠(申欽, 1566~1628)이 봉의산을 소재로 지은 시다. 신흠은 1616년(광해군 8)에 인목대비(仁穆大妃)의 폐비 사건에 연루되어 춘천으로 유배되어 1623년(인조 1)에 해배되었는데 그 사이에 지은 것으로 보인다.

봉의산을 기준으로 화자의 시선이 닿는 풍경과 화자의 정서를 드러내면서 시상을 전개하고 있다. 기일(其一)에서 화자는 봉의산 주변의 시간, 풍광과 인가에 시선을 두고 있으며, 기이에서는 화자 자신의 정서와 태도를 드러내고 있다.

기일 수·함련은 봉의산 서쪽을 흐르는 소양강과 그 주변, 한적한 거리 그리고 늦봄의 꾀꼬리 울음소리가 전부이다. 삶의 한가함과 평화로움을 멀리서 바라보며 자칫 지루할 수 있는 분위기를 꾀꼬리가 등장하여 변화를 주었다. 경·미련에는 시선을 가까이 두어 주민들의 유대감, 지적(知的) 일상 그리고 화자의 긍정 판단으로 시를 마무리하고 있다. 자연과 사람 사이가 조화롭고 번잡하지 않은 이곳을 선부(仙府)라 판단하고 은거하기 족하다고 한다. 이로써 우리는 화자가 봉의산 아래를 은거지로 삼고 정주(定住)할 수밖에 없음을 짐작할 수 있다.

기이 수·함련은 춘천에 정주한 화자가 봄을 맞아 늙음과 객수(客愁)를 보여준다. 춘천을 선계라 하고 최적의 은거지라 했지만 실상은 그렇지 않았다. 늙음이 신체적 노쇠를 가리키나 정계에 있던 자, 사대부로서 치인(治人)하지 못한 자에게는 권력으로부터 소외를 상징하기 때문에 화자에게 늙음은 정치적 패배 상태로도 볼 수 있을 것이다. 게다가 선계는 선망하는 공간이나 이곳에서 객수를 느낀다는 것은 정계가 아닌 선계는 긍정될 수 없음을 보여준다. 경·미련은 시름

---

6) 『상촌선생집』 제16권 시(詩) 칠언율시(七言律詩).

을 극복하기 위해 소소한 삶을 노래하고 있다. 명절맞이 등 만들기, 미나리 반찬, 술 그리고 마을 사람들 모두 화자에게 소중한 것들이다. 다만 술로 노래로 끝내고 있는데, 이는 고통의 시간을 지금 이곳에서 쾌락의 밀도만 높일 뿐 궁극적인 해결책이 될 수 없다.

봉의산 높은 마루 푸른 노을로 잠겨 있는데〔鳳儀高頂鎖靑霞〕
틈내어 올라보니 구화(九華)보다 빼어나다〔暇日登臨勝九華〕
들은 산을 안고 산은 또 들을 안고〔野抱山還山抱野〕
모래는 물에 비껴 있고 물 또한 모래에 비껴있네〔沙橫水更水橫沙〕
노주의 아지랑이 술동이 앞에 아른거리고〔鷺洲烟浪樽前活〕
용악(龍嶽)의 구름 덮인 숲 눈 아래 비껴있네〔龍嶽雲林眼底斜〕
수춘(壽春)은 세속 인연 끊을 수 있는 맑은 곳〔自是壽春淸絶處〕
이곳에 복거(卜居)하면 내 신선 되겠지〔卜居吾欲近仙家〕
〈고시(古詩)〉7)

위는 작가 미상의 작품으로 봉의산과 그 주변을 소재로 하고 있다. 수련에서 화자는 봉의산의 아름다움에 이끌려 등반을 결심하고 정상에서 내려다본 풍광을 감탄하고 있다. 함련에서는 산과 들이 화합하고 강물과 모래가 조화를 이루고 있음을 발견한다. 경련은 경치에 술 생각과 이에 어울리는 환상의 세계를 초대하고 있다. 이윽고 미련에서 화자는 '춘천'을 세속과 단절된 곳으로 인식하여 신선이 되고자 한다.

화자의 정체를 알 수는 없으나 "이곳에 복거하면"이라는 말에서 그는 춘천인이 아님은 분명하다. 복거할 곳은 찾던 화자는 봉의산과 그 주변은 별천지로 인식하고 있다. 움직이지 않은 것들이(산과 들) 화

7) 『국역 강원도지』, 114~115면.

합하고 움직이는 것들도(물과 모래) 조화를 이루었으니 응당 그렇게 인식하는 것이 당연할지 모른다. 하지만 화자는 세속과 어울리지 못하고 이곳에서 독선(獨仙)이 되려는 것은 모순이 아닐 수 없다.

봉황의 출현을 성군의 탄생과 태평성대의 도래로 믿었던 시대, 춘천의 봉의산은 이미 성군이 다스리는 태평성대임을 상징한다고 할 수 있다. 하지만 신흠에게 봉의산은 그러한 믿음과 다른 정계가 아닌 선계요, 선정의 기쁨 대신 객수와 시름을 담은 곳이며, 봉의산은 고통스런 현실을 일시적 치유지일 뿐이었다. 그리고 〈고시〉의 주인공 또한 봉의산의 '조화, 화합'을 자연미의 발견에 국한하여 세속과의 단절 이유로만 여기고 있다. 이 또한 시 표면의 밝음보다는 이면에 놓인 어두움을 드러낸 것이라 할 수 있다.

3. 청평산(淸平山)

① 춘천의 청평산은 옛날의 경운산이요, 문수원은 옛날의 보현원이다. … 문종 23년 무신년에 좌산기상시 지추밀원사 이두 공이 춘주도의 감창사가 되었을 때 경운산의 아름다운 경치를 사랑하여 백암의 옛 터에 절을 짓고 보현원이라 하였다. … 그 뒤에 희이자가 벼슬을 버리고 와서 여기에 은거하니 도적이 그치고 호랑이와 이리가 자취를 감추었다. 이에 산의 이름을 고쳐 청평이라 하고 원명을 문수라 하였고 이어서 개축하였다. 희이자는 이공의 장남이며 이름은 자현이고 자는 진정이다. 산에 머무른 것이 모두 37년이나 되었다고 한다.(春川淸平山者 古之慶雲山 而文殊院者 古之普賢院也 … 文宗二十三年 歲在戊申 故左散 騎常侍知樞密院事李公頭爲春州道鹽倉使 愛慶雲勝景 乃卽白岩之舊址 置寺曰普賢院 … 其後希夷子 棄官隱居于玆 而盜賊寢息 虎狼絶跡 乃易山名曰淸平 院名曰文殊 而仍加營葺 希夷子

郎李公之長男 名資玄 字眞精 住山凡三十七年云云.) (김부철, 〈청평산문수원기(淸平山文殊院記)〉)8)

〈그림〉 23. 청평산과 청평사(허준구 글, 봄내 364호 인용, 2021. 5.)

② 고려의 이자현(李資玄)이 이 산(청평산)에 들어가 문수원(文殊院)을 짓고 살았다. 더욱 선설(禪說)을 좋아하여, 골짜기 안 그윽하며 따로 떨어진 곳에 쉬는 암자를 지었다. 둥그렇기가 고니알 같고 겨우 두 무릎을 세울 만하였다. 묵묵히 그 가운데 앉아서 두어 달이 되어도 나오지 않았다. 그와 같은 해에 급제한 곽여(郭輿)가 부절(符節)을 지니고 관동(關東)에 왔다가 찾아가서 시를 지어 주었다. … 이자현이 이에 화답하였다.(高麗李資玄入此山 葺文殊院以居之. 尤嗜禪說 於洞中幽絶處作息菴 團圓如鵠卵 只得盤兩膝 默坐其中 數月猶不出. 其同年郭輿持節出關東 訪之贈詩云 … 資玄和云.)9)

---

8) 『국역 강원도지』, 797면.
9) 『신증동국여지승람(新增東國輿地勝覽)』 권46 강원도 춘천도호부(春川都護府).

③ 청평의 산과 물은 상수(湘水)의 물가처럼 아름다운데
〔淸平山水似湘濱〕
우연히 서로 만나 고인(故人)을 반기노라〔邂逅相逢見故人〕
30년 전에 우리는 같이 급제하였으나〔三十年前同擢第〕
천 리 밖에 떨어져 각각 사는 몸이로구나〔一千里外各棲身〕
뜬구름처럼 동학(洞壑)에 들어오더니 이로부터 세상일이 없었고
〔浮雲入洞曾無事〕
밝은 달이 냇물에 비치니 티끌에 물들지 않네〔明月當溪不染塵〕
그대 말없이 오래 앉아 있는 곳을 보니〔目擊無言良久處〕
담담하게 옛 정신이 서로 비치는구나〔淡然相照舊精神〕.[10] (곽여)

④ 따뜻한 기운이 시내와 산에 가득하면서 가만히 봄으로 바뀌는데
〔暖遍溪山暗換春〕
홀연히 신선의 의장(儀仗)이 굽혀 그윽히 사는 사람을 찾아주셨네
〔忽紆仙仗訪幽人〕
백이와 숙제가 세상을 피한 것은 오직 성품을 보전하고자 함이요
〔夷齊遁世唯全性〕
직과 설이 나랏일에 부지런함은 제 몸을 위해서가 아니었네
〔稷契勤邦不爲身〕
왕명을 받들고 온 이때 옥패물이 쟁그랑거리는구나〔奉詔此時鏘玉佩〕
어느 날 벼슬을 그만두고 옷의 티끌을 떨쳐 버리려는가
〔掛冠何日拂衣塵〕
어찌 이 땅에 함께 살아야 하랴〔何當此地同棲隱〕
종래에 지닌 불사의 정신을 기르면 그만인 것을
〔養得從來不死神〕.[11] (이자현)

---

10) 『신증동국여지승람(新增東國輿地勝覽)』 권46 강원도 춘천도호부(春川都護府).
11) 『신증동국여지승람(新增東國輿地勝覽)』 권46 강원도 춘천도호부(春川都護府).

청평산은 춘천 동쪽에 자리하며, 이름이 말해주듯 맑고 평안함을 상징하고 있다. ①에서 보듯 청평산은 원래 이름은 경운산(慶雲山)이었다고 한다. 고려 문종 때 이자현의 부친 이두가 춘주도 감창사가 되어 경운산을 지나다가 절경에 감탄하여 보현원을 지었고 이후 아들 이자현이 벼슬을 그만두고 이곳에서 오랜 시간을 보냈는데 그때 사나운 짐승이 사라지게 되니 이름을 '청평'이라 했다고 전한다. 이처럼 청평산은 이자현(李資玄, 1061~1125) 부자로 인해 역사적으로 주목을 받게 되었다.

②는 이자현이 1089년(선종 6) 이후 이곳에 보현원을 문수원으로 고치고 선학(禪學)에 몰두했다는 기록이다. 그가 별도의 암자를 건축하여 몇 달 동안 참선했다는 것으로 보아 춘천 청평산은 그에게 맞춤 도량이었다고 할 수 있다.

이자현과 가까운 이는 곽여(郭輿, 1058~1130)로 같은 때에 두 사람은 과거 시험에 합격하기도 했다. 급제 이후 서로의 길이 달랐으나 두 사람은 각별했던 것으로 보인다. ①은 그들은 관계를 보여주는 예화이며, ③와 ④는 주고 받은 시들이다. ③는 곽여가 공무로 강원 지역을 방문하여 이자현을 만나 그에게 준 시이며, ④는 이에 대해 이자현이 곽여에게 답한 것이다.

③는 화자가 오랜 벗에 반가움과 자신과 다른 삶에 대한 모습을, ④는 찾아온 벗에 대한 고마움과 각자의 삶이 갖는 다름의 가치를 노래하고 있다.

③의 수·함련에서 화자는 청평의 산수를 중국의 상강에 빗대어 벗과의 만남을 소강과 상강으로 이끌면서 시간의 거리, 삶의 거리를 천리만큼이나 멀어졌다고 한다. 경·미련에서는 벗의 결정과 결행, 상태와 결과를 그리고 있다. 벗은 삶을 뜬구름이라 여겨 청평산을 찾아 세상과 절연했고 달빛과 냇물과 교감하면서 홍진을 소거하였으니 탈속

의 경지에 오른 셈이다.

④의 수·함련에서 화자는 봄에 따뜻한 온기가 들어오듯 찾아온 벗을 반갑게 맞이하고 있다. 그리고 각자의 삶을 은자와 명신(名臣)에 빗대어 자긍하고 있다. 경·미련에서 화자는 벗에게 자신의 삶을 권유하면서도 이곳에 반드시 함께할 필요 없이 신선의 정신〔不死〕을 회복하기를 바란다. 그동안 이미 다른 길을 걸었고 청평산은 화자가 찾은 곳이나 벗은 지나가는 곳이니 삶의 지향은 같은지라도 장소를 공유할 수 없는 것이다. 화자에게 청평산은 독점의 대상인 곳이다.

이처럼 청평산은 이자현에게는 세속으로부터 숨기고 싶은 공간으로 곽여에게는 동경의 공간이나 닿을 수 없는 곳이 되어갔으나, 공히 도피의 공간, 격절의 공간 그리고 더불어 사는 삶을 부정하는 공간이 되어버린 것이다.

4. 소양강(昭陽江)

소양강. 부의 북쪽 6리에 있다. 근원이 인제의 서화현에서 나와서 본부의 기린현의 물과 합류하여 양구현의 남쪽에 이르러서 초사리탄이 된다. 또 부의 동북쪽에 이르러 청연이 되고 주연이 되며, 적암탄이 되고 소양강이 된다.(昭陽江. 在府北六里. 源出麟蹄之瑞和縣 與府之基麟縣水合流 至楊口縣南爲草沙里灘. 又至府東北爲青淵 爲舟淵 爲狄巖灘 爲昭陽江.)[12]

12) 『신증동국여지승람(新增東國輿地勝覽)』 권46 강원도 춘천도호부(春川都護府).

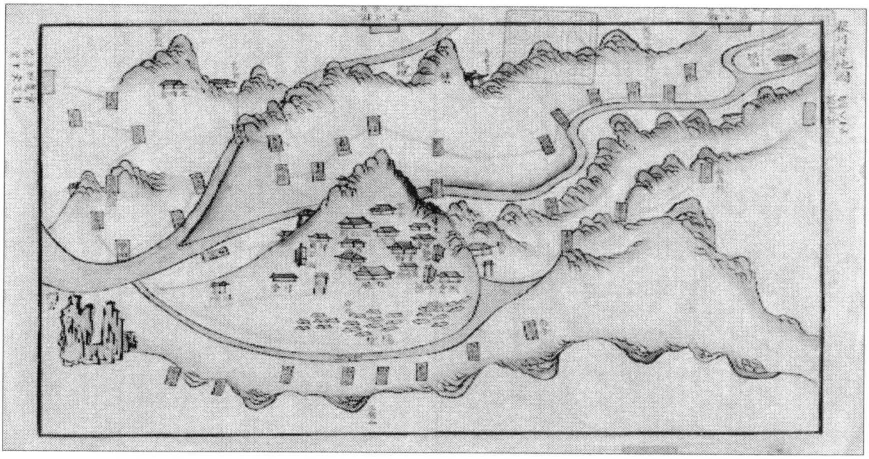

〈그림〉 24. 춘천고지도(춘천시 향토문화유산총람, 2020, 인용)

지도에서 보듯 춘천을 지나는 강은 세 갈래가 있다. 서쪽을 지나는 강은 자양강(紫陽江)〔혹은 장양강〕, 동쪽에 흐르는 강은 소양강(昭陽江)이며 이 두 물줄기가 봉황대에서 만나 함께 흐르는 강은 신연강(新淵江)이 된다. 허준구에 따르면 소양강은 아침노을과 봄의 의미를 지녔기 때문에 동강이며, 자양강은 저녁노을과 가을의 의미로 서강이라 한다.[13]

동강에 해당하는 소양강은 인제부터 시작하여 춘천의 북쪽을 지나 북한강과 만나는 물줄기다. 이 강은 여러 고을을 지나는 긴 물길로 춘천을 대표하는 하천이기 때문에 이를 소재로 많은 문인들이 작품을 남겼다.

① 도평의사(都評議使)에서 왕명으로 … 규정(糾正) 최여(崔洳)와 녹사 오석규를 전라도로 … 파견하여 제찰사와 수령들이 간사하게

13) 허준구, 「소양강」, 『봄내』 361, (춘천시청, 2021. 2.), 22면.

사적 이익을 취하는지 조사하게 하였다.(都評議使 以王命 分遣 … 糾正崔洳 錄事吳石圭于全羅道 … 廉問提察及守令姦利.)[14]

② 조계종의 승려 경린과 경총이 함께 상왕(上王, 충선왕)에게 총애를 받아서 궁중에 출입하면서 대선사를 제수받았는데, 간관이 고신에 서명하지 않았다. 상왕이 노하여 우헌납 이조은, 사보(思補) 우칭과 윤기를 불러 꾸짖었지만 간관은 그래도 서명하지 않았다. 〈상왕이〉 다시 이조은 등을 불러 별전 남문에 직접 나와 그 이유를 두루 묻고는 장형에 처하려 하였다. 우칭이 그 자리에서 강개하게 이유를 밝히자 왕이 깨닫고 화를 점차 풀었다. … 그러나 … 윤기와 우칭 등을 좌천시켰으며 … 최여(崔洳)를 좌사보(左思補)로 임명하였다. (曹溪宗僧景麟景聰俱有寵於上王 出入禁闥 授大禪師 諫官不署告身 上王怒, 召右獻納李朝隱思補禹偁尹頎誚讓 諫官猶不署 又召朝隱等 出御別殿南門 歷問其由 欲杖之 偁廷辨慷慨 王悟 怒稍解 然 … 左遷頎偁等 … 崔洳爲左思補.)[15]

③ 상원(上元) 아름다운 계절의 좋은 경치이고〔上元佳節好風煙〕
천고에 이름 높은 소양강 위 하늘일세〔千古昭陽江上天〕
산빛은 푸르고 푸르게 거울 같은 물속에 거꾸로 비치고
〔山光靑靑倒鏡面〕
띠처럼 늘어진 버들개지는 하늘하늘 바람 앞에 흔들리네
〔柳帶褭褭搖風前〕
강가를 가는 길손이 춘흥을 일으켜〔江邊行客發春興〕
말 가는 대로 맡겨두고 한가롭게 시 읊으며 채찍을 늘어뜨렸네
〔信馬閑吟垂竹鞭〕
성안에 들어서니 경치는 더욱 기절하여라〔入城景物更奇絶〕

14) 『고려사』 권33. 세가 충선왕 원년 10월.
15) 『고려사』 권34. 세가 충숙왕 원년 1월.

들은 넓은데 흰 모래가 강물을 두 개로 가르네〔野廣白沙分二川〕
수레를 멈추고 오래도록 물가 모래톱에 섰노라니〔停車久立汀洲際〕
흰 갈매기 날고 해는 떨어져 내 마음은 아득하구나〔白鷗落照心悠然〕
당년(當年)의 전성하던 때를 상상하여 보니〔想見當時全盛日〕
붉게 채색한 누각에서는 피리와 거문고 소리 가득하였으리라
〔朱樓畫閣擁管絃〕
번화는 물을 따라 동으로 한번 흘러가 버리고〔繁華一逐東流去〕
강가의 풀과 꽃은 해를 거듭하는구나〔江草江花年復年〕
누구의 집 옥피리가 낙매곡(落梅曲)을 부는가〔誰家玉笛吹落梅〕
사람으로 하여금 괜스레 나그네의 회포를 느끼게 하네
〔令人無端感旅懷〕
옛날 붉은 단장을 물에 비추던 곳〔昔日紅粧映水處〕
비단 씻던 돌은 낡아 공연히 이끼만 끼었구나〔浣紗石老空莓苔〕
나는 젊던 시절에 놀며 즐기는 것을 좋아하여〔吾人年少好遊樂〕
훌륭한 경치를 만날 때마다 번번이 돌아가기를 잊었었다
〔每逢勝景輒忘迴〕
앵무주(鸚鵡洲) 강가에서는 목란(木蘭)의 노를 젓고'
〔鸚鵡洲邊木蘭棹〕
봉황대 위에서는 황금의 술잔을 기울였더니〔鳳凰臺上黃金杯〕
몸이 이로움과 명성을 좇는 속루(俗累)에 얽매인 뒤로부터
〔自從身嬰利名累〕
10년을 꿈틀거리며 먼지와 티끌 속에 다녔네〔十載蠢蠢趨塵埃〕
이제 물과 구름의 지경에서 말고삐를 당기고 서니〔如今按轡水雲界〕
그 자리에서 초일(超逸)한 생각으로 하여금 봉래를 능가하게 하는구나〔坐使逸想凌蓬萊〕
이 강에는 많고 많은 참된 소리와 경치 있으니〔此江無盡眞聲色〕
관동(關東)에 적막함이 많다고 말하지 말라〔休道關東多寂寞〕
누가 이 강과 바람 그림으로 그리고 시로 쓰리〔誰將醉墨語江風〕

자미(紫薇) 꽃 아래서 윤음(綸音)을 기초하던 객이로세
〔紫薇花下草綸客〕.16)

③은 고려 충선왕과 충숙왕 시대를 살았던 최여(崔洳)의 〈춘일소양강행(春日昭陽江行)〉이다. 최여에 대한 기록이 고려사에 일부 보일 뿐 자세한 정보를 알 수 없다. 다만 ①, ②의 기록으로 볼 때 그는 고려시대 감찰 공무원으로서 활약한 것으로 보인다. 충선왕 원년(1309)에 최여는 종6품에 해당하는 규정으로서 전라도에 파견되어 감찰 업무를 수행하였고 얼마 후인 충숙왕 원년(1314)에는 정6품인 좌사보에 임명된다. 최여가 승진한 것은 다른 이유도 있었겠지만 감찰 업무를 성실히 수행했고 군주의 신임이 있었기 때문에 가능했던 것으로 이해할 수 있다. 따라서 최여는 14세기 초 고려 감찰 공무원으로서 소임을 다한 관료라 할 수 있다.

최여의 시는 30행에 달하는 장편시로 소양강을 지나면서 여러 가지 소회를 노래하고 있다. 노래는 크게 '현재 풍경을 통한 흥취 고양, 과거 회귀와 대조를 통한 비애, 과거 자유인과 현재 공인 사이의 갈등을 풍경을 통한 극복' 순으로 전개된다.

화자는 초봄에 소양강을 지나면서 좋은 풍경을 발견한다. 시간과 공간이 화합하였으니 화자는 지상의 소양강은 천상과 닿았다고 한다. 하늘과 땅에 흐르는 두 세계가 만나고 그 사이에 화자가 있는 것이다. 화자의 시선은 강물에 비친 푸른 산빛, 강가를 두른 버들가지로 향하니 춘흥은 제고되고 보행은 늦어진다. 춘천에 들어와 넓은 들, 하얀 모래에 두 물줄기가 만나는 풍경까지 감상한다.

한편, 화자의 시선이 갈매기와 해를 향하면서 여정을 멈추고 과거

16) 『동문선』 권6 칠언고시. 〈춘일소양강행(春日昭陽江行)〉 및 『신증동국여지승람(新增東國輿地勝覽)』 권46 강원도 춘천도호부(春川都護府).

를 여행한다. 화려한 과거의 한 장면을 누각에서의 피리 소리로 채우며, 화려함을 물에 흘려보내고 해마다 피는 꽃과 달리 점점 노쇠해가는 자신을 스케치하였다. 마침 성 내에서 들려오는 〈낙매〉의 피리곡이 더욱 객수의 비감을 더한다. 바로 전 시각이 흥취를 제고했다면 청각은 비애를 지배한 것이다. 더욱이 화자의 환(幻)은 강물을 거울로 삼은 미인, 활달했던 빨래터의 과거를 소환하여 현재의 망실과 대조함으로써 비장미를 극대화하고 있다.

그렇지만 화자는 현실의 비애를 관직 이전의 자신을 추억하여 극복을 시도한다. 놀기 좋아했던 어린 시절의 나를 고백하고 좋은 풍경을 만날 때마다 뱃놀이와 음주로 쾌락을 유지했다. 그러나 지난 10년간 관직에 있으면서 즐거움은 중지되었다. 하지만 이제 소양강에서 깨달은 바는 공무의 보행을 잠시 멈추고 선계로 나가고자 한다. 공인이 아닌 자유인, 현재가 아닌 과거, 현실을 넘은 환상의 세계를 지향한 것이다. 피리 소리가 화자 자신을 비감의 세계로 불러냈다면 소양강의 소리는 진정한 세계로 나를 이끌었다. 따라서 관동은 적막할 수 없으며, 깨달음으로 가득할 수 밖에 없는 것이다. 결국 화자는 소양강의 시화를 남길 수 있는 자는 정계 나그네〔초윤객(草綸客)〕인 자신이라 한다. 공무를 잠시 잊을 수 있는 관료의 일탈이 나그네로 드러난 것이다. 이렇게 소양강은 화자에게 정계와 선을 그은 선계이자 일탈의 쉼터였던 것이다.

삼한의 아름다운 곳 춘주 옛 고을〔三韓形勝古春州〕
날아갈 듯 치솟은 추녀 공중에 떠 있다〔千尺飛甍望裏浮〕
물은 동쪽으로 흘러 백로 내린 섬에서 갈리고〔水盡東流分鷺渚〕
산은 다투어 북으로 가 우두를 떠 받쳤네〔山爭北去拱牛頭〕
황혼이면 구름에 노을지고〔雲霞點綴時將晩〕

어둠 깃들면 송계 쓸쓸해지네〔松桂蕭條境轉幽〕
고을 원 일 없어 술잔만 기울이니〔看取使君無事飮〕
신선이라 하필이면 영주만 찾으리〔眞仙何必訪瀛洲〕17)

위는 조선 광해군, 인조 때 관료인 오숙(吳翻, 1592~1634)의 시다. 그가 언제 춘천을 다녀갔는지 구체적인 시기를 알 수 없으나 인조반정 이전 종사관으로서 여러 지역을 다닌 것으로 보아 1620년 이후에 춘천을 방문했을 것으로 보인다.

시에서 화자는 이전의 시인들처럼 춘천의 산수에 찬미하여 춘천을 선계로 규정하고 있다. 수련에서 분지인 춘천을 상승과 역동의 이미지로 묘사하였고 함련에서는 시선을 춘천 주변을 흐르는 두 강물에 두면서도 멀리 있는 우두를 향하고 있다. 근경에서 출발하여 멀리 있는 곳을 이끄는 소재로 강을 포착함으로써 시의 세계를 확장하였던 것이다. 이후 경련에서는 미지(美地)에 흐르는 시간 가운데 노을과 어둠을 점묘함으로써 전련의 고양된 분위기를 안정화하고 있다. 미련에서 화자는 일이 없는 춘천을 선계로 규정하여 자연에서 발견한 아름다움을 춘천 공무까지 연장하였다. 무사(無事)의 의미가 '사건 사고가 없다.' 내지 '아무 것도 하지 않는다.'의 뜻을 갖기에 '춘천 공무무사'는 긍정적으로 읽힐 수 있다. 하지만 이방인의 눈에 고을의 원이 아무 것도 하지 않고 음주를 마시는 행위를 포착한 것은 무조건 긍정할 수는 없을 것이다. 물론 춘천이 이미 역사적으로 선계로 상징화되었기 때문에 이에 편승하여 그렇게 해도 된다고 생각할 수도 있을 것이다.

17) 『국역 강원도지』, 124면.

5. 의미

우리는 앞서 춘천 풍경을 노래한 시인들을 만났다. 정계에서 실각한 시인, 선승과 관료 시인 그리고 관직에 지친 시인, 지나가는 이방인 등 각자가 처한 상황에 따라 춘천의 산수를 시름의 치유처, 도피처, 쉼터 등으로 인식하였다. 하지만 그들이 달리 인식했을지라도 모두 춘천을 탈속 선계로 규정하여 신선이 되고자 했다.

선계가 청정(清淨) 미지(美地)를 상징하기 때문에 선계로서의 춘천을 긍정할 수 있다. 그러나 선계는 현실과 분리된 세계, 무위의 세계를 가리키기 때문에 무조건 긍정할 수는 없다. 풍경이 절대적으로 지배하는 곳에서 선계는 긍정할 수 있으나, 도호부 춘천은 정치의 공간이기에 선계로 규정될 수 없다. 중세 춘천은 치자와 인민은 봉황이 출현하는 태평성대를 바랐고 그들에게 춘천의 산수는 삶의 일부요, 일상의 확장이기 때문이다.

사정이 이러함에도 불구하고 정치적 주류인 춘천의 이방인들은 자신의 위안, 보신, 이익을 위해 춘천의 산수를 왜곡, 가공하였다. 가공된 심상은 시대가 흐르면서 굳어져 춘천을 더욱 은닉과 탈속으로 미화(?)하였고 지금의 춘천상(春川像)도 이로부터 진행형이라 할 수 있다. 이러한 문제가 이자현 이전의 춘천 풍경을 다시 기억해야 하는 이유라 할 수 있다.

6. 춘천의 산수시와 춘천의 심상

이상에서 고려 시대 이자현, 곽여, 최여와 조선 시대 신흠, 오숙 등이 봉의산, 청평산, 소양강을 소재한 작품을 중심으로 다루었다.

봉의산의 봉의는 정치적으로 태평성대를 의미하는 것으로 상징되며, 봉의산은 여기에 더해 장엄함까지 얻게 되었다. 신흠은 이 봉의산을 소재로 율시 두 편을 남겼다. 신흠이 봉의산과 춘천을 선계로 인식하고 있으나 객수의 시름이 전제하고 있어 절대 긍정의 표현으로 볼 수 없다. 이와 비슷한 양상은 작자 미상의 고시에서도 발견된다. 화자는 춘천의 봉의산을 세속과 단절된 선계로 인식하여 자신이 신선이 되고자 하나 이 또한 세속에 적응하지 못한 낙오자, 은둔자의 신선으로 나타났다. 결국 춘천의 봉의산은 태평성대임을 상징한다고 할 수 있으나 신흠에게 봉의산은 선정의 기쁨 대신 객수와 시름이 담긴 곳이며, 〈고시〉의 화자 또한 화자의 어두운 정서만을 드러내었다고 할 수 있다.

청평산은 춘천 동쪽에 자리하며, 맑고 평안함을 상징하고 있다. 청평산의 원래 이름은 경운산이었으나 이자현 부자에 의해 개명되었다. 이자현이 청평산에 오래 기거하면서 불교에 심취하여 여러 가지 족적을 남겼다. 이곳에 머무는 동안 옛 동료인 곽여를 만나 주고받은 시가 있는데, 곽여는 이자현에게 오랜 벗에 반가움과 자신과 다른 삶에 대한 모습을, 이자현은 곽여에게 찾아온 벗에 대한 고마움과 각자의 삶이 갖는 다름의 가치를 전하였다. 두 작품에서 청평산은 이자현에게는 세속으로부터 숨기고 싶은 공간으로 곽여에게는 동경의 공간이나 닿을 수 없는 곳이 되어갔으나 본질적으로 이곳은 도피의 공간, 격절의 공간 그리고 더불어 사는 삶을 부정하는 공간으로 인식되었다.

소양강은 춘천을 지나는 대표적인 강으로, 오랜 기간 동안 많은 문인들이 이를 소재로 작품을 남겼다. 최여의 〈춘일소양강행〉은 그중 하나로 작가가 고려 시대 감찰 공무원으로서 이곳을 지나다가 여러 가지 소회를 보여주고 있다. 시는 현재 풍경을 통한 홍취 고양, 과거 회귀와 대조를 통한 비애, 과거 자유인과 현재 공인 사이의 갈등을 풍경을 통한 극복 순으로 전개된다. 시인은 공무원의 삶에 대해 갈등이 있었지만 결국 소양강을 선계로 인식하여 일탈의 쉼터로 삼은 다음 다시 공직자로서의 다짐을 재확인하였다. 조선 시대 오숙의 시 또한 소양강을 찬미하여 선계로 규정하고 선인이 되기를 소망하고 있다. 이처럼 소양강과 춘천은 이방인의 인식에는 현실 정치와 거리를 두는 곳, 세속과 격절된 곳, 그곳에서 안식을 원하는 장소로 각인되었던 것이다.

이렇게 춘천은 시름의 치유처, 도피처, 쉼터 등으로 인식하였으며, 위 시인들은 춘천을 탈속 선계로 규정하여 신선이 되고자 했다. 선계는 현실과 분리된 세계, 무위의 세계를 가리키기 때문에 무조건적 긍정은 아니다. 도호부 춘천은 정치의 공간이기에 선계로 규정될 수 없고 이곳의 치자와 인민은 태평성대를 바랐고 그들에게 춘천의 산수는 삶의 일부요, 일상의 확장이기 때문이다. 하지만 중세 정치 주류들은 춘천의 이방인임에도 불구하고 제멋대로 춘천을 은둔과 탈속의 세계로 공작하였던 것이다. 현재 춘천의 이미지도 이러한 연장선에 놓여 있기 때문에 이를 바로 잡은 일은 기억을 바로 잡은 것에서 출발해야 할 것이다.

고등학교에서 고려속요 교육

1. 고등학교 문학 교육에서 고려속요

고려속요를 포함한 고전시가에 관한 교육은 중학교 때부터 시작하지만 갈래 전반에 관한 것이 아니라 개별 작품의 이해와 감상 수준이며, 본격적인 교수-학습은 고등학교 문학 강의에서 이루어진다.

2009 개정 교육과정에[1] 따르면 고등학교 고려속요의 학습 내용은 문학 교과의 내용 체계에 따라 '문학의 수용과 생산, 한국문학의 범위와 역사 그리고 문학과 삶'의[2] 틀 안에서 구성된다. 그리고 문학교과서는 교육과정이 요구하는 '성격', '목표' 그리고 '내용, 교수-학습방법, 평가'에 맞게 개발하고 편찬하게 된다. 물론 개발에서부터 편찬에 이르기까지 집필진은 집필 및 검정 기준에 따라 '심사본'을 제작하고 그 심사본은 여러 단계의 검정심의회를 통과한 다음에야 비로소 '교과서'로서 고등학교 현장에 보급된다.

이처럼 문학교과서가 검정심의회를 통과해야만 교과서로서의 구실을 할 수 있기 때문에 제재를 선정하거나 내용을 채우는데 해당 교육과정이 요구하는 내용을 반영하게 된다. 이런 점에서 1946년 9월부터 지금까지 크게 9차례에 걸쳐 교육과정이 개정되었고, 개정 취지

---

1) 2009 개정 교육과정은 2009년 고시와 2011년 고시로 나뉜다. 문학 교과에서 2009년 고시에서 문학과 I(문학의 성격, 문학 활동)과 II(문학의 위상, 문학과 삶)로 분할하여 내용의 차이를 두었던 것에 비해, 2011년 고시에서는 이전의 교육 내용을 통합하여 단일 교과서로 재설계하였다.

2) 교육과학기술부 고시 제2011-361호 『국어과 교육과정』(교육과학기술부, 2011. 08), 143면; 교육과학기술부 고시 제2012-14호 『국어과 교육과정』 최종수정(교육과학기술부, 2012), 135면.

에 맞게 교과서 또한 그 당시까지 축적된 학문적 성과를 충실히 반영했을 것으로 보인다. 하지만 일부 내용에서 그렇지 못한 면이 있었던 것도 부인할 수 없다. 이러한 배경에는 '검정 체계'와 더불어 여러 가지 요인들이 작용했을 것으로 보인다. 그 결과 고등학교 문학 교육과 대학 이상의 교육 및 학계의 연구 성과 사이에 적지 않은 간극이 나타나기도 하였으며, 고려속요 또한 여기에서 자유롭다고 할 수 없을 것이다.

이에 2009 개정 문학교과서에서 다루고 있는 고려속요에 관한 이론 설명, 작품 해설 그리고 학습활동 등을 살펴 이곳에 나타난 문제점을 진단하고 앞으로 편찬될 문학교과서 내 고려속요의 집필 방향 및 고려속요의 교육 방향에 대해 전망하기로 한다.

2. 현황

1) 2009 개정 문학교과서 작품 수록 양상

2009 개정 교육과정에 따라 교육부 검정을 통과한 문학교과서는 모두 11종이며, 각 교과서에서 소개된 고려속요 작품은 다음과 같다.

〔표1〕 2009 개정(2011년 고시) 문학교과서 수록 고려속요

대표 저자	출판사	약칭	작품	
			본문 제재	학습 활동 및 기타 제재
김창원	두산동아	동아(김)	〈서경별곡(西京別曲)〉	〈정석가(鄭石歌)〉 〈청산별곡(靑山別曲)〉
윤여탁	미래앤	미래(윤)		〈정읍사(井邑詞)〉
우한용	비상교과서	비상(우)	〈서경별곡〉	〈정석가〉
한철우	비상교육	비상(한)	〈동동(動動)〉	〈서경별곡〉 〈가시리〉
김대용	상문출판사	상문(김)	〈청산별곡〉	〈정읍사〉
이숭원	좋은책신사고	신사고(이)	〈동동〉	〈가시리〉 〈정석가〉
권영민	지학사	지학(권)	〈서경별곡〉	〈정과정(鄭瓜亭)〉
박종호	창비	창비(박)	〈정읍사〉 〈서경별곡〉	
정재찬	천재교과서	천재(정)	〈정석가〉	〈정과정〉
김윤식	천재교육	천재(김)	〈만전춘별사〉 〈정읍사〉	〈청산별곡〉
조정래	해냄에듀	해냄(조)	〈청산별곡〉	

11종 문학교과서의 본문 또는 학습활동의 제재로 수록된 작품들은 〈서경별곡〉, 〈정읍(사)〉, 〈청산별곡〉, 〈가시리〉, 〈동동〉, 〈정석가〉, 〈정과정〉, 〈만전춘별사〉 등 모두 8편이다. 이 가운데 〈만전춘별사〉는 1종에, 〈정과정〉 〈동동〉 〈가시리〉는 2종에, 〈청산별곡〉은 3종에, 〈정읍(사)〉와 〈정석가〉는 4종에, 그리고 〈서경별곡〉은 5종에 실려 있다. 이 8편은 제7차 교육과정(18종)과 2009 개정(2009년 고시)

교육과정(문학I·II 총 26종)에 실렸던 10편에 비해 2편이 줄어든 것으로 제7차의 〈사모곡〉과 〈상저가〉가, 2009 개정(2009년 고시)에서의 〈고려 처용가〉와 〈상저가〉가 각각 빠진 결과이다.

교과서별로 본문과 학습활동에서 각각 1~2편을 수록하고 있는데 대개 3편 내외를 균형 있게 수록하고 있다. 이에 비해 해냄(조)는 본문에, 미래(윤)은 학습활동에 1편의 작품을 두고 있다. 다만 해냄(조)의 경우 본문과 학습활동에서 〈청산별곡〉을 본격적으로 다루고 있지만 미래(윤)은 겨우 구색을 갖추는 정도이다.

이처럼 이전 과정에 비해 2009 개정은 수록 작품 편수가 줄어들었으며, 본문과 학습활동의 제재가 비슷하게 놓여 있음을 알 수 있다.

2) 개관 및 제반 설명

고려속요에 관한 개관 및 제반 설명은 다른 갈래와 마찬가지로 "통시적·공시적으로 다양한 사회·문화적 맥락 속에서 제반 양상을 이해"하는[3] 방향으로 서술되었다. 고려속요에 관한 서술은 교과서 내용 체계 가운데 "한국 문학의 범위와 역사-한국 문학의 갈래와 흐름"에 집중되어 있다. 다시 말해 한국문학사 흐름에서 중세 전기 문학을 설명할 때 고려속요의 특징, 생산과 수용 등을 개괄적으로 언급하고 있는 것이다.

대부분의 문학교과서는 고려속요를 고려시대 서정문학〔서정시〕의 대표적인 갈래로 규정하여 설명하고 있다. 다만 교과서별로 서술 내용과 범위에서 약간의 차이를 보이고 있다. 기본적으로 고려속요의 특징을 내용〔정서〕과 형식적 측면에서 서술한 다음 활용〔용도〕, 발생

3) 『2009년 개정 교육과정에 따른 교육과정 적용을 위한 국어과 교과서 집필 기준』(교육과학기술부, 2011. 08.), 96면.

과 기원, 전승과 기록, 작품 예시와 분류 등을 각 교과서는 신축적으로 언급하고 있다.

〈1〉 고려가요는 서민들의 다양한 생활 감정과 정서를 솔직하게 표현한 것이 많은데, 궁중에서 음악으로 채택되면서 전승되었다. 본래 말로만 전하다가 한글 창제에 힘입어 여러 가집에 기록되어 전하게 되었다.(비상-우, 169면)

〈2〉 고려속요는 주로 남녀 간의 사랑이나 이별의 정한, 삶의 고뇌와 같은 민중의 생활 감정을 진솔하게 표현한 노래이다. 대체로 음보의 율격을 지니고 있고 여음과 후렴구가 있으며 여러 개의 연이 중첩되는 구조로 되어 있다. 고려속요는 궁중에 유입되어 구전되다가 훈민정음 창제 이후 문자로 정착되었다.(상문, 272면)

〈3〉 고려가요(高麗歌謠)가 고려 시대의 주류 서정시로 자리를 잡았다. 고려가요에는 사랑하는 연인과 이별의 정한을 노래한 '동동', '서경별곡', '가시리' 등이 있고, 어버이의 사랑을 노래한 '사모곡'을 비롯하여 자연과 함께하며 이상향을 동경하는 '청산별곡(靑山別曲)' 등이 있다. 고려가요는 우리말로 된 노래이지만 구전되거나 한역되어 전하다가 한글 창제 이후에 기록된 것들이 지금까지 전하게 되었다.(미래엔, 212~213면)

〈4〉 고려속요, 속악 가사로도 일컫는 고려가요는 평민들의 자연스러운 감정과 그들의 삶의 모습을 담고 있다. 3음보격이 주를 이루고, 여음(餘音) 혹은 후렴구가 삽입되어 있거나 덧붙여 있는 작품들도 있다. 전해지는 고려가요로는 '청산별곡(靑山別曲)', '서경별곡(西京別曲)', '가시리', '처용가(處容歌)', '동동(動動)', '사모곡(思母曲)', '이상곡(履霜曲)', '만전춘별사(滿殿春別詞)', '상저가(相杵歌)', '정석가(鄭石歌)', '쌍화점(雙花店)', '유구곡(維鳩曲)' 등이 있다. 이들 고려 가요는 조선 시대에 편찬된 "악학궤범(樂學軌範)", "악장가사(樂章歌詞)", "시용향악보(時用鄕樂譜)"에 소개되어 있거나 노랫말이 전해진다.(두산, 196면)

〈1〉과 〈2〉는 고려속요의 특징, 소용(所用) 양상 그리고 조선 시대 정착 등을 간략히 서술하고 있으나 〈2〉는 고려속요의 정의에 형식적 특징까지 아울러 언급한 경우라 할 수 있다. 그리고 〈3〉과 〈4〉는 고려속요의 정의와 함께 작품에 담긴 정서를 알려주고 있으며, 〈4〉는 좀 더 구체적으로 작품 및 문헌 정보를 알려주고 있다.

〈5〉 고려가요는 대부분 민간에서 구전되다가 궁중에 유입되었고, 훈민정음이 창제된 이후 "악장가사(樂章歌詞)", "악학궤범(樂學軌範)", "시용향악보(時用鄕樂譜)" 등에 수록되어 전해진다. 현전하는 작품들의 주요 내용은 남녀 간의 사랑, 이별의 정한, 삶에 대한 고뇌 등으로 평민들의 생활 감정과 정서를 진솔하게 담고 있다. 고려 가요는 우리말을 잘 살려 씀으로써 우리 시가 문학의 기반을 마련하였다. 주요 작품으로는 '동동(動動)', '가시리', '청산별곡(靑山別曲)', '서경별곡(西京別曲)', '정석가(鄭石歌)', '만전춘별사(滿殿春別詞)', '쌍화점(雙花店)' 등이 있다.(비상-한, 139면)

〈6〉 고려 시대 민간에서 부르던 노래가 궁중으로 흡수되기도 했는데, '고려가요' 또는 '속요', '고려속요' 등으로 불리는 노래들이 이에 해당한다. 고려가요는 민요에서 온 것도 있고, 창작된 것도 있는데, 대체로 백성들의 자연스러운 감정과 삶의 모습을 담고 있다고 평가된다. …… 고려가요는 후렴구를 갖춘 연장체의 3음보인 경우가 많지만, 전체를 아우르는 정형성을 찾기는 어렵다. 작품마다 형성 과정에 차이가 있고, 궁중에 편입되기 이전에 다양한 형식을 갖고 있었을 가능성이 크기 때문이다. '서경별곡', '청산별곡', '가시리', '쌍화점', '동동' 등의 작품이 오늘날 전한다.(지학사, 136면)

〈7〉 고려속요는 민요에서 온 것도 있고 개인 창작으로 짐작되는 작품도 있지만, 유려한 율조, 진솔한 감정 표현, 사설의 짜임새, 여음의 삽입, 분연체 형식 등에서 대체로 민요적 성격을 지니고 있는 것으로 평가된다. 대표적인 작품으로는 '처용가(處容歌)' '청산별곡(青山別曲)', '서경별곡(西京別曲)', '동동(動動)', '가시리', '사모곡(思母曲)', '만전춘별사(滿殿春別詞)', '정석가(鄭石歌)', '쌍화점(雙花店)', '유구곡(維鳩曲)' 등이 있다.(천재, 170면)

〈5〉~〈7〉은 〈1〉~〈3〉보다 더욱 확장된 서술로 고려속요의 기원을 좀 더 상세하게 설명하고 있다. 〈5〉는 고려속요는 민간가요가 궁중으로 유입된 것이라고 민요에 기반하고 있음을 강조하고 있으며, 〈6〉과 〈7〉은 민요 이외에 개인 창작가요가 기원이 되었다는 언급을 하고 있지만 여전히 민요적 기반을 중요하게 보고 있다.

〈8〉 무신의 난 이후 나타났으리라고 추정되는 고려속요는 내용과 형식에서 매우 다채로운 면모를 보여준다. 남녀 간의 사랑이나 삶의 애환을 담아내는 정서는 매우 진솔하며 리듬감 또한 뛰어나다. '가시리', '청산별곡', '동동', '쌍화점' 등이 잘 알려져 있다.(해냄, 211면)

〈8〉은 고려속요의 발생 시기를 무신정변(1170) 이후인 고려후기로 서술하고 있다. 이와 같은 서술은 궁중 속악가사로서 고려속요의 형성이 무인집권기-원 간섭기의 산물이라는 인식에 바탕을 둔 것으로 보인다.

〈9〉 남녀상열지사(男女相悅之詞)라 하여 많은 작품들이 삭제되기도 하였는데, 이는 조선 시대의 유교 윤리관에 비추어 남녀 간의 애정을 진솔하게 표현한 것이 저급하게 인식되었기 때문이다. (상문, 272면)

고려속요는 조선 시대에 들어와서도 궁중에서 연행되었으나, 일부는 유학자들에 의해 '남녀상열지사(男女相悅之詞)'라는 평을 들으면서 금지되기도 했다.(천재-정, 170~171면)

〈10〉 조선의 유학자들은 고려가요를 '남녀상열지사(男女相悅之詞)'라 하며 낮게 평가했지만, 고려가요는 생활 정서의 예술적 반영물로서 다양한 내용이 포함되어 있다는 가치가 있다.(두산, 196면)

조선 시대에는 이러한 노래들을 '남녀상열지사(男女相悅之詞)'라고 비판하면서도 활용하였고, 한글 창제 이후에는 문자로 정착시켰다. (지학사, 136면)

위 인용문은 조선 시대 고려속요 전승사에서 불거진 '고려속요의 남녀상열지사(男女相悅之詞) 지목 사건'에 관한 서술이다. 〈9〉의 두 교과서는 남녀상열지사(男女相悅之詞)로 인해 조선 시대 고려속요는 단승(斷承)되었다고 설명하고 있으나 〈10〉은 조선 시대 고려속요가 비판받았지만 예술적 가치가 있고 궁중 연회에서 활용되었다고 하여 약간의 차이를 보이고 있다. 하지만 조선 시대에 오면 고려속요에 대한 위상이 낮아졌다는 면에서 대부분의 교과서가 동의하고 있다. 날개 주석을 보면 "남녀상열지사: 남녀가 서로 사랑하면서 즐거워하는 가사라는 뜻으로, 조선 시대 사대부들이 '고려 속요'를 낮잡아 이르던 말."(상문-272면; 두산-196면; 천재-김-25면; 지학사-148면)로 풀고 있기 때문이다.[4]

4) 남녀상열지사에 기반 하여 고려속요의 내용적 특징을 애정으로 한정했던 경향은 2009년 고

이상에서 보듯 교과서별로 약간의 차이는 있지만 고려속요에 관한 개괄적 서술은 '고려속요는 고려시대에 민간 가요가 궁중으로 이입된 것으로, 조선 시대에 전승되는 과정에서 국문으로 기록되는 한편 남녀상열지사라는 부정적 평가를 받아 위축되었으며, 민요에 기반하고 있기 때문에 서민들의 정서를 많이 담고 있다.'로 정리할 수 있다.

3) 개별 작품

고려속요 작품은 '교육과정, 학습자, 사회적 요구' 등과 아울러 '문학 작품의 특성'에 맞는 작품을 선택하라는 집필기준에 따라 수록하게 되었다. 특히 작품 수록 방법에 "작품 수록 시 원문 또는 원문에 충실한 번역물을 수록하는 것을 원칙으로 하되, 교육을 위해 부득이한 경우에는 발췌하거나 현대어로 수정 또는 요약하거나 주석을 달 수 있다."고[5] 규정하고 있다. 이와 같은 준거에 따라 교과서별로 원문에서부터 현대어역까지 다양한 형태로 작품을 수록하고 있다.

시 교과서에서도 나타난다. 조하연, 「문학교육의 고려 속요 수용 양상에 대한 고찰」, 『국어교육』 138(한국어교육학회, 2012), 281~283면.

5) 『2009년 개정 교육과정에 따른 교육과정 적용을 위한 국어과 교과서 집필 기준』(교육과학기술부, 2011. 08.), 103~104면.

〔표2〕 교과서별 작품 및 수록 방법

교과서	작품	방법	면수
동아(김)	〈서경별곡〉	전문, 원문	204~205
	〈정석가〉	발췌(4~6연), 원문	207
	〈청산별곡〉	발췌(1~5연), 원문	309~310
미래(윤)	〈정읍사〉	전문, 원문	225
비상(우)	〈서경별곡〉	전문, 원문	174~175
	〈정석가〉	발췌(6연), 원문	177
비상(한)	〈동동〉	전문, 원문	148~150
	〈서경별곡〉	발췌(1~4연), 원문	38
	〈가시리〉	전문, 원문	151
상문(김)	〈청산별곡〉	전문, 원문	275~276
	〈정읍사〉	전문, 원문	268
신사고(이)	〈동동〉	전문, 원문	171~172
	〈가시리〉	전문, 원문	131
	〈정석가〉	발췌(1~3연)	174
지학(권)	〈서경별곡〉	전문, 원문	145~146
	〈정과정〉	전문, 원문	169
창비(박)	〈정읍사〉	전문, 원문, 현대어역	121
	〈서경별곡〉	전문, 원문, 현대어역	169~171
천재(정)	〈정석가〉	전문, 원문	176~177
	〈정과정〉	전문, 원문	139
천재(김)	〈만전춘별사〉	전문, 원문, 현대어역	21~22
	〈청산별곡〉	발췌(1~3연)	125
	〈정읍사〉	전문, 원문, 현대어역	314
해냄(조)	〈청산별곡〉(전문)	전문, 원문	222-223

각 교과서는 작품의 원문을 수록할 때 원전의 표기를 따르고 있다. 주지하다시피 대부분 고려속요의 선본(善本)은 봉좌문고본(蓬左文庫本) 『악학궤범(樂學軌範)』, 『시용향악보(時用鄕樂譜)』, 봉좌문고본(蓬左文庫本) 『악장가사(樂章歌詞)』등이며, 이 가운데 〈정읍(사)〉, 〈동동〉, 〈정과정〉 등은 『악학궤범』에만 실려 있다. 이 노래들은 정재(呈才)의 창사(唱詞)로 사용되었기 때문에 악조 표기를 동반하였는데, 〈정읍(사)〉의 경우 악조명의 범위 문제에 따라 적지 않은 논란이 있었다. 논란이 된 부분은 "후강(後腔) 全 져재"로, '全'을 악조명으로 보아 "後腔全/져재"로 보는 견해와 "後腔/全져재"로 보는 견해 사이의 쟁론이 있었다.[6] 이후 무게는 후자 쪽으로 기울어지면서 (물론 새로운 논쟁은 있었지만) "全"을 작품의 시어로 읽고 있다. 하지만 교과서의 〈정읍(사)〉 표기는 이를 제대로 반영하지 못하고 있다.

前腔	둘하 노피곰 도ᄃᆞ샤
	어긔야 머리곰 비취오시라
	어긔야 어강됴리
小葉	아으 다롱디리
後腔全	져재 녀러 신고요
	어긔야 즌 ᄃᆡ를 드ᄃᆡ욜셰라
	어긔야 어강됴리
過篇	어느이다 노코시라
金善調	어긔야 내 가논 ᄃᆡ 졈그롤셰라
	어긔야 어강됴리
小葉	아으 다롱디리.

6) "後腔 全" 논쟁은 양태순, 「井邑詞는 百濟 노래인가」, 張德順 外, 『韓國文學史의 爭點』(集文堂, 1986), 221~223면.

위는 악조를 병기한 창비(박)의 표기이며, 미래(윤), 상문(김), 천재(김)은 악조 표시 없이 작품을 표기하고 있다. 그리고 창비(박)은 날개 주석에 "……후강전(後腔全) ……: 궁중 무용 반주에 이용된 일정한 음악 곡조 이름."이라(창비-121면) 하여 '후강전'을 곡조로 읽고 있다. 또한 다양한 해석을 학습활동에 마련한 천재(김)의 교과서는 〈정읍(사)〉을 대상 제재로 삼았으나 정작 '全'이 빠진 '저재'만을 다루었다.(천재-김, 314~315면)

이외에 〈서경별곡〉 2연의 원문은 "딧곤디 아즐가 닷곤디 쇼셩경"이나 이 작품을 싣고 있는 모든 교과서가(창비, 비상-한, 비상-우, 두산, 지학) "닷곤디 아즐가"로 표기하고 있다. 그리고 〈청산별곡〉 1연의 여음은 "얄리얄리 얄랑셩 얄라리 얄라"이고 2~8연은 "얄리얄리 얄라셩 얄라리 얄라"로 이 작품을 수록하고 교과서가 바르게 표기하고 있으나 상문은 모든 연의 여음을 "얄리얄리 얄랑셩 얄라리 얄라"로 적고 있다.

이처럼 작품을 원문으로 표기할 때 원전과 다소 다른 경우가 보이는데, 이것이 단순 실수라면 출판 및 편집 과정에서 면밀하게 살피지 못했다고 할 수 있고 의도적인 편집이라면 작품 감상에 일정 정도 왜곡을 부를 수 있다고 생각한다.

3. 진단

우리는 앞서 문학교과서에 소개된 고려속요의 교육 내용을 작품 수, 전체적인 이론 설명, 작품 표기에 대해 살폈다. 이 장에서는 이를 바탕으로 고려속요 문학 교육에 나타날 수 있는 문제점을 살펴보고자 한다.

1) 작품 수록 편 수

앞서 언급했다시피 2009 개정 교과서 11종에는 고려속요 8편이 실려 있다. 2009 개정 교과서에 기존의 〈사모곡〉〈상저가〉〈고려 처용가〉가 사라지게 된 이유에 대해 18종·26종에 비해 11종으로 줄어든 것, 교과서에 실을 수 있는 작품 수의 제약 그리고 교과서별로 겹치는 작품이 많아진 것 등을 들 수 있겠다. 하지만 이것보다는 집필자가 탈락된 작품들을 교육적 가치가 없다고 판단했거나 고려속요를 문학 제재로 활용하는데 적극적이지 않았던 태도에서도 그 원인을 찾을 수 있지 않을까 생각한다. 이는 "문학사적 가치가 뛰어난 작품에만 한정하지 않는다."는[7] 제재 선정 기준에서 볼 때, 다소 거리가 있어 보이기 때문이다.

고려속요의 범주는 개념에 따라 다소 달라질 수 있으나, 교과서에서 말한 "고려 시대에 민간 가요가 궁중으로 이입되었고 이후 조선 시대에 전승되는 과정에서 국문으로 기록된 것"을 적용하면 13편으로, 무가계 작품을 포함하면 20편 내외로 볼 수 있다. 그리고 "고려 시대에 발생하여 불린 노래로 민간의 노래와 매우 밀접한 관련을 가지는 작품들로서 악부시(樂府詩)의 형태나 궁중음악의 형태로 수용되어 남겨진 작품"[8]을 포용적으로 고려한다면[9] 63편에 이른다.

---

7) 『2009년 개정 교육과정에 따른 교육과정 적용을 위한 국어과 교과서 집필 기준』(교육과학기술부, 2011. 08.), 103면.

8) 성기옥·손종흠 공저, 『고전시가론』(한국방송통신대학교출판부, 2006), 108면.

9) 이 노래들의 기원은 고려 이전으로 볼 수 있는 것들이 적지 않아 고려속요의 기원을 고려 이후로 보는 것 또한 미편할 일일 것이다. 하지만 고려속요의 가장 큰 특징이 궁중 속악 가사 및 정재의 창사로 정착된 것이기 때문에 기원에 대한 정보가 희박할지라도 이들을 고려속요로 받아들이는 데는 무리가 생각한다. 이 때문에 「악지」 편찬자가 이들을 한 곳에 정리하였다고 할 수 있다. 따라서 「악지」 삼국속악의 노래 역시 고려 궁중의 속악가사라 할 수 있으며, 가사가 전하는 〈정읍〉 또한 고려 및 조선의 궁중 속악의 노랫말로 볼 수 있다.

(가) 정읍, 동동, 처용가, 정과정, 정석가, 청산별곡, 서경별곡, 사모곡, 쌍화점, 이상곡, 가시리, 만전춘별사, 상저가
(나) 나례가, 유구곡, 성황반, 내당, 대왕반, 삼성대왕, 대국 1, 2, 3
(다) 서경, 대동강(大同江), 오관산, 양주(楊州), 월정화(月精花), 장단(長湍), 정산(定山), 벌곡조(伐谷鳥), 원흥(元興), 금강성(金剛城), 장생포(長生浦), 총석정(叢石亭), 거사연(居士戀), 처용, 사리화(沙里花), 장암(長巖), 제위보(濟危寶), 안동자청(安東紫靑), 송산(松山), 예성강, 동백목(冬栢木), 한송정(寒松亭), 정과정, 풍입송, 야심사(夜深詞), 삼장(三藏), 사룡(蛇龍), 자하동 (이상 고려 속악) 〔신라〕 동경(東京) 1, 동경 2, 목주(木州), 여나산(余那山), 장한성(長漢城), 이견대(利見臺) 〔백제〕 선운산(禪雲山), 무등산(無等山), 방등산(方等山), 정읍, 지리산(智異山) 〔고구려〕 내원성(來遠城), 연양(延陽), 명주(溟州) (이상 삼국 속악)

(가)는 『악학궤범』, 『시용향악보』, 『악장가사』 소재 국문 작품들 가운데 무가계 노래를 제외한 것들이며, (나)는 『시용향악보』에 수록된 노래들로 〈유구곡〉을 제외하면 모두 무가계 가요들이다. 또한 (다)는 『고려사』 「악지」 속악 조의 노래들로 가사 없이 노래의 배경만 혹은 한역으로 기록된 작품들이다. 이들은 기록 상의 차이는 있지만 모두 궁중의 노래들이기에 고려속요의 범주 안에 놓여 있다고 할 수 있다. 사정이 이와 같다면 교과서에 실린 8편은 전체 작품에 비해 수록 비율이 매우 낮은 편이라 할 수 있다.

물론 8편만으로 고려속요의 전모를 보여줄 수 있다면 문제가 되지 않겠지만 실린 작품들이 주로 '애정'만을 다루고 있어 '다양성'을 추구하는 문학 교육의 목표와도 어긋날 수 있다. 실제 「악지」 속악 조의 노래들 가운데는 '애정'과 다른 양상의 노래들이 적지 않다. 군왕에 송축을 다룬 노래로 〈서경〉, 〈대동강〉, 〈동경 1〉과 〈동경 2〉, 〈정산〉

등이 있으며, 언로 개방에 대해 〈벌곡조〉가, 유배지에서 군주를 향해 〈정과정〉과 〈동백목〉이, 군신동락(君臣同樂)의 기쁨은 〈풍입송〉과 〈야심사〉 등이 보여주고 있다. 그리고 〈금강성〉과 〈장한성〉은 외침에 대한 방어를, 〈양주〉 〈송산〉 〈무등산〉 등은 수성(守城) 뒤의 안락함을, 〈장생포〉는 이를 있게 한 무인 공을 각각 노래하고 있다.[10]

이처럼 고려속요는 애정 이외에도 군주에 대한 송축, 군주의 덕과 신료의 충성 다짐, 굳건한 국토방위와 평온한 삶에 관한 것들도 적지 않다. 따라서 이러한 노래들을 제외한 채 기존의 관습대로 애정 제재의 고려속요만을 학습한다면 고려속요의 다양한 모습을 이해하는데 장애가 되는 것은 물론 고려속요에 대해 편향된 시각을 가질 수 있을 것으로 보인다.

2) 남녀상열지사

고려속요와 관련하여 널리 알려진 평어(評語)는 '남녀상열지사'이다. '남녀상열지사'는 '음설지사(淫褻之辭)·음사(淫詞)', '비리지사(鄙俚之詞)'와 함께 고려속요를 '낮잡아' 보게 하는 주요 평어로 기능하였다. 하지만 '남녀상열지사'는 '음설지사(淫褻之辭)·음사(淫詞)', '비리지사(鄙俚之詞)'와는 다른 뜻을 지니며, 지목된 작품들이 서로 다름에도 불구하고 함께 처리되었다. 사실 남녀상열지사에 지목된 작품은 〈서경별곡〉밖에 없고 나머지는 음사에 해당하는 것들로 〈정읍〉, 〈동동〉, 〈이상곡〉, 〈쌍화점〉 등이 그것이다.[11] 그리고 비리지사는 〈만전춘〉에만[12] 해당된다. 원래 남녀상열지사는 『시경(詩經)』에서 기

---

10) 김명준, 「『고려사』「악지」 소재 당악과 속악의 영향론적 탐구와 속악가사의 독자성」, 『동서비교문학저널』 32호(한국동서비교문학학회, 2015), 101~102면.

11) 『成宗實錄』 卷240 21年 5月 21日; 『中宗實錄』 卷32 13年 4月 1日.

12) 『成宗實錄』 卷219 19年 8月 13日.

원하였으며, 고려 후기 이제현, 조선 초기 박연 등이 언급에서도 알 수 있듯이 이 말은 시풍(詩風)을 가리키는 용어이지 부정적인 평어는 아니다.[13] 그리고 '남녀상열지사'가 '충신연주지사'의 변이형태라는 견해가[14] 동의를 얻고 있는 상황에서 고려속요 전체를 '남녀상열지사'로 '낮게' 평가하는 것은 무리한 서술이라 할 수 있다.

한편 음사로 지목된 노래들 역시 노랫말 자체보다는 정치적, 사상적 측면에서 비판의 대상이 되었다는 견해와[15] 이념의 과잉에 의한 왜곡된 해석이라는 점을[16] 상기한다면, 고려속요를 음사로 낮게 평가한 것은 '편견'과 '오해'라 할 수 있다.[17] 다시 말해 16세기 일시적으로 일어난 고려속요에 대한 비판은 강화된 유학적 입장일 뿐이며 그 이후에도 고려속요가 궁중 악무의 가사로 전승된 점을 고려한다면, 이것은 근시적 관찰에서 빚어진 잘못된 결과라 할 수 있다.

> 악공이 시취(試取)할 때…… 향악(鄕樂)은 삼진작보(三眞勺譜), 여민락령(與民樂令), 여민락만(與民樂慢), 진작사기(眞勺四機), 이상곡(履霜曲), 낙양춘(洛陽春), 오관산(五冠山), 자하동(紫霞洞), 동동(動動)…… 음식을 들일 때의 음악으로…… 한림별곡(翰林別曲)…… 임금이 궁중으로 돌아갈 때의 음악으로…… 북전(北殿), 만전춘(滿殿春), 취풍형(醉豊亨), 정읍이기(井邑二機), 정과정삼기(鄭瓜亭三機), 헌선도(獻仙桃), 금전악(金殿樂)…… 등으로 했다.[18]

---

13) 염은열, 『공감의 미학 고려속요를 말하다』(역락, 2013), 166~170면.

14) 김영수, 『조선초기시가론연구』(일지사, 1989), 181~200면.

15) 조윤미, 「고려가요의 수용양상」(문학석사학위논문, 이화여자대학교, 1988), 66~118면; 김명준, 『악장가사연구』(다운샘, 2004), 257~259면.

16) 조하연, 「고려속요의 수용사적 특징과 문학교육」, 『국어교육』 140(한국어교육학회, 2013), 231~234면.

17) 최미정, 『고려속요의 전승 연구』(계명대학교출판부, 1999), 93~102면.

18) "樂工試…… 鄕樂…… 眞勺四機 履霜曲 洛陽春 五冠山 紫霞洞 動動…… 進饌樂…… 翰林別曲…… 還宮樂…… 北殿 滿殿春 醉豊亨 井邑二機 鄭瓜亭三機." 『經國大典』 卷3 禮典 樂工取才. 번역은 윤국일, 『신편 경국대전』(신서원, 1998)을 따랐다.

『경국대전(經國大典)』은 조선의 기본 법전으로 이후 필요에 따라 법전이 개찬되었더라도 본 법전의 조항은 유지되었다.[19] 법조문 역시 이러한 권위에 의지하여 적지 않은 영향력을 발휘했다. 「예전」의 경우도 예외는 아니어서 〈삼진작〉·〈진작〉(정과정), 〈이상곡〉, 〈오관산〉, 〈자하동〉, 〈동동〉, 〈한림별곡〉, 〈만전춘〉, 〈정읍〉 등의 노래들은 취재 과목으로 자리 잡으면서 법적 권위를 인정받게 되었던 것이다. 이렇게 법전에 등재되면서 이 노래들은 조선이 끝날 때까지 지속성을 보장받게 되었고, 이후 일시적 비판에도 극복할 수 있는 근본적 힘을 얻었던 것이다. 이는 당대 법안을 마련했던 문화지식인들이 고려속요를 기능적 측면과 교화적 측면에서 긍정적으로 인식한 결과였던 셈이다. 궁중 악서인 『악학궤범』, 『시용향악보』, 『악장가사』에 고려속요가 등재되어 조선 후기 전승된 것도 동궤의 방증이라 할 수 있다.

활동 ❷ **다음은 고려 가요의 전승에 대한 글이다. 이 글을 읽고, 아래의 활동을 해 보자.**

오늘날 전해지는 고려 가요는 조선 시대의 시가집인 "악장가사", "악학궤범", "시용향악보" 등에 언문으로 기록된 속악(俗樂)의 가사이다. 속악이란 중세 국가에서 비공식적 행사를 거행할 때 하던, 민요 등 국내의 노래들에 연원을 둔 악(樂)을 말한다. ……

(1) 위 글을 참고하여, 고려 가요에 어떤 음악적 요소들이 있는지 정리해 보자.

(2) 고려 가요의 음악적 요소들이 '서경별곡'에서 어떻게 드러나 있는지 설명해 보자.(동아-206)

---

19) 김명준, 『악장가사 연구』(다운샘, 2004), 278~280면.

고려속요〔가사〕와 함께 동반된 음악에 관한 서술이다. 여기서 문제가 되는 것은 '속악'에 대한 설명으로 '비공식 행사에서 연주된 음악'이라는 대목이다. '속악'이 조선 후기 민속 음악을 가리키기도 하지만 고려시대 속악〔향악〕은 궁중 정악을 말한다. 이 속악은 제례와 연향에서 사용된 것으로 공식적으로 연주되는 경우가 많았다. 제례에 사용된 속악은 공식적임이 분명하거니와 연향 또한 '비공식적'이라 말할 수는 없다.

> 대체로 음악은 순미한 풍속과 교화를 세우고, 조종의 공훈과 덕택을 표현하는 것이다. …… 종류에 따라 아악, 당악, 속악으로 나누어 악지(樂志)를 만든다.[20]

『고려사』「악지」 서문이다. 조선 시대 『고려사』 편찬자는 고려 음악의 존재 이유를 '수풍화'와 '상공덕'에서 찾았다. 국가가 음악을 쓰는 것은 미풍과 교화를 수립하고 조종의 공덕을 기리는 데 있는 것이다. 이처럼 궁중의 음악은 정치적 효용성을 최선으로 삼은 것이다. 예악 사상에 따라 음악은 예법과 같은 수준에서 교화의 기제로 작용하고 있다. 따라서 「악지」에 수록된 아악, 당악, 속악 조의 노래들은 교화에 합당한 노래들이며, 속악은 비공식적이기보다는 다분히 국가적 차원에서 공식적이라 할 수 있다. 「예지」의 빈례(賓禮)와 가례(嘉禮)에 보인 각종 연회에서 사용된 노래들이 여기에 해당한다고 할 수 있다. 따라서 정재의 창사(唱詞)로 불린 〈정읍〉〈동동〉〔조선 시대의 〈고려 처용가〉〕 등은 물론 성악곡의 가사였던 고려속요는 궁중 연향 예술에서 공식적이면서 비중 있는 자리를 차지했던 것이다.

---

20) "夫樂者, 所以樹風化, 象功德者也…… 俗樂則語多鄙俚, 其甚者, 但記其歌名與作歌之意. 類分雅樂唐樂俗樂, 作樂志." 『高麗史』 卷70 「樂志」 序文.

그러나 이러한 이해에도 불구하고 위 교과서는 고려속요가 '가벼운' 노래라는 인식이 내재한 듯하다. 활동 지시문에서 보듯, 고려가요의 음악적 요소를 살피고 그것이 〈서경별곡〉에 어떻게 구현되었을까를 묻고 있다. 이것을 대수롭지 않게 읽을 수도 있으나 이 역시 '고려속요가 궁중의 비공식적 행사에서나 불린 노래'라는 저평가된 의식이 담겨있다고 할 수 있다.

위와 같은 고려속요에 대한 부정적 인식은 전절에서 살핀 작품 수록 편수 감소와 관련되는 것은 물론 교육 현장에서도 자리를 잃어 가는데 작용하고 있다. 1994년부터 2014년까지 모의평가, 예비평가를 포함하여 대학수학능력시험은 49회 시행되었다. 그 동안 수능 문학-고전시가 영역에서 고려속요가 지문으로 선정된 것은 불과 3번에 불과했다. 〈청산별곡〉(2000 본수능), 〈정과정〉(2004 9월 모의) 그리고 〈정석가〉(2015 9월 모의)가 그것이다. 물론 수능 시험에서 지문 채택 여부가 작품과 갈래의 중요도를 평가할 수는 없지만 학교 현장이나 학습자들에게 적지 않은 영향을 미치는 것은 사실이다. 물리적 현실적 계산에 따라 낮은 빈도의 갈래가 차후로 밀리는 것은 당연한 것이기 때문이다. 따라서 지난 20년 동안 49회에서 3회 출제(지문 선정 비율 6.1%)는 고려속요 교육의 현주소가 아닌가 생각한다.

4. 모색

앞서 저자는 문학 교과서에 관행적으로 서술된 고려속요에 대한 부정적 평가와 그 결과에 대해 살펴보았다. 고려속요에 대한 부정적 견해들을 일일이 열거할 수 없지만 대개 '원나라에 주권을 빼앗긴 고려

후기에 황음한 군주들이 즐긴 노래, 그리고 이 노래는 조선 시대에 들어와 남녀상열지사에 연루되어 위축되었다.'로 정리할 수 있을 듯하다. 하지만 지금까지의 연구사는 '고려속요는 다양한 기원을 가지면서 고려전기부터 궁중 연향의 노래로서 존재했으며, 예술사적 측면에서 가치가 있으며, 고려는 물론 조선 시대 궁중의 연향 악곡 및 정재의 창사로 자리하였다.'로 방향을 바꾸어 가고 있다. 이런 점을 감안한다면, 2009 개정 문학교과서는 정당성의 원리인 "문학 교과서의 내용은 학문적 기준에서 객관적 진실이어야 하고 가치가 있어야 한다."와[21] 위배된다고 할 수 있다. 물론 "문학 교과서의 내용은 윤리적 기준에서 교육을 위한 자료로 적합해야 한다."는[22] 또 다른 규정을 적극 수용한다면 변명은 되겠지만 '남녀상열지사·음사 → 부정적 노래'로 보는 견해가 16세기 일부 유학자와 부정론자만의 견해이기에 적합성의 원리로는 방어할 수 없다.

2013년부터 교육부는 새로운 교육과정을 준비하고 있다. 이른바 '2015 문·이과 통합형 교육과정'으로 이에 따라 2018년부터 새로운 문학교과서가, 2021년부터 대학수학능력시험이 적용받게 된다. 총론 개정의 핵심은 2009 개정 교육과정의 인간상(자주, 창의, 문화, 세계인)을 기초로 하는 창의융합형 인재상이라 할 수 있다.[23] 그 이전부터 교육적 가치에 '인성'과 '창의'가 빠진 적이 없지만 2015 개정 교육과정은 이를 더욱 중시하고 있다. '인성과 창의 학습'과 관련하여 다른 교과목이 관여한 바가 적지 않으나 국어과목 특히 '문학' 교과가 기여한 바는 분명 크다고 할 수 있다. 다양한 문학 해석·감상과 이를

---

21) 『2009년 개정 교육과정에 따른 교육과정 적용을 위한 국어과 교과서 집필 기준』(교육과학기술부, 2011. 08.), 98면.

22) 같은 곳.

23) 『2015 문·이과 통합형 교육과정 총론 주요 사항[시안]』(교육부 창의인재정책관, 2014), 6면.

바탕으로 하는 창작이야말로 창의 학습의 본령이기 때문이다.[24)]

고려속요는 다양한 해석 및 창작의 소재로서 창의성과 정서적 차원의 인성 교육 대상으로 적합한 갈래라 할 수 있다. 〈청산별곡〉의 연구사에 보듯이 고려속요 대부분의 작품은 관점에 따라 다양한 해석이 가능하고, 〈쌍화점〉의 예에서 보듯 현대시, 현대소설, 드라마 대본, 시나리오 등에서 새로운 창작에 계기를 제공했으며, 정서 표출의 양상을 다룬 글에서 보듯[25)] 개인적 감정을 사회 예술적 차원의 정서로 승화한 것이 그 근거라 할 수 있다.

문학 작품 안의 세계는 '설정'이지 '실재'는 아니다. 〈서경별곡〉에서 서경, 대동강, 남녀, 〈쌍화점〉 1장의 쌍화점, 회회아비, 새끼 광대, 여인 모두와 그들의 언어, 행위는 실재가 아니다. 이런 측면에서 문학이 무엇을 추구하건 비난이나 규제의 대상이 아니다.[26)] 따라서 〈서경별곡〉을 남녀상열지사로 읽어 비난하거나 〈쌍화점〉을 음란한 노래로 보아 배척하는 것은 '현실'이 '가상'을 제약하는 것이자 창의적 사고를 막는 일이 아닐까 생각한다. 이에 앞으로 만날 문학교과서의 고려속요는 원문 표기를 존중하면서 좀 더 밝은 모습으로 거듭나기를 기대한다.

---

24) 중등교육과 다소 거리는 있지만 대학에서 문학교육이 지향할 점에 '다양한 관점을 반영한 감상과 해석, 새로운 창작'에 관심을 갖는 것도 같은 이치이다. 김인환, 『문학교육론』(평민사, 1979), 65~88면.

25) 김대행, 「고려 시가의 정서 표출 양상」, 『한국학논집』 제21·22합집(한양대학교 한국학연구소, 1992), 353~364면.

26) 김대행, 같은 글, 363면. 문학의 존재 이유를 쾌락원칙과 현실원칙으로 설명한 글 또한 같은 맥락에서 이해할 수 있다. 김현, 「소설은 왜 읽는가」, 김현 편, 『장르의 이론』(문학과 지성사, 1987), 192~193면.

5. 고려속요 교육 전망

문학교과서에 수록된 고려 속요 작품은 모두 8편으로 이전 교육과정의 10편에 비해 2편이 줄어든 결과다. 작품은 본문과 학습활동에 각 1~2편 두었는데 대개 교과서별로 3편 내외를 수록하고 있다. 고려속요에 대한 개괄적 설명은 고려속요의 내용(정서)과 형식적 특징, 활용(용도), 발생과 기원, 전승과 기록, 작품 예시와 분류 등을 교과서마다 신축적으로 설명하고 있다. 이들을 정리하면, 고려속요는 고려시대에 민간 가요가 궁중으로 이입된 것으로 조선 시대에 전승되는 과정에서 국문으로 기록되는 한편 남녀상열지사라는 부정적 평가를 받아 위축되었으며, 민요에 기반하고 있기 때문에 서민들의 정서를 많이 담고 있다고 요약할 수 있다. 개별 작품의 수록 형태는 원문 혹은 현대어역, 전문 혹은 발췌 등을 보이는데 원문을 수록한 교과서 가운데 몇 종은 표기의 오류를 빚기도 했다.

교과서를 분석한 결과 나타난 문제점으로는 애정 중심의 작품만을 선택하여 내용의 균형을 이루지 못한 점, 수록 작품 수가 적은 점, 고려속요에 대한 평가를 부정적으로 서술한 점 등을 들었다. 지금까지 전해진 국문 고려속요는 20편이며, 악부체 형태까지 포함하면 60여편에 이른다. 이들은 내용 면에서 애정 이외에도 송축, 충성, 국토방위 등 다양하게 존재한다. 따라서 애정 이외의 노래들을 제외한다면 고려속요에 대해 편향된 시각을 가지게 될 것이다. 고려속요에 대한 부정적 평어인 '남녀상열지사'는 원래의 의미가 부정적인 것이 아님에도 불구하고 대부분의 교과서는 이를 근거로 고려속요를 낮게 평가하고 있다. 사실 조선 시대에 고려속요는 『경국대전』, 궁중 악서에 등재되면서 줄곧 궁중 음악으로서의 권위와 긍정적인 평가를 받아왔으며, 『고려사』에서는 중세적 효용성을 인정받았다. 하지만 거의 모든 교과서에서는 이런 점을 도외시하고 부정적으로 서술하고 있다. 이 역시 고려속요를 잘못 인식하고 있는 것은 아닌가 생각한다.

앞으로 고등학교 교육과정에서 고려속요의 교육은 학계의 연구 성과를 적극 수용하여 새롭게 정비할 필요가 있겠다. 다시 말해 다양한 기원을 가진 고려속요는 고려전기부터 형성되어 고려와 조선의 궁중 연향의 일부로 예술사적 가치가 있는 노랫말이기 때문에, 이를 학교 현장에서 적합성의 원리에 맞게 교수-학습이 이루어져야 할 것이다. 그리고 고려속요는 창의성과 정서면에서 2015 개정 교육과정이(2018년 적용) 추구하는 '창의'와 '인성' 학습에 부합하는 갈래이므로 앞으로 편찬될 교과서의 집필진과 검토진은 이 점에 주목했으면 한다.

2015 개정 총론은 다음과 같이 서술하고 있다. "금번 교육과정은 국가 사회적 요구를 반영한 것이라고 하면서 인문 소양 함양 방안에, '문학 교육을 이론 위주 수업에서 감성과 소통 중심의 학습으로 전환. 문학은 수능 대상 과목에서 제외하는 방안을 중장기적으로 검토' 하겠다."고[27] 하였다. 이 원안대로 진행된다면, 2021학년도 대학수학능력시험에서 문학 영역이 사라질 수 있다. 그렇다면 2018년 학습자는 문학교과서를 어떻게 바라볼까 싶다. 자칫 고려속요가 '문학' 안에서 그랬던 것처럼 '문학'이 그 자리에 옮겨지지 않을까 우려되기 때문이다.

27) 『2015 문·이과 통합형 교육과정 총론 주요 사항[시안]』, 교육부 창의인재정책관, 2014, 7면.

나손 김동욱의 향가와 고려속요 연구

1. 나손 김동욱의 연구 성과

나손 김동욱의 한국문학 연구는 그 넓이와 깊이가 다대하여 한국문학 일반론, 한국문학사, 각 갈래 연구사 등에서 그의 행보와 족적을 확인하는 것은 어려운 일은 아니다. 특히 향가와 고려속요 연구사 초기에 선생의 업적은 매우 중요한 자리를 차지하고 있다.

해당 분야의 나손 선생의 업적은 『한국가요의 연구』(을유문화사, 1961 초판)〔이하 '〈연구〉'〕, 『한국가요의 연구(속)』(선명, 1975초판)〔이하 '〈속연구〉'〕 등에 수렴되어 있고 이외의 것들은 나손이 편자 또는 공저자로 참여한 『처용연구논총』(울산문화원, 1989), 『고려시대의 언어와 문학』(형설출판사, 1982), 『고려시대의 가요문학』(새문사, 1982) 등에 실려 있다. 이 성과물들을 중심으로 나손 선생의 업적을 살피고자 한다.

2. 향가

나손의 향가 연구는 일반론에서 개별 작품에 이르기까지 넓게 전개되었다. 일반론 연구는 향가와 불교사상, 사뇌가(향가)의 거시적 전망 등이 있고 개별 작품 연구로는 〈도솔가〉, 〈원왕생가〉, 〈도천수대비가〉, 〈처용가〉, 〈도이장가〉 등에 대한 논의가 있다.

「신라 향가의 불교문학적 고찰」(《연구》)은 『삼국유사』 소재 신라 향가 전체를 대상으로 불교사상의 관점에서 검토한 것이다. 이 글에서 나손은 사뇌가에 불교사상이 반영된 것을 전제하여 작품별로 그 양상을 살폈다. 〈모죽지랑가〉에 대해서는 득오가 죽지랑 사후에 창작한 불교 찬가로 보았다. 그리고 같은 맥락에서 〈찬기파랑가〉를 기파랑의 사후재식(死後齋式)에서 올린 불찬가로 해석하였다. 또한 〈도천수대비가〉를 관음사상에 따른 기원 노래로, 〈원왕생가〉를 정토사상에 바탕을 둔 진솔한 자기 고백의 찬가로 이해했다. 〈안민가〉를 불교적 찬가로, 〈우적가〉는 관음력을 표상한 노래 등으로 보았다. 〈보현시원가〉에 대해서는 화엄사상을 담은 '전형적인 향찬', '불교 사찰을 중심으로 개화한 불교 가찬(歌讚)'으로 평가하였다. 또 〈도솔가〉는 미륵 영청(迎請)의 척화가(拓花歌)로, 〈풍요〉는 향찬적 민요로 보았다. 다만 〈원가〉, 〈도솔가〉(경덕왕 대), 〈헌화가〉에 대해서 불교사상과 직접 연결하지는 않았지만 그 기저에는 불교사상을 배제하지는 않았다. 이는 나손이 사뇌가로 규정한 작품들을 '향찬으로서 불교적 발상·발원의 시가이며 의식가요'라는 점에 전제했기 때문이라 할 수 있다.

이처럼 이 연구들은 각 작품에 나타난 불교사상을 포착하여 범주화함으로써 이후 연구에 적지 않은 영향을 주었다. 초기 향가 연구사에서 불교사상적 관점에서 살핀 연구가 더러 있었으나 대개 불교사상 전체의 관점에서 개별 작품을 해석한 경우가 많았다. 하지만 나손의 연구는 불교사상을 구분하여 개별 작품에 적용한 후, 신라 향가사에서 불교의 여러 사상과의 관계를 전망한 점에서 차이를 두고 있다. 그리고 한국 불교의 유입과 수용에 관심을 갖고 '인도→중국→한국'의 이동 벨트에 따른 비교문학 연구의 가능성과 그 효과를 기대한 점은 혜안이라 할 수 있다. 이는 나손이 불교사상에 깊은 이해가 있었기 때문에 가능했던 것이라 할 수 있다.

「사뇌가의 형성과 주제」(《속연구》)와 「사뇌가 소고」(《연구》)는 향가사를 거시적으로 조망한 것으로 전자는 신라 향가사를, 후자는 고려 향가사를 살폈다. 전자는 짧은 분량의 글이지만 신라 향가 전체를 불교사상과 무가와 상관관계 속에서 각 작품의 위치와 성격을 고구하였다. 후자는 고려시대 향가를 문학사적 관점에서 살핀 것으로, 〈보현시원가〉와 〈도이장가〉를 향가의 범주에 담은 것은 물론 〈한송정가〉와 〈정과정〉까지 향가로 포함하고 있다.

「사뇌가의 형성과 주제」에서 사뇌가의 저변에는 불교적 기원과 말세 희구의 종교적 사념이 흐르며, 사뇌가에는 현실을 예토로 보고 서방정토를 동경하는 사상이 담겨있다고 정의한 후 〈원왕생가〉와 〈제망매가〉를 예로 들었다. 한편 사뇌가에는 무속적 주언(呪言)과 맥을 같이 한다고 하면서 〈혜성가〉와 〈처용가〉를 그 예로 들었다.

「사뇌가 소고」는 나손이 강조한 사뇌가사(詞腦歌史)의 후반부를 살핀 글이다. 나손은 향가의 하위 유형에 사뇌가를 두고 4세기부터 사뇌가의 역사가 시작되었다고 보았다. 이후 사뇌가는 신라 시대에 꽃을 피웠고 고려 전기에 균여가 이것을 이었으며 이후 〈정과정〉과 〈한송정〉에서 그 흔적을 엿볼 수 있다고 하였다. 〈정과정〉을 사뇌가로 보는 이유는 형식에서 10구체 향가와 유사한 점, 내용상 점층적 주제를 구성한 점 등을 들었다. 물론 〈정과정〉이 향가의 잔존 형태라는 가설은 반론에 흔들리기는 했으나 시가사적 맥락에서 〈정과정〉을 주목한 점은 일정 정도 의의가 있다고 할 수 있다.

나손 선생의 향가 연구의 기본은 사상적으로는 불교와 무교에 기반을, 담당층의 범위를 국민에, 유통은 가창에 두면서도 문학사의 흐름을 놓지 않고 있다. 다시 말해 고려시대 향가의 범주와 전승 기간을 넓고 길게 보고자 했기 때문에 〈한송정가〉와 〈정과정〉까지 포함했던 것이라 할 수 있다.

한편, 나손은 향가와 사뇌가를 구분하여 서술하고 있다. 향가 갈래 안에 무가, 민요, 사뇌가 등의 하위 양식을 전제하여 논의를 전개하였다. 「도솔가 연구」(〈연구〉)는 「신라 향가의 불교문학적 고찰」의 후속 논문으로, 월명사의 〈도솔가〉를 미륵사상의 관점에서 분석하고 있다. 나손은 경덕왕 대 미륵사상은 이전의 밀교적 기풍이 반영된 것으로, 당시 현실적 효용 역할을 한다고 보았다. 또한 성격이 다른 〈도솔가〉와 〈제망매가〉를 월명사가 창작한 이유를 다음과 밝혔다.

> 그러므로 월명사(月明師) 한 개인(個人)에 있어서의 분열(分裂)은 현실적(現實的) 비호(庇護)나 이적(異蹟)은 미륵(彌勒)에 의존(依存)하고 왕생(往生)에 있어서는 미타(彌陀)에 의존(依存)한 것이 아닐까. 다만 미륵청불(彌勒請佛)은 또한 왕가(王家)의 주불(主佛)로서 월명사(月明師)가 섭행(攝行)한 것으로 하여도 무관(無關)한 것이다.(〈연구; 60면〉)

이 사안은 월명사 작가론에서 지금까지도 논란이 되고 있는 것으로 이후 여러 논의가 개진되었지만 나손의 설명보다 더 설득력이 있는 견해는 없었다. 이 문제는 앞으로 좀더 숙의가 필요한 부분이기도 하다.

이처럼 이 논문은 한국 불교의 수입, 미륵사상의 정착 과정 등을 치밀한 문헌 고증을 통해 밝히고 이를 근거로 〈도솔가〉에 침윤된 미륵사상을 증명하였으며, 월명사 작가론에 장기 과제를 안겨주었다고 할 수 있다.

「신라 정토사상의 전개와 원왕생가」(〈연구〉)와 「신라 관음사상과 도천수대비가」(〈연구〉)도 불교사상적 맥락에서 살핀 연구들이다. 전자는 향가를 종교문학으로서 성격을 고찰한 것으로, 향가 발생의 촉발 요인으로 전래된 불교의 영향을 강조함으로써 비교문학적 관점에서 논의를 전개하였다. 이 논문에서 비교적 많은 분량을 할애하여 삼국시대 불교의 유입과 다양한 불교사상의 한반도 안착을 설명하였고 이후 〈원왕생가〉에 정토사상이 반영되었음을 밝혔다. 후자는 전자와 같은 차원에서 〈원왕생가〉를 관음사상과 결부하여 논의하였다. 향가 중 관음사상이 반영된 작품들을(〈서동요〉, 〈헌화가〉, 〈우적가〉 등) 언급하면서도 〈도천수대비가〉가 관음사상을 가장 잘 드러낸 작품이라 하였다. 논증은 전자에서 보인 바와 같이 중국 불교에서 관음 사상의 형성과 전개 그리고 한반도 유입과 안착 등을 살핀 다음 본 작품에서 적용하는 방식을 따랐다. 이렇게 이 두 논문은 불교사상을 작품론의 차원에서 살폈으며, 이후 불교사상의 관점에서 향가를 연구한 논문들은 나손의 업적에 기대어 진행되었다고 할 수 있다.

「처용과 처용가」(〈연구〉 및 『처용연구논총』[1])에서 처용 전승사를 거시적으로 다루었다. 신라 향가 〈처용가〉부터 고려속요 〈처용가〉와 조선 〈잡처용〉에 이르기까지 무가적 관점에서 처용의 정체, 처용무의 성격 등을 종합적, 입체적으로 논의하였다. 그는 처용랑조 전체를 처용의 본풀이로, 〈처용가〉를 본풀이에 삽입된 가요로 보았다. 그리고

---

1) 김동욱 외 편, 『처용연구논총』(울산문화원, 1989).

향가 〈처용가〉, 고려 〈처용가〉, 〈잡처용〉 및 정재(춤) 등 시대적 차이를 둔 별개의 작품으로 보지 않고 적층된 작품군으로 접근하여 논의를 전개하였다. 이렇듯 이 연구는 설화, 세 편의 〈처용가〉류, 처용무 등을 거시적 관점에서 분석함으로써 '처용학'의 초석을 놓았다고 할 수 있다. 논의 결과 처용의 명칭을 사제자 자충(慈充)으로, 처용설화는 호국용신의 경도(京都)에의 강적(降跡) 설화로, 처용은 용신의 사제자로서 내방자(來訪者)로, 처용무는 울산 지역의 계변신(戒邊神)의 학무(鶴舞)와 관련된 벽사진경의 무악임을 주장하였다. 이러한 그의 연구는 이후 무속적 관점에서 〈처용가〉를 논의한 연구들에 직·간접적으로 영향을 주었다고 할 수 있다.

「도이장단가에 대하여」(〈속연구〉)는 문헌 연구의 모범을 보여준 논문이라 할 수 있다. 지금은 당연하게도 고려시대로 향가로 〈도이장가〉를 포함하고 있는데, 연구사 초기에 〈도이장가〉는 소재 문헌의 위작 논란으로 향가로 인정받기 어려웠다. 이에 나손은 여러 문헌을 섭렵하여 〈도이장가〉가 고려 예종이 창작한 고려 향가임을 입증하였다. 먼저 〈도이장가〉가 전승되는 과정을 재구하기 위해, 조선 초기까지 이두식 표기가 잔존하고 있음을 밝힌 다음 장절공과 관련된 문헌인 『장절공유사』 및 1920년대 간행된 『장절공신선생실기』와 『열성수교』 등을 중심으로 사서(史書)와 『대동운부군옥』과의 대교를 통해 〈도이장가〉가 신숭겸 행장에 남게 된 경위를 밝혔다.

> 이로써 장절공유사(壯節公遺事) 및 행장(行狀)은 세종(世宗) 24년(年) 신개(申槩)·권제(權踶) 등이 고려사(高麗史)를 수찬한 바로 문희공(文僖公) 신숭겸(申崇謙)의 후손(後孫)이므로 그의 손에 이루어진 구행장(舊行狀)이 다시 임진 이후(壬辰以後) 신경익(申景翼)의 손에 개수되고, 신흠(申欽)의 발(跋)을 붙여 한준겸(韓浚謙)의 도움

을 받아 신경익(申景翼) 등에 의해 곡성(谷城)에서 일차(一次) 간행(刊行)되었으니 임진 직후(壬辰直後)의 문헌이 되겠다. … 그러므로 『유사(遺事)』 및 〈도이장단가(悼二將短歌)〉가 위서(僞書)가 아니라 '신빙할 만한 문헌자료(文獻資料)로서 검토되어야' 할 것임을 증명(證明)한 것이다.(〈속연구; 119면〉)

이렇게 이 연구는 나손의 문헌실증주의 연구방법론의 미덕을 보여주는 한편, 이후 고려 예종의 문학 연구, 고려 향가 연구, 신숭겸에 관한 연구 등에 전제가 되었다.

3. 고려속요와 〈경기체가〉

나손의 고려시대 문학 연구는 고려시대 문학 현상 조망, 『시용향악보』와 소재 작품 분석 그리고 〈한림별곡〉 작품론 등에 관한 것들이다. 향가 연구에 비해 다소 소략해 보이지만 무게감 있는 연구들로 이 시기 문학 연구에 긍정적인 영향을 미쳤다.

고려문학 전반에 대한 조망은 「고려조 문학의 개관과 그 문제점」에서 논의되었다.[2] 이 논문은 고려시대 한문학, 향가, 시화(패관문학) 등은 물론 고려속요(고려가사)에 대해서 냉철한 분석과 이를 통한 해결 과제를 전망하였다. 나손이 제기한 고려속요의 표기 문제, 작가 문제 등은 이후 고려속요 연구사에서 중요한 쟁점으로 부각하여 심화된 성과를 얻기도 했다. 특히 나손의 제안한 고려가사의 분류 작업은 고려시대 시가 전체를 아우를 수 있는 시안으로 사계 연구에 중요하게 작용하였다.

2) 한국어문학회 편, 『고려시대의 언어와 문학』(형설출판사, 1982), 209~226면.

1. 창작가요
(1) 사(詞): 어부사, 야심사, 풍입송 등 (2) 경기체가: 한림별곡등
(3) 국체가요(國體歌謠): 정과정, 유구곡 등

2. 민요
(1) 별곡 (2) 군악(郡樂): 서경곡, 장탄, 정산 등
(3) 무가: 처용가, 『시용향악보』 소재의 기사축(祈思祝) 등

3. 단가 잡가
(1) 시조(단가)

4. 불교가요
(1) 게송 (2) 범패 (3) 염불가: 관음찬, 기타 (4) 동령염불가(動伶念佛歌)

그리고 이 연구에서 주목할 점은 고려 궁중 악장(악무)의 변모 시기를 외래 문화의 수용에 따라 구분한 것이다. 제1기는 예종이 송의 대성악을 수입하기 이전의 향악 및 당악 중심의 제전이 행해진 때로, 제2기는 대성악 수입 이후 아악과 당악 중심의 궁중 제례와 연향이 있던 때로 보았다. 그리고 제3기는 원나라와 교류로 인한 서역 음악과 잡희로 연향을 설행한 때로, 제4기는 명으로부터 아악을 수입하여 제2기로 돌아간 때로 각각 이해하였다. 지금 우리가 이해하고 있는 고려 궁중의 음악, 정재, 악장 그리고 제례 및 연향의 변모상이 이 연구로부터 시작이 되었다고 해도 과언이 아닐 것이다.

한편, 나손이 고려속요 연구사에 남긴 큰 업적은 「시용향악보 가사

의 배경적 연구」(〈연구〉)라 할 수 있다. 기실 이 논문은 나손의 업적 가운데 대표적인 것으로 한국음악사, 고려속요, 구비문학(무가), 비교문학 연구사에서 대전제가 되었다. 『시용향악보』의 발굴과 간행 이후 본 가집의 중요성과 가치는 갈수록 커갔는데, 그 과정에서 본 연구가 한몫하였다.

조선 시대 고려속요를 수록하고 있는 문헌은 『악학궤범』, 『시용향악보』, 『악장가사』, 『악학편고』, 『대악후보』, 『교합가집』 등이 있는데 『악학궤범』과 『시용향악보』는 조일전쟁(임진왜란) 이전에 출간되었고 『시용향악보』는 다른 악서(樂書)에 없는 〈상저가〉, 〈유구곡〉 및 무가계 고려속요를 다수 수록하고 있다. 이 가운데 무가계 고려속요는 조선 시대 고려속요의 전승과 소용 양상을 새롭게 이해하는데 비상한 관심은 끌었다. 이런 측면에서 나손의 연구는 독보적이자 선구적이라 할 수 있다. 『시용향악보』의 성립 시기를 왕실 연향 정보와 기록을 통해 연산군 대로 본 점, 본 악서 소재 작품을 섬세하게 분류한 점,[3] 무가계 가요 10편(대국 1, 2, 3은 한 작품으로 파악함.)에 대해 관련 기록을 수집하여 분석한 점, 무가계 가요의 연원을 삼국 시대까지 소급하고 그 전승과 변용의 의미를 밝힌 점 등에서 이를 알 수 있다. 이후 고려속요 연구는 무가계 고려속요를 포함하게 되었고 본 악서의 성립 시기에 관한 연구는 이로부터 수정하는 방향으로 진행되었다.

또한 〈한림별곡〉에 관한 연구는 「한림별곡의 성립연대」(〈속연구〉)와 「〈한림별곡〉에 대하여」[4]에서 찾을 수 있다. 후자는 전자를 개고한 논문으로 주로 〈한림별곡〉의 성립연대를 논하고 있지만 작품의 성

3) 기존 연구의 고려가사의 분류를 참고하여, a. 유사악장 b. 사(詞) c. 단가(가곡) d. 가사 ㄱ. 창작가사ㄴ. 민요(전래민요, 농요) ㄷ. 무가 등으로 구분하였다.

4) 김열규·신동욱 편, 『고려시대의 가요문학』(새문사, 1982).

격에 대해서도 나손은 입장을 밝히고 있다. 당시 〈한림별곡〉의 창작 시기에 대해서 막연하게 고려 고종 대 귀족 사회의 퇴폐적 생활상을 그린 것이라는 견해에 대해서, 나손은 작품 속 인물들의 행적을 추적하여 고려 고종 3년 5월 최충헌 문객들이 최충헌·최이 부자에게 아부하기 지은 것이라는 결론을 내놓았다. 이후 창작 시기에 대해서 일부 연구자는 고려 고종 7년~17년설을 제기하기도 했으나[5] 대부분 나손의 견해인 3년설을 따르고 있다. 이에 비해 성격 논쟁은 나손의 아첨·아부설 이후 기존의 퇴폐적, 향락적, 현실 도피적 노래와[6] 신흥사대부의 활기차고 득의감을 표현한 노래[7] 등이 추가되면서 현재까지 진행되고 있으나 나손 주장 또한 유효하게 남아 있다. 이렇듯 〈한림별곡〉 연구사에서 나손의 연구는 작품 성립 시기를 특정하면서 기반을 갖추었고 주제 연구는 다양한 각도에서 바라볼 수 있는 계기를 마련했다고 할 수 있다.

이외에 나손의 업적으로 자료집 발간을 들 수 있다. 앞서 소개한 바 있듯이 고려속요를 담고 있는 문헌 가운데 『교합가집』 1·2가 있다. 이 문헌은 1934년 이왕직 아악부에서 엮은 것으로 이 자료에는 당시까지 전해진 고려속요를 수록하고 있다.[8] 고려속요는 물론 고전시가 자료 연구사에서 중요한 위치에 놓인 이 문헌을 나손은 임기중과 함께 세상에 내놓음으로써[9] 고려속요 및 고전시가 연구자들에게 많은 기여를 하였다.

---

5) 이명구, 『고려가요의 연구』(신아사, 1973), 111-112면; 김선기, 「한림별곡의 작가와 창작연대에 관한 고찰」, 『어문연구』 12집(어문연구회, 1983), 306면.

6) 조윤제, 『조선시가사강』(동광당서점, 1937), 103면; 양주동, 『여요전주』(을유문화사, 1985), 238면.

7) 이우성, 「고려중기의 민족서사시」, 『논문집』 제7집(성균관대학교, 1962), 111면; 이명구, 「경기체가의 역사적 고찰」, 『대동문화연구』 제1집(대동문화연구원, 1963), 113~122면.

8) 고려속요 이외에도 다수의 시가 작품을 모아 놓았다.

9) 김동욱·임기중 편, 『校合歌集 一·二』(태학사, 1982).

4. 의의

나손의 향가와 고려속요 연구 업적의 의의는 다음과 같다.

첫째, 문헌실증주의 연구방법론 정착을 들 수 있다. 문학 연구의 기본이라 할 수 있는 문헌실증주의는 문헌 발굴 및 검증, 문헌 해독 및 해석, 배경 지식, 문학적 감성 등 다양한 방면에서 역량이 요구된다. 나손이 활동하던 시절에 문헌학 연구는 시작 단계로서 문헌 정보의 부재등과 같은 어려움이 예상되나 그는 이것들을 극복하면서 향가와 고려속요 연구에 문헌실증주의를 구현했던 것이다. 이후 이러한 방법론은 후학들에게 모범 사례로 받아들여지게 되었다고 할 수 있다.

둘째, 거시적이고 개방적인 연구 태도를 들 수 있다. 갈래의 기원과 형성에 대해 (당시부터 지금까지) 재래기원설 내지는 자생설을 주장하는 연구자가 다수를 차지하고 있으나 이에 비해 나손은 내외적 근거를 바탕으로 향가, 고려속요(고려가사), 경기체가 등에서 외래적 영향을 주장하였다. 이러한 그의 주장은 고대와 중세 한반도의 문화적 교섭과 갈래적 특성 등을 고려한 것으로 지금도 합리적인 견해로 평가받고 있다. 그가 이렇게 주장을 할 수 있었던 것은 열린 연구 태도 때문이라 할 수 있다. 자칫 국학자가 범할 수 있는 폐쇄성을 지양하고, 개방성과 균형감각을 유지한 결과라 생각한다. 그의 이런 연구 태도는 문학사의 구도, 갈래별 작품 분류 작업 등과도 연관되었다고 할 수 있다.

이처럼 나손의 향가와 고려속요 업적은 미시적인 문헌 연구에서부터 거시적인 비교문학 및 문학사 연구까지 광폭의 행보를 보이며 학문적 외연을 넓혔으며 후학들이 믿고 따라갈 수 있도록 뚜렷한 족적을 남겼다고 할 수 있다.

5. 나손 김동욱 연구의 영향

나손 김동욱의 향가 연구는 불교사상적 관점에서 신라 향가사를 조망한 일반론과 각 불교사상이 반영된 개별 작품론, 신라 〈처용가〉의 성격과 전승사를 다룬 논문 그리고 〈도이장가〉의 위작 논란 소거 논문 등이 있다. 특히 신라 향가사에서 불교사상을 무속과의 상관관계로 살핀 것과 〈도솔가〉(월명사)를 미륵사상에, 〈원왕생가〉를 정토사상에, 〈도천수대비가〉를 관음사상에 연결한 것은 주목할 일이었다.

그리고 고려속요와 〈한림별곡〉 연구는 고려시대 가요 현상 전체를 살피면서 갈래 분류를 시도한 점, 『시용향악보』 소재 무가를 고려속요의 범주 안으로 끌어온 점 그리고 〈한림별곡〉의 창작 시기와 성격을 구명한 점 등이 있다. 비록 고려속요를 단독 갈래로 보지 않고 고려가사의 일부로 취급한 것은 미흡함이 있지만 갈래 분류를 시도한 것 그 자체가 후속 연구에 적지 않은 영향을 주었다. 특히 나손의 가장 큰 업적 중 하나인 『시용향악보』 연구는 지금까지 불후의 성과라 할 수 있다. 고전시가와 구비문학은 물론 한국음악계에서 큰 도움을 받고 있기 때문이다.

나손의 연구 의의로 문헌실증주의 연구방법론 정착과 거시적이고 개방적인 연구 태도 등을 들 수 있다. 나손 선생의 향가와 고려속요 업적은 미시적인 문헌 연구에서부터 거시적인 비교문학 및 문학사 연구까지 광폭의 행보를 보이며 학문적 외연을 넓혔으며 후학들이 믿고 따라갈 수 있도록 족적을 남겼기 때문이다.

참고문헌

〈자료〉

『2009 개정 교육과정에 따른 교과 교육과정 적용을 위한 국어과 교과서 집필기준』. 교육과학기술부, 2011.

『2015 문·이과 통합형 교육과정 총론 주요 사항〔시안〕』. 교육부 창의인재정책관, 2014.

『경국대전(經國大典)』. → 윤국일, 『신편 경국대전』. 신서원, 1998.

『고려사(高麗史)』. → 한국사데이터베이스(http://db.history.go.kr/); 동아대학교 석당학술원. 『국역 고려사』. 경인문화사, 2011.; 사회과학원 고전연구실. 『북역 고려사』. 신서원, 1991.

『국역(國譯) 강원도지(江原道誌)』. 강원도, 2005.

『노계선생문집(蘆溪先生文集)』.

『논어(論語)』.

『대전회통(大典會通)』.

『동문선(東文選)』.

『상촌선생집(象村先生集)』.

『서경(書經)』.

『시용향악보(時用鄕樂譜)』.

『신증동국여지승람(新增東國輿地勝覽)』.

『악장가사(樂章歌詞)』.

『악학궤범(樂學軌範)』.

『양계집(陽溪集)』.

『잡가(雜歌)』.(『열상고전연구(洌上古典硏究)』 제9집 부록)

『조선왕조실록(朝鮮王朝實錄)』 → http://sillok.history.go.kr

『추관지(秋官志)』.

『효경(孝經)』.

개인소장. 「츄풍감별곡」; 「秋風感別曲」.

개인소장. 『시됴책』.
개인소장. 『오륜편』.
경상북도 내방가사 조사 정리 및 DB구축(waks.aks.ac.kr), 한국학중앙연구원.
경오본 『노계가집』.
郭守正·高月槎 輯錄. 林東錫 譯註. 『이십사효(二十四孝)』. 동서문화사, 2012.
교육과학기술부 고시 제2011-361호〔별책5〕. 『국어과 교육과정』. 교육과학기술부, 2011.
교육과학기술부 고시 제2012-14호〔별책5〕. 『국어과 교육과정』(최종수정). 교육과학기술부, 2013.
국가지식DB 한국가사문학(www.gasa.go.kr). 담양군.
권순회본 『평시조』.
권영민 외. 『고등학교 문학』. 지학사, 2014.
김대용 외. 『고등학교 문학』. 상문출판사, 2014.
金奭培 編. 『庚午本 〈蘆溪歌集〉』. 龜尾文化院, 2006.
김윤식 외. 『고등학교 문학』. 천재교육, 2014.
김창원 외. 『고등학교 문학』. 두산동아, 2014.
김흥규 · 이형대 · 이상원 · 김용찬 · 권순회 · 신경숙 · 박규홍 편저. 『고시조대전』, 고려대학교 민족문화연구원, 2012.
모윤숙 엮음. 『메논박사연설문』. 문화당, 1948.
모윤숙. 『풍랑(風浪)』. 문성당, 1951.
朴晟義. 『蘆溪歌辭』. 正音社, 1974.
박씨본(朴氏本) 『시가(詩歌』.
박종호 외. 『고등학교 문학』. 창비, 2014.
우한용 외. 『고등학교 문학』. 비상에듀, 2014.
육당본(六堂本) 『청구영언(靑丘永言)』.
윤여탁 외. 『고등학교 문학』. 미래엔, 2014.
이숭원 외. 『고등학교 문학』. 좋은책신사고, 2014.
익재난고(益齋亂藁)』.

임기중 편, 『역대가사문학전집』 1-51권. 아세아문화사, 1987-1997.
정재찬 외. 『고등학교 문학』. 천재교과서, 2014.
조선일보사 편. 『대동여지도(大東輿地圖)』. 『월간 山』 35주년 기념호 별책부록. 조선일보사, 2004.
조정래 외. 『고등학교 문학』. 해냄에듀, 2014.
진본(珍本) 『청구영언(靑丘永言)』.
최강현. 『한국고전문학전집』 가사 I. 고려대학교 민족문화연구소, 1993.
최동호·송영순 엮음, 『모윤숙 시전집』, 서정시학, 2009.
한국역대가사문학집성(www.krpia.co.kr). 누리미디어, 2005.
한림대학교 아시아문화연구소. 한국전쟁 관련 영상자료.
한음선생문고(漢陰先生文稿)』.
한철우 외. 『고등학교 문학』. 비상교육, 2014.

〈저서〉

김명준. 『악장가사 연구』. 다운샘, 2004.
김영수. 『조선초기시가론연구』. 일지사, 1989.
김인환. 『문학교육론』. 평민사, 1979.
박연호. 『교훈가사 연구』. 다운샘, 2004.
성기옥·손종흠 공저. 『고전시가론』. 한국방송통신대학교출판부, 2006.
송영순. 『모윤숙 시 연구』. 국학자료원, 1997.
염은열. 『공감의 미학 고려속요를 말하다』. 역락, 2013.
윤덕진. 『가사읽기』. 태학사, 1999.
이상보. 『17세기 가사 전집』. 교학연구사, 1987.
이상보. 『노계시가연구』. 이우출판사, 1980.
임기중. 『한국가사문학 주해연구』 1. 아세아문화사, 2005.
장사훈. 『국악대사전』. 세광음악출판사, 1984.
장사훈. 『시조음악론』. 서울대학교출판부, 1986.
정재호. 『주해 초당문답가』. 박이정, 1996.
최미정. 『고려속요의 전승 연구』. 계명대학교출판부, 1999.

하윤섭. 『조선조 오륜시가의 역사적 전개 양상』. 고려대학교 민족문화연구원, 2014.
한국역사연구회. 『한국역사』. 역사와비평사, 1992.
韓沽劤. 『韓國通史』. 乙酉文化社, 1987.

〈논문〉

강문식. 「조선전기의 『효경』 이해」. 『정신문화연구』 제35권 제1호. 한국학중앙연구원, 2012.
姜勝浩. 「鮮後期 雇工定制 硏究」. 『실학사상연구』 10·11집. 무악실학회, 1999.
姜勝浩. 「朝鮮前期 雇工의 類型과 그 性格」. 『實學思想硏究』 5·6집. 무악실학회, 1995.
강전섭. 「추풍감별곡의 원전 모색」. 『어문연구』 26. 충남대 어문연구회, 1995.
공임순. 「스캔들과 반공」 - '여류'명사 모윤숙의 친일과 반공의 이중주 - . 『한국근대문학연구』 제17호. 한국근대문학회, 2008.
구재연. 「한국 가면극의 할미과장 연구」. 교육대학원 석사학위논문, 이화여자대학교, 1989.
권순회. 「〈초당문답가〉의 이본 양상과 주제적 의미」. 『19세기 시가문학의 탐구』. 집문당, 1995.
金東旭. 「雇工歌 및 雇工答主人歌 에 대하여」. 『國歌謠의 硏究·續』. 二友出版社, 1980.
金時晃. 「旅軒 張顯光 先生의 禮學思想」. 『東洋禮學』 第24輯. 東洋禮學會, 2011.
金容燮. 「宣祖朝 「雇工歌 의 農政史的 意義」. 『學術院論文集(人文 · 社會科學篇)』 第42輯. 학술원, 2003.
김광섭. 「시인 모윤숙론의 일단」. 『자유문학』. 1959년 7월.
김기영. 「새 발굴 교훈가사 〈자작행실록〉을 살핌」. 『어문연구』 91. 어문연구학회, 2017.

김대행. 「고려 시가의 정서 표출 양상」. 『한국학논집』 제21·22합집. 한양대학교 한국학연구소, 1992.

김동욱 외 편. 『처용연구논총』. 울산문화원, 1989.

김동욱. 『한국가요의 연구(속)』. 선명, 1975.

김동욱. 『한국가요의 연구』. 을유문화사, 1961.

김동욱·임기중 편. 『校合歌集 一·二』. 태학사, 1982.

김명준. 「『고려사』「악지」 소재 당악과 속악의 영향론적 탐구와 속악가사의 독자성」. 『동서비교문학저널』 32호. 한국동서비교문학학회, 2015.

김문준. 「한음 이덕형의 생애와 실천사상」. 『韓國人物史硏究』 제7호. 한국인물사연구소, 2007).

김석배. 「朴仁老의 〈早紅柹歌〉 硏究」. 『문학과 언어』 제27집. 문학과언어학회, 2005.

김선기. 「한림별곡의 작가와 창작연대에 관한 고찰」. 『어문연구』 12집. 어문연구회, 1983.

김열규·신동욱 편. 『고려시대의 가요문학』. 새문사, 1982.

김용직. 「민족의식과 예술성」 - 모윤숙론. 최동호·송영순 엮음. 『모윤숙 시전집』. 서정시학, 2009.

김현. 「소설은 왜 읽는가」. 김현 편. 『장르의 이론』. 문학과 지성사, 1987.

남대극. 「박인로(朴仁老)의 〈조홍시가(早紅柹歌)〉」. 『숲속의 문학』 제18권 4호. 2009).

박미영. 「가면극 영감 할미과장에 나타난 할미의 수난」. 교육대학원 석사학위논문, 경북대학교, 1991.

박연호. 「신재효 〈치산가〉와 『초당문답가』의 관련 양상 및 그 의미」. 『국어국문학』 149. 국어국문학회, 2008.

박영경. 「한국 가면극의 영감·할미과장 연구」. 문학석사학위논문, 동아대학교, 1987.

박옥순. 「〈고공가〉와 〈고공답주인가〉 대비 연구」. 교육학석사학위논문, 안동대학교, 2007.

박요순. 「추풍감별곡」 -자료해설-. 『한남어문학』 제15호. 한남어문학회, 1989.
박진태. 「가면극의 발전원리(1)-할미마당」. 『난대 이응백박사 회갑기념 논문집』. 보진재, 1983.
박태상. 「가면극에 나타난 갈등구조 및 죽음의식 연구」. 『논문집』 14. 한국방송통신대학, 1985.
박학래. 「旅軒 張顯光의 시대인식과 經世論」. 『儒教思想研究』 第22輯. 한국유교학회, 2005.
성병희. 「한국 가면극의 여역」. 『여성문제연구』 8. 효성여자대학교 한국여성문제연구소, 1979.
송영순. 「모윤숙 서사시의 담화구조와 낭만적 상상력」 - 『황룡사구층탑』을 중심으로 - . 『돈암어문학』 22집. 돈암어문학회, 2009.
신경숙 · 이상원 · 권순회 · 김용찬 · 박규홍 · 이형대 편저. 『고시조문헌 해제』. 고려대학교 민족문화연구원, 2012.
신동흔. 「들놀음 할미마당의 극적 짜임새와 주제」. 『한국 극예술연구』 1. 한국극예술학회, 1991.
신성환. 「조선후기 유교의 통속화와 〈우부가〉」. 『한국시가연구』 41. 한국시가학회, 2016.
심상교. 「민속극에 나타난 비극적 특성 연구(II)」. 『한국민속학』 29. 한국민속학회, 1997.
양주동. 『여요전주』. 을유문화사, 1985.
양태순. 「井邑詞는 百濟 노래인가」. 張德順 外. 『韓國文學史의 爭點』. 集文堂, 1986.
우경섭. 「조선후기 『효경』·『충경』 이해와 효치론」. 『정신문화연구』 제35권 제1호. 한국학중앙연구원, 2012.
유영대. 「탈춤미양과장 분석」. 『문예진흥』 91. 문예진흥원, 1984.
柳海春. 「〈雇工歌〉 · 〈雇工答主人歌〉의 作品構造와 現實認識」. 『文學과 言語』 第9號. 문학과언어학회, 1988.
육민수. 「〈편편기담경세가〉와 〈만고기담처세가〉의 출판 배경과 텍스트 지향」. 『한민족어문학』 50. 한민족어문학회, 2007.

李景植. 「農業의 발달과 地主制의 변동」. 한국사연구회 편. 『제2판 한국사연구입문』. 지식산업사, 1989.
이덕주. 「모윤숙, '나는 천황의 딸'」. 『월간말』. 1989년 11월.
이명구. 「경기체가의 역사적 고찰」. 『대동문화연구』 제1집. 대동문화연구원, 1963.
이명구. 『고려가요의 연구』. 신아사, 1973.
이상보. 「박인로」. 황패강 외. 『한국문학작가론 2』. 집문당, 2000.
이우성. 「고려중기의 민족서사시」. 『논문집』 제7집. 성균관대학교, 1962.
이정수·김희호. 「17-18세기 雇工의 노동성격에 대한 재해석」. 『경제사학』 제47호. 경제사학회, 2009.
임재해. 「민속극의 전승집단과 영감·할미의 싸움」. 『여성문제연구』 13. 효성여자대학교 한국여성문제 연구소, 1984.
臧 健. 「『二十四孝』와 中國傳統孝思想」. 『韓國思想史學』 第10輯. 韓國思想史學會, 1998.
장하진. 「여류명사들의 친일행적 - 김활란, 모윤숙, 배상명, 이숙종, 송금선」. 『역사비평』. 1990년 여름.
전신재. 「할미마당의 갈등구조와 할미의 인간상」. 『구비문학연구』 제9집. 구비문학회, 1999.
정규복. 「추풍감별곡의 신연구: 문헌학적 검토를 중심으로」. 『대동문화연구』 20. 성균관대 대동문화연구원, 1986.
정상박. 「할미·영감놀이 단위의 극적 내용」. 『태야 최동원선생 화갑기념논문집』. 삼영사, 1983.
정승희. 「한국민속극 할미마당 비교연구」. 문학석사학위논문, 이화여자대학교, 1990.
정영자. 「서사시의 발전과 그 전망」 - 모윤숙, 김후란, 문정희를 중심으로. 『문예운동』 제57호. 문예운동사, 1997.
조동일. 「봉산탈춤 미얄과장의 웃음과 눈물」. 『연극평론』 10, 1974.
조윤미. 「고려가요의 수용양상」. 문학석사학위논문, 이화여자대학교, 1988.
조윤제. 『조선시가사강』. 동광당서점, 1937.

조하연.「고려속요의 수용사적 특징과 문학교육」.『국어교육』140. 한국어교육학회, 2013.

조하연.「문학교육의 고려 속요 수용 양상에 대한 고찰」.『국어교육』138. 한국어교육학회, 2012.

채현석.「조선후기 현실비판가사 연구」. 문학박사학위논문, 조선대학교, 2008.

崔顯載.「朴仁老 詩歌의 現實的 基盤과 文學的 指向 研究」. 文學博士學位論文, 서울大學校 대학원, 2004.

한국어문학회 편.『고려시대의 언어와 문학』. 형설출판사, 1982.

한철수.「양주별산대 미얄할미마당의 구조 연구」. 문학석사학위논문, 서울대. 1986 → 재수록 :『한남어문학』12집. 한남대학교 국어국문학회.

허준구.「소양강」.『봄내』361. 춘천시청, 2021. 2.

허준구.「청평산과 영지」.『봄내』364. 춘천시청, 2021. 5.

황루시.「할미 영감놀이 연구」.『이대어문논집』5. 이화여자대학교 한국어문학연구회, 1982.

黃忠基.「〈早紅柿歌〉考究」.『어문연구』55·56호. 한국어문연구회. 일조각, 1987.

3 • 시됴책

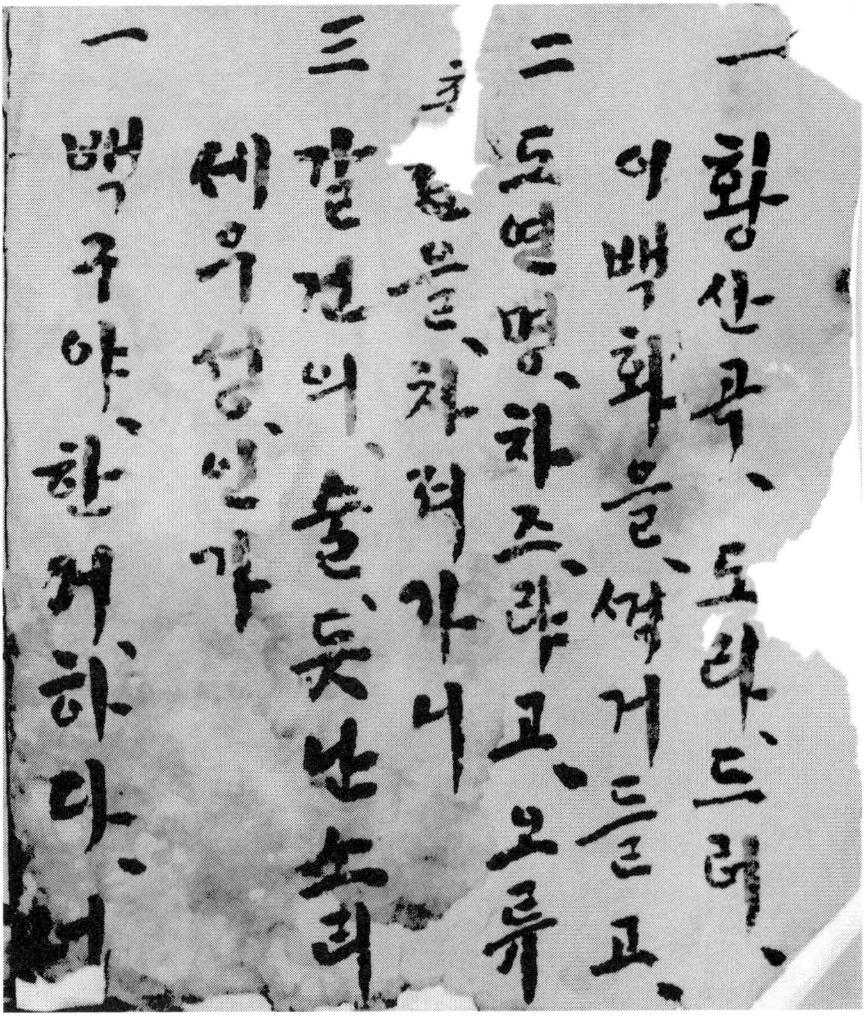
一 황산곡、도라드러、
이백화을、셕거들고、
二 도연명、차즈라고、오류
츈풍을、차져가니
三 갈건의、술듯난소리
세우성、인가
一 백구야、한가하다、네

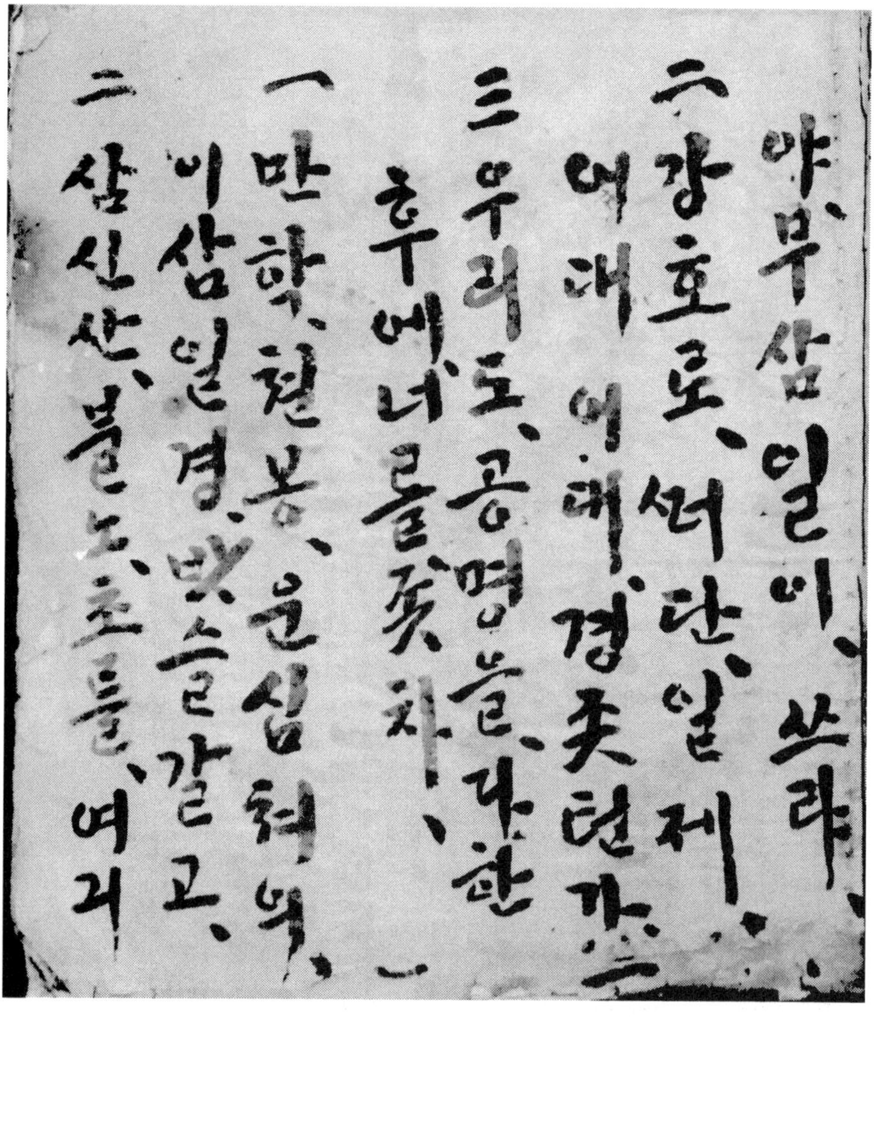
야부삼일이、쓰라、
二 강호로、써단、알제、
여대이애경夫던가
三 우리도、공명을、다한
후에너를찻자、
一 만학、천봉、운심처에、
이삼일경、밧슬갈고、
二 삼신산、불노초를、여러

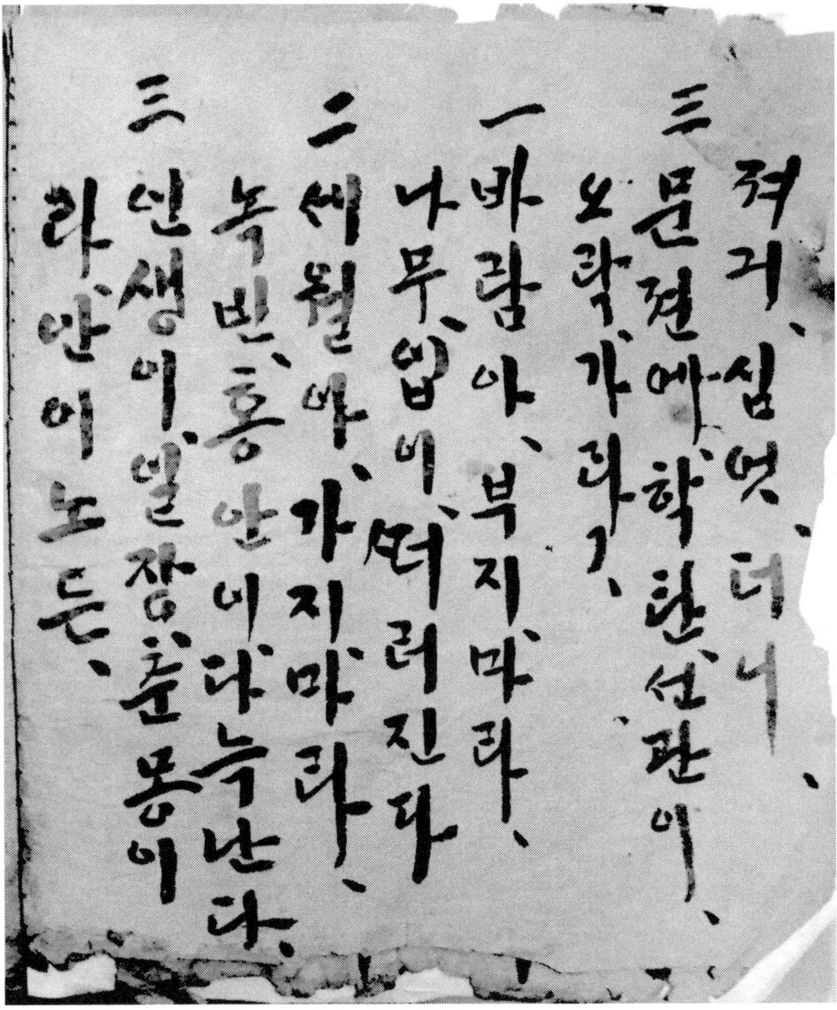

三 져거、십엇、더니、、
문젼에、학탄 선관이、、
오락가라가、
一 바람아、북지마라、
나무입에、떠러진다
二 세월아、가지마라、
녹빈、홍안에다、누난다。
三 선생이、연장、춘몽이
하、안이 노든、

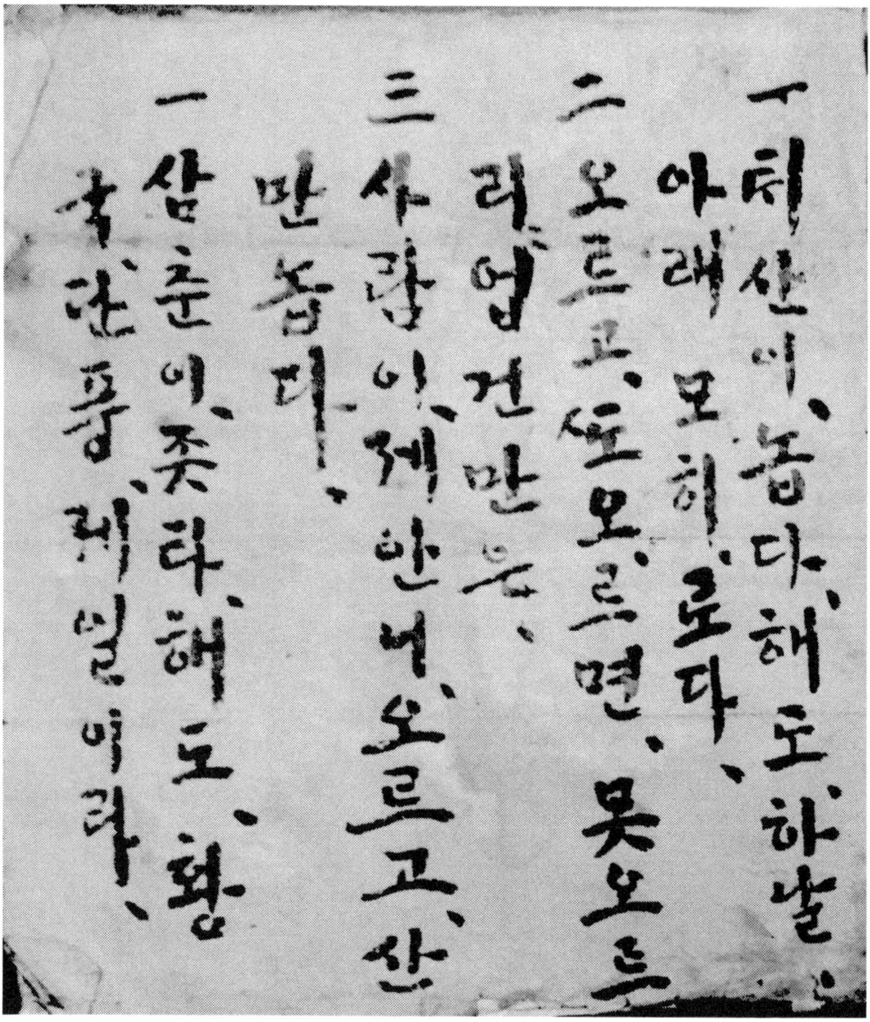

一 티산이、놉다、해도 하날、
아래 뫼히、로다、
二 오르고、또오르면、못오르
리、업건만은、
三 사람이、제안니、오르고、산
만놉다、
一 삼춘이、좃타、해도、황
국단풍、제일이라、

二 봄〃마다、단풍이요、
골〃마다、국화로다、
三 아마도、경개좃키난、중
양가절、
一 녹양이、천만산들、
가난、춘풍자버매며、
二 탐화、봉접인들、지난
꽃슬、어이하라、

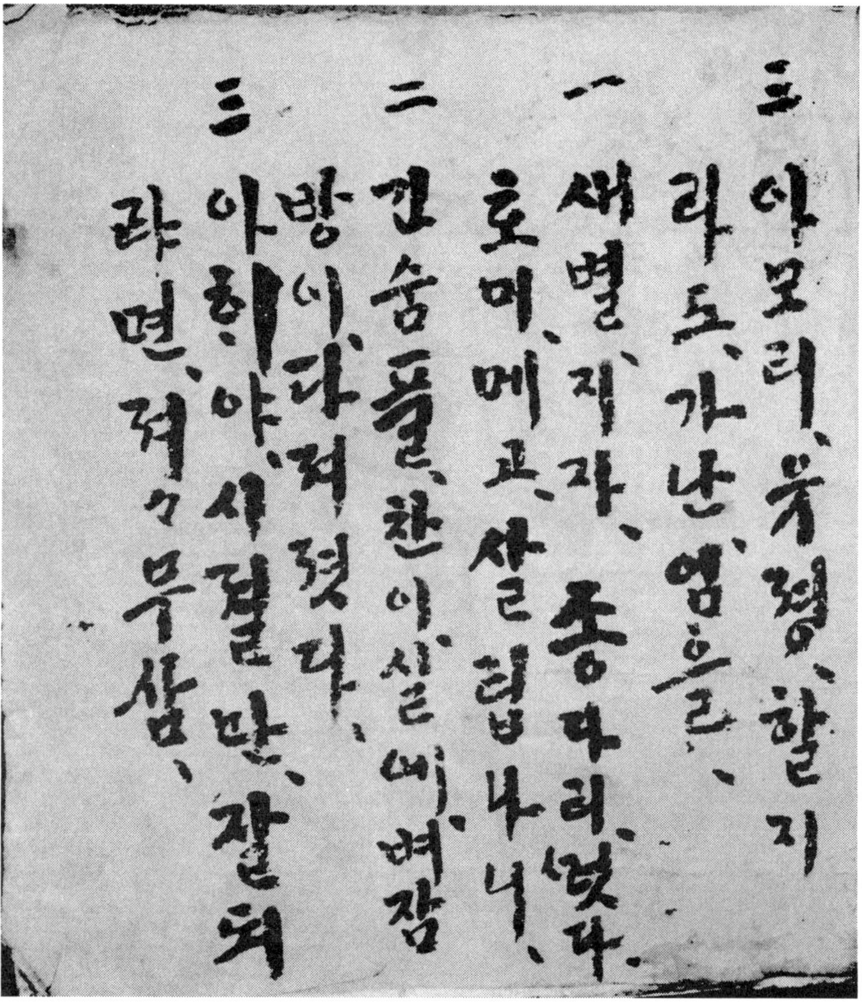

三 이모리、못졍、할지
라도、가난、염을、

一 새별、지자、종다리、떳다、
호미、메고、살렵나니、

二 긴숨풀、찬이슬에、며잠
방이、다져젓다、

三 아!한야、시절만、잘되
라면、저々무삼、

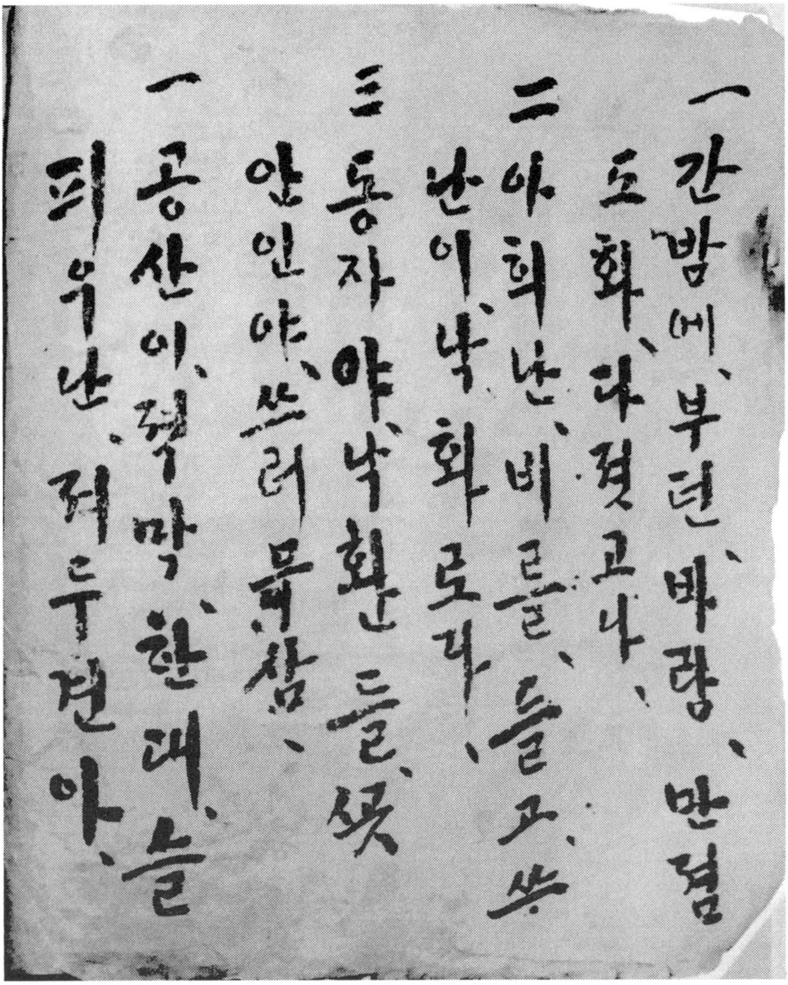

一 간밤에、부던 바람、만졈
도화、다 젓고나、
二 아희는、비를、들고、쓸
난이、낙화로다、
三 동자야、낙환들、엇
안인야、쓰러 무삼、
一 공산이、젹막한대、슬
피우난、져 두견아、

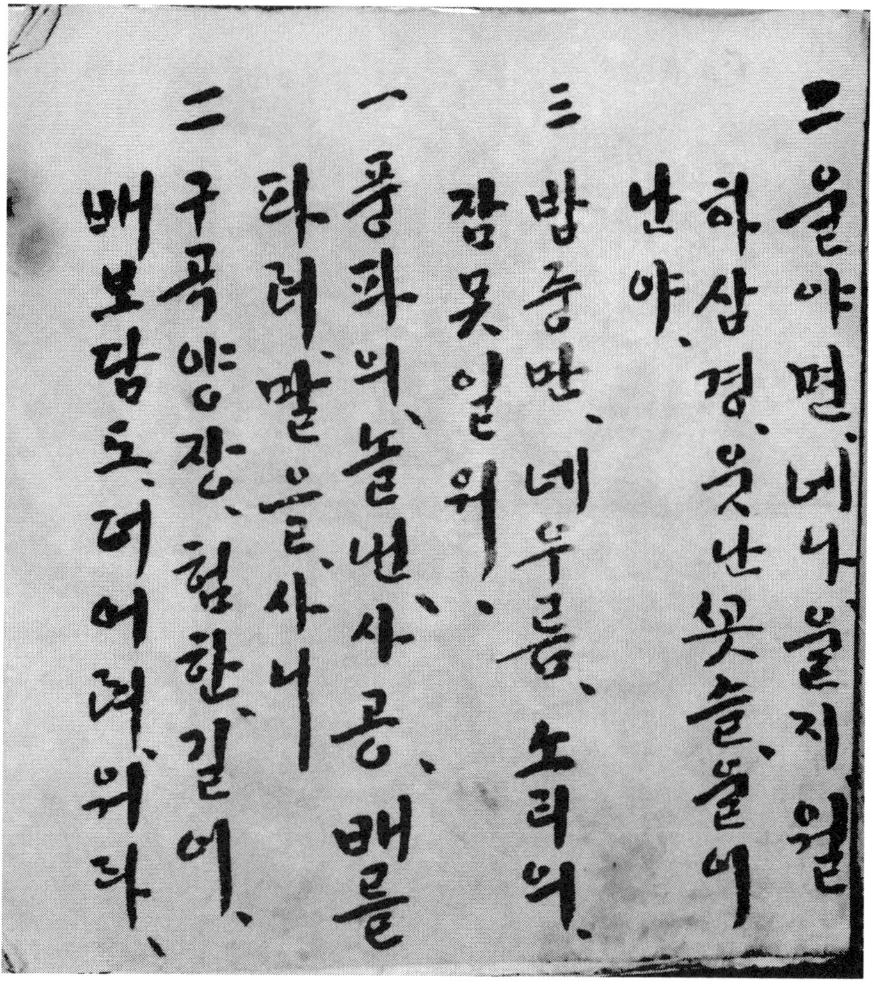

二 울야면、네나 울지 월
하삼경、웃난꿋슬、울어
난야、
三 밤중만、네우름、소릐의、
잠못일워、
一 풍파의、놀낸사공、배를
파려 말을、사나니
二 구곡양장、험한길이、
배보담도、더어려워라、

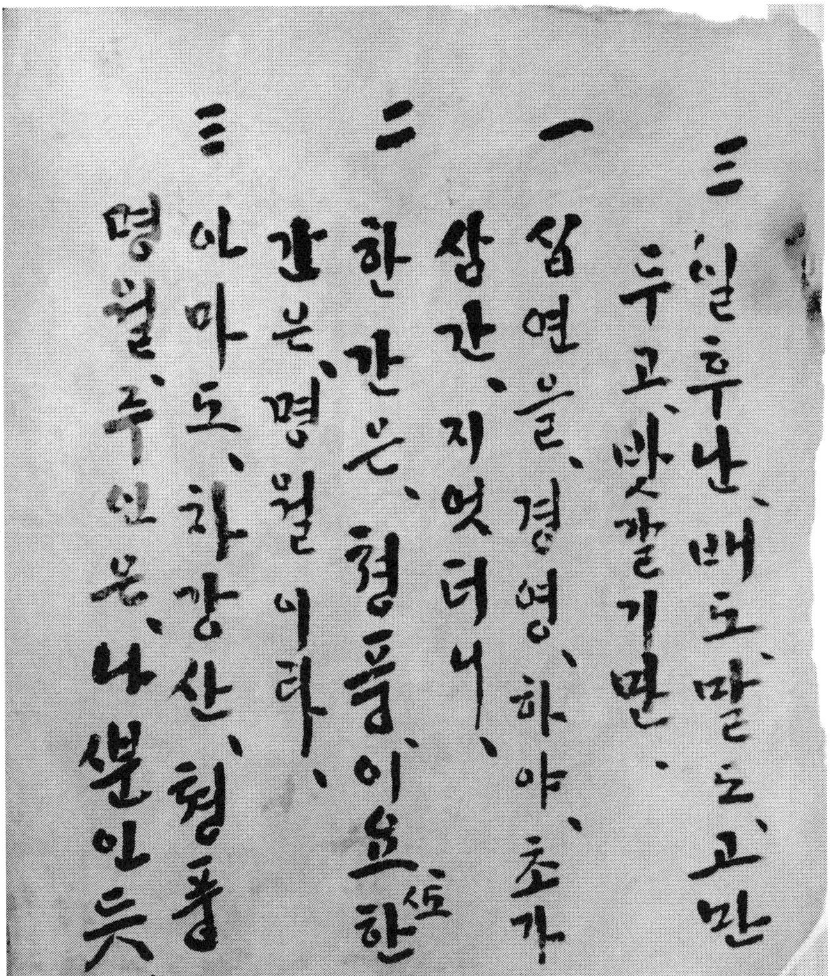
三 실후난、배도말도、고만
두고、밧갈기면、
一 삼연을、경영、하야、초가
삼간、지엇더니、
二 한간은、청풍이요、한
간은、명월이다、
三 아마도、하강산、청풍
명월、주인은、나뿐인듯、

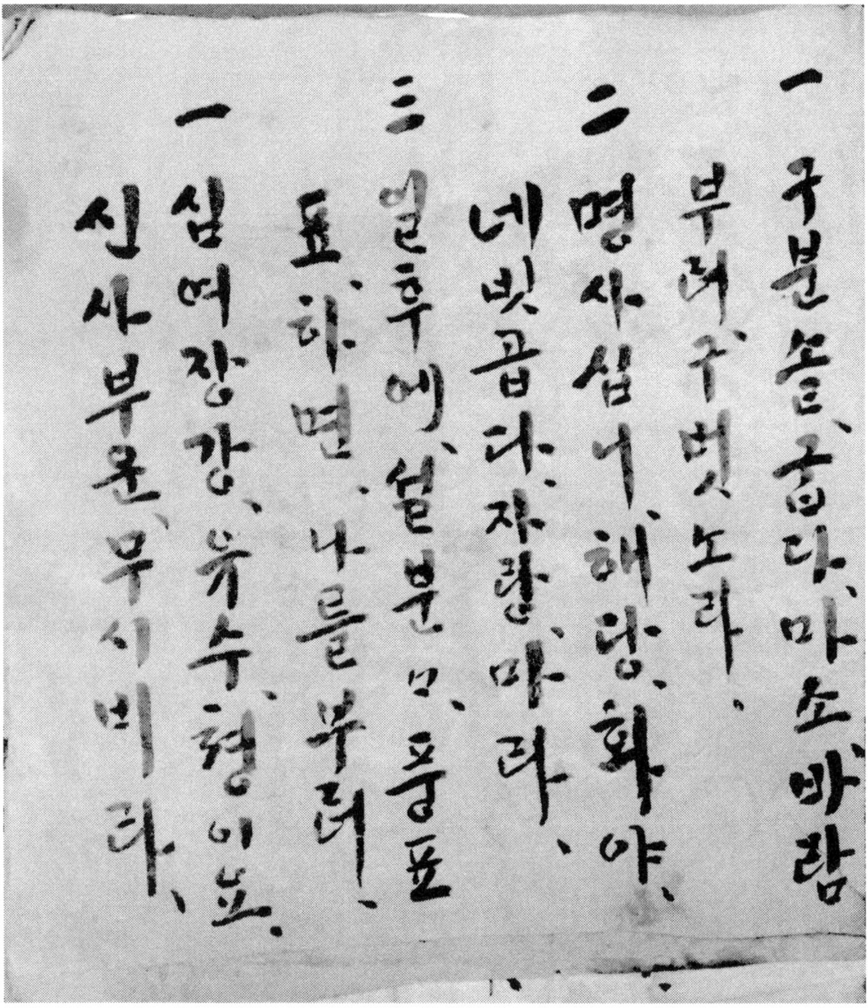

一 구분옵다、곱다、마소바람
부려、구버서노라、
二 명사십니、해당화야、
네빗곱다、자랑마라、
三 월후에、설분ᄆ、풍표
표하면、나를부러、
一 십여장강、유수청이뇨、
신사부운、무시비라、

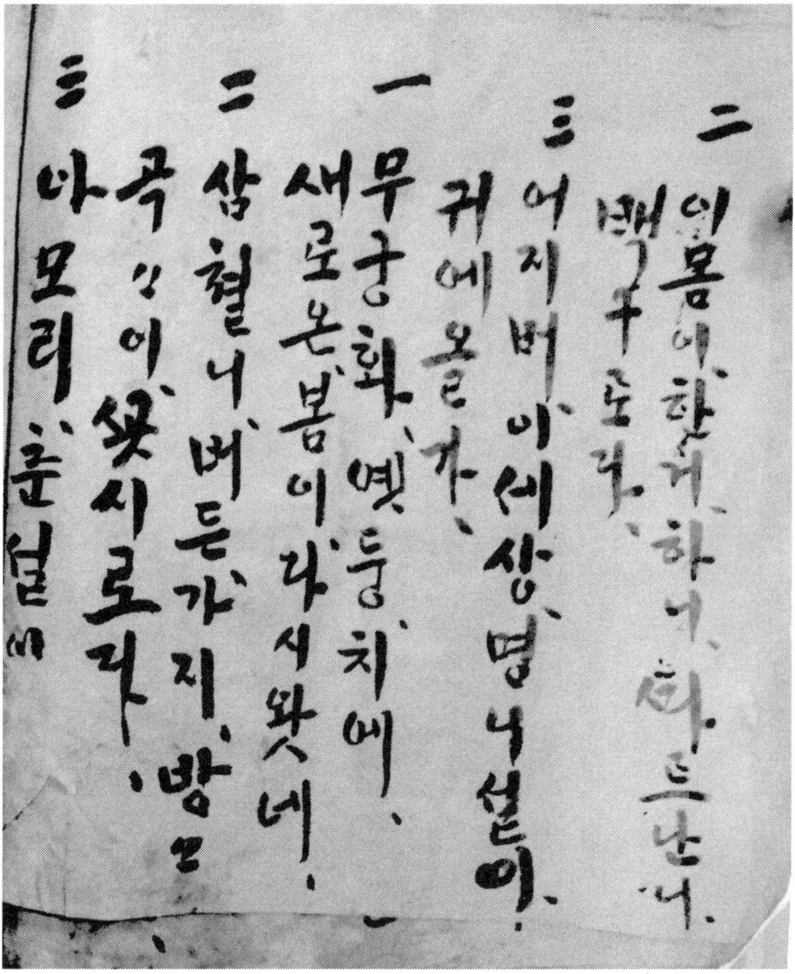
二 이봄이、한거、하나、하드니、
백千로다、
三 어지버 이세상、명나설이、
귀에 올가、
一 무궁화、옛동치에、
새로온봄이 다시왔네、
二 삼철나、버든가지、밤모
곡식이、삿시로다、
三 마모리、춘삼씨

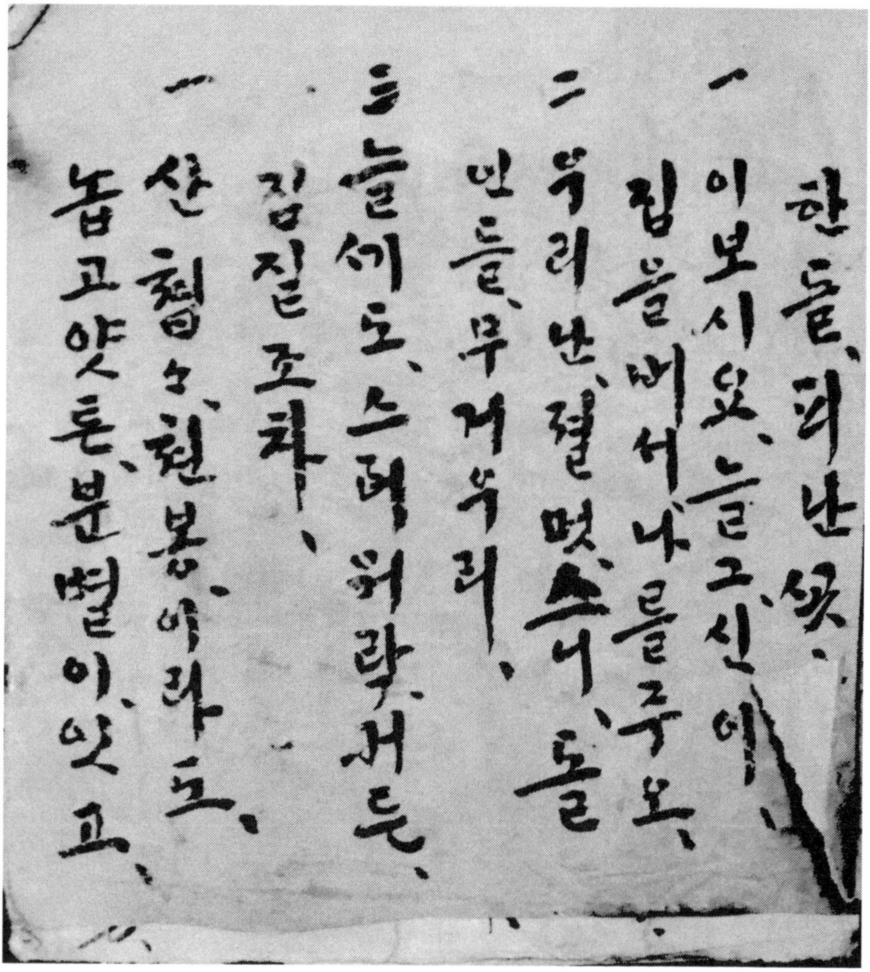
한돌、되난셋、
一 이보시오、늘그신이、
집을버서나를주오、
二 우리난、절멋스니、돌
만들、무거우리、
三 늘세도、스펴허락셔든、
짐질조차、
一 산쳡수、쳔봉이라도、
놉고얏튼、분별이잇고、

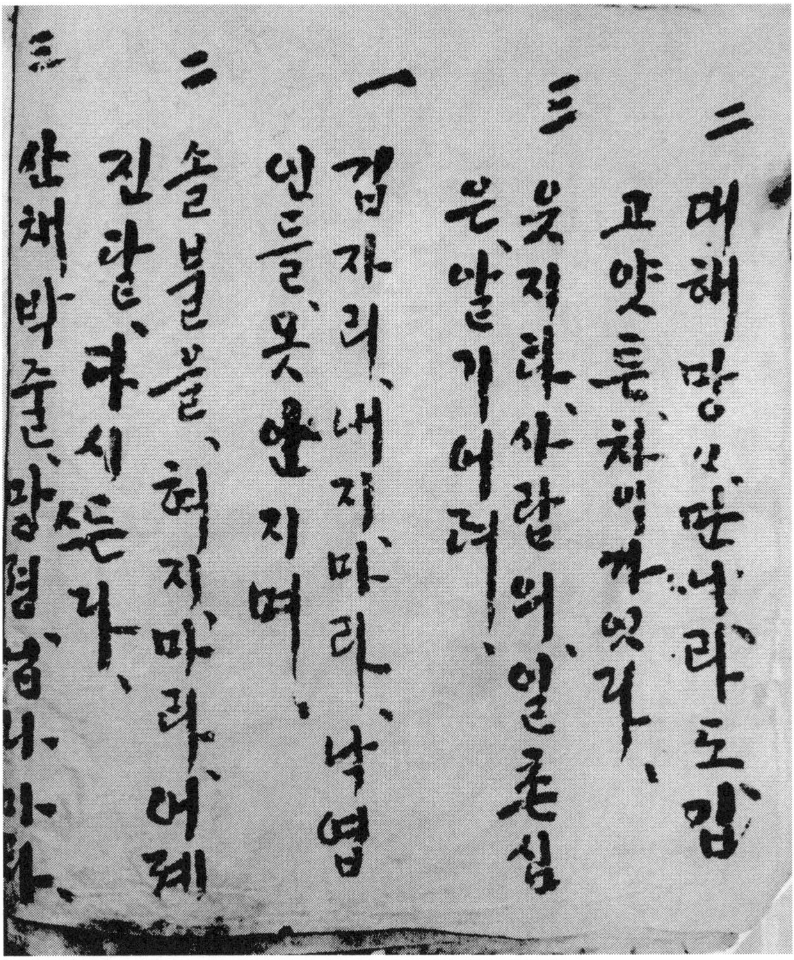

二 대해망ㅅ만나라도많
고얏든、채밋가잇다、
三 웃자하、사람의、일흔심
은、알기어려、
一 겁자리、내지마라、낙엽
인들、못얻지며、
二 솔불풀、혀지마라、어졔
진달는、다시스는다、
三 산채、박주는、망령、넘나마라、

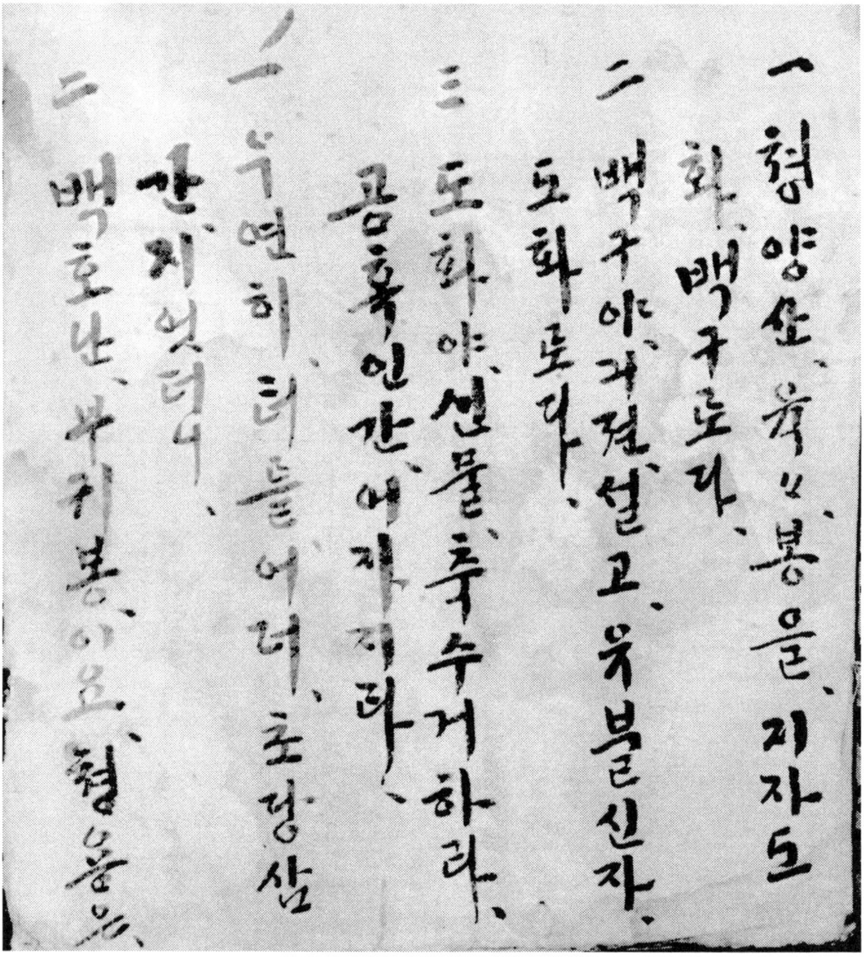
一 청양산、육〻봉을、지자도
화、백구로다、
二 백구야、거절、설고 웃불신자、
도화로다、
三 도화야、선물、추수거하라、
공혹인간、에자리라、
一 우연히 터를 어더、초당삼
간 지었더니、
二 백호난、바위봉이요、청용은、

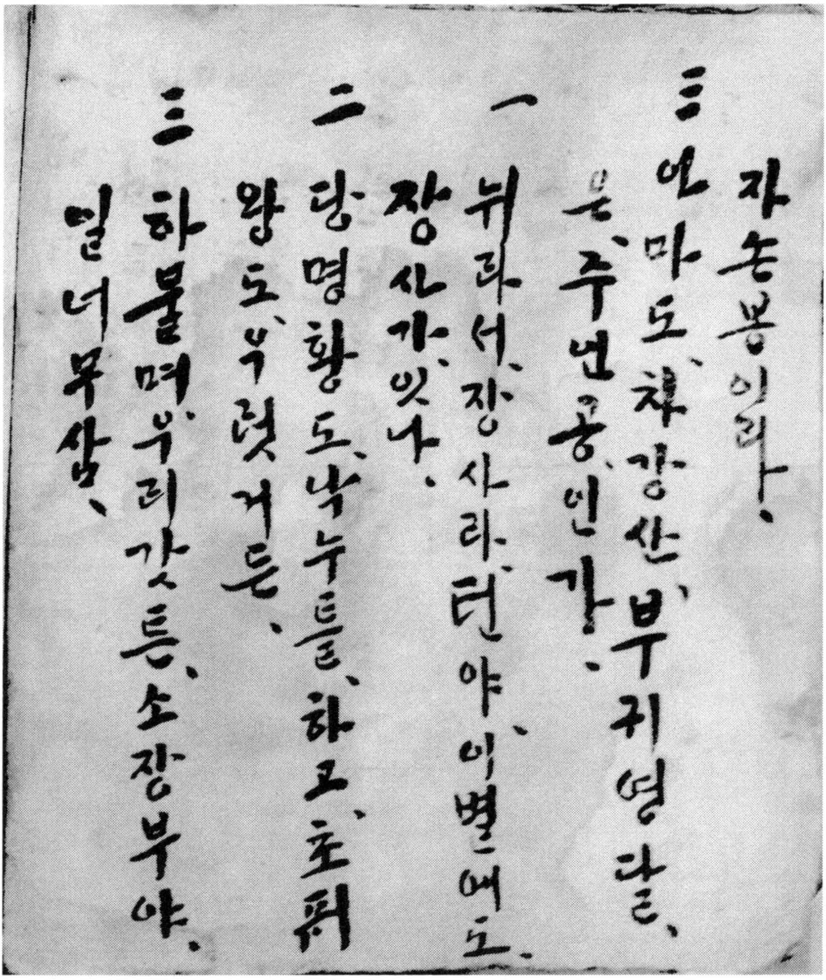

자손봉이라,
三 아마도 채강산 부귀영달,
은 주연공인가.
一 뉘라서 장사라던야 이별에도
장사가 있나,
二 당명황도 낙누들 하고 초패
왕도 누렷거든,
三 하물며 우리갓튼 소장부야,
일너부샴,

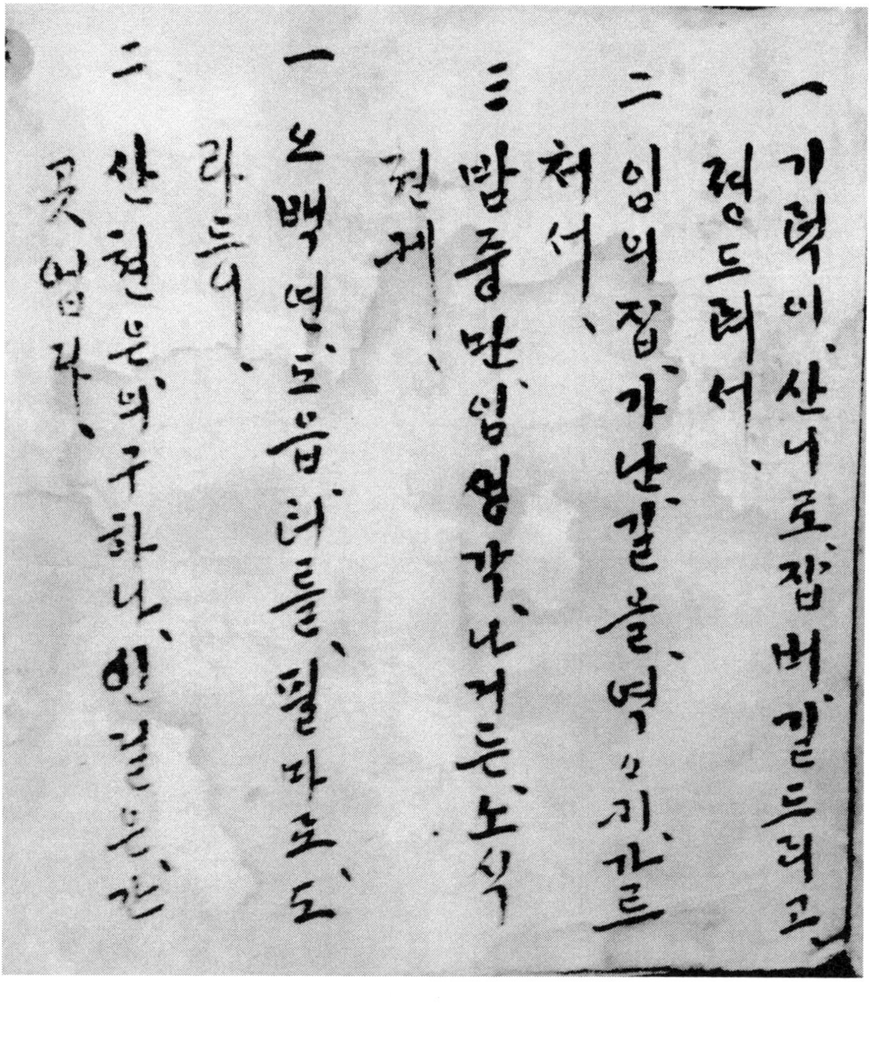

一 기럭이、산너로、잡버 길드리고、
정드려서、
二 임의집 가난길올、역ᄉ기 갈르
쳐서、
三 밤중만 임영각、나거든、노식
젼제、、
一 오백년、도읍지를、필마로도
라드니、
二 산쳔운、의구하나、인걸운、간
곳업다、

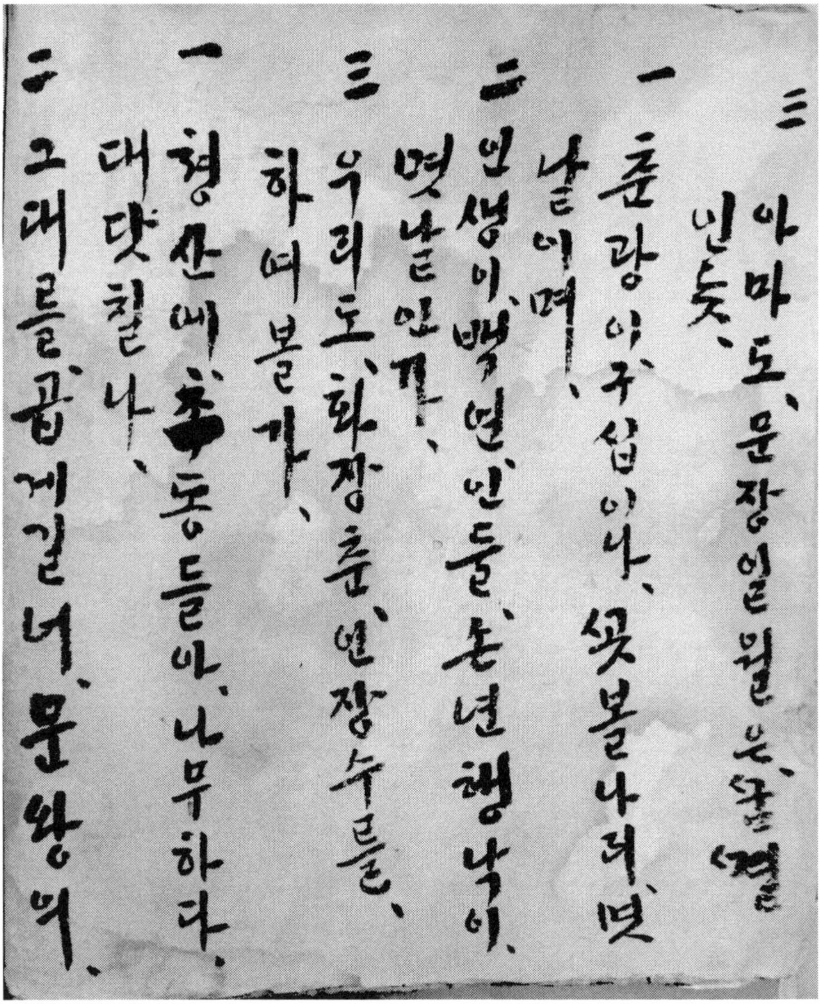

三 아마도、문장일월은、[illegible]인듯、

一 춘광이、구십이나、꽃볼나리、몇날이며、

二 인생이、백년인들、소년행낙이、몇날인가、

三 우리도、화장춘、연장수를、하여볼가、

一 청산에、[illegible]동들아、나무하다、대닷칠나、

二 그대를、곱게길너、문왕의、

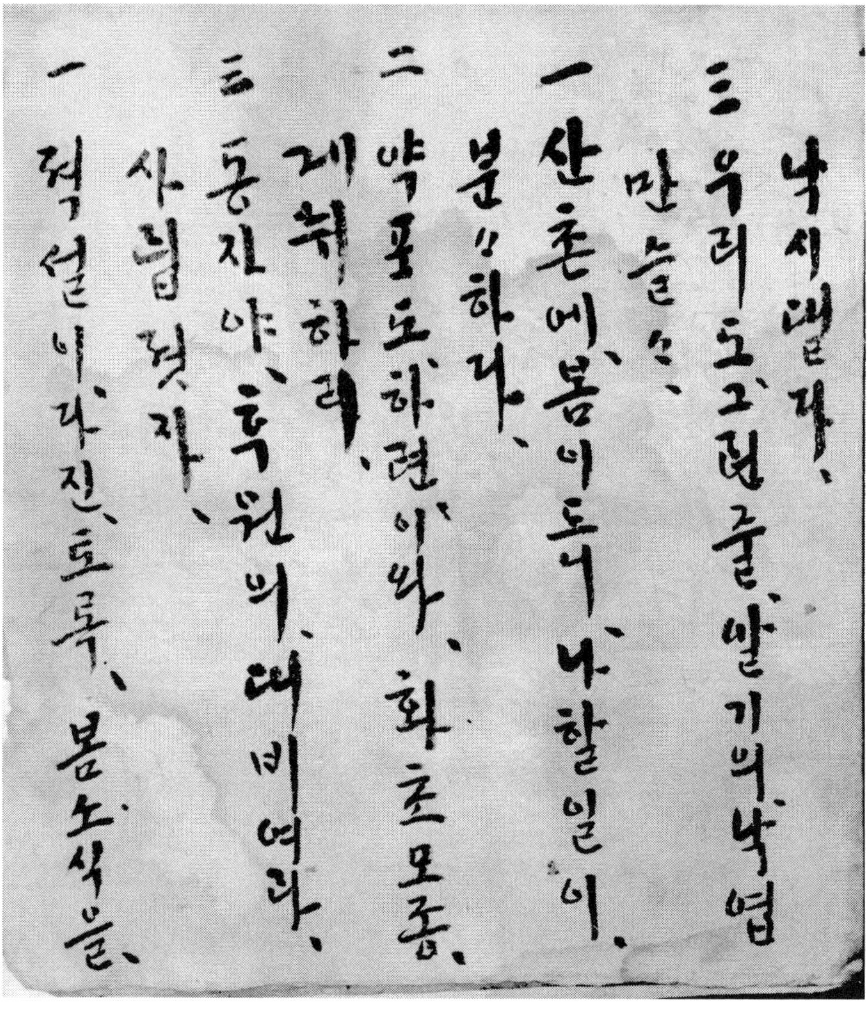
낙시대날다、
三 우리도、그런줄、알기의낙엽
만슬소、
一 산촌에、봄이도니、나할일이、
분〃하다、
二 약포도、하련이와、화초모종、
개척하리、
三 동지야、후원의、대비여라、
사립혓자、
一 적설이、다진、토록、봄소식을、

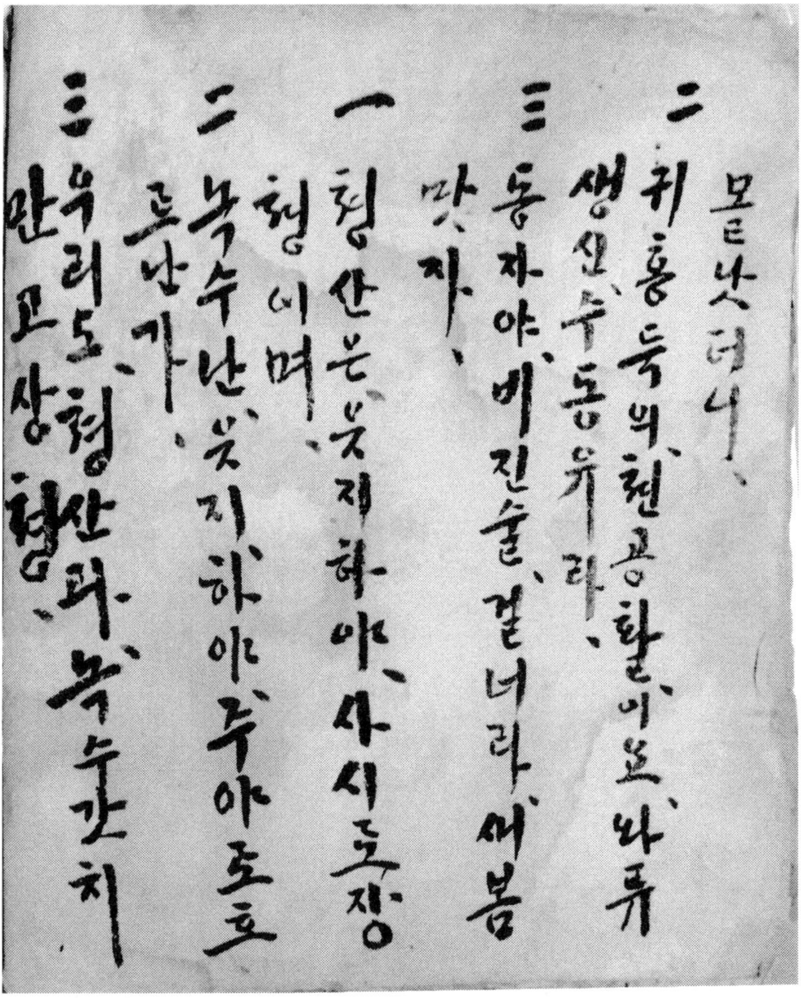
몰낫더니、
二 귀홍득의천공활이요、와류
생산、수동유ㅣ라、
三 동자야비진술、걸너라、새봄
맛、자、
一 청산은뭇재하야、사시도장
청이며、
二 녹수난뭇지、하야、주야도흐
로난가、
三 우리도청산과、녹수간치
만고상청、

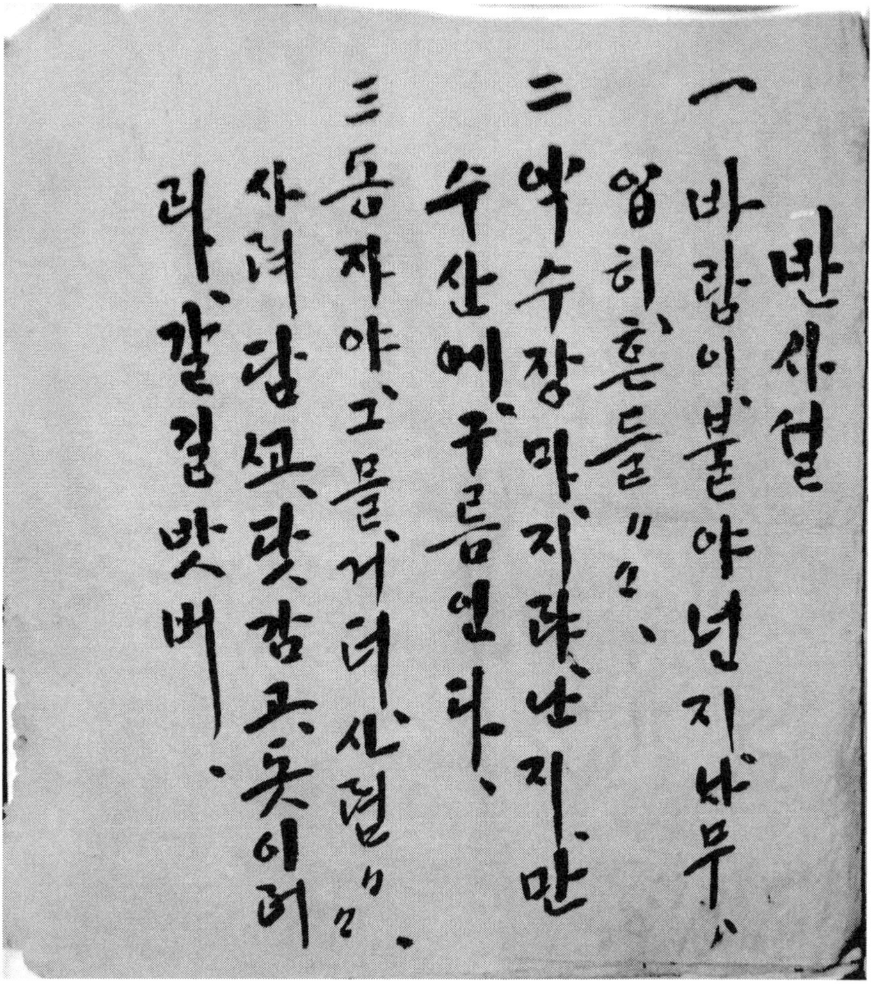

만사설

一 바람이、불야 넌지 바무、
엽히、흔들〃々、
二 약수장마、지랴、난지만
수산에、구름연다、
三 동자야、그물、거더 사렴〃々。
사려 담쇼、닷감고、돗이러
리라、갈길밧버—。

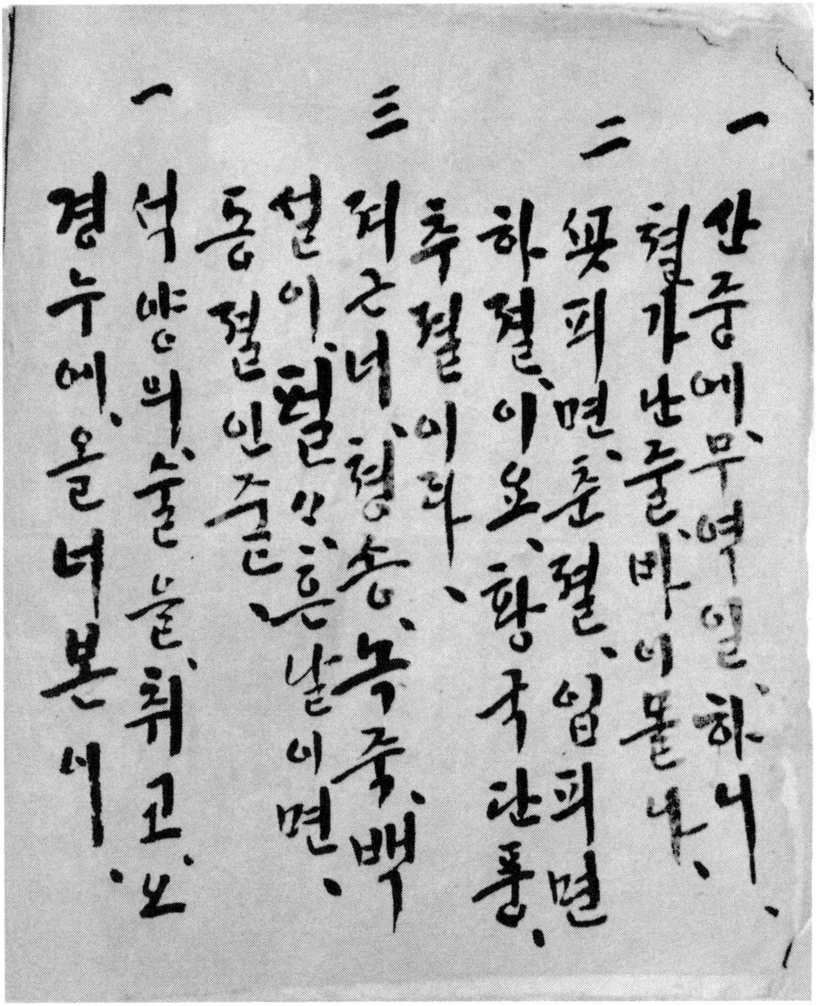

一 산중에、무엿 일、하니、
철가난 줄、바이 몰나、
二 꼿피면、춘절、입피면
하절、이오、황국단풍、
추절이라、
三 저근너、청송、녹죽백
설이、펄펄 흔 날이면、
동절인 줄、
一 석양의、술을、취고、오
경누에、올너본니、

二 연져백노난홍우어홍
며져、하고、벽쳔추월은、
반십산、반괴쳔、이라
三 재근너、얀엽졍、어부들
아、소상팔경이、못다한들、
이에서、더할손가、

사설

一 죽장망혜、단표자로、쳔
니강산、드러가니、그곳외、
산은놉고、골은깁허난대조

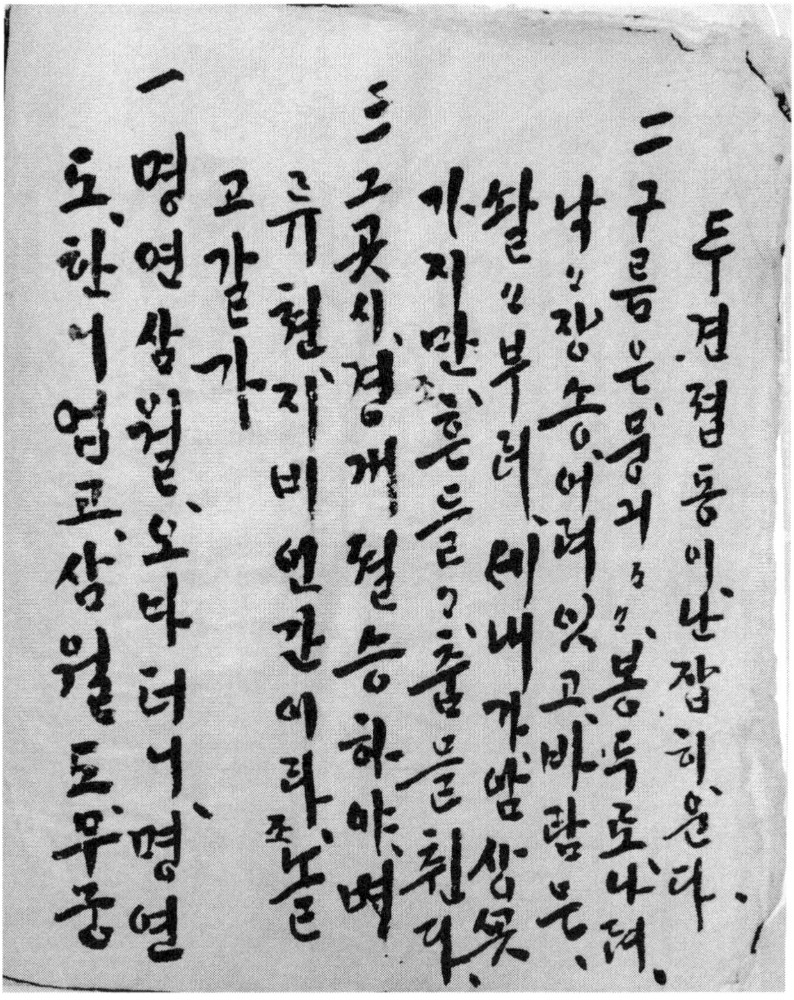

두견접동이난잡히、운다、

二 구름은뭉게〃、봉두조차나려、

낙〃장송어려잇고、바람은、

솰〃부러、세내가얇、생옷、

가지만、조흔들〃、춥물취다、

三 그곳시、경개절승하야、며

유천、지비연간이라、조놀

고갈가

一 명연삼월、오다더니、명연

오、한나엽고、삼월도、무궁

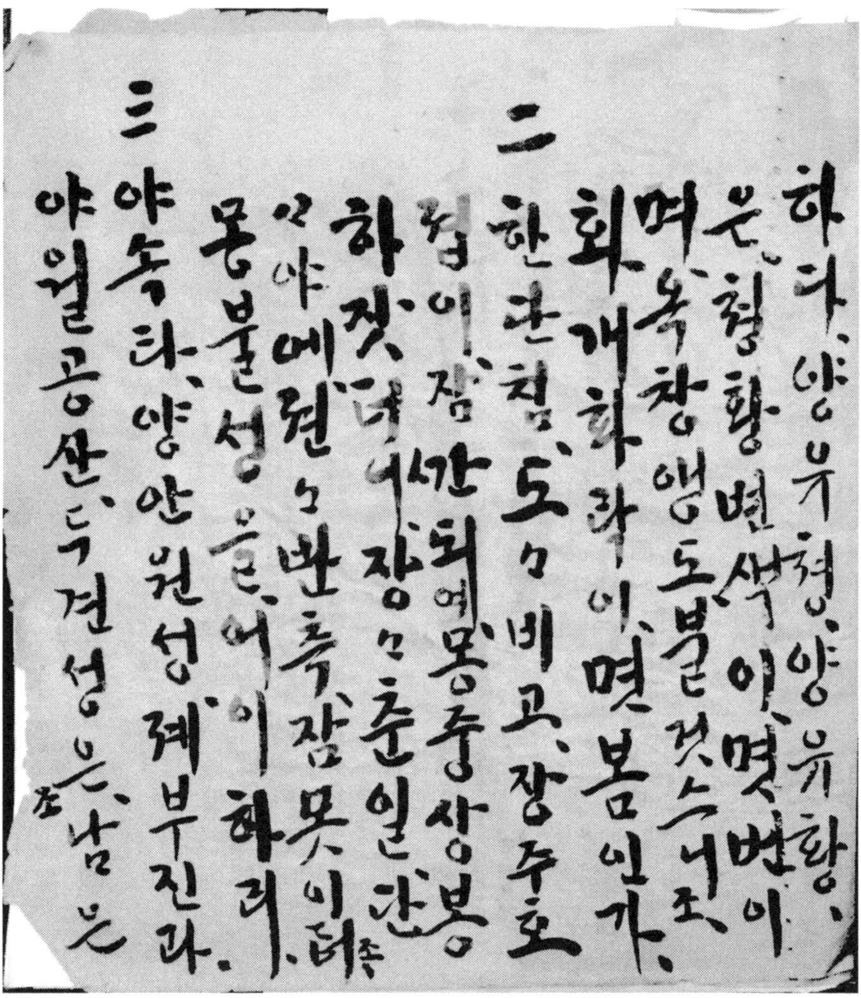
하다、양유청、양유황、
운청황변색이、몃변이
며옥창앵도불것스니초、
회개화하이、몃봄인가、
二 한란청、도々비고、장주호
청이、잠시간되여몽중상봉
하젓、너々장々춘일간、
々야예련々반측잠못이루
몽불성을어이하리、
三 야속다、양안원성제부진과、
야월공산두견성은、남은

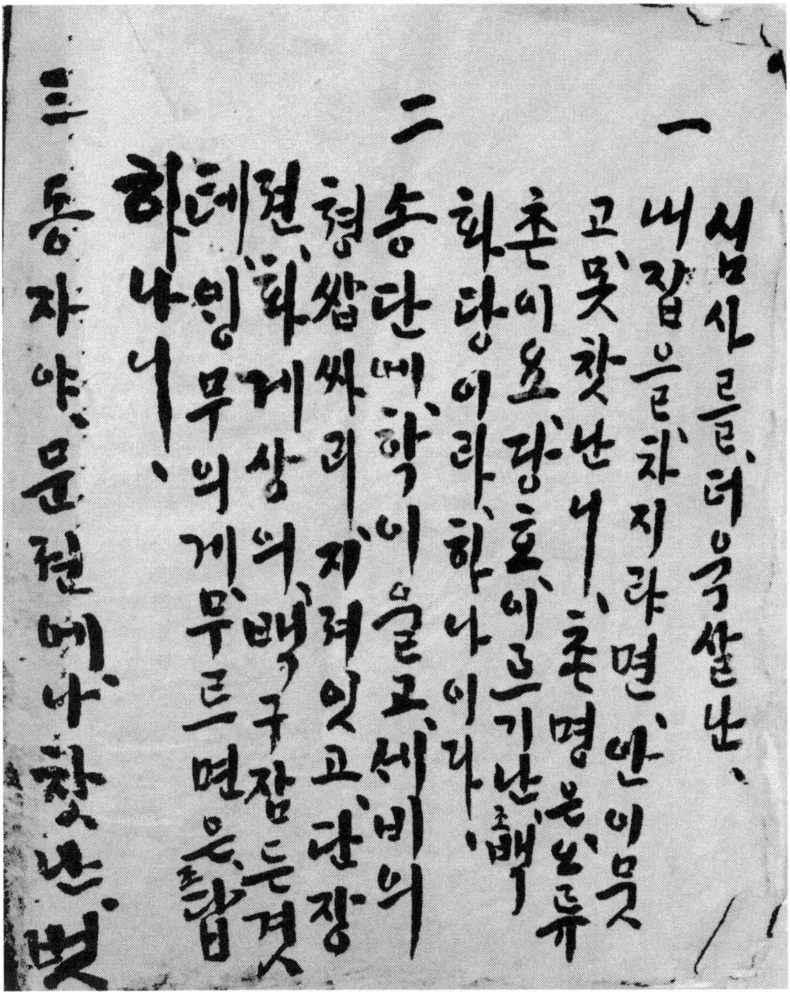

一 셤사름、더욱살난、
내집을차지랴면、언이뭇
고、뭇찻난나、촌명분、뵤류
촌이요、당호、이으기난、조백
화당이라、하나이다、

二 송단에、학이울고、셔비의
쳥쌉싸리、지져잇고、단장
뎐、화게상의、백구잠든겻
톄영무의게、무르면은、조답
하나니、

三 동자야、문젼에나찻난、벗

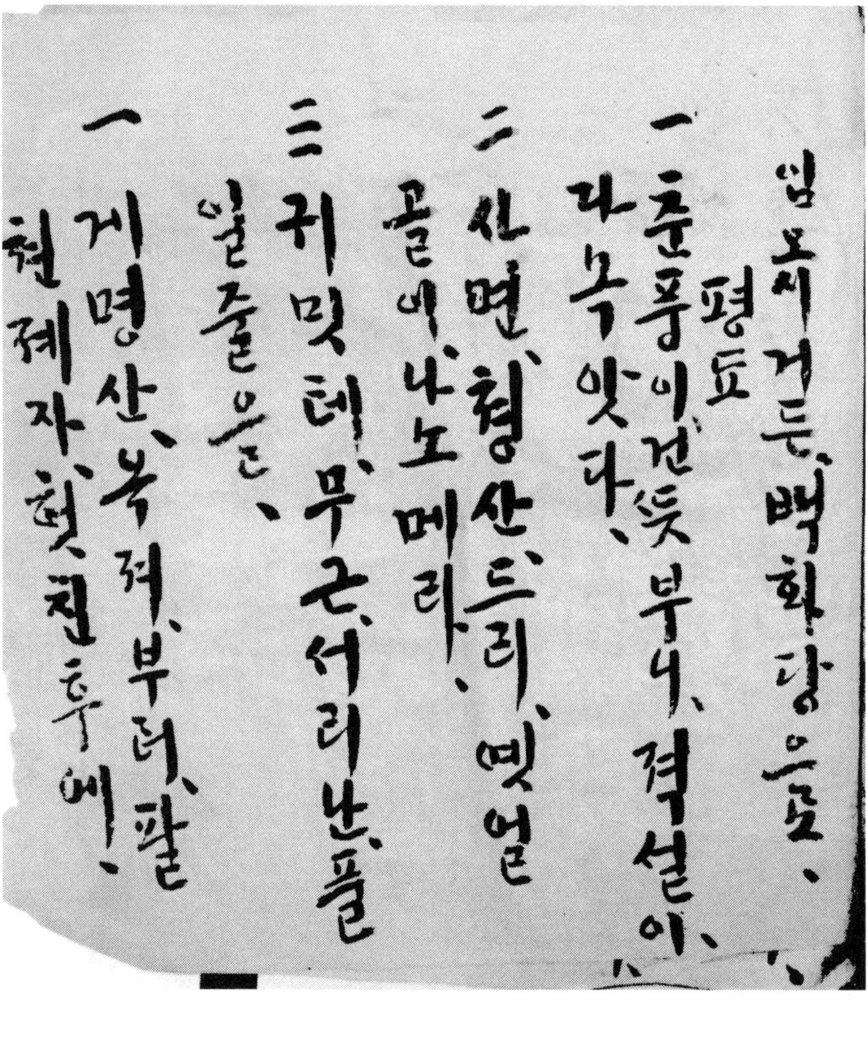

임오시거든、백화당으로、

평됴

一 춘풍이 건듯 부니、젹설이、

다 녹앗다、

二 산면、쳥산드리、녯얼

골에、나노메라、

三 귀밋테、무근 서리난、풀

일줄으는、

一 게명산、옥져부러、팔

쳔졔자、헛친후에、

29 • 시됴책

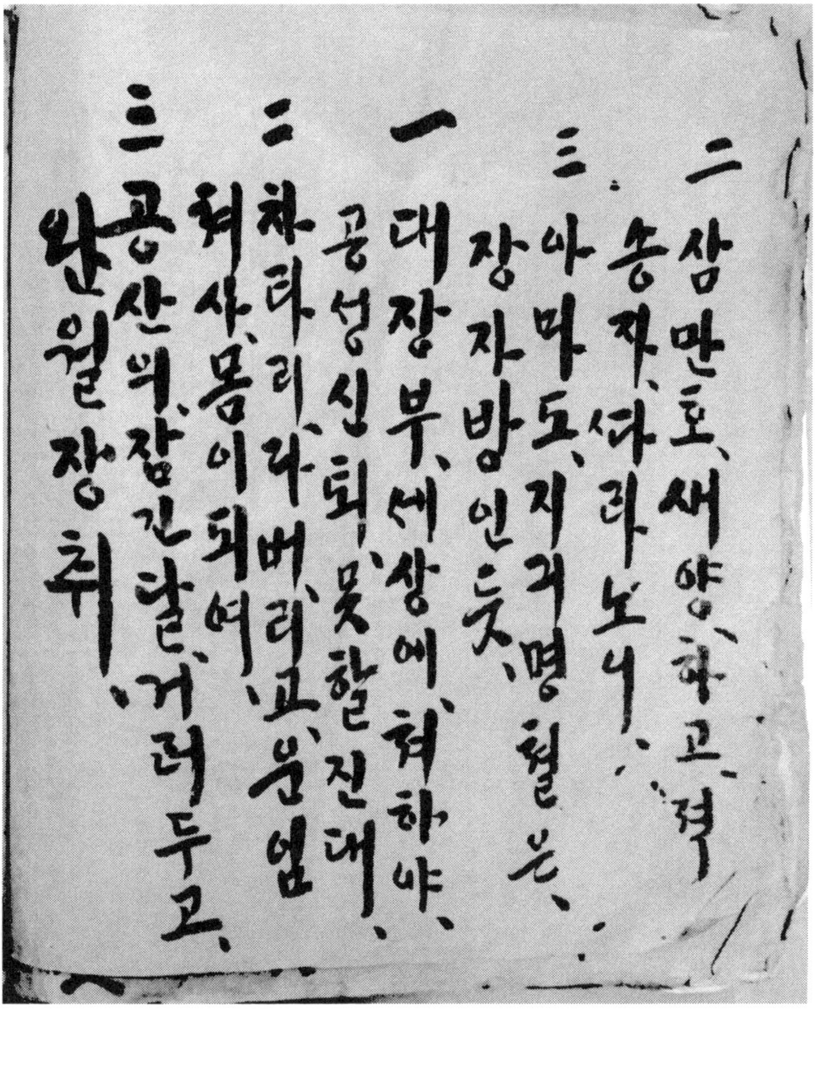
二 삼만호、새양、하고、젹
송자、시다라노니、、
三 싸마도、지겨명철은、
장자방인듯、
一 대장부、세상에、처하야、
공성신퇴、못할진대、
二 차다리、다버리고、운엽
처사、몸이되여、
三 공산의、잠간달、거려두고、
완월장취、

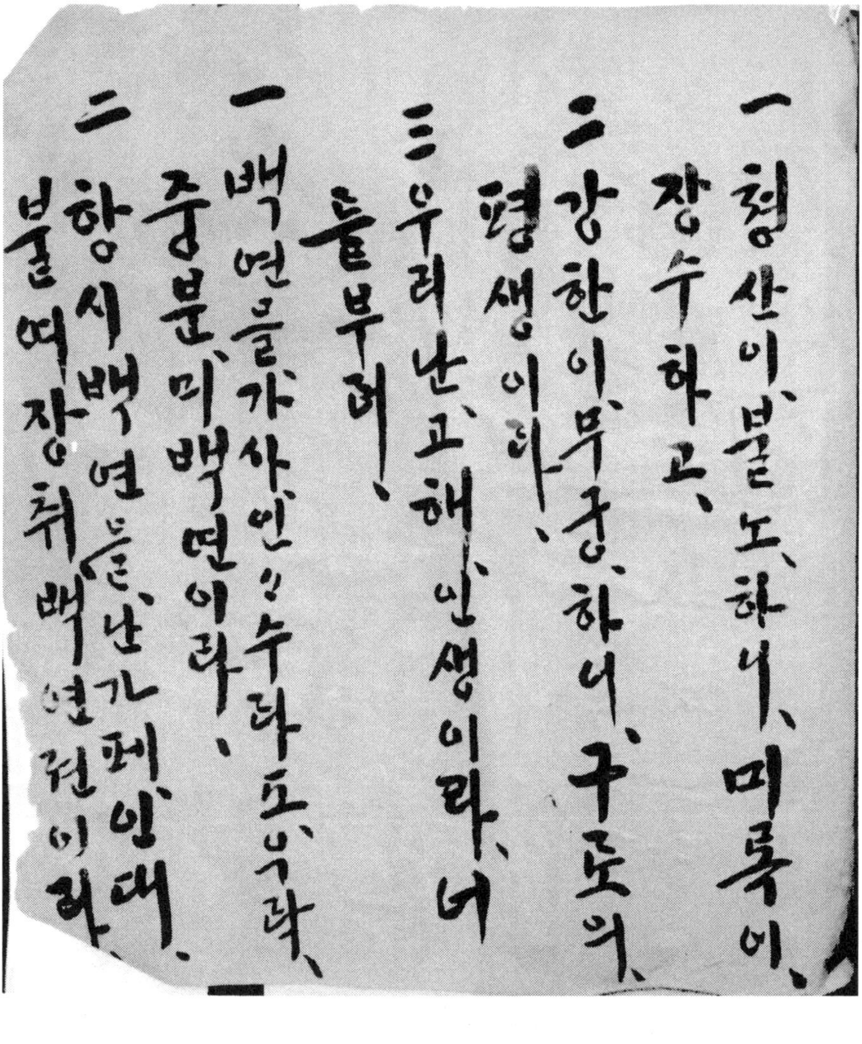

一 청산이、불노、하니、미록이、
장수하고、
二 강한이、무궁、하니、구도의、
평생이라、
三 우리난고、해、인생이라、너
를부려、
一 백년을가사、인ㅇ수라도、ㄴ구락、
중분、미백년이라、
二 항시백연을、난가폐인대、
불며장취백연견이라、

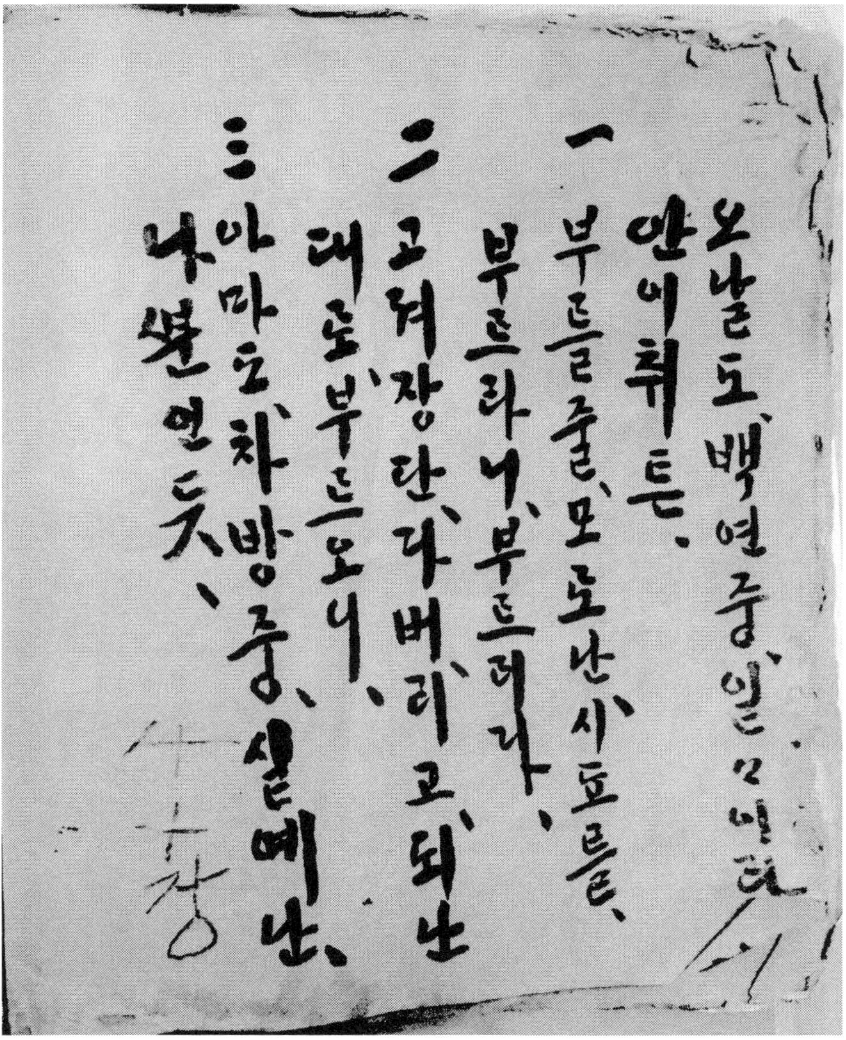

오날도、백여중、일으며는
안이취든、
一 부를줄、모로난시로를、
부르라니、부르더라、
二 고쳐장단、다버리고、되난
대로부르오니、
三 아마도、차방중、실예난、
나샏연듯、

초당문답가

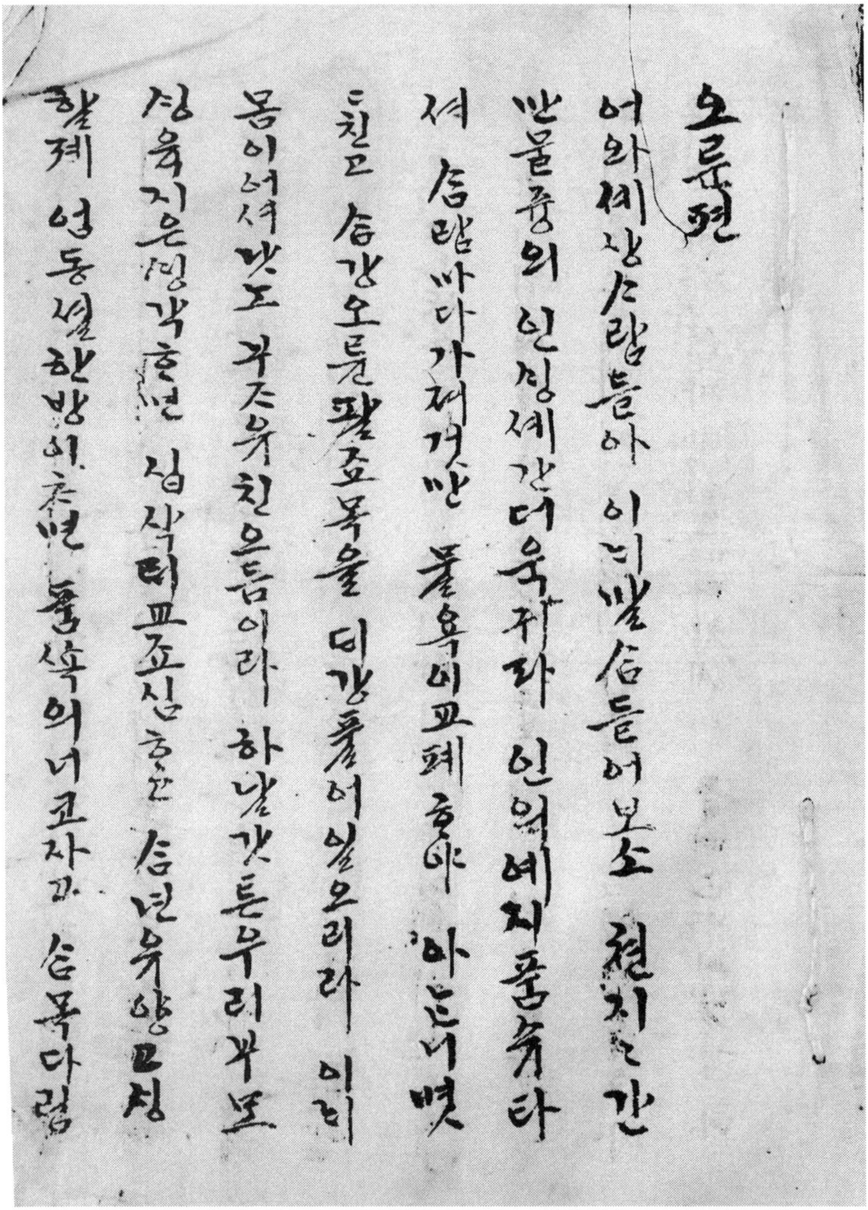
오륜편
어와세상ᄉᆞ람들아 이내말ᄉᆞᆷ들어보소 천지간
만물중의 인생세간더욱귀타 인의예지품슈타
셔 ᄉᆞ람마다가져거만 물욕에교폐ᄒᆞ야 아는니몃
치고 ᄉᆞᆷ강오륜팔조목을 뉘강론ᄒᆞ여일오리라 이내
몸이어서 낫고 부조유친으뜸이라 하날갓튼우리부모
생육지은생각ᄒᆞ면 심삭뎨교조심ᄒᆞ고 ᄉᆞᆷ년유양고생
할제 엄동설한방에ᄒᆞ면 초삭의너코자고 ᄉᆞᆷ목다럽

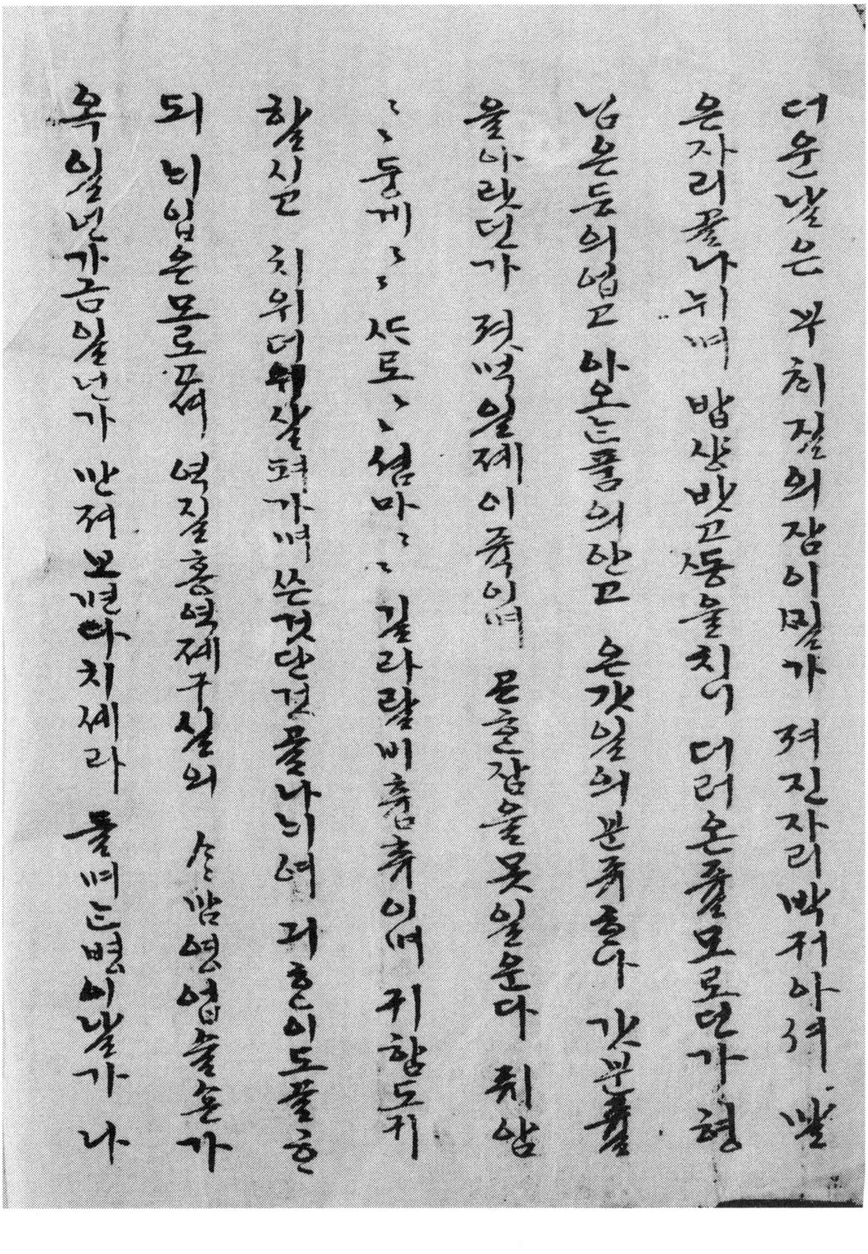

녀ᄂᆞᆫ 욕을 볼가 놉흔 ᄃᆡ ᄯᅥ어질가 깁흔 ᄃᆡ 드러갈가 남의 ᄌᆞ식 우
ᄂᆞᆫ 소ᄅᆡ 가ᄉᆞᆷ을 놀니거다 오륙십을 먹어서도 못결을가 염녀
ᄒᆞ야 임종토록 우연ᄒᆞ야 ᄌᆞ손을 걱정ᄒᆞ니 그런 은공 ᄯᅩ 잇
슴나 남의 공도 ᄉᆡᆼ각거든 부모 은공 잇질소냐 ᄯᅩ
부지 ᄯᆞᆯ이라도 갑기를 ᄉᆡᆼ각ᄒᆞ면 ᄐᆡ산이 나져
지고 ᄒᆞ해가 얏트리라 쳔하를 다 ᄌᆞ여도 부
모 ᄭᅩᆺ 드니 ᄯᅩ 잇슴나 온갓 몸을 다 입으니 부모 ᄭᅩᆺ
드니 ᄯᅩ 잇스랴 부모 봉양 ᄒᆞᄂᆞᆫ 법은 승쳔ᄒᆞ기

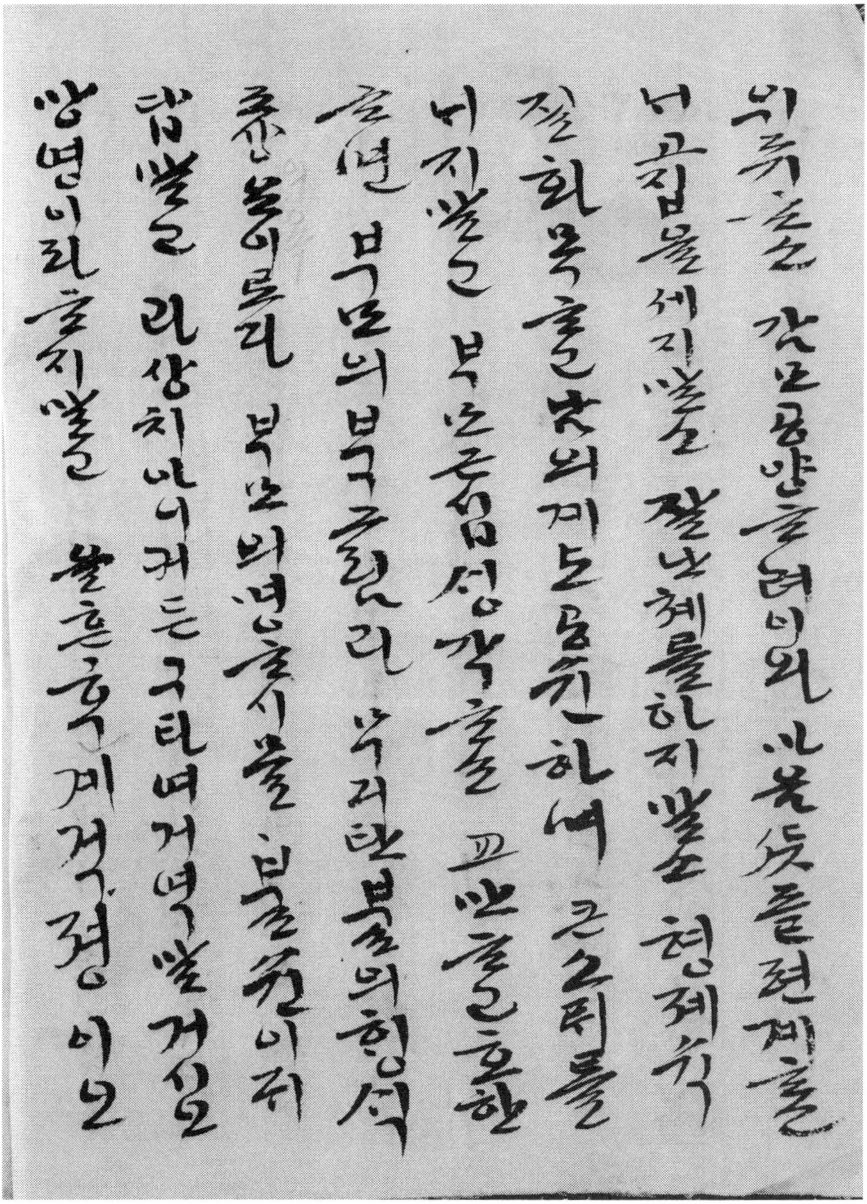

의ᄂᆡ ᄒᆞ고 원동터 웃고 ᄃᆡ답ᄒᆞᆯ 거서 오아ᄋᆞ히 보보
티도낭의 눈을 보ᄉᆞ고 져 복보의 굴은 일울 거스려 탄
치ᄇᆡᆺ고 불어지가ᄀ 다려서 화 안유 원국간ᄒᆞ 조혼
텬션ᄉᆡᆼ ᄒᆞᆫ뎐이와 옥질ᄋᆞᆫ 옥방 복디ᄒᆞᆫ 소셜의
횡ᄉᆞᄒᆞᆯ 여기의 츄입쳐 톰ᄉᆞᆯ키너 이복거 거쳐나
간휼의 급ᄒᆞᆫ 일을 뉘 젼ᄒᆞᆯ가 눈근 졔보지ᄂᆞᆫ의
주고 ᄇᆡ길 가지ᄂᆡᄂᆞᆫ 거시 모부샹ᄎᆞᆯ 입부 ᄃᆡ밀고 온ᄆᆡ
쳐의 부디 오소 벽난지 즁ᄒᆡ인ᄂᆞᆫ의 부샹 염여엄

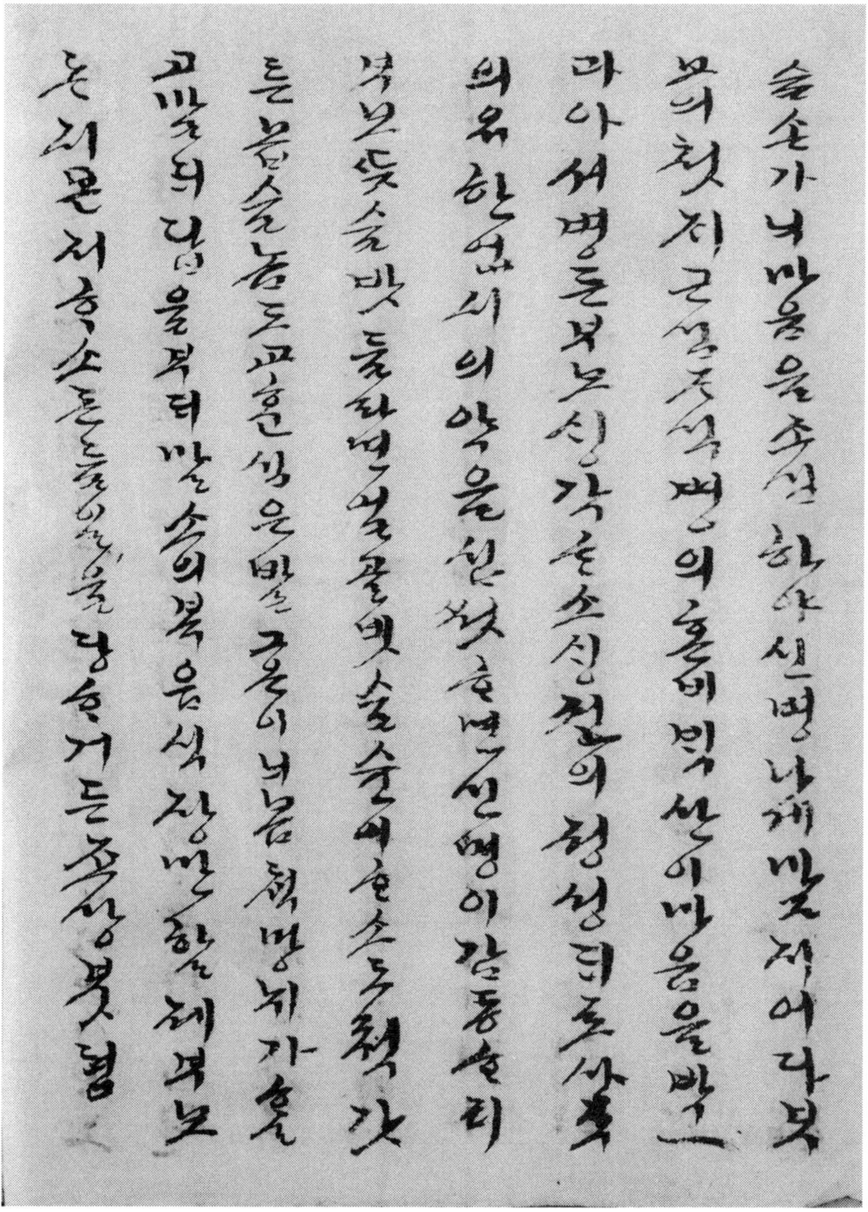

싱각ᄒᆞ소 ᄌᆞ손을 셕만ᄒᆞ셔ᄂᆞᆫ 복녹ᄉᆡᆼ각ᄒᆞ야 보소

인의 안녀ᄒᆞ면 ᄯᅩ한 복이 더 싱기이 ᄂᆡ 집의 날ᄯᆡ이

되고 남의 인의 칭ᄎᆞᆫ이라 어ᄯᅥᄒᆞ셔 면ᄌᆞ ᄎᆔᄂᆡᆫ ᄯᅳᆺ

이후에 ᄂᆞᆷ셔 아희ᄂᆞᆫ 셔ᄒᆞᆨ간의 이셔고 지칠ᄂᆞ되고

효양ᄒᆞᆨ 부ᄃᆞ라 가면 부모ᄂᆞᆫ 면ᄃᆞ라 가면 ᄃᆞ화ᄒᆞᄂᆞᆫ

이 ᄌᆞ손ᄒᆞ야 지의 청ᄒᆞᄂᆞᆫ ᄂᆞᆯ의 아ᄅᆞᆷ 산ᄂᆞᆫ 희죡되나ᄂᆡ

ᄂᆞ구ᄎᆔ난 흥남 열더 도셔 보시ᄂᆞᆫ 간칠 ᄒᆞ여 ᄂᆞᆺ

낭지은 ᄯᅦ 지남ᄒᆞ ᄯᅦ 한셔ᄎᆔ 셔명일 ᄆᆞ다 미풍가칠

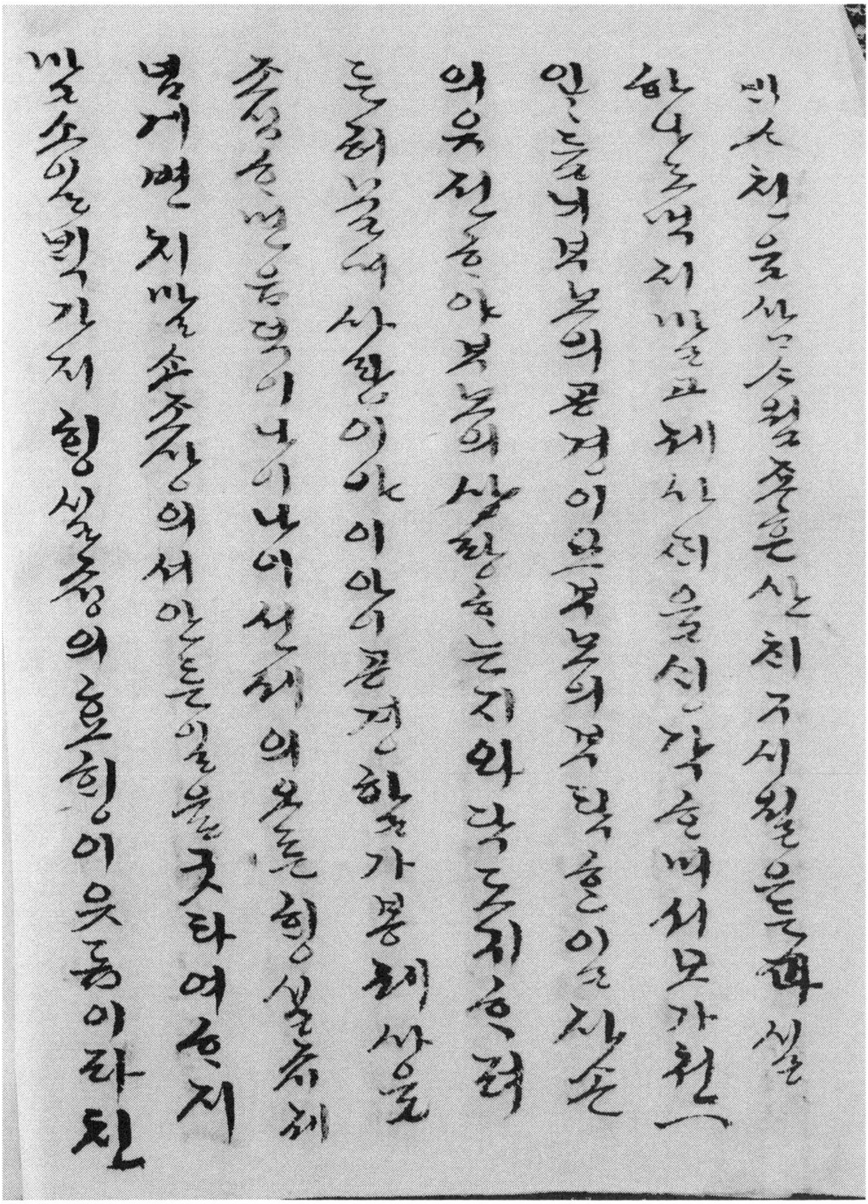

그벗슬사ᄅᆡ여도결ᄒᆞᄂᆞᆫ나치ᄂᆞᆫ소채꾸ᄂᆞᆫ의
복ᄒᆞᄂᆞᆫ가날울여이애를다불가양ᄂᆞᆫ셔ᄂᆞᆫ쇼양ᄒᆞᆫ아재
온뫼보기ᄎᆞ내ᄂᆞᆫ소식아ᄂᆞᆫ도복도여이라요이ᄂᆞᆫ도복ᄂᆞᆫ
이네적의승님ᄀᆞ에제부예하공할제하연의동ᄒᆞ
중사와엿선의ᄯᅢᆺ놀살과진심갈녀경양ᄒᆞ내이
복동성오의ᄒᆞ되ᄭᅳᆺ만보은괴약ᄒᆞᆫ여령상계교ᄒᆡ
하혀나흐령이지극기도천선이감동하ᄂᆞᆫ동당시가
결ᄂᆞ다가사회곤을삼ᄂᆞᆫ우리고사회ᄃᆞ를보ᄂᆞᆫ이

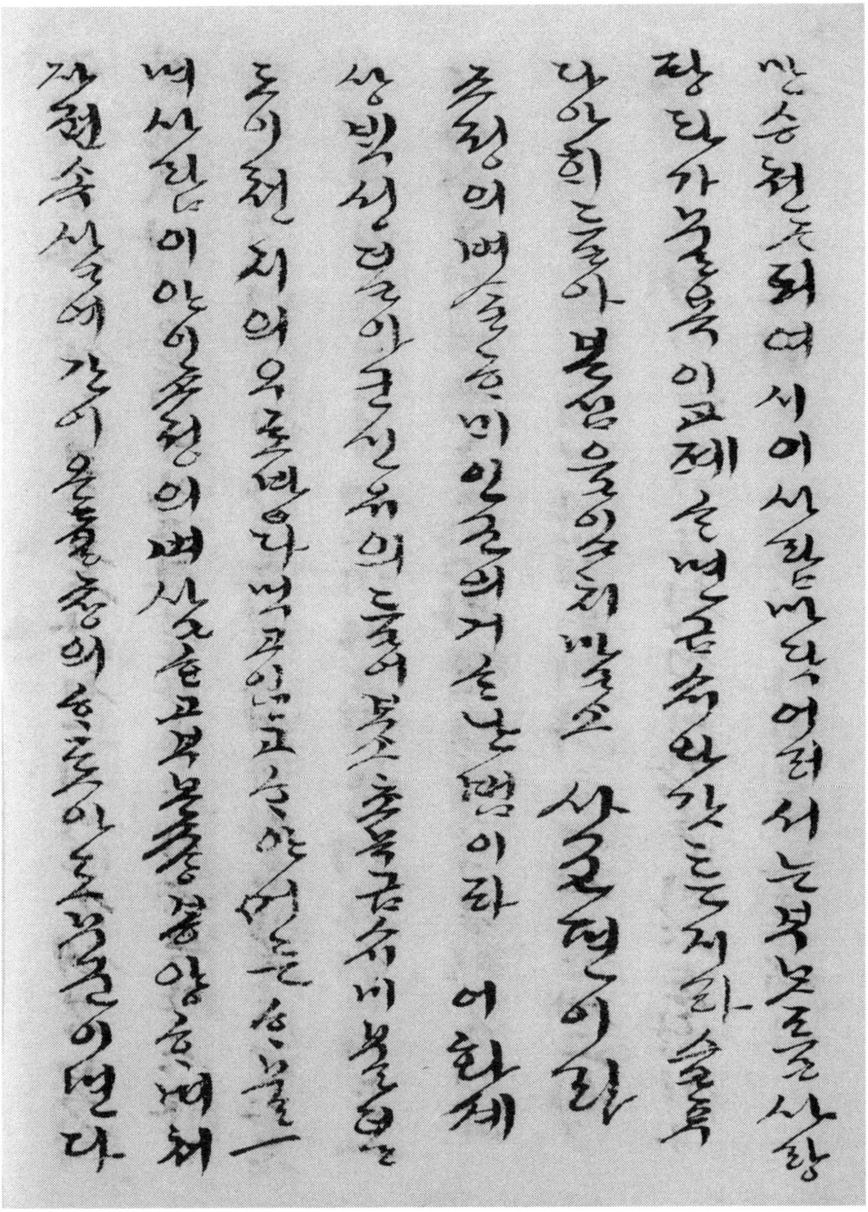
만승텬ᄌᆞ되여 서이 사람ᄯᆞ닥 어려서는 복노ᄅᆞᆯ 사랑
탕단가 부ᄅᆞᆯ 이끄제 ᄉᆞ년금슈와 갓ᄃᆞ지라 슈욕
당하희ᄃᆞ라 부심을 어ᄉᆞ지 미소 사고 ᄯᅥ히라
충령의 며ᄂᆞ리 인군의거ᄉᆞᆫ 노ᄅᆞᆷ이라 어한체
상빈 신ᄃᆞᆯ이 군신유의 ᄃᆞᆯ어 복조 ᄎᆞ복금슈 비봉ᄒᆞᆫ
도이쳔지의 우ᄌᆞ이ᄂᆞ다 ᄂᆡ고 잇고 ᄉᆞ야 ᄒᆞ는 ᄉᆞᄂᆞᆯ
ᄂᆡ서 사람이 아ᄒᆡ 충령의 ᄯᅥ시 ᄉᆞᆯ고 부보충 ᄉᆞᆼ양ᄒᆞᆫ 네쳐
장현 ᄉᆞ속 사ᄅᆞᆷ에 가ᄒᆡ 온ᄃᆞᆯ 충의 ᄉᆞᄅᆞᄒᆞ이 ᄃᆞ 문이 ᄯᅥ다

흐올이 츙셩되이 국가이 흔데 올흔되는 보응흔 셔
챵셩을 싱각흔야 공명도 젼쥐이라 반복 쇼인 눈흇
하이 져울 도존쥐이라 흔미 흉텩흠 미흉가 병연은
숭순흔나이 쳠을 어아 하흐고 상흉도 못 지칠 업다 신
병을 주타 불츙흐야 능픽 더흐야 흉슈 엇시어 이 흘
니밧고 입고 쑨는 것시 잡흔 은나며 쳘흔 도다 나 현성이
흔 넷 빅셩의 욕이 이곤 던가 안이 하외 흥자 쉬 실시
키도 극사 출 안기 할 산 흐 도여 터 거 든 공

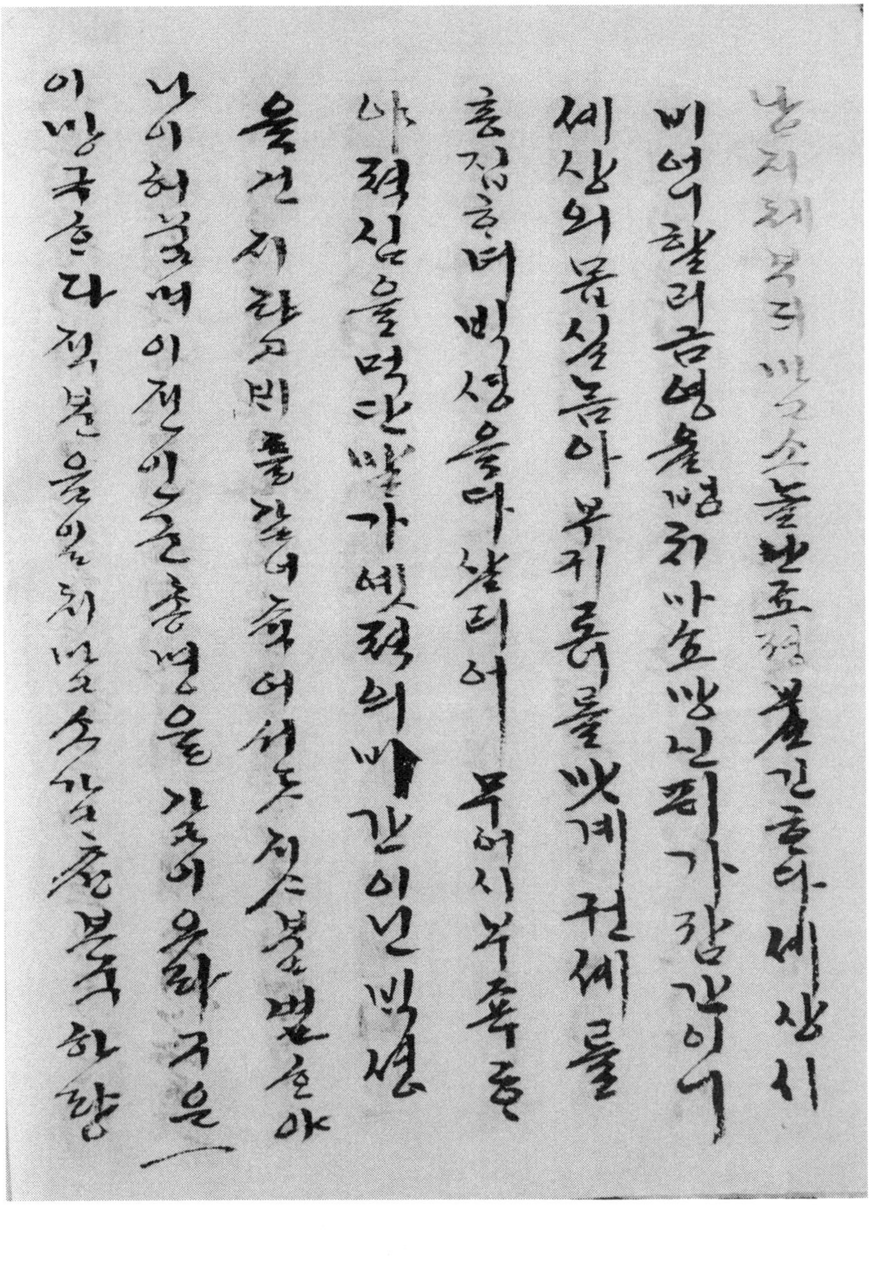

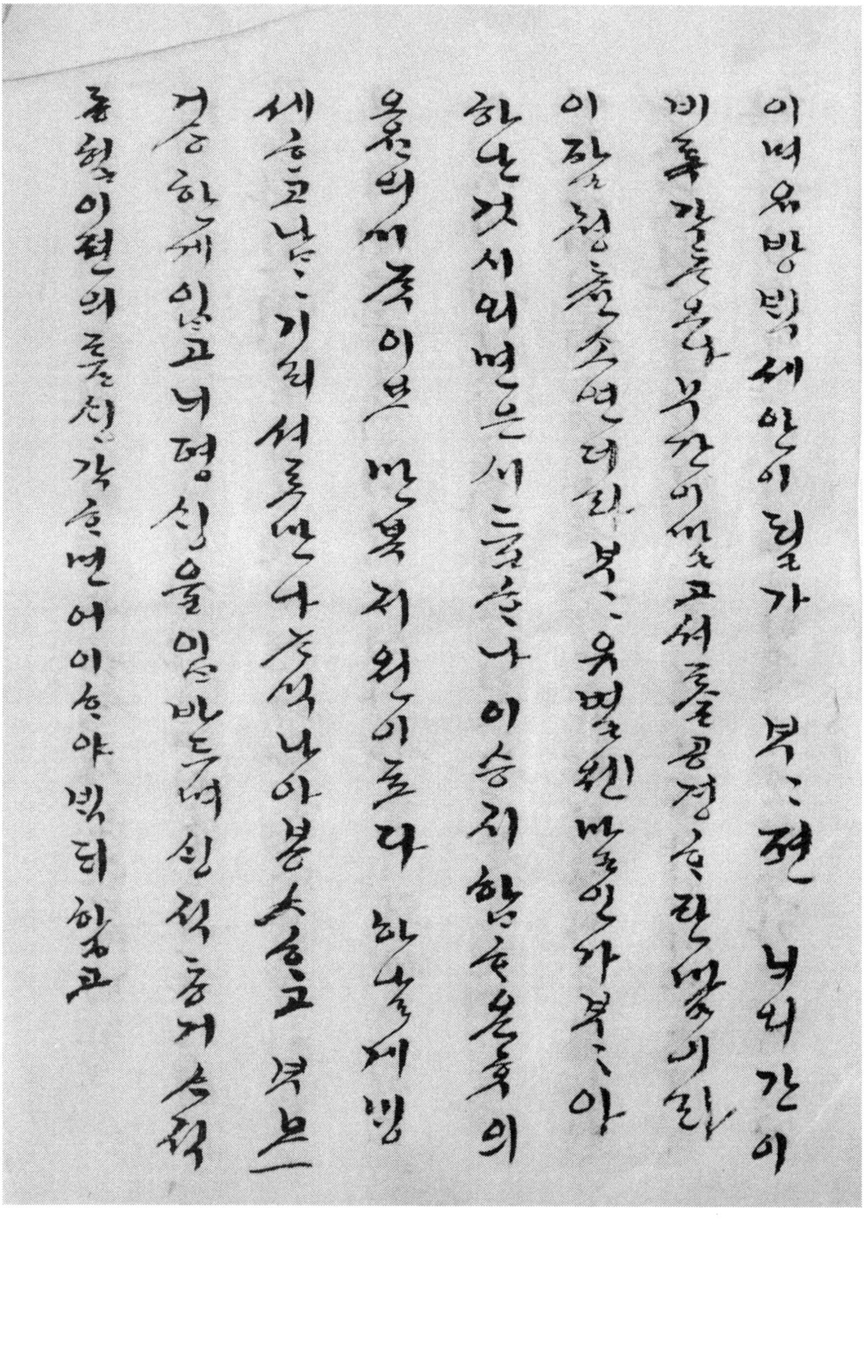

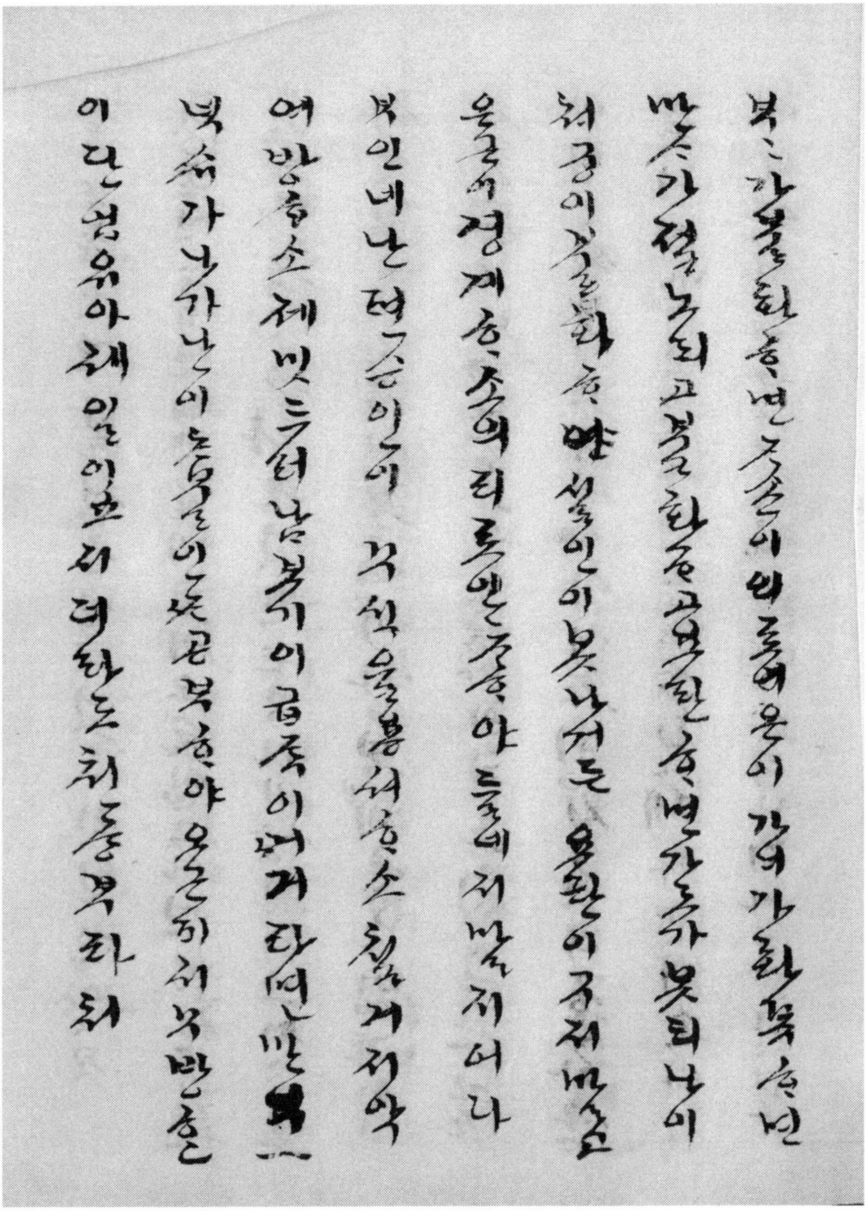

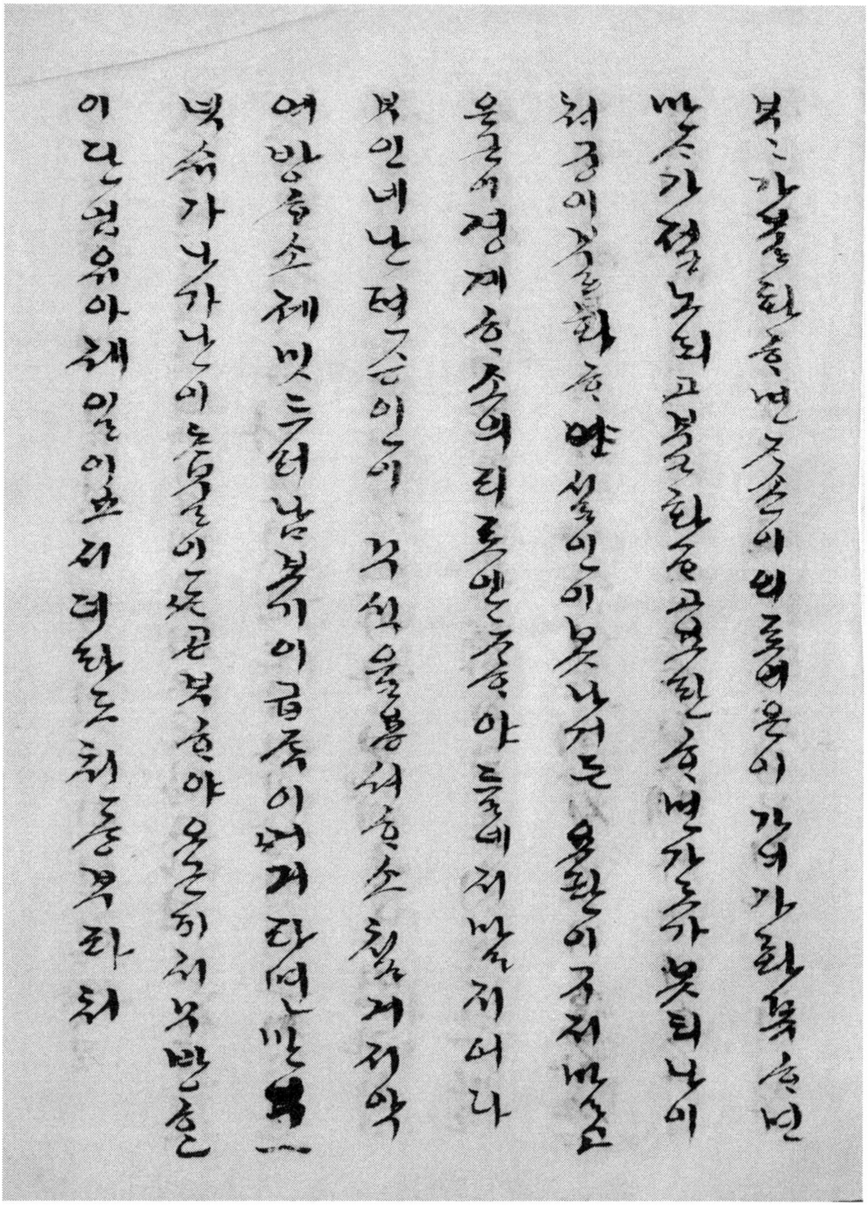

부ᄒᆞᆫ 가볼 되ᄒᆞᆫ 년 ᄌᆞ손이 ᄯᅩ 로여 온이 가여 가환 복ᄒᆞᆫ 년
ᄯᆞ시 가렬 노되고 졀ᄒᆞᆫ 공부ᄒᆞᆫ ᄒᆞᆫ 년가 ᄂᆞ가 뭇되 나이
허궁이 갈ᄒᆞᆫ ᄒᆞᆫ 야 상ᄒᆞ이 이 못나서든 용ᄒᆞᆫ이 ᄀᆞ리 ᄯᅩ고
올ᄂᆞᆫ 정계ᄒᆞᆫ 조의 되롤 엔ᄂᆞᆫ ᄒᆞᆫ 야 ᄃᆞᆯ네 저 말ᄒᆞᆯ 저 어 다
부인네 난 덕ᄀᆞᆫ 이어 각셕을 용셔ᄒᆞ소 쳠 거 리 약
여 방ᄒᆞ소 체 빗ᄃᆞ 러 남ᄂᆞᆫ 복귀 이 급ᄌᆞ 이 ᄲᅥ 져 ᄐᆞ여 ᄂᆞᆫ ᄯᅢᄂᆞᆫ 뵈
냑ᄉᆔ 가 ᄂᆞ가 ᄂᆞ이 ᄃᆞᆫ 부ᄅᆞ 이 ᄃᆞᆺ 곤 복ᄒᆞᆫ 야 온ᄂᆞᆫ 지 시 ᄂᆞ 반ᄒᆞᆫ
이 단 결 유 아 쇄 일 이 요 리 데 ᄐᆞᆫ ᄃᆞᆫ 쳐 ᄃᆞᆼ ᄭᅩ 화 ᄒᆞ

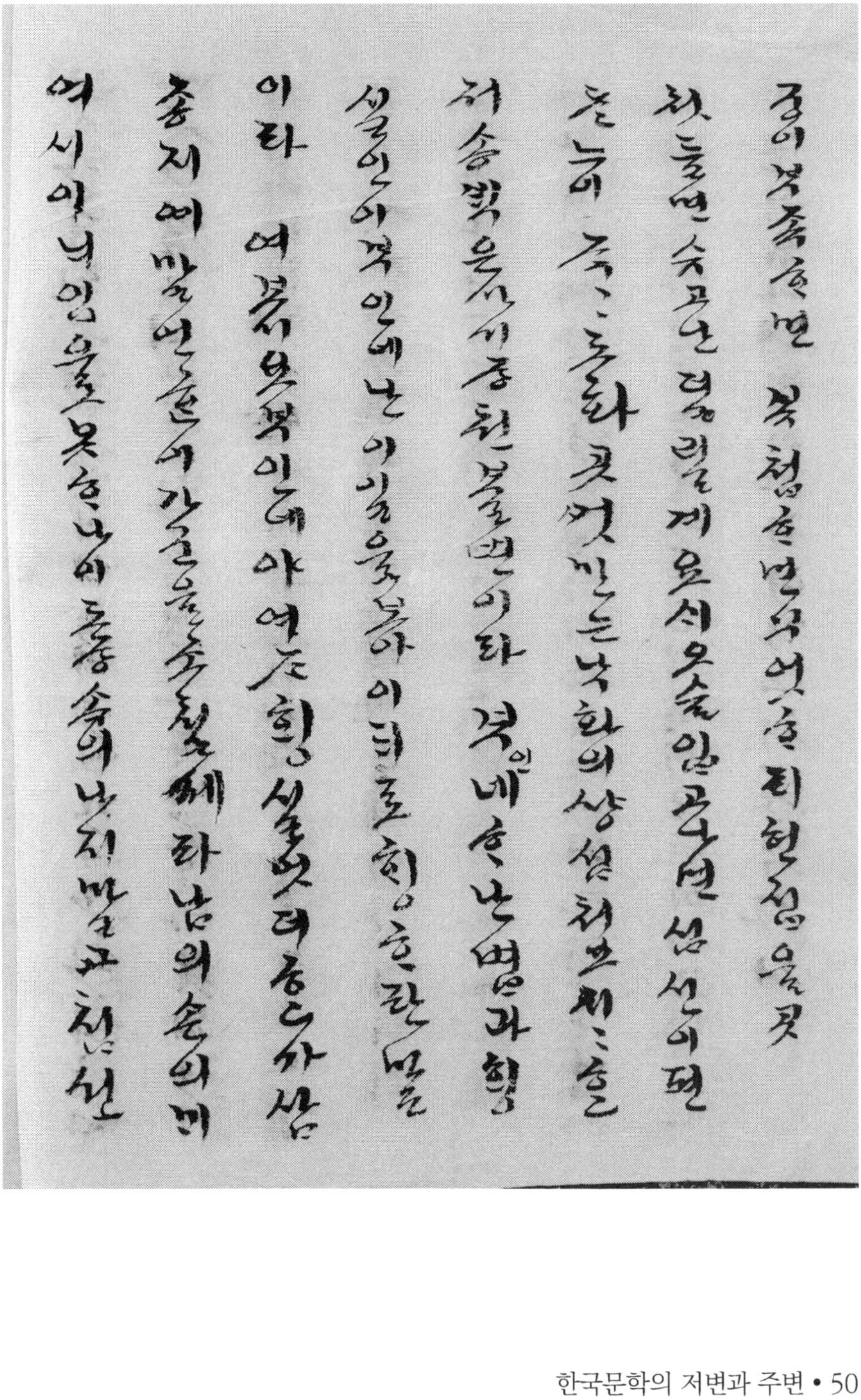

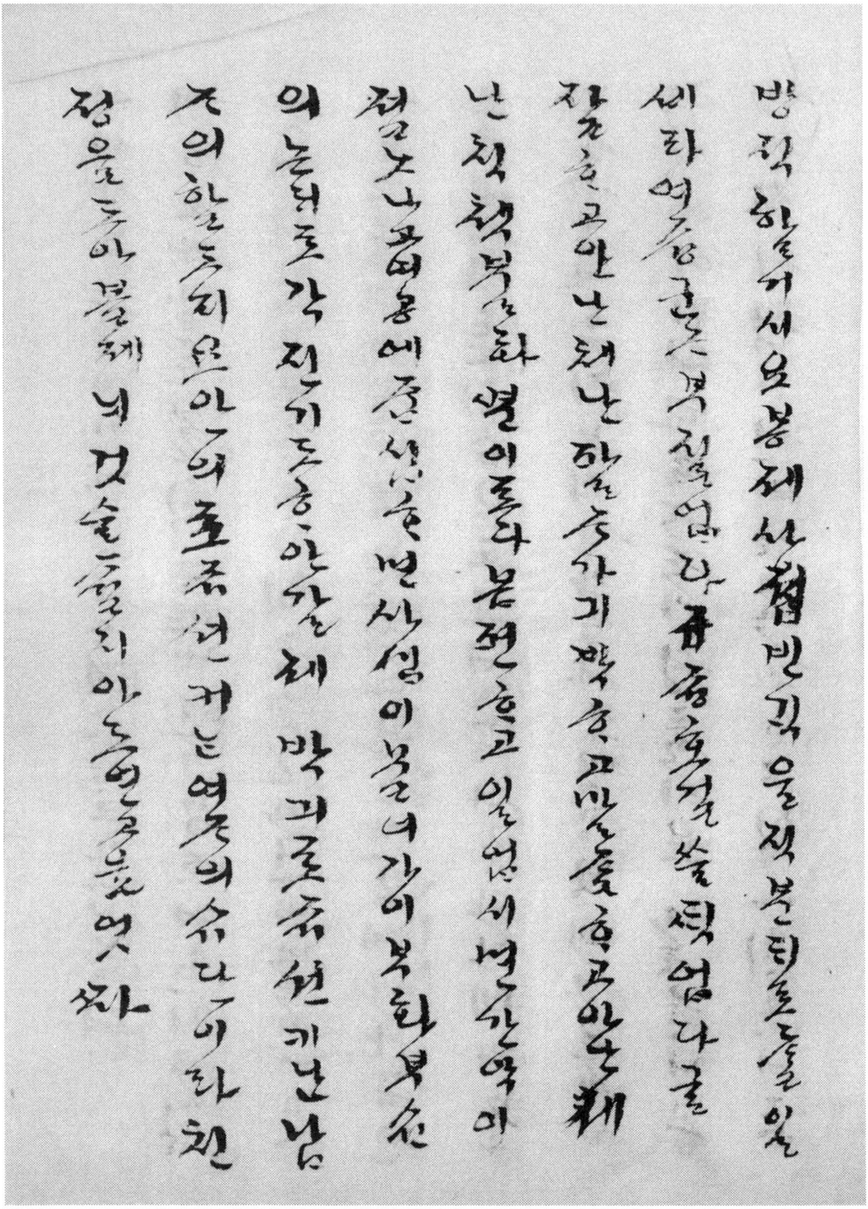

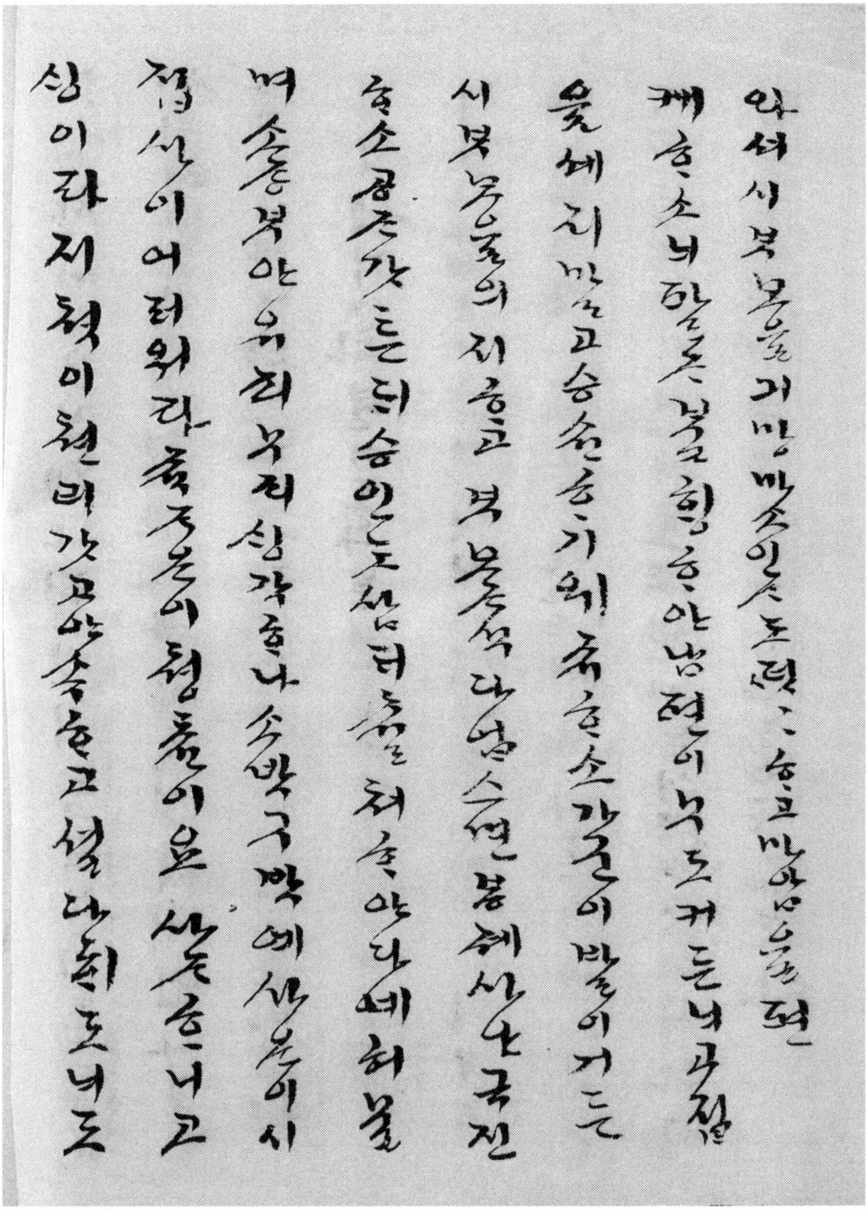

리만동젹 가ᄉᆞ 홍안과 박명이ᄂᆞ 쳥춘의 ᄉᆡᆼ에 별은 예ᄉᆞ
사람도 지닉비라 잠든 ᄃᆡ망 못ᄒᆞᄂᆞ니 부인네 이런 ᄐᆡ금
운여필 ᄌᆞᆼ부 ᄉᆡᆼ각ᄒᆞ니 가죽금고 실못ᄎᆞ ᄇᆡ셔 이분벽 긔ᄒᆞ
변ᄒᆞ년 금쳐가 우어되며 일ᄒᆞᄉᆞ을 엇저ᄒᆞᆫ 디ᄅᆞᆼ앙의
낙이 노고 실움ᄯᅳᆺ 되 점거오이 삼지 잠는다 지너고 길은
이업ᄉᆞ 숯손야 가ᄉᆞᆫ이 ᄒᆞᆫᄂᆞ니라 세복 ᄂᆞᆼ양 더ᄒᆞᄂᆞ ᄉᆞ운가 ᄒᆞ
날에 언ᄯᆞᆫ 은ᄃᆞᆯ어 ᄒᆞᆫ 자와 안에 삼며서 꼿노가 상ᄒᆞ다ᄂᆞᆫ
복보 ᄐᆡ오 된 기취 인나 각청 뭇되올 ᄒᆞᆫ 빛이 만ᄂᆞᆫ 데

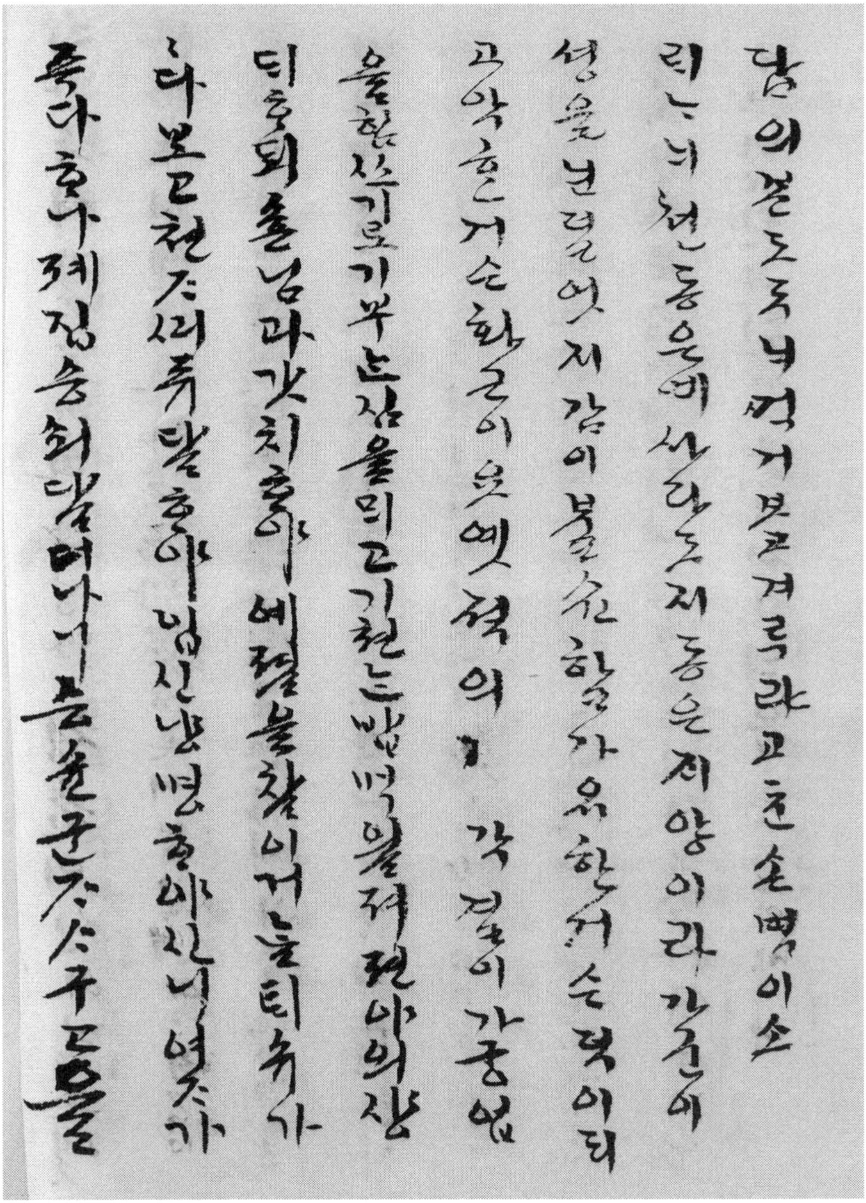
당의 꼴도 ᄌᆞ녀 먹거 보고 겨루라고 ᄒᆞᆫ 손병이소
리ᄂᆞ니 쳔동운에 ᄉᆞᆯ다ᄂᆞᆫ지 동은 저양이라 가ᄅᆞ셰
셩울 ᄇᆞᆫ던 엇지 감이 봉순 ᄒᆞᆯ가 유한 쳐 손덕이더
고악ᄒᆞᆫ 거슨 화운이요 예젹의 각졍이 가궁업
을 ᄒᆞᆫ ᄉᆞ기로 기부는 짐을 미고 기쳔는 밥벽일 져편ᄋᆡ의 상
디ᄒᆞ되 ᄎᆞᆷ 남과 갓치ᄒᆞᄋᆡ 예졀을 찰이거늘 티숙사
ᄒᆞ다 보고 쳔ᄌᆞ 셔ᄌᆞᆨ 달ᄒᆞᄋᆡ 님신 낫병ᄒᆞᄋᆡ 신니 엿ᄌᆞᆸ가
흑다ᄒᆞ나 졔 짐승 쇠닭 며나니 흘 ᄉᆞᆫ군 ᄀᆞᆺᄉᆞ주고 몰을

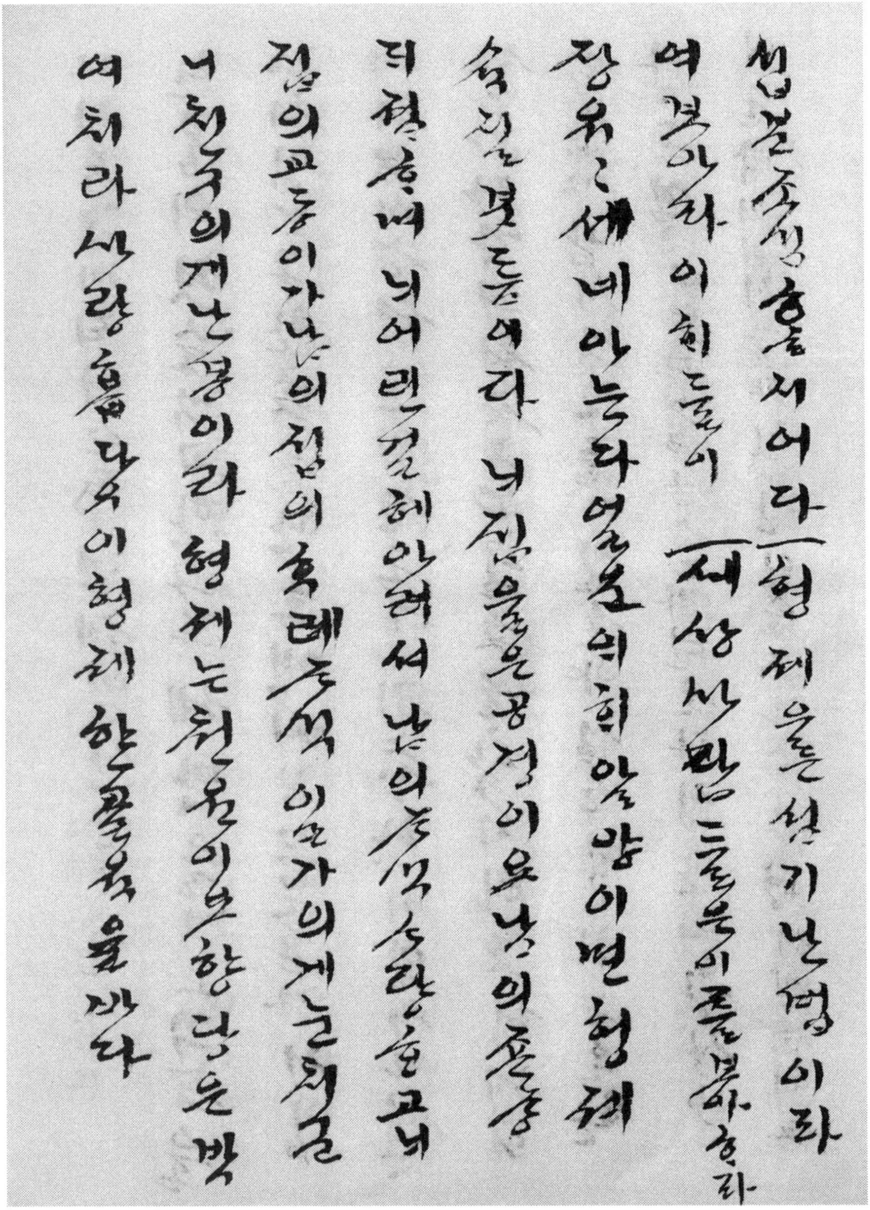
셥겁조셩ᄒᆞᆯ재어다 형제은 션기난혀이라
여겨아라 이회돌이 세상사람들은 이조를 불하ᄒᆞ라
장유ᄒᆞᆫ셰네 아느다 어ᄅᆞᆫ의 회알양이면 형제
속진 꽃돈에다 너 진슬은 공경이요 남의 조롱
더혀ᄒᆞ며 너어련 결혜 아혀서 난의 ᄌᆞ모 ᄉᆞ랑ᄒᆞ고 너
졀의 교동이 가난의 졀의 ᄒᆞ례ᄒᆞ석 이ᄉᆞ가의게 눈치로
너 친구의게 난ᄆᆞᆼ이라 형제는 천ᄋᆞᆫ이오 향당은 벽
여치라 사랑ᄒᆞᆸ다 ᄉᆞ이 형제 한 골육을 ᄂᆞᆫ짜다

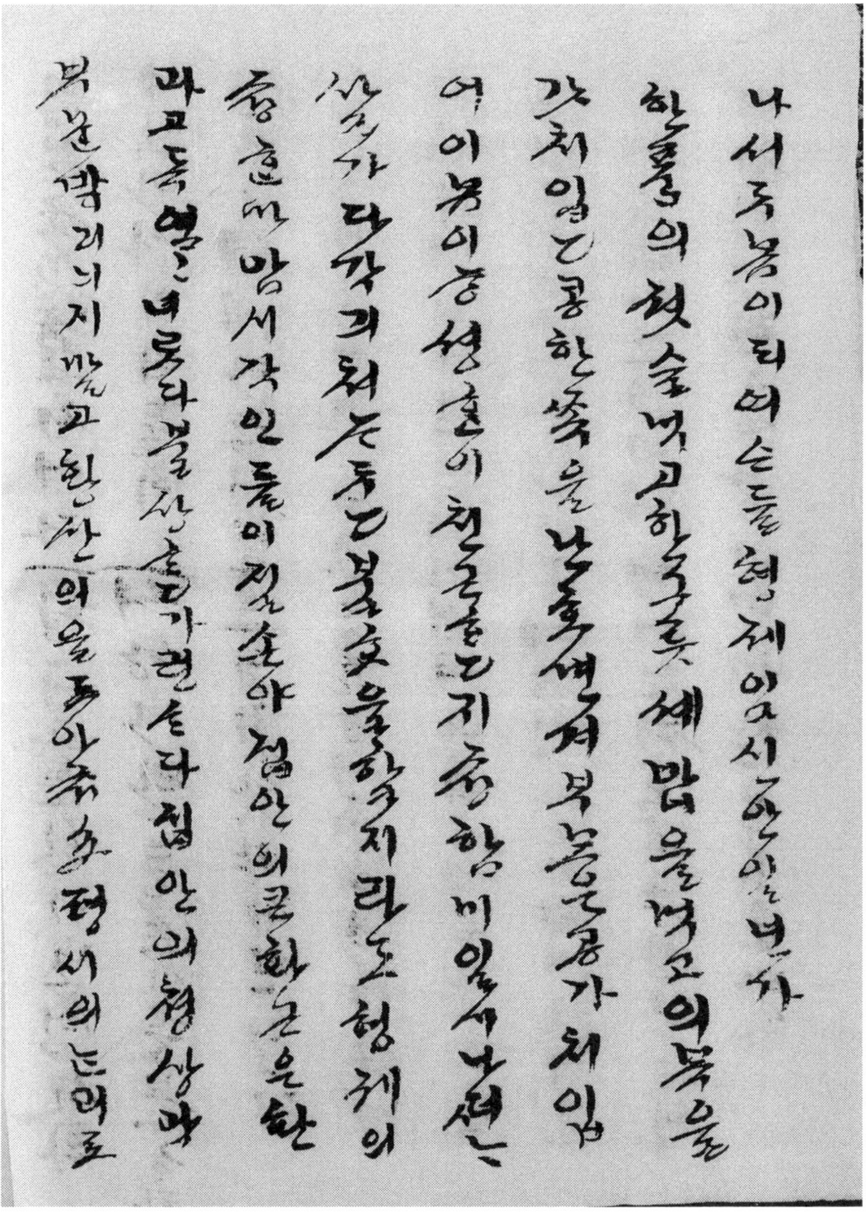
나서ᄌᆞ봄이되여손들혀쳬잉시ᄒᆞ야ᄂᆞᆫ녀ᄌᆞ
한울의첫슐넉고ᄒᆞᆫ갓듯세맘을넉고의복을
갓치입고콩한쏙을난호ᄶᅧ복놈공가치입
어이봄이ᄉᆡᆼ셩ᄒᆞ이철ᄂᆞᆫᄒᆞ고지ᄒᆞᆷ함미일세나션ᄂᆞᆫ
상ᄉᆞ가다각긔쳐ᄂᆞᆫ동고복ᄒᆞ을ᄒᆞᆯ지라도형졔의
즁ᄒᆞᆷ에암세각인들이졀ᄒᆞ야졀안의쿰화ᄂᆞᆫ은한
과고로엿ᄂᆞᆫ녀롭다불상ᄒᆞ다가련ᄒᆞ다졉안의형상마
뷔뷴쌕리니지ᄭᆞᆯ고환산의을ᄒᆞ야ᄎᆞᄒᆞ평새의ᄂᆞᆫ며로

와도 한는지시 당 고봉(峰)의 인은 재물이뇨 천혁은 ᄒᆞᆷ
이옥이라든 형조 출봉화 화(번)희가 놀기 북천일네 일가 간
의 홍붓기는 구서 쳐 흡맛기라 화목 옷츄 장ᄒᆞ여 환낭의 듯
쥐 맘소 녀집이 번출 단쇼테 세도 부쿠 마소 옛 적의 장공에는 구
세 동거 ᄒᆞ야 잇고 강츄ᄉᆞ다 전씨 집은 흰빅 구가 동거ᄒᆞᆯ 체 빅여
슈지른 귀가 사람이 맘을 츄면 ᄒᆞᆫ 마ᄅᆞ이 가는 갓셔도 모든 귀가 아
이멱고 울기 울기 다리 이 츄인을 다ᄅᆞ보이라 ᄂᆞᆷᄒᆞᆨ 도이러 거든 사
람이야 더 ᄒᆞᆯ 말ᄋᆞ가 동논 당이외 다섯기지 이ᄅᆞᆯ을 다 마ᄋᆞᄒᆞᆫ
것시나 아뎌로 ᄒᆞᄋᆞ쇼라

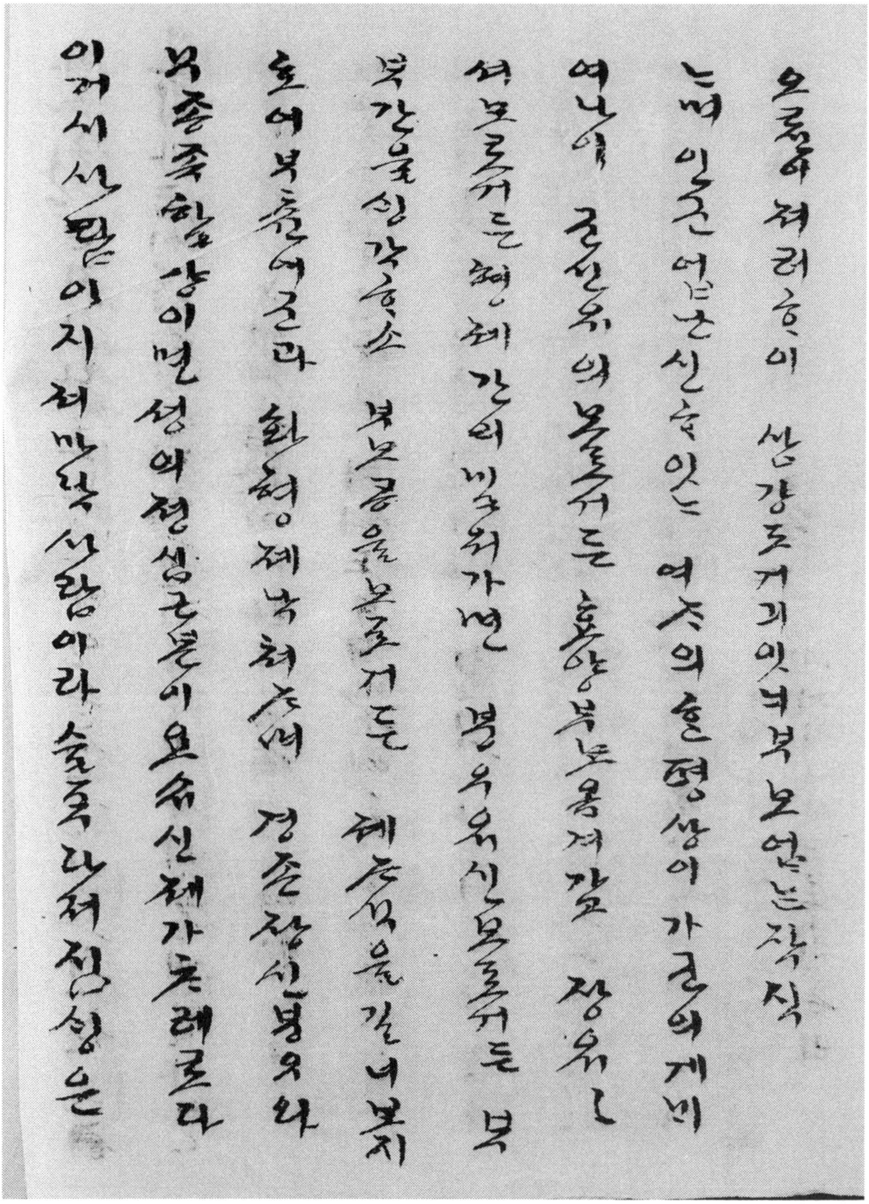
오ᄅᆞᆷᄒᆞ여 쳐러ᄒᆞ이 삼강도거긔잇녀복보언는ᄌᆞ식
ᄂᆞ며 인군언ᄂᆞᆫ신ᄒᆞ잇ᄂᆞᆫ 여ᄌᆞ의 혼령상이 가군의게ᄂᆡ
여나의 군신유의 ᄇᆞᆯ뇌거든 ᄒᆞᆷ향ᄇᆡ노롬져갈고 장유ㄴ
셔보로거든 쳬쳬 간희 ᄇᆡᆨ워가면 붕우유신보로거든 부
ᄇᆞᆨ갈울싱각ᄒᆞ소 부모공을보로거든 ᄌᆡᄌᆞᆨ을갈내보치
효여부촌여군다 회형제낙쳐ᄌᆞ녀 경존장신붕우와
부종족ᄒᆞᆯ상이면 셩의졍셩근본이요ᄉᆞ신쳬가ᄌᆞ래로다
이ᄭᅥ셔산람이지 쳐마다 사람이라 술ᄌᆞᆨ다쳐정셩운

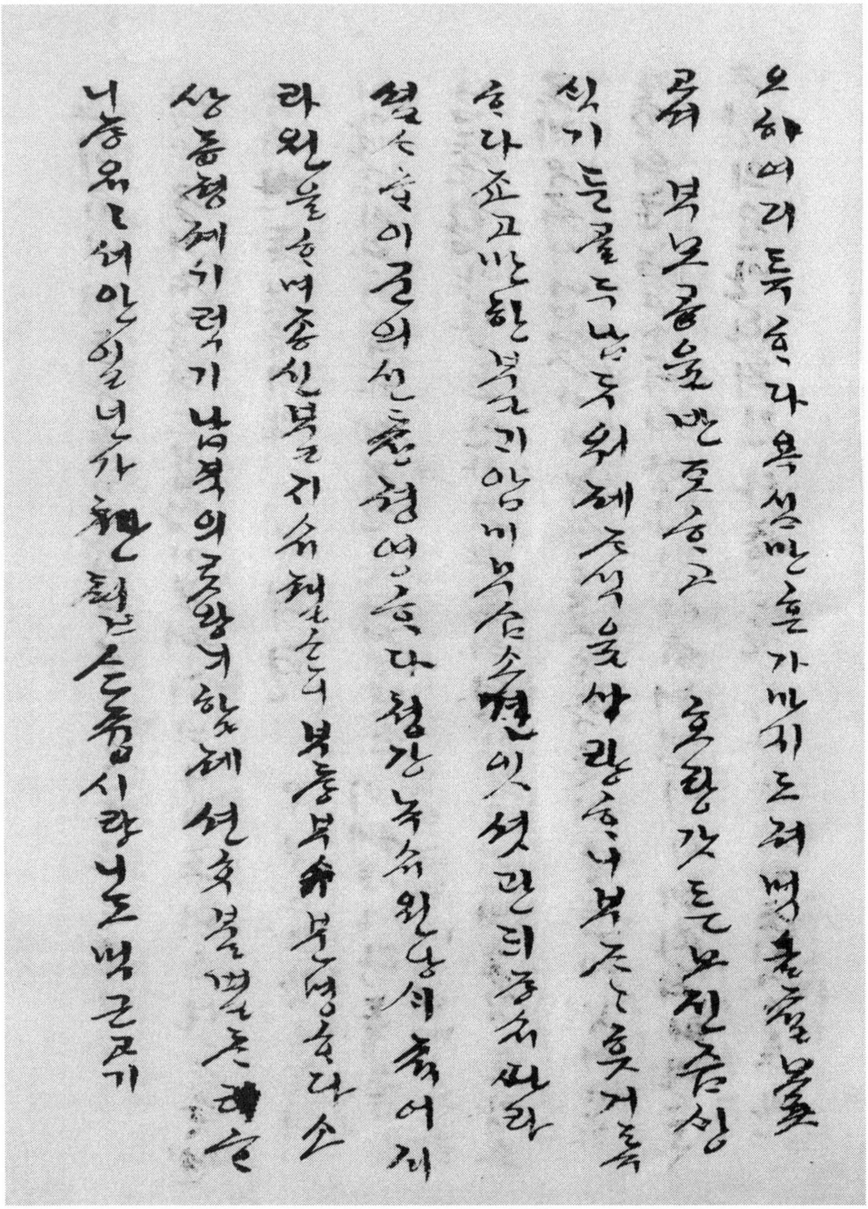

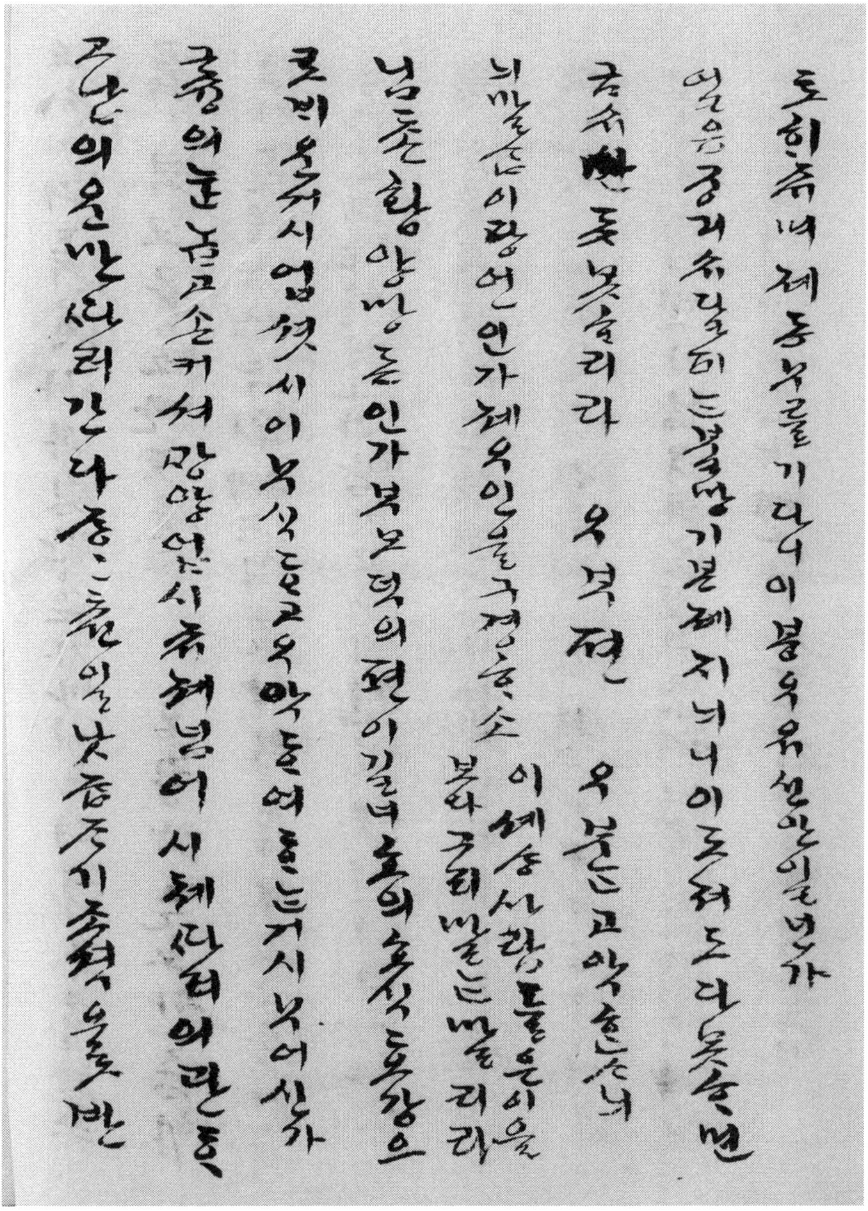

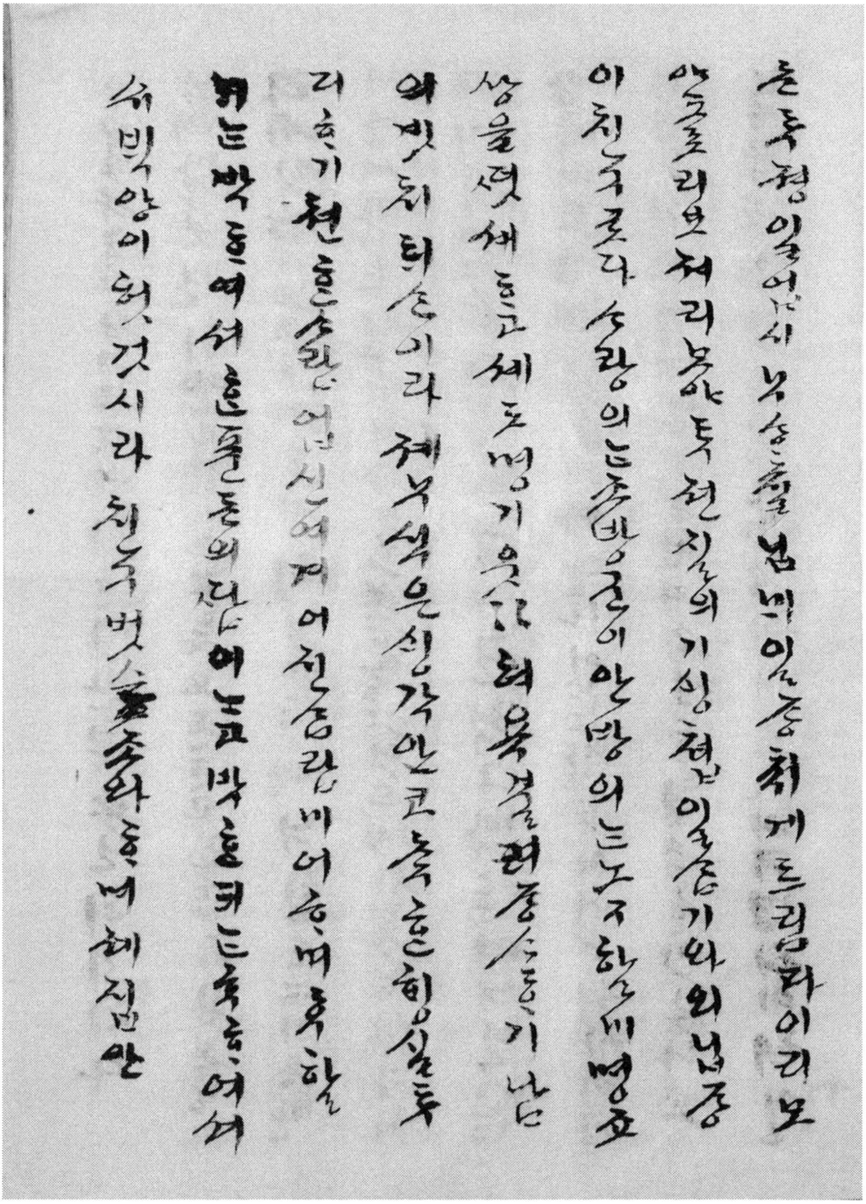
는두평 이ᄅᆞ어ᄂᆞ시 누ᄉᆞᆯ촐 넘ᄆᆡ 이슨ᄌᆞᆼ 취게 드림ᄒᆞ여 이리모
양ᄎᆞ로 리보 져리봐도 독현 질ᄉᆞᆷ의 기상 쳔ᄂᆞᆫ 이ᄅᆞᆷ 기와 외 남ᄌᆞᆼ
이 ᄎᆡᆨ국 ᄀᆞᆺ다 ᄉᆞ랑의ᄂᆞᆫ 좋방ᄀᆞᆫ에 안방의ᄂᆞᆫ 노ᄌᆞ 한ᄉᆞᆯᄞᅵ 명쇼
상을 ᄯᅧᆺ세 ᄒᆞ고 세도명기 웃ᄉᆞᆫ 뇌옥 결ᄅᆡ ᄌᆞᆼᄉᆞᄒᆞᆫ기 나ᄂᆞᆫ
의 것되 티ᄉᆞᆫ이라 쳬부식은 싱각안코 녹ᄒᆞᆫ ᄒᆞᆼ실ᄃᆞ
더ᄒᆞ기 쳔ᄒᆞᆫ ᄉᆞ람 어ᄂᆞ시ᄂᆞᆫ 여겨 어진 ᄉᆞ람 미어ᄒᆞ며 후할
뭐는 박ᄒᆞ여서 ᄒᆞᆫ푼돈의 ᄃᆞᆫ에 노코 박ᄒᆞᆯ ᄃᆡ는 후ᄒᆞ여 여서
싀빗 앙이 뒤ᄉᆞᆫ 것시라 ᄎᆡᆨ국 벗ᄉᆞ[illegible]ᄌᆞ와 ᄒᆞ너 혜지ᄂᆞᆫ 안

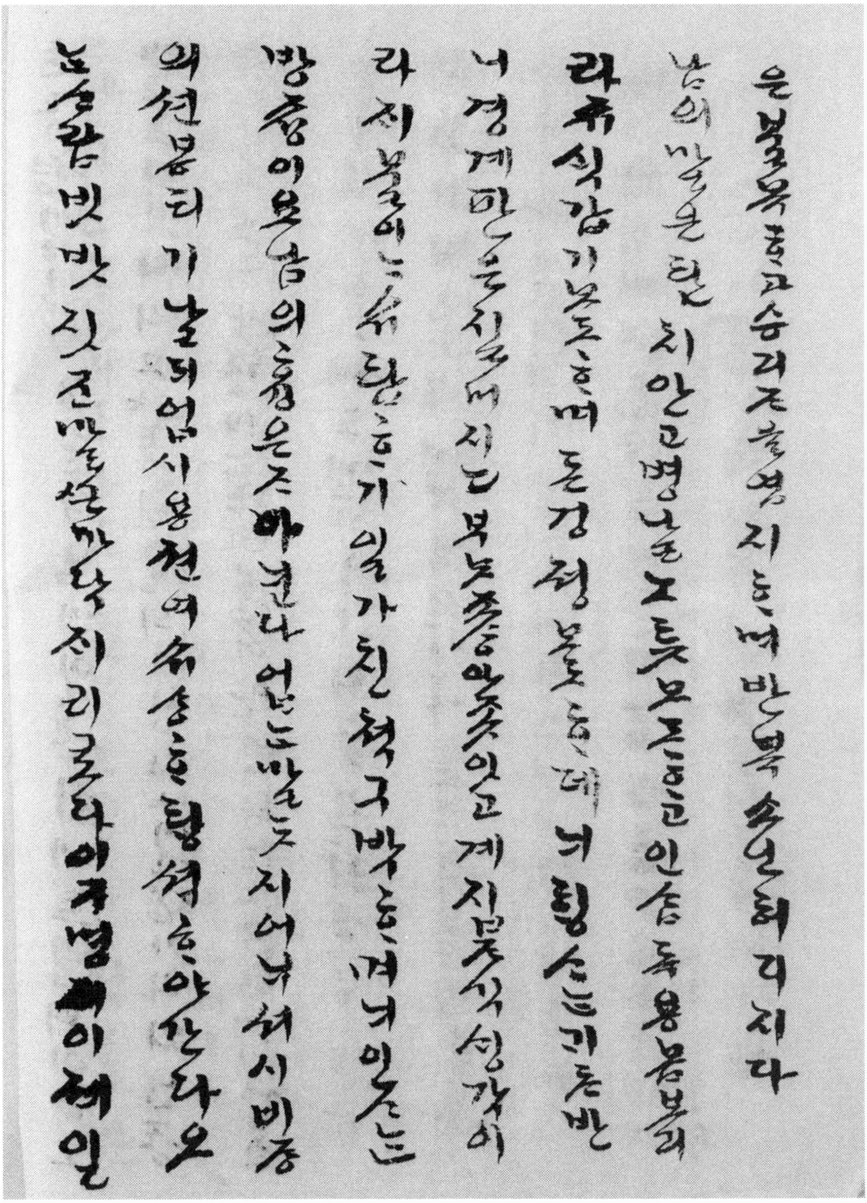

은블목ᄒᆞ고슈러즈ᄒᆞ엿지ᄒᆞ며 반복 ᄉᆞ연허디지다
놈의 말을 탄ᄒᆞ치 안고 병을 고든 모르ᄒᆞ고 인ᄉᆞ도 용봉블러
라 츄식 감기 붙드ᄒᆞ며 돈 강 쳥 봉동ᄒᆞ데 녀 팅 스는 기돈 반
너 경계 ᄒᆞᆫ을 시실셔 시드 복노 ᄎᆞᆼ 안ᄎᆞᆺ이고 계지 못ᄒᆞ시 ᄉᆡᆼ각이
라 져 블어ᄂᆞ 슈 ᄐᆞᆯᄂᆞᆫ ᄒᆞ기 일가 친쳑 구박ᄒᆞ며 녀 인ᄉᆞ는
방충이 오 ᄂᆞᆷ의 ᄒᆞ욕은 즈 ᄲᅡ 쳔다 어ᄃᆡᄂᆞ 말은 ᄌᆞ지어 녀 쳐시 비ᄉᆞᆼ
의 션 봉 디 기 날 되 업시 용 쳔 여 슈 ᄉᆞᆼᄒᆞᆫ 탕 셕ᄒᆞᆫ 야 갈다오
는 ᄉᆞᆯᄋᆞᆷ 밧 밧 지ᄉᆞ 존 매을 ᄉᆡᆼ각 ᄂᆞᆨ 치 리 ᄀᆞᆯ 다 이 져 별 ᄲᅢ 이 졔 일

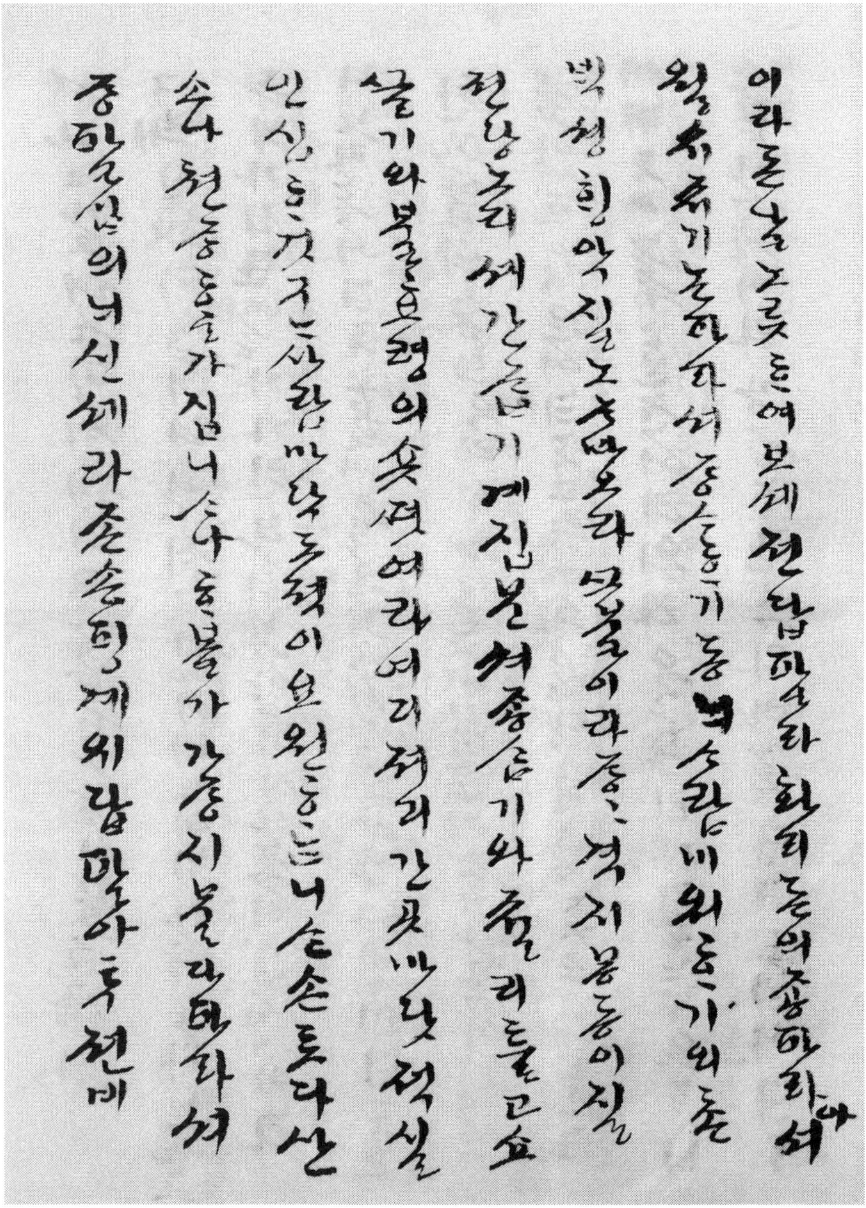

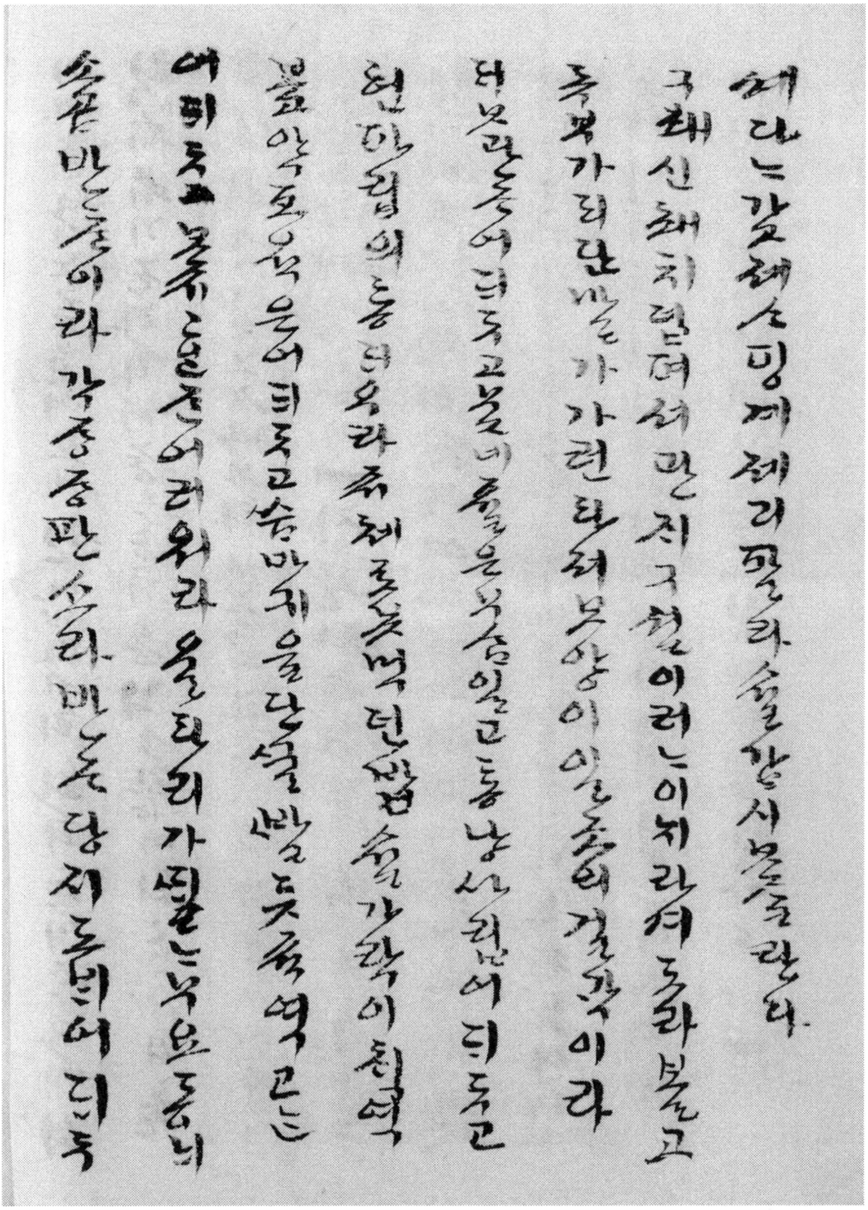

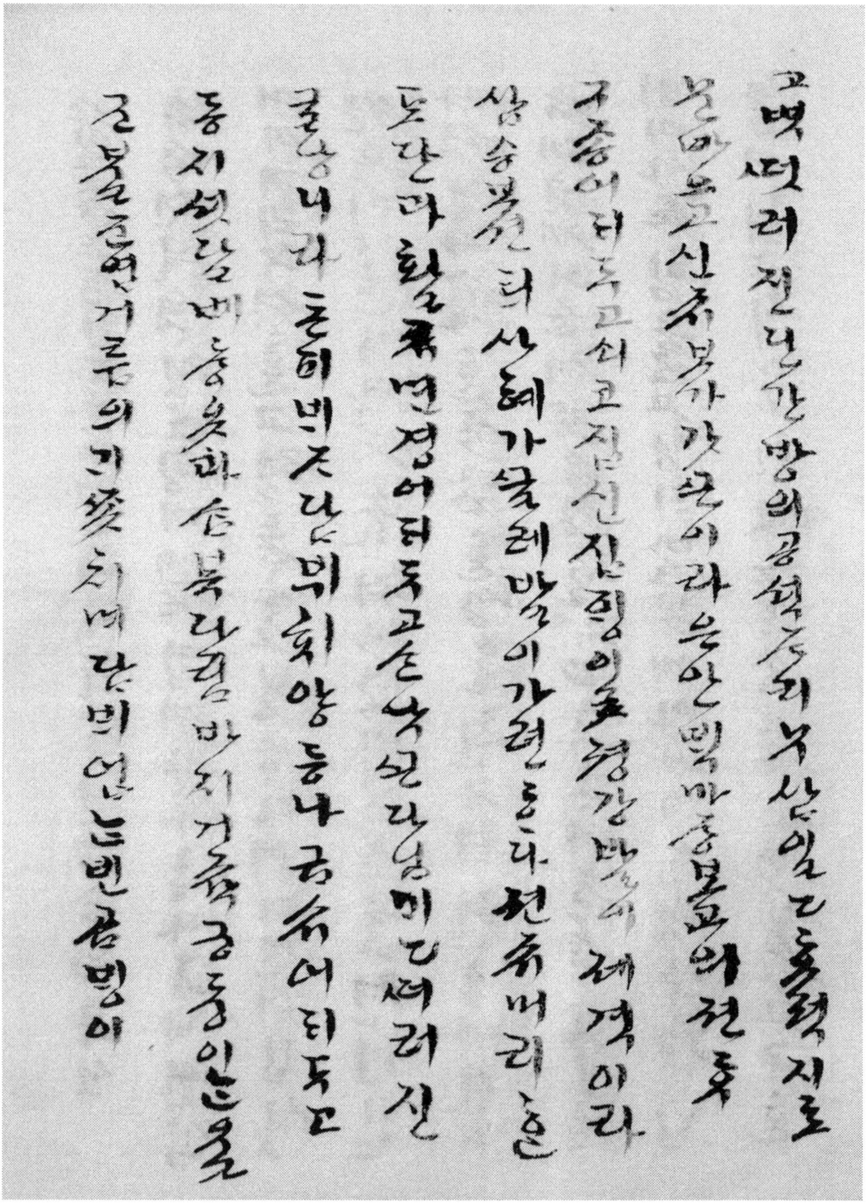

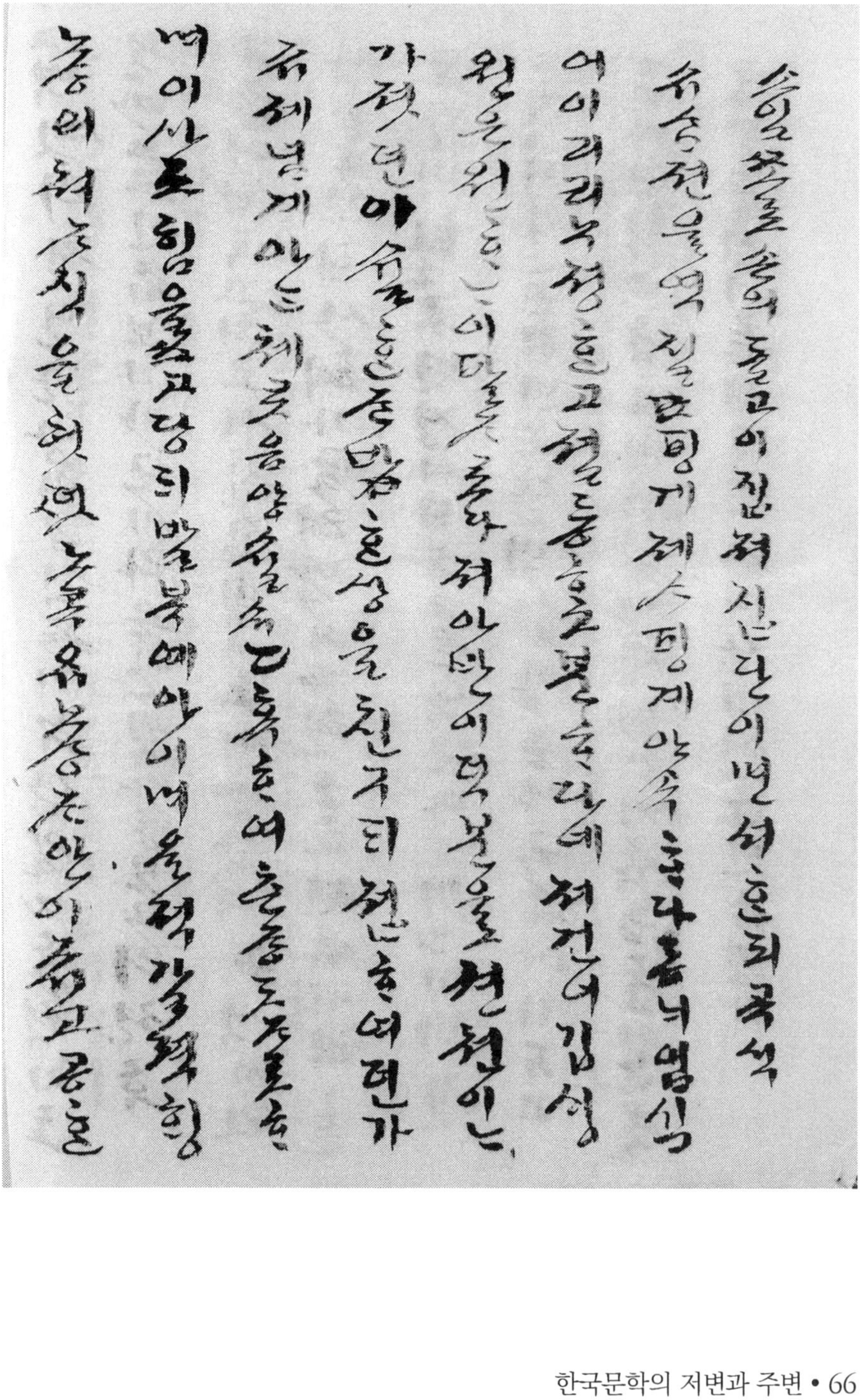

숭읍못로 숭의 돌고 이 잡혀 시는 닥이 녀셔 ᄒᆞ되 곡식
슈숭 전을 엿 질 ᄒᆞᆫ 평 기 졔스 평 계 아ᄉᆞ ᄒᆞ다 ᄒᆞᄂᆞ 녀 엽식
어이 러리ᄂᆞ 쳥 ᄒᆞ고 쳥ᄒᆞ 등로 봇소 다에 쳐건 여 깁셩
왼온 원도 이더로 ᄒᆞ다 져 아ᄇᆡ에 뎌 복을로 쳔혀이는
가ᄒᆞᆺ던 아 슈슬 도 조만 ᄒᆞᆫ 상을 친구 티 쳔 ᄒᆞᆫ 여 뎐가
슈쳬 넘게 아는 쳬로 음양 술슈 ᄃᆞ 로 ᄒᆞᆫ 여 ᄒᆞ등 도 ᄒᆞ로 ᄒᆞᆫ
네이사로 힘을 ᄡᅳ고 당듸 ᄇᆡᆯ 복 예 아 이네 올 ᄒᆞ 기 ᄒᆞ 항
농의 뒤ᄒᆞ 치 을 ᄒᆞᆺ 연 ᄒᆞ로 요 ᄂᆞ 등 ᄒᆞ 안 이 ᄒᆞ고 공ᄒᆞ로

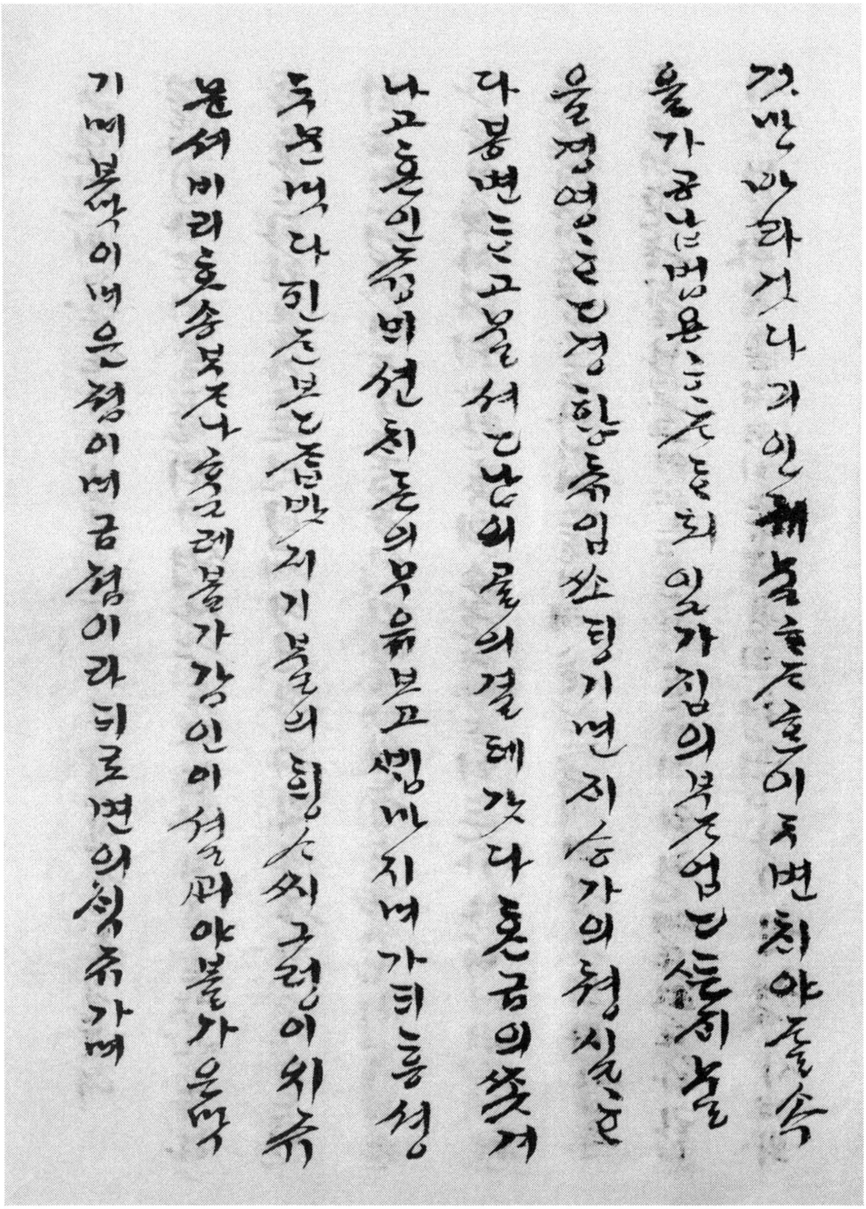
것ᄂᆞᆫ 아라 것다 괴인 新 놀 ᄒᆞᄂᆞᆫ 술이 ᄌᆞ변 ᄎᆡ야 죽속
옹가 공남 범욘 ᄒᆞᄂᆞᆫ 동화 일가 집의 복ᄒᆞᆫ 업ᄂᆞᆫ 스ᄅᆞᆷ이 놀
을 경여은 ᄃᆞ 경향 촉입 쇼 텽기년 지 승가의 형실ᄒᆞᆫ
다 봉변ᄒᆞᆫ고 불셔ᄃᆞᆫ 남의ᄅᆞᆯ 의결테 갓다 혼금의 ᄶᅩᆺ겨
나고 혼인ᄒᆞᆸ비 션ᄎᆡ 돈의 무유 보고 쳥ᄒᆞ 지며 가키 능셩
ᄌᆞᆨ본 ᄂᆡᆨ다 힌ᄒᆞᆫ 보ᄃᆞᆫ 좁만 괴기 불의 횡ᄉᆞ 써 구렁이 쉬ᄒᆡ
봉셔 비리 호송 보ᄒᆞ나 혼례 불가 강인이 셜피야 볼가 운ᄃᆡᆨ
기ᄋᆡ 봉낙이 내은 쳡이며 금쳡이라 되로 변의 쉬ᄒᆡ 가며

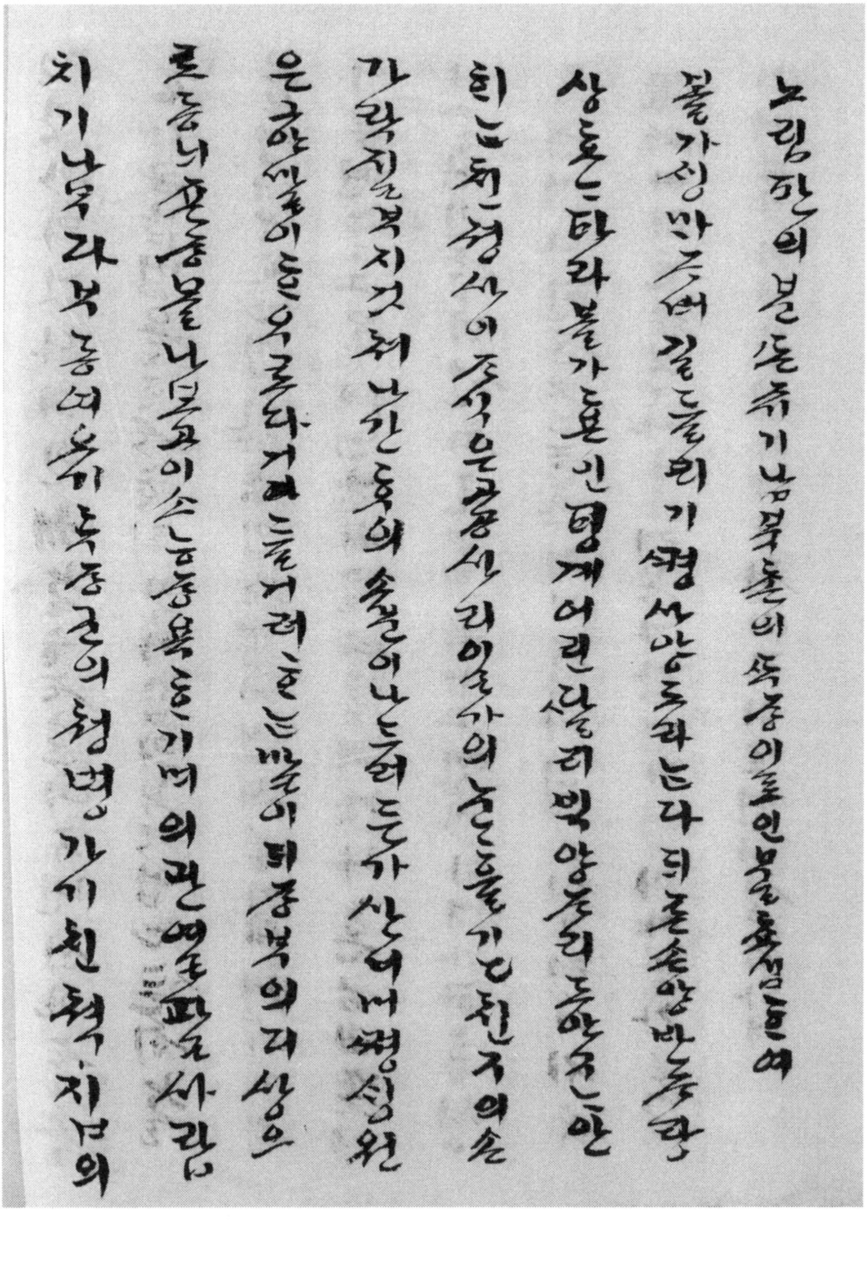
노랑ᄒᆞᆫ의볼ᄉᆞᆫ츄기남묵ᄂᆞᆫ의ᄯᅳᆨ중이로인블ᄂᆞᆫ호셤ᄒᆞ여
꼴가싱만ᄌᆞ여길ᄃᆞᆯ뢰기셩쌰양ᄃᆞ라ᄂᆞᆫ다되ᄌᆞᆫ숀양만ᄌᆞ량
상ᄒᆞᆫ타라볼가ᄒᆞᆫ인뎡재어련ᄉᆞᆯ리박양ᄌᆞ라ᄒᆞ야ᄌᆞ안
희ᄂᆞᆫ뒤셩사이ᄌᆞ식은광셔라이ᄉᆞᆯ가의ᄂᆞᆫᄋᆞᆯ기ᄃᆞᆫ친자의숀
가락질ᄒᆞᆯ복지것쳐나간ᄃᆞ우의숑ᄇᆞᆯ어나ᄂᆞᆫ쥐ᄃᆞ가사ᄅᆞᆷ어버평셩원
은ᄒᆞᆫ야ᄆᆞᆯ이ᄂᆞᆫ우ᄅᆞᆯ다거ᄂᆞᆫ들거려ᄒᆞᆫ는ᄆᆞᆯ이되중복의디상으
로ᄃᆞᆼ뇌ᄒᆞᆫ종몰나보이소ᄂᆞᆫ중욕ᄒᆞᆫ기며의관여ᄅᆞᆯ표ᄒᆞᆫ사람
치기나무라복ᄌᆞᆼ여욕히ᄂᆞᆫ중군의혐병가시친혁지담의

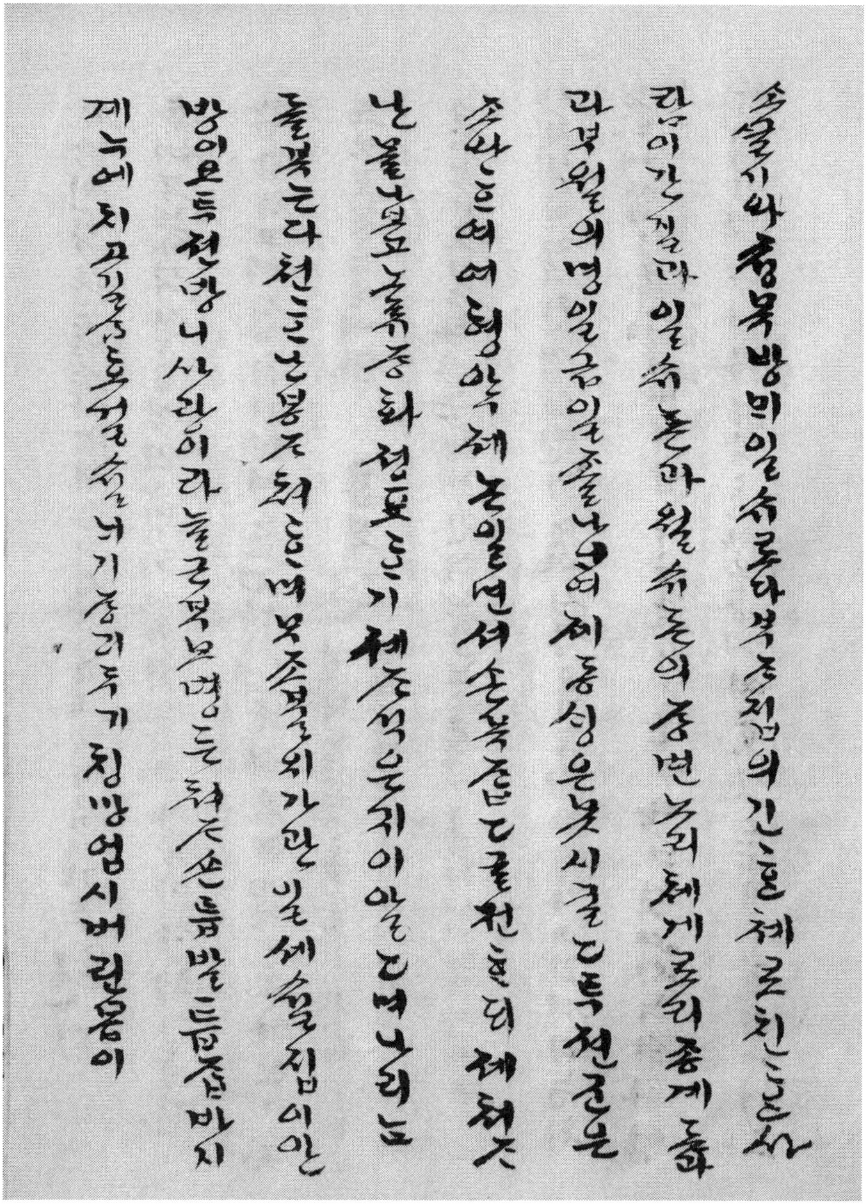

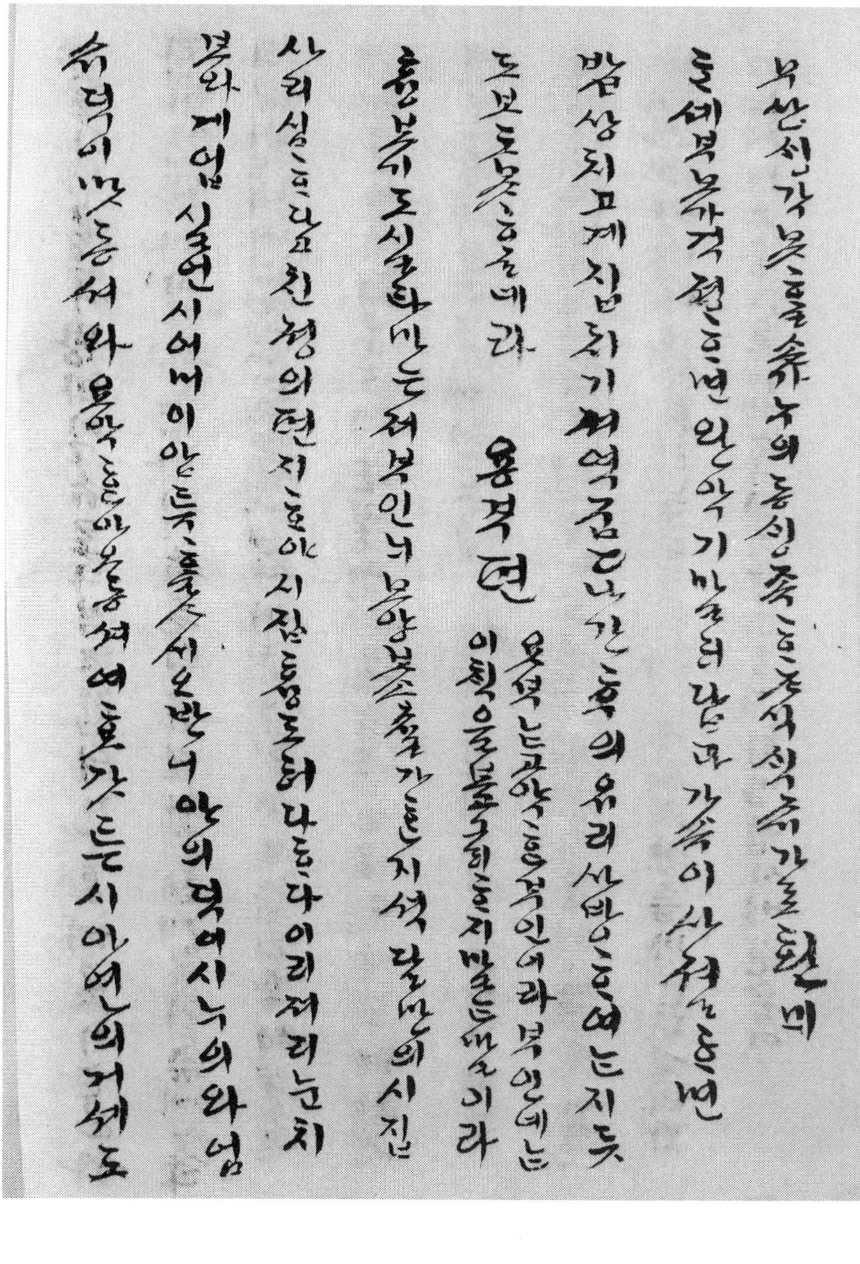

무산선각 못ᄒᆞᆯ 슈누의 동싱죽ᄒᆞᆫ 숙식 식슈가ᄂᆞᆯ 된 ᄆᆡ
ᄃᆞ 세복 보ᄂᆞᆫ 거젼ᄒᆞᆫ면 안악기 ᄇᆞᆯ어 ᄃᆞᆯ고 가ᄉᆞᆷ이 ᄉᆞ셔ᄒᆞ면
ᄇᆞᆯᄉᆡ 상치고 계집 ᄒᆞ기 ᄭᅧ역굼ᄂᆞ니 간ᄒᆞᆨ의 유리 상방ᄒᆞ여ᄂᆞᆫ 지듯
도보도 못ᄒᆞᆯ네라

용ᄆᆞᆨ편 용ᄆᆞᆨ는 공학ᄒᆞᆫ 용ᄆᆞᆨ인어라 복 안에는 이틱을 불구ᄒᆞᆫ지 ᄇᆞᆯᄂᆞᆫ 내ᄉᆞᆯ이라

용복 보ᄂᆞᆫ 도시ᄅᆞᆯ ᄒᆞ만ᄂᆞᆫ 져복인녀 ᄇᆞᆼ양 부ᄌᆞ 즐가ᄒᆞᆫ지 석 ᄃᆞᆯ ᄆᆞᆫ의 시집
사리 십ᄂᆞᆫ ᄃᆞᆯ고 친정의 편지ᄒᆞ야 시집 동도 ᄒᆞ다ᄒᆞᆫ다 이리져리 눈치
보와 제업 실ᄒᆞᆫ 시어머니 이 알듯ᄒᆞᆫ ᄉᆞ셔 오ᄇᆞᆫ니 안의 덕 여시 누의와 업
슈덕이 ᄆᆞᆺ 동서와 불ᄒᆞᆨᄒᆞᆫ 여 동서 여ᄒᆞ고 갓ᄃᆞᆫ 시아여는 의 거세 도

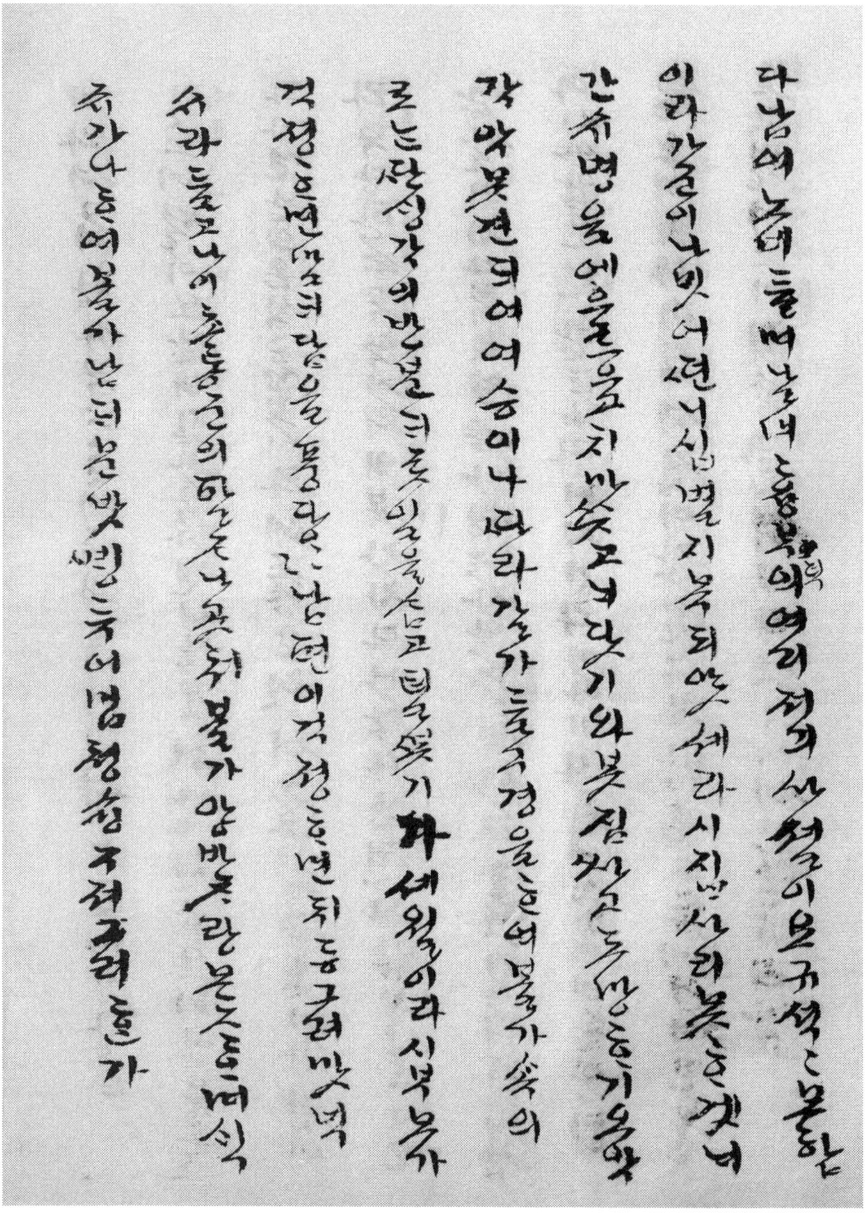
다남여 노래를 버나니 ᄒᆞᆼ복의 여러 정의 ᄉᆞ철이요 귀색ᄒᆞᆫ 분한
이라 가ᄅᆞᆷ이 나붓어 연나시ᄂᆞᆫ 별지복 되얏세라 시지ᄂᆞᆫ 시리 붓ᄒᆞᆫ 것네
간쥬명을 에올고을고 지방쏫고 거닷기와 봇집 쌋고 ᄒᆞᆼ당ᄒᆞᆫ 기왓
각 약못 견ᄃᆡ여여 승이나 ᄯᆞ라 갈가 ᄒᆞ고 경을 ᄒᆞᆫ여 보ᄉᆞ가 쇽의
로는 당상 각의 반분 ᄃᆡ ᄒᆞ고 일을 ᄒᆞ고 되ᄋᆞ쏫기 ᄒᆞ 세월이라 시부 부ᄌᆞ가
거 정ᄒᆞᆫ 변ᄃᆡ신 당을 통당ᄒᆞᆫ 난편이 거 정ᄒᆞᆫ 변 뒤 동그려 맛녁
쇼리 들고 나이 ᄎᆞᆫ 동군의 ᄒᆞ는 ᄎᆞ 나 곳쳐 볼가 양반 ᄎᆞ랑 분ᄌᆞ ᄒᆞᆫ 며식
쥬가나 ᄒᆞᆫ여 보ᄉᆞ가 남ᄃᆡ 본밧 ᄲᆡᆫ ᄒᆞᆫ ᄌᆞ여 범 청승 ᄌᆞ려 그려 ᄒᆞᆫ가

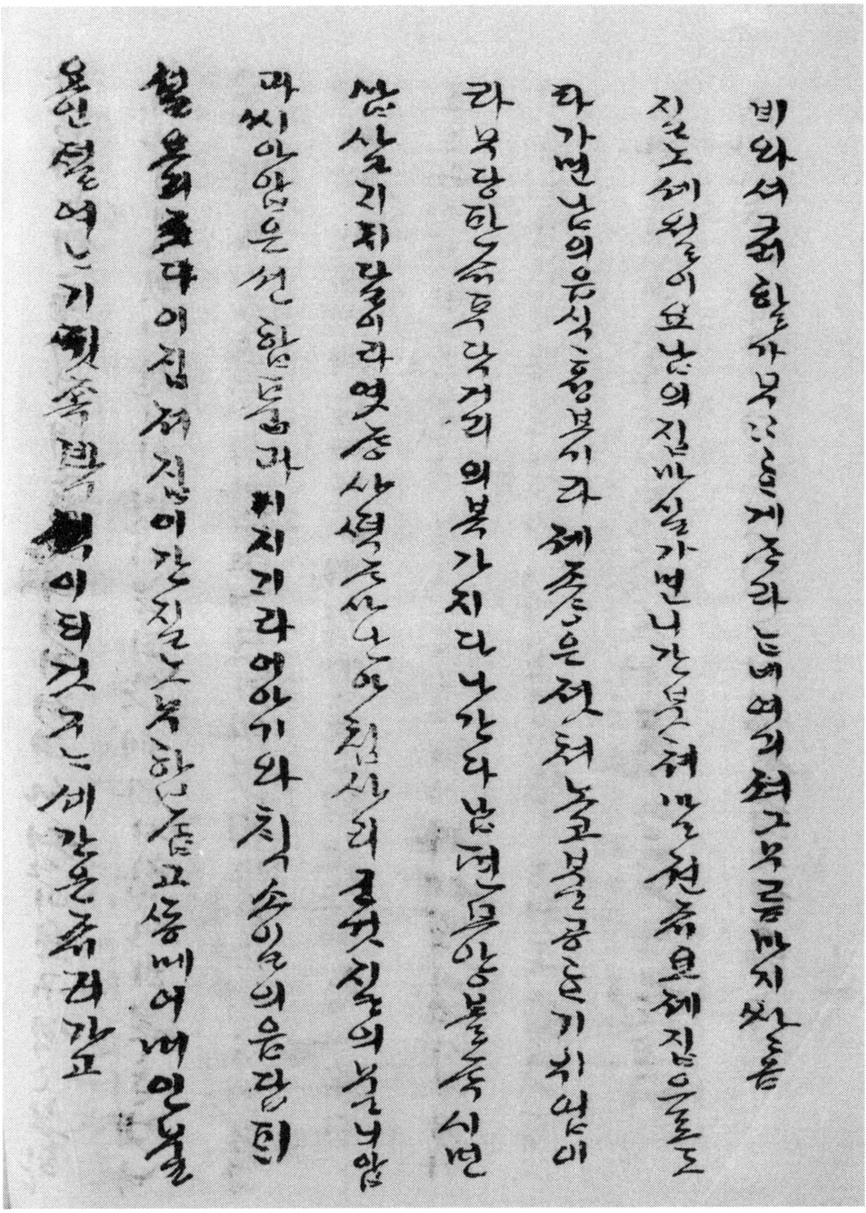

각셩ᄆᆞᆫ드러 간다 치마ᄂᆞᆫ 너갈고 허리ᄯᅴ 동이길
러가다 총업는 헌집신에 어린ᄌᆞ식 들혀어고 혼인ᄌᆞ사
잡ᄂᆞᆫ ᄯᅢ 닥옷식 ᄎᆞ심인을 사ᄂᆡ 전양식 기울어져 한면 곳
희ᄂᆞᆫ여 보ᄌᆞᆺ아희 차홈얼온 ᄯᅡ화가 부지러미 ᄯᅡᆺ치기 공연
이셩을 내여 부뫼 ᄒᆞᆫ ᄌᆞ식 쳐셔 쳬가 솔을 냄을 ᄎᆞᆺ는 증맨야
미친 ᄲᅡᆼ이라 ᄯᅥ나뫼 ᄎᆞᆺ는 시니 안들은 홀아비라 ᄃᆞᆯ ᄌᆞ식
다려온이 남의 짐 졀단이라 복ᄌᆞ명이 드ᄂᆞᆫ 인연음 심아더
발동이 ᄂᆞ손벽을 ᄂᆞ 다리 ᄲᅢ ᄶᅡᆼ 셩뎌곡 희곤ᄃᆞᆫ다

부슨꿜의셩독퍼즈버리싸고독려숩든간부닫든다

라든다만비즘속ᄒᆞᆫ못든다부싹ᄒᆞᆫ뎡싱들아! 져거둔

을즈세봇쇼그른줆을아라거든곳칠긴것힘을쓰쇼올ᄒᆞᆫ

거술알냥이년븨옷기을위츄든소아옥타용옐ᄒᆞᆫ나쳔음을

음볼올손가　치신편　세가즈리는는법에이세상스람
들은일보라이거로능라

숫신을ᄒᆞᆫ얏시너치샹는즐ᄒᆞᆫ안보셰낙졔이ᄒᆞ든평싱을

의지식지싱각ᄒᆞᆫ면공슈리공슈거의빅연간ᄒᆞ가쇼곱다

아스꼭와든츳든면드붐이세붐뫼야밥샹의썔든츳지변

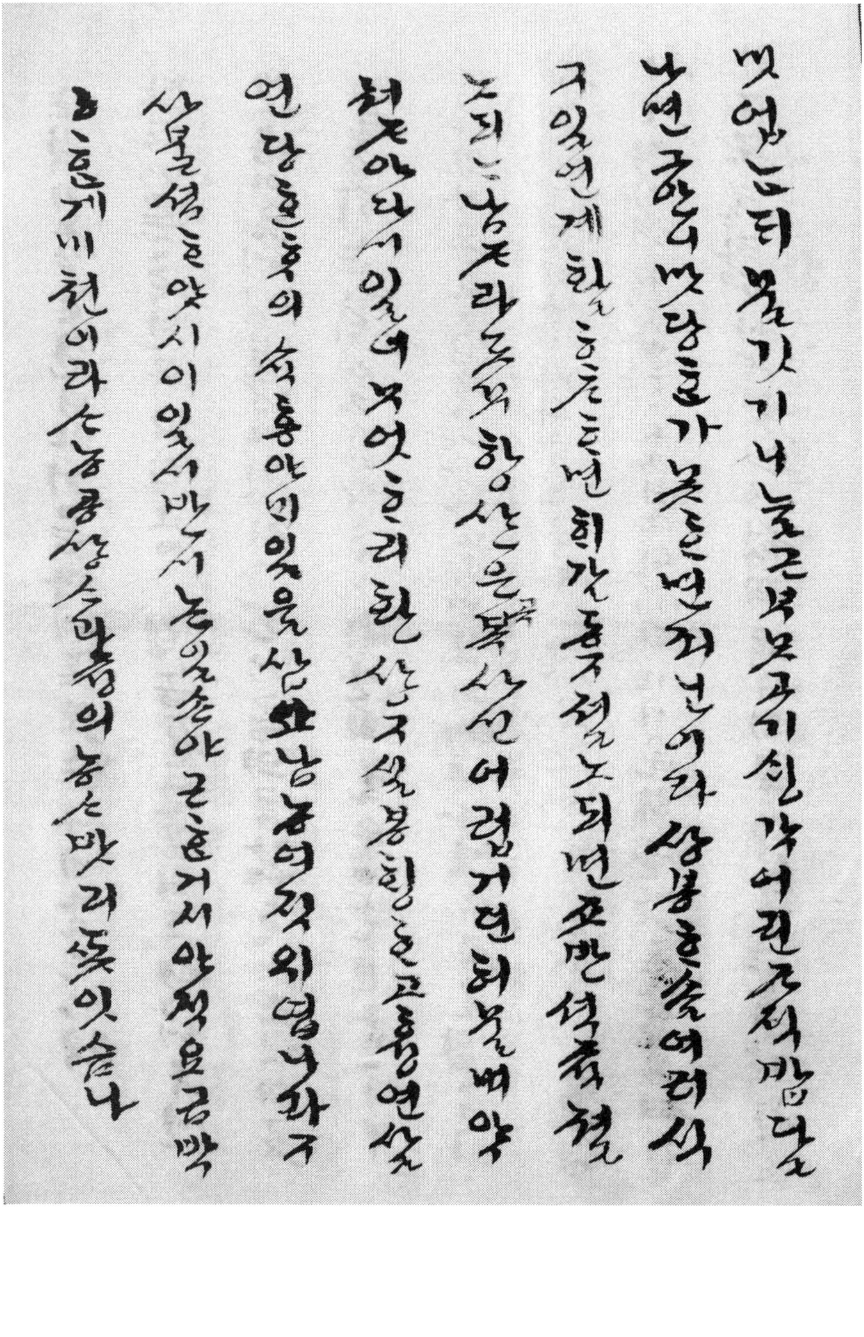

ᄯᅳᆺ업ᄂᆞᆫ되 몰ᄂᆞᆫ가 기나 늣근부모 고이신 ᄀᆞᆨ어진조쳐 ᄭᆞ닭달
남편ᄒᆞᆫ낫 ᄯᅳᆺ당ᄒᆞ가 노ᄅᆞᆫ변죄 난어라 상봉ᄒᆞᆯ 여러ᄉᆡᆨ
거일연계 한ᄂᆞᆫ ᄒᆞᆫᄒᆞᆫ년 희가 동구첩 노되년 ᄭᅩ만 석ᄎᆞ셜
노되ᄂᆞᆫ 남ᄌᆞ라 ᄂᆞᆯ의 항상 은복 사선 어렵거던 허락 별 벼약
혀ᄌᆞ아 다서 일어 보어ᄂᆞᆫ리 한 산지 생봉 힝ᄒᆞ고 용연 삭
연당ᄒᆞᆫ 후의 ᄉᆞᆨ 홍안 미잇은 삼보 남 뇨어 져외 엽나 와구
산불셔ᄂᆞᆫ 약시 이잇서 반서 녹이ᄉᆞᆫ야 근ᄒᆞ 거서 약 책 요금 빡
ᄒᆞᆫ혼게 비 천이라 ᄉᆞᄂᆞᆼ 공상 수라 흥의 ᄂᆞᆼ스 만 리 쏫이 ᄉᆞᆷ나

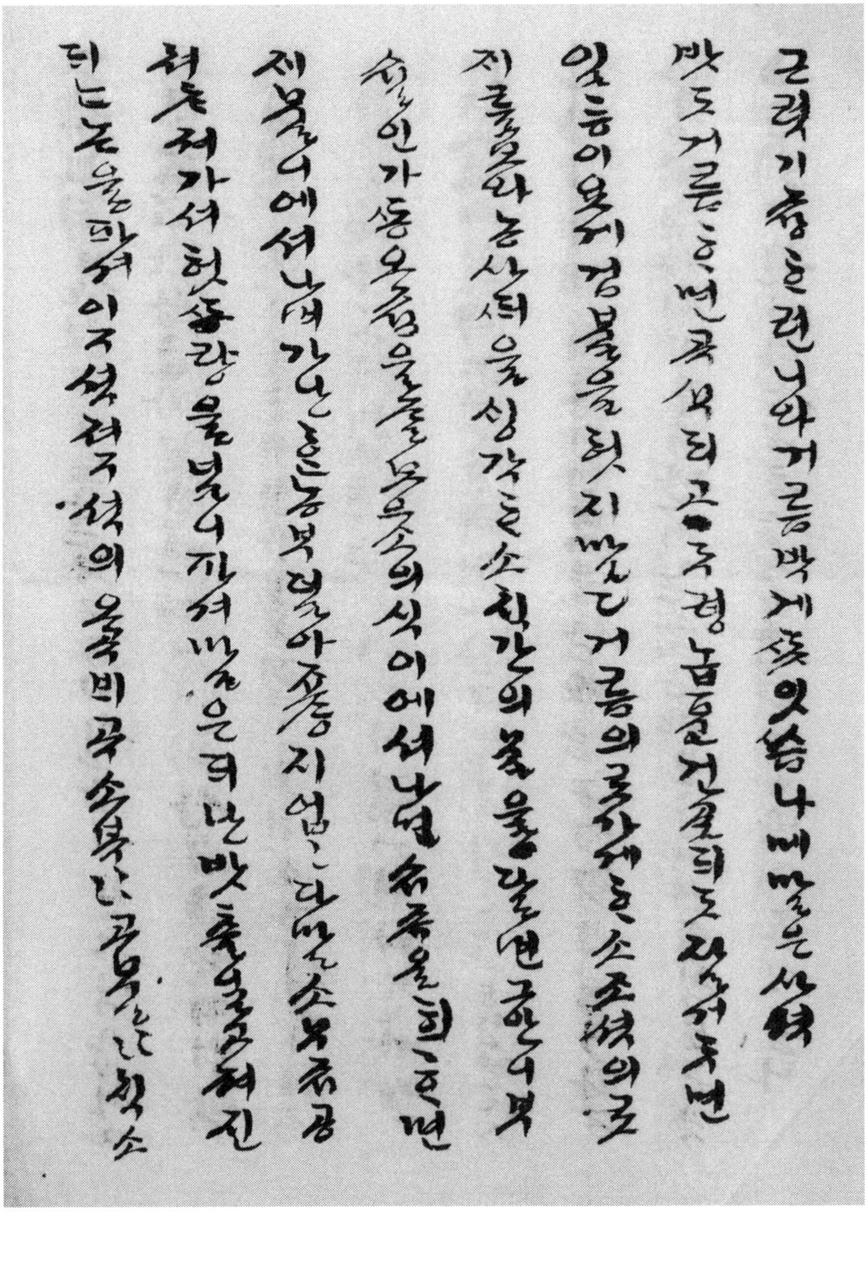

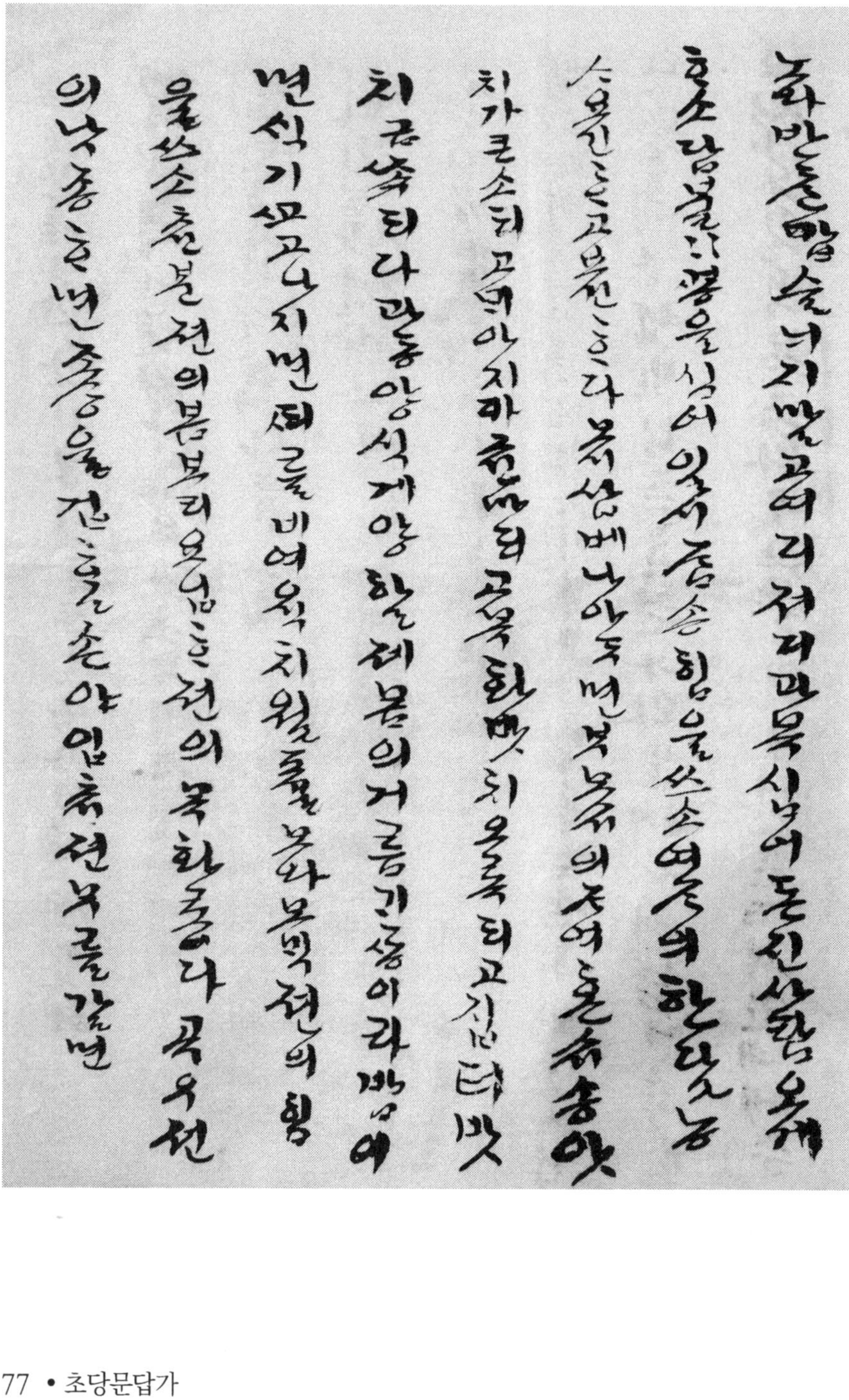
놓와 반은 팔승 너시 맛고 여러 져더 말목 실너 도신 사람 옷채
호소 담불 난 꽁을 싣어 잇서 좀 손 힘을 쓰소 여즈의 한닷 농
스무 닌는 고봄 닌 호다 몸서 삼베 나하 두면 복 노희 의 즈여 도솟 송야
치가 큰소리 고덕 아지까 츰읍뎌 곤욕 환배 치 옥욕 되고 지닌 대맛
치 금 녹쥬 되다 관동 양식 계양 할 데 몸의 거름 긴 생이라 때에
년 식기 쏘고 나지면 쇄를 비여 왹치 원줄 몰라 못 녁 천의 힘
울 쓰소 춤 봄 천의 봄보리 용업 한 천의 복 환롬다 곡우 선
의 낙종 흔 년 종승을 간 혼 손야 입츄 전 보름 갈년

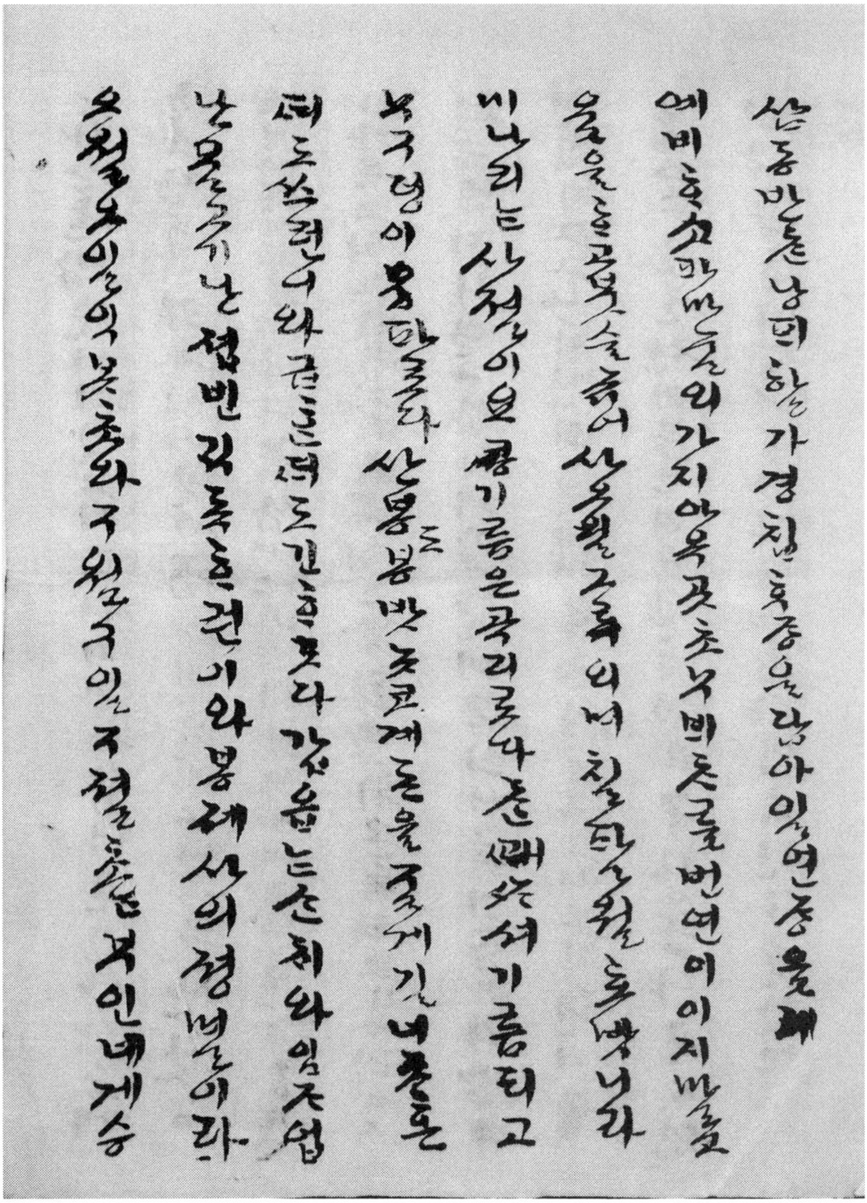

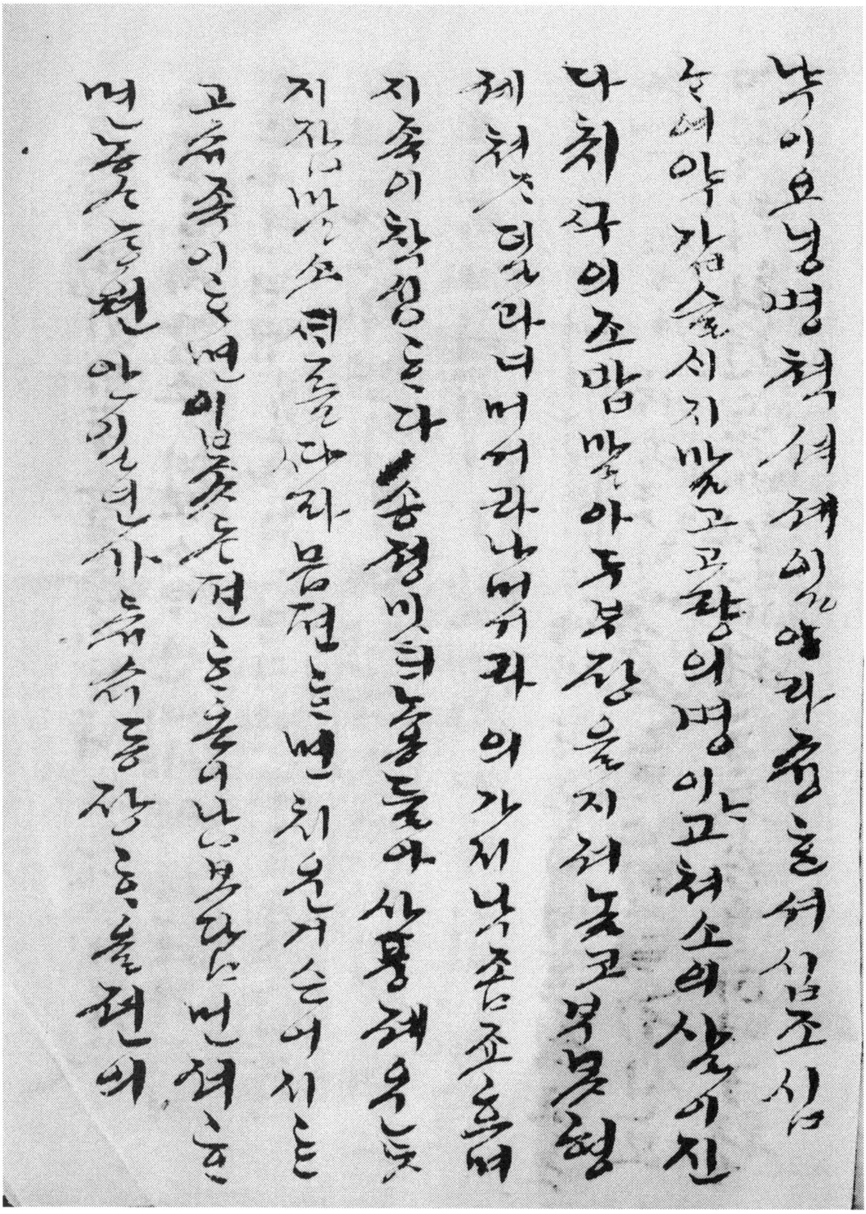
낙이요녕명혁셔쇄시ᄂᆞᆫ야라효ᄒᆞ셔십조십ᄂᆞ
슈ᄉᆡ야가ᄉᆞᆸ슈셰시지ᄆᆞᆺ고공량의명이ᄂᆞᆫ고쳐소의상ᄋᆡ신
다치작의조밥말아두부장을지쳐놋고복복형
쳬쳐ᄒᆞᆫ덥하니머어라나며쉬라 의가서낙좀조흠며
지족이착실ᄒᆞᆫ다 송형미ᄉᆡᆨ녹홍들아 사롱쇄운ᄃᆞᆺ
지잔ᄂᆞᆫᄆᆞᆺᄉᆞ소녀를다ᄉᆡ라몹졀ᄂᆞᆫ변 치운거슨어시든
고슈족이ᄃᆞᆺ변이ᄇᆞᆺ주ᄃᆞᆫ젼ᄒᆞᆫ혼어나보다ᄂᆞᆫ변혀ᄒᆞᆫ
면농ᄒᆞᆫ능천 아ᄒᆡ들년사뉴슈동장ᄒᆞᆺ을편의

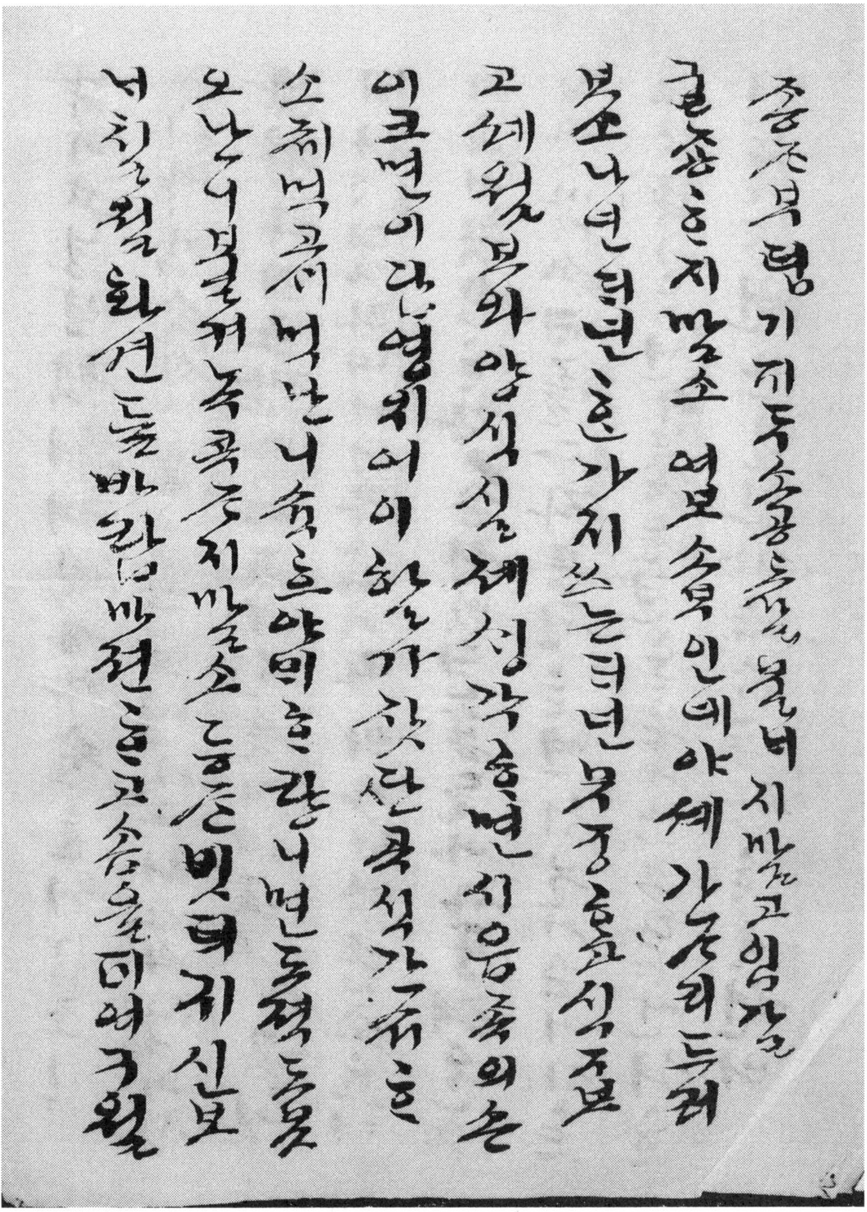

속의ᄒᆞ야보세복ᄉᆡ씨셩양잘치만ᄒᆞᆫ소바람불고치
온난ᄂᆞᆫ은불소신ᄂᆞᆫ올복크ᄒᆞ소ᄒᆞᆫ가ᄐᆞ고잇ᄂᆞᆫ업다고됫
되니ᄉᆞᆷ이ᄂᆞᆫ으지말ᄋᆞ고누구ᄒᆞᆯ가비가올가나무각졍예
비ᄒᆞ소봉변ᄒᆞ고못곤ᄒᆞᆫᄂᆞᆫ체엉너울ᄌᆞ튀말ᄂᆞᆫ소우환
질골쳥각ᄒᆞ야빅ᄉᆞ올유졍ᄒᆞᆫ소어린ᄌᆞ식지여말ᄒᆞ고
놀뢰지ᄆᆞᆫᄉᆞ랑ᄒᆞᆫ소ᄒᆞᆫ의ᄒᆞ셔ᄌᆞ인ᄂᆞᆫ고셔나ᄂᆞᆫ의말ᄂᆞᆫ올
벼티말조복모덕의ᄒᆞᆺᄒᆞᆫ둘ᄌᆞ녀도그러ᄒᆞᆫ가번져
내느갈ᄂᆞᆫᄒᆞᆫ고ᄒᆞ의난복ᄌᆞ되면난의이복죠편ᄭᅦ

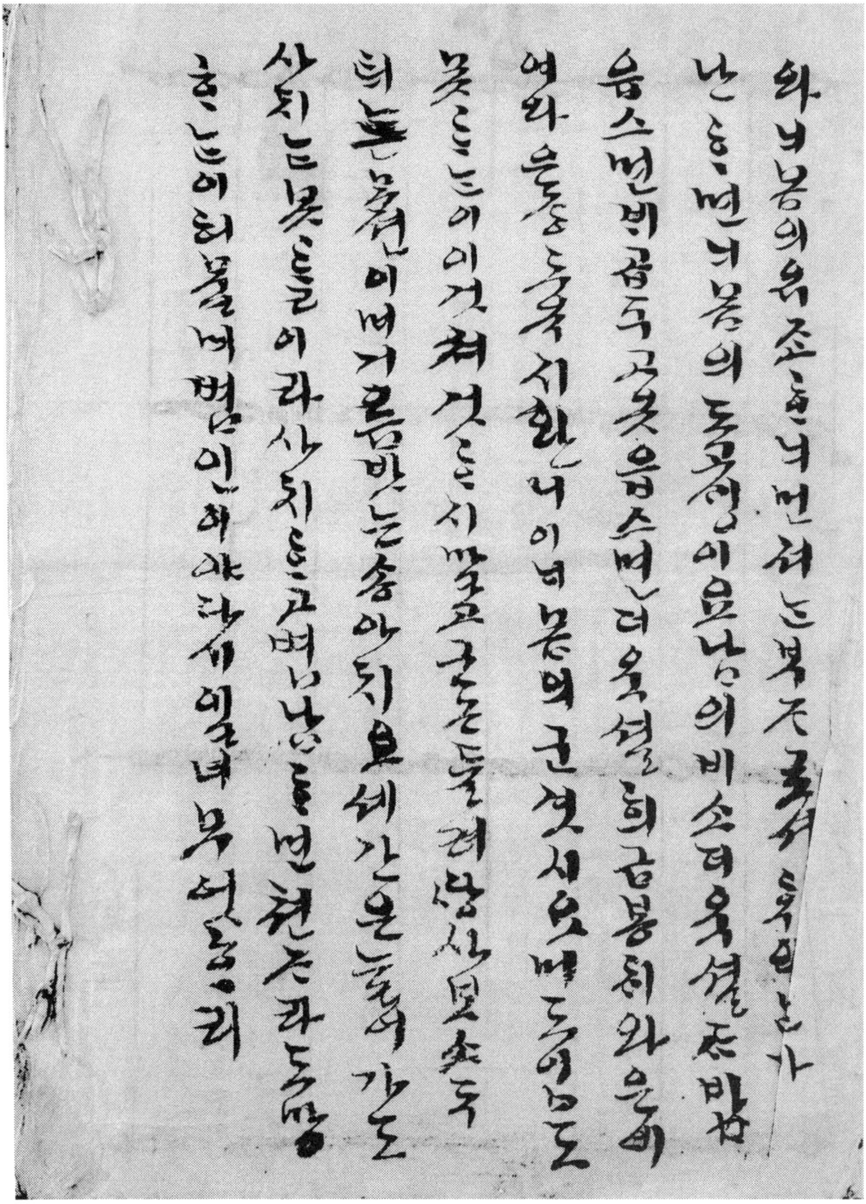

추풍감별곡
秋風感別曲

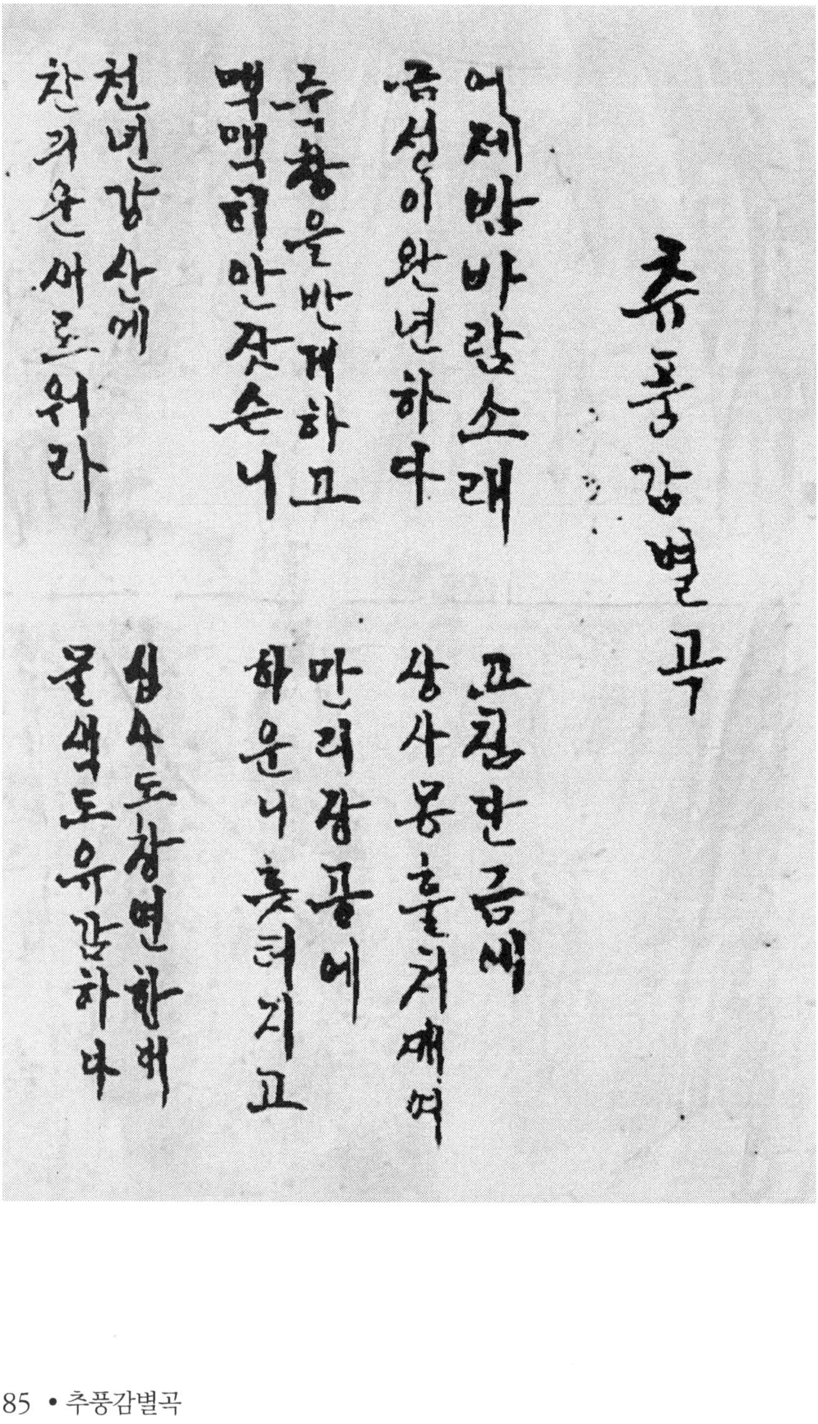
츄풍감별곡

어제밤바람소래
금성이완년하다
쥭창을반개하고
맥맥히안잣슨니
천년강산에
찬긔운새로워라

고침한금새
상사몽훌쳐깨여
만리장공에
하운니흣터지고
심사도창연한데
물색도유감하다

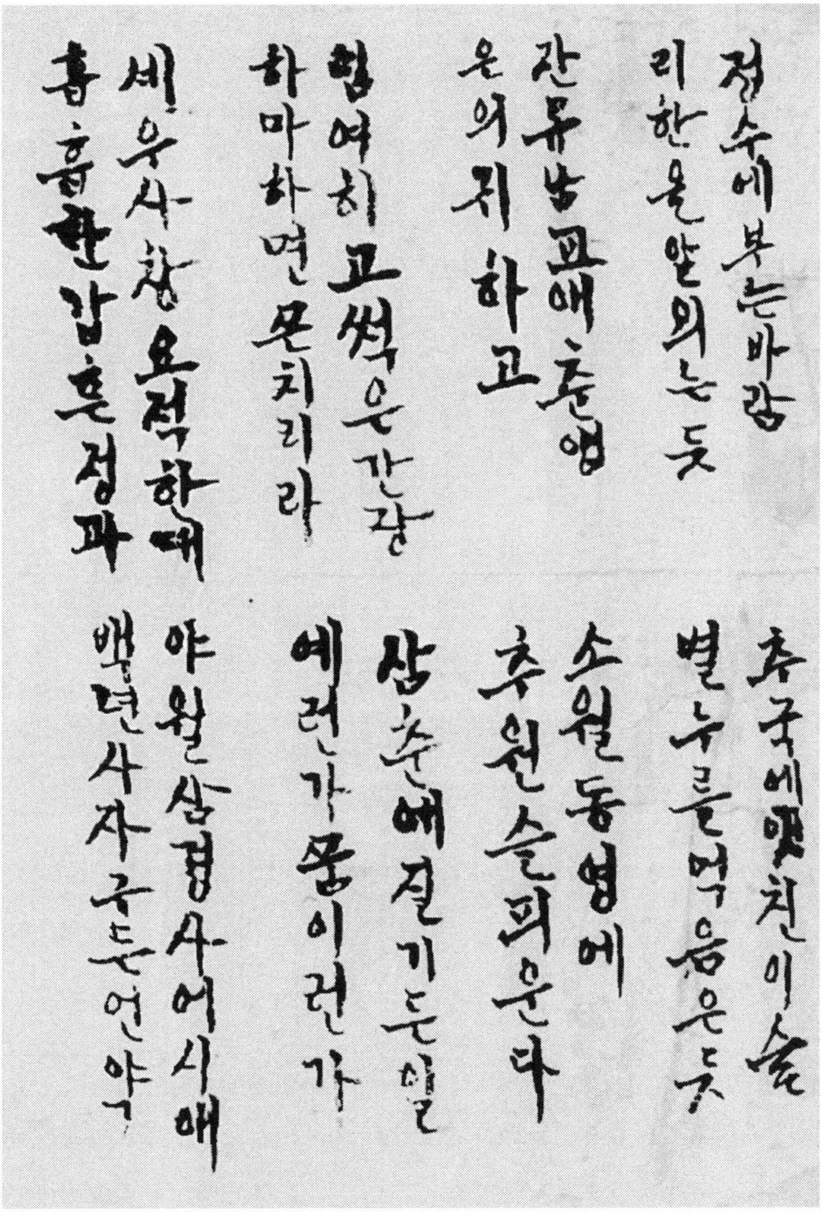

졍슈에 부는 바람
리한 올알의 는 듯
간류남교에 춘영
운의귀 하고
험여히고 쎠운 간장
하마하면 몬치리라
세우사창 요적한데
흉흉한 감혼 정과

춘국에 맺친 이슬
별누를 먹음은 듯
소월동정에
추원슬피 운다
삼춘에 절기는 실
예런가 꿈이런가
야월삼경 사사어시매
백년사자 구든 언약

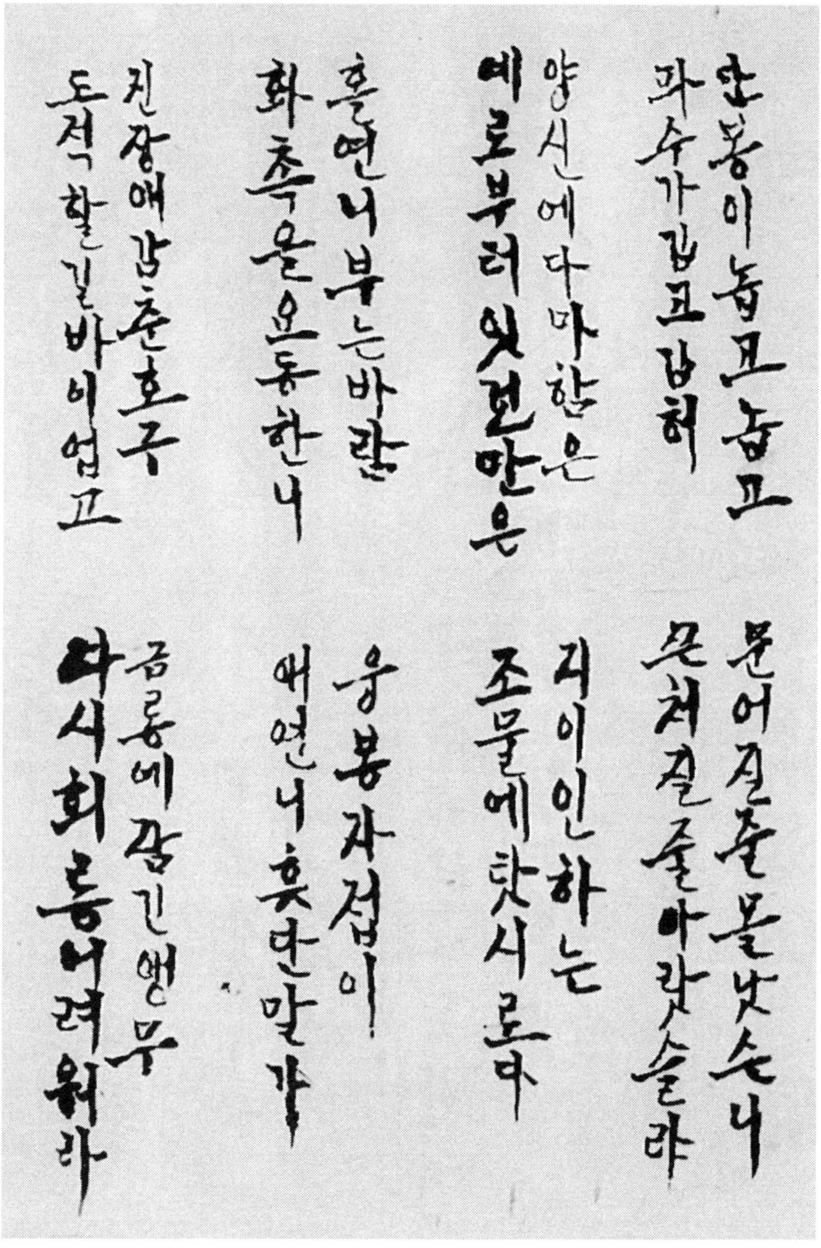

산봉이 놉고 놉고 분어 질줄 볼낫스나
파수가 깁고 깁허 못쳐 갈줄 아랏슬라
양신에다 마한은 리이인 하는
예로부터 잇던만은 조물에 갓시로다
흘연니 부는바람 웅봉자접이
화촉을 요동한니 깨연니 흣던말가
진장애 감춘호구 금롱에 잠긴앵무
도적할 길바이 업고 다시 회롱 어려워라

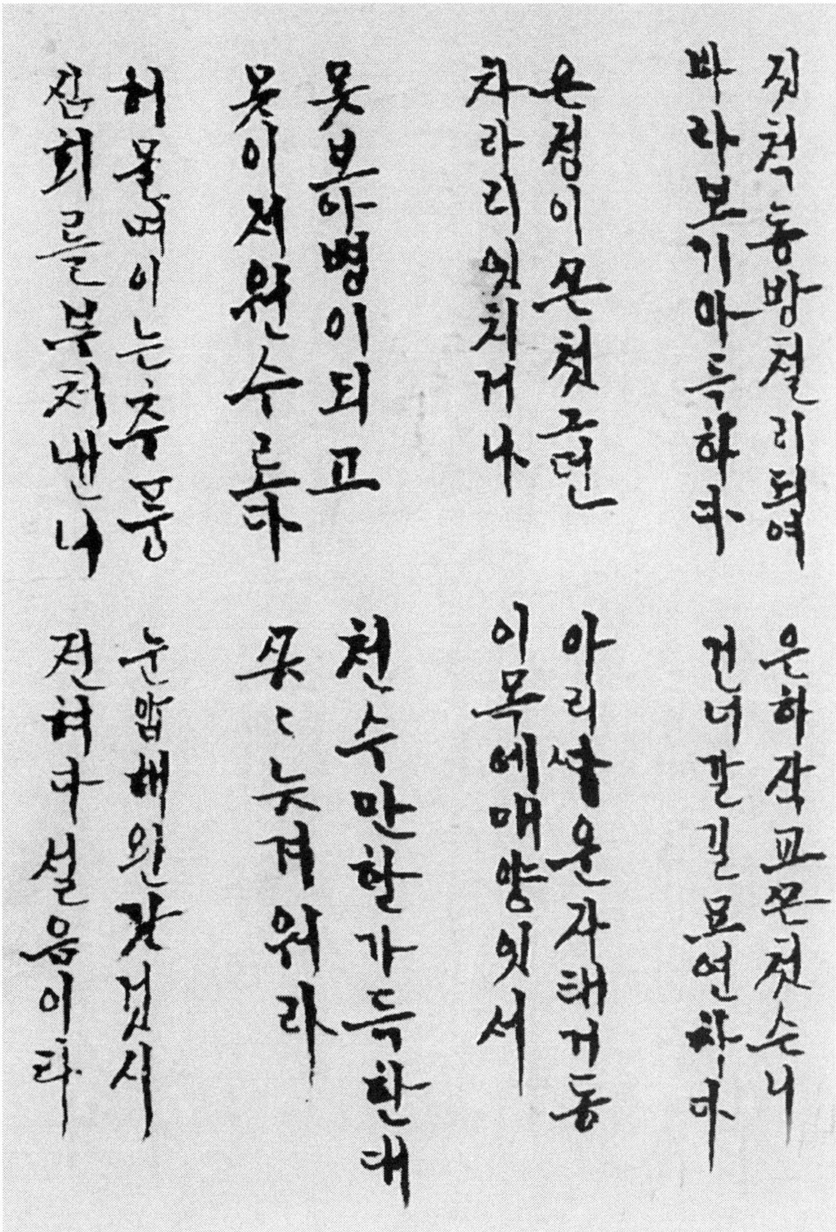

지쳑동방 쳘리되여 운하작교 끈쳣스니
바라보기 아득하다 건너갈길 묘연하다
은정이 끈쳣드면 아리ᄯᅡ운 자태거동
차라리 잊치거나 이목에 매양잇서
못보아 병이되고 쳔수만한 가득한대
못이져 원수로다 뭇〻 늣겨워라
허물며 이는 추풍 눈압배 왼갓것시
잠회를 부쳐낸나 젼혀다 셜움이라

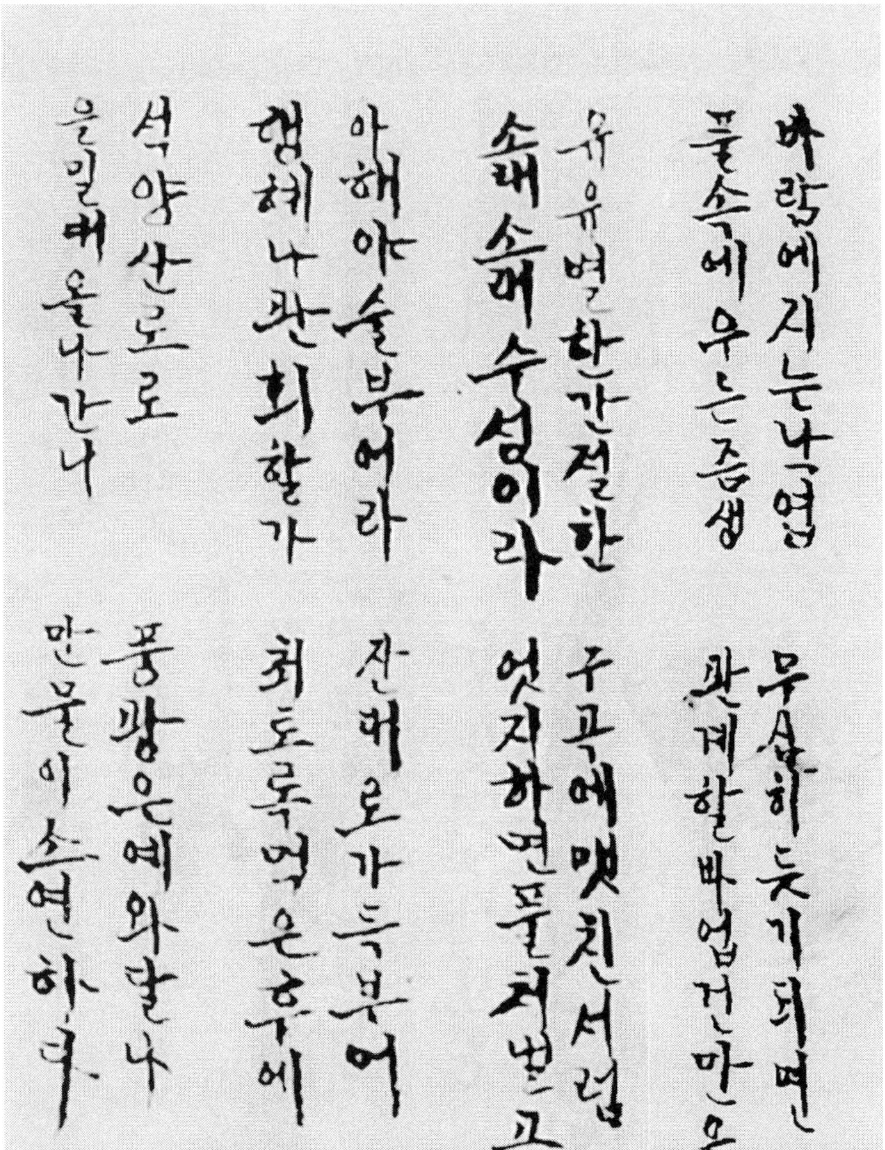
바람에 지는 낙엽 무삼히 듯기되면
풀속에 우는 즘생 관계할 바 업건만은
유유별한 간절한 구곡에 맷친 서럼
쇄쇄쇄쇄 수성이라 엇지하면 풀처보고
아해야 술부어라 잔에 오가득 부어
행혀나 관회할가 취토록 먹은 후에
석양산로로 풍광은 예와 달나
을밀대 올나간나 만물이 소연하다

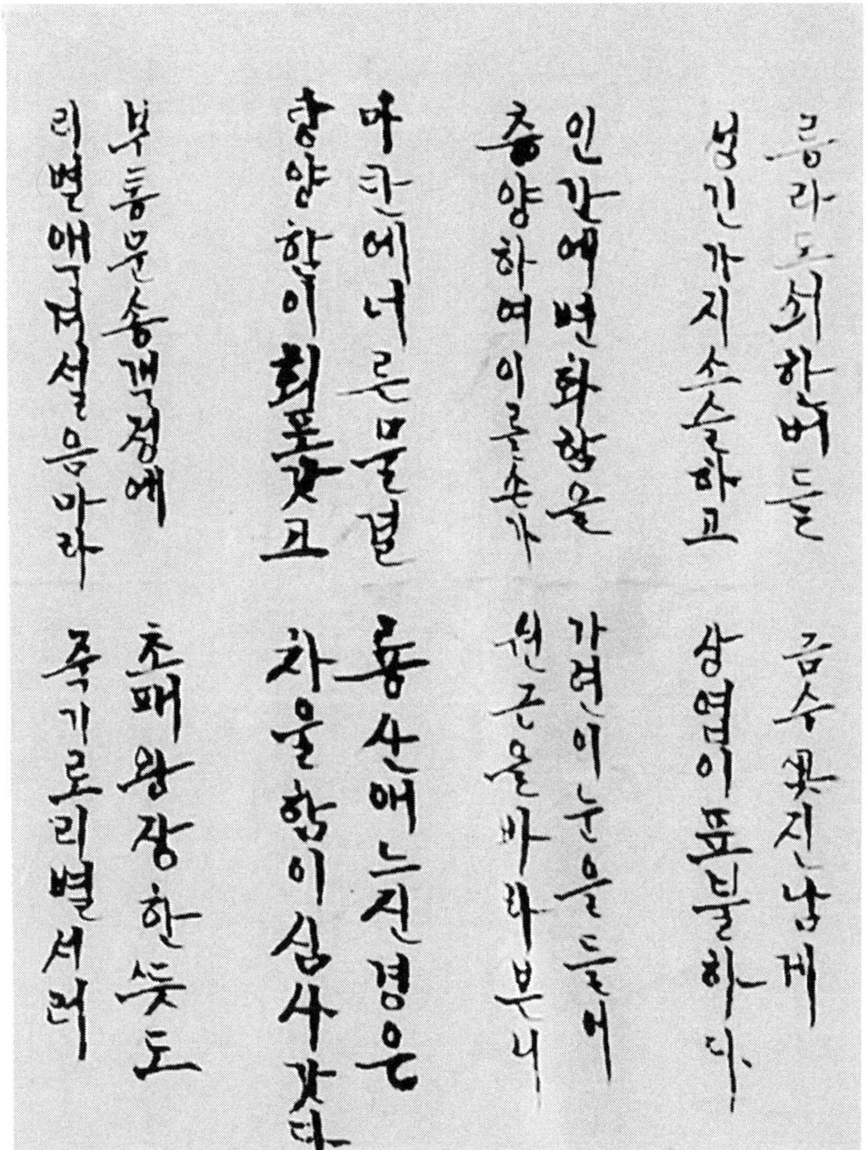

금라도 쇠한 버들 금수 맺진 남게
성긴 가지 소슬하고 상엽이 표불하다
인간에 변화함을 가련이 눈을 들어
츈양하여 이룰손가 원근을 바라보니
마관에 너른 물결 홍산애 느진 경운
향양함이 회포갓고 차울함이 심사갓다
부용문 송객정에 초패왕 장한 뜻도
리별애 겨셜음마라 죽기로 리별서러

옥장비가에 오갑풍우에
눈물은지엇스나 울는말은못흐렷네
천지난명, 재여 세상리별남여중애
리별은누구누구 날갓든니뇌잇슨가
수로문애뜨는배는 만장수회시른후애
향하는곳어더맨고 결리약수건느가서
우리입계선곳에 성두애느진경은
수이수이풀고지고 견데여못볼내라

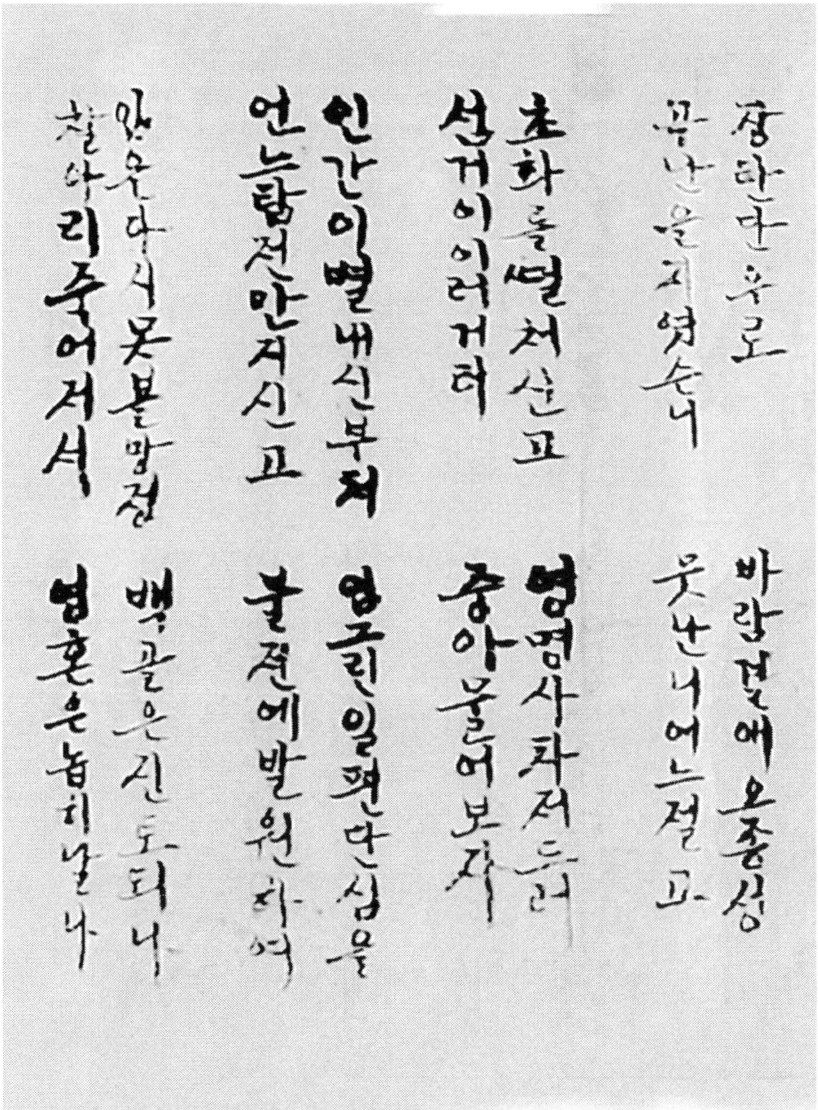

상단단 우로 바람결에 오좋싱
꼬난을지엿슨니 웃난니어느절고
초화를별져산고 영명사차저드러
섬거이이러거허 중아물어보자
인간이별내신부처 얼굴린일편단심을
언느탑전만지시신고 불젼에발원하여
깁은다시못볼망정 백골은신토되나
찰아리죽어저서 영혼은놉히날나

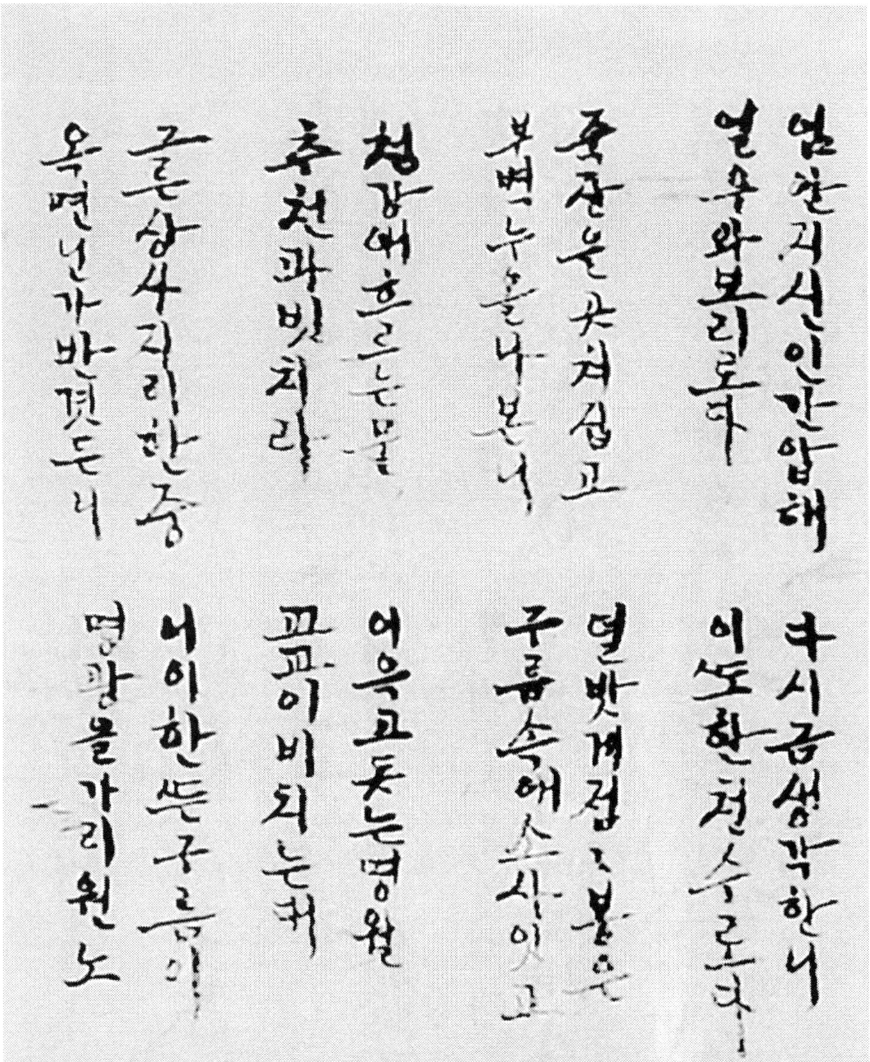

염찬거시인간압해 다시금생각하니
열우와보리로다 이도한견수로다
좇준을긋쳐십고 열밧게졉ㅅ봄은
부벽누올나본니 구름속에소사잇고
청강에흐르는물 에우고돗는명월
추천과빗치라 끔끔이비치는데
굴은상사지리한중 너이한쓴구름이
옥면난가반겻드니 명광을가리원노

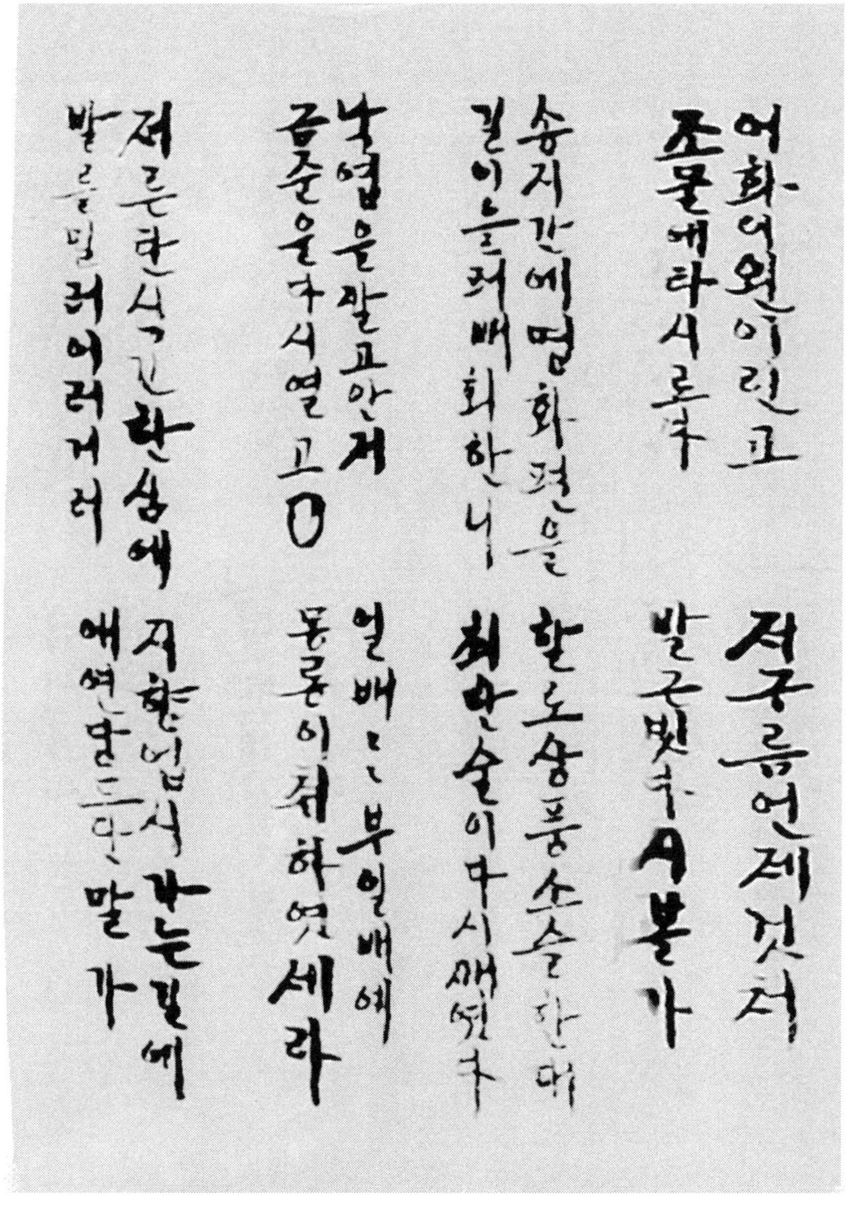

어화 어인이런고 저구름언제것처
조물에다시로ᄒᆞ 발근빗ᄎᆞ [illegible] 볼가
송지간에명화편을 할노상풍소슬한대
길이울커빼회한니 취한술이다시깨셧ᄂᆞ
낙엽을짤고안저 일배ᄂᆞᆫ부일배에
곱준을ᄂᆞ시열고 몽롱이취하여셰라
저른한시간한상에 지한업시가는길에
발을밀려어러거러 에여한들말가

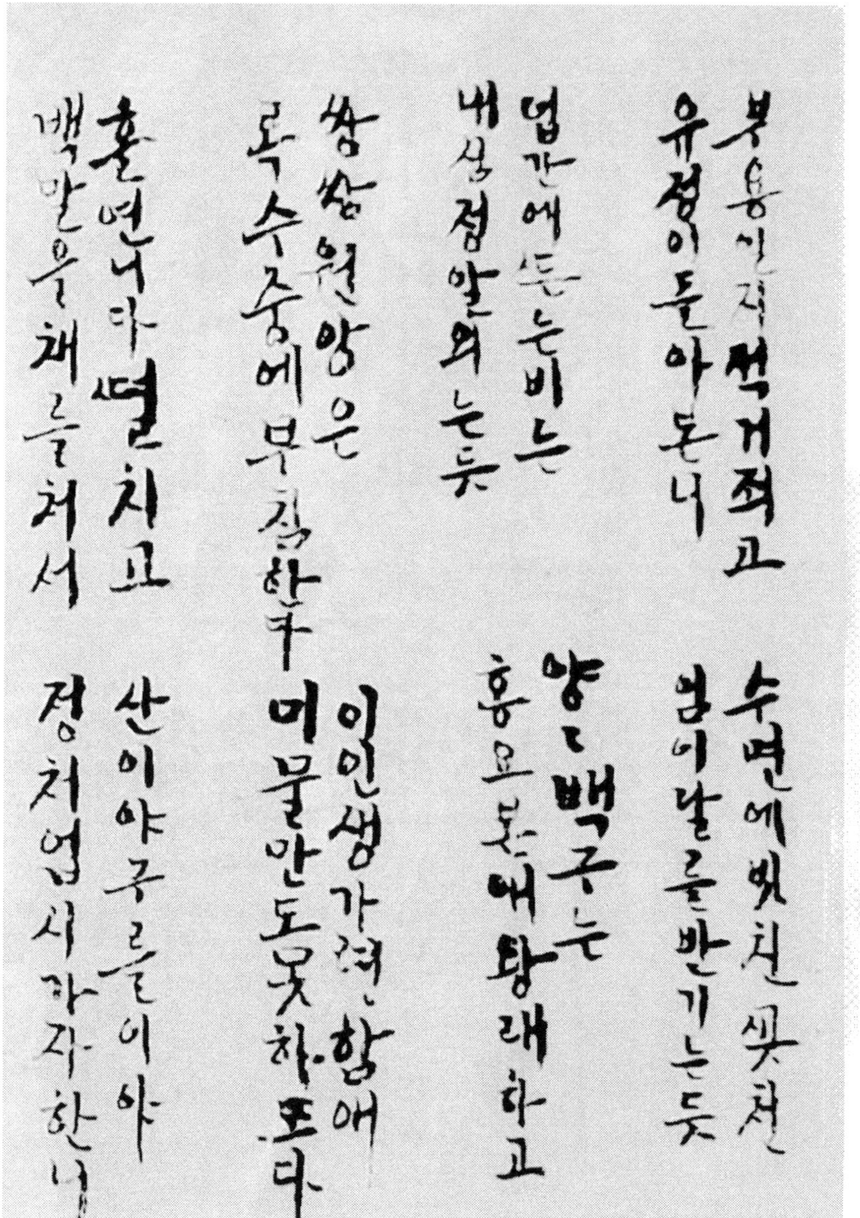
부용이저 썩거져고 수변에 빗친 씻처
유정이 돌아 도니 밤이 날을 반기는듯
엽간에 듯는 비는 양ㄷ 백구는
내실 정압의 는듯 홍요봇에 왕래하고
쌍쌍 원앙은 이인생 가련함애
록수중에 부침한구 미물만도 못하도다
훌연나다 떨치고 산이야 구름이야
백말을 채를 쳐서 정처업시 가자 하니

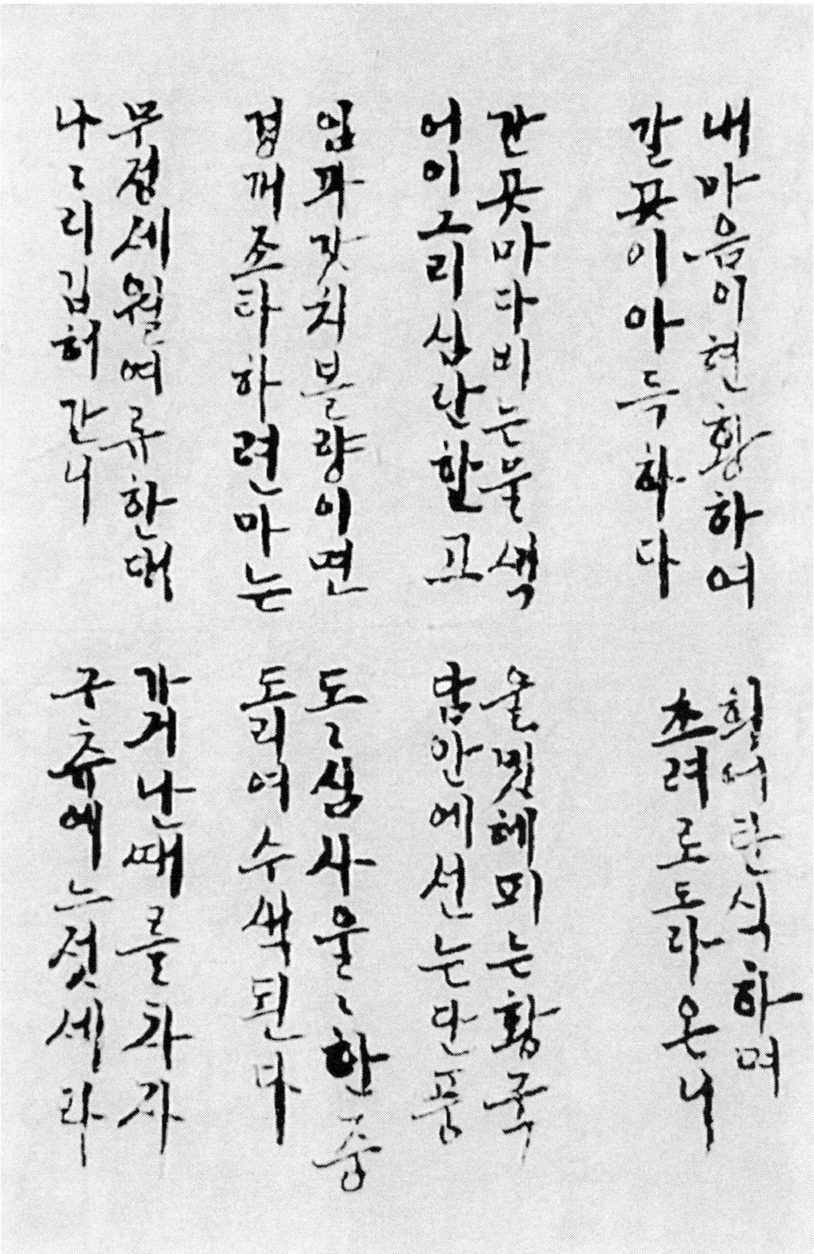
내마음이현황하여 희허탄식하며
갈곳이아득하다 초려로도라오나
간곳마다비는물색 울밋헤뫼는황국
어이그리삼난한고 담안에선는단풍
엄파갓치불량이면 도〃심사울〃한중
경개조타하련마는 도리여수색된다
무정세월여류한대 가거난때를차자
나〃리깁허간니 구츄에느섯세라

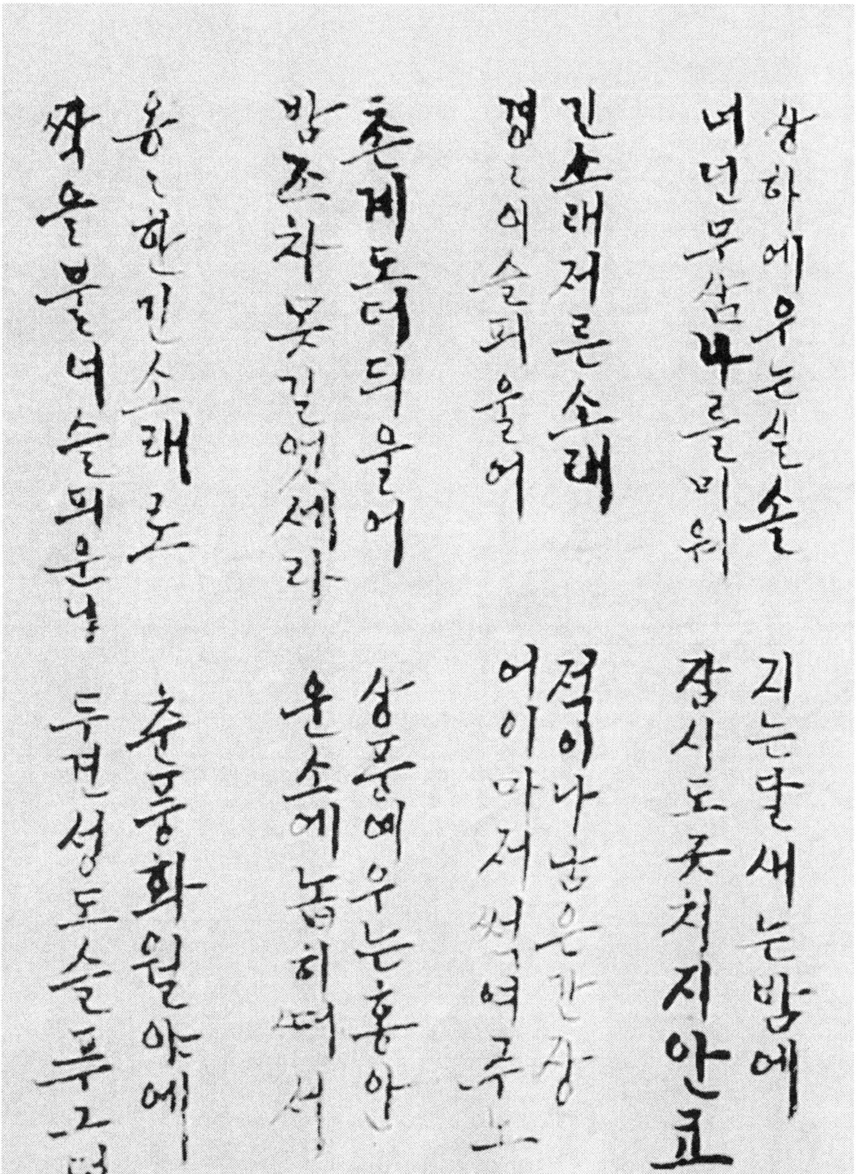
상하에 우는 실솔 지는 달 새는 밤에
너넌 무삼 나를 미워 잠시도 긋치지 안코
긴 소래 저른 소래 적이나 남은 간장
경경이 슬피 울어 어이 마저 석여주노
춘계도 더듸 울어 상풍에 우는 홍안
밤조차 못길엇세라 운소에 놉히 떠서
홍홍한 긴 소래 로 춘풍화월야에
잠을 불너 슬픠운냐 두견성도 슬푸고면

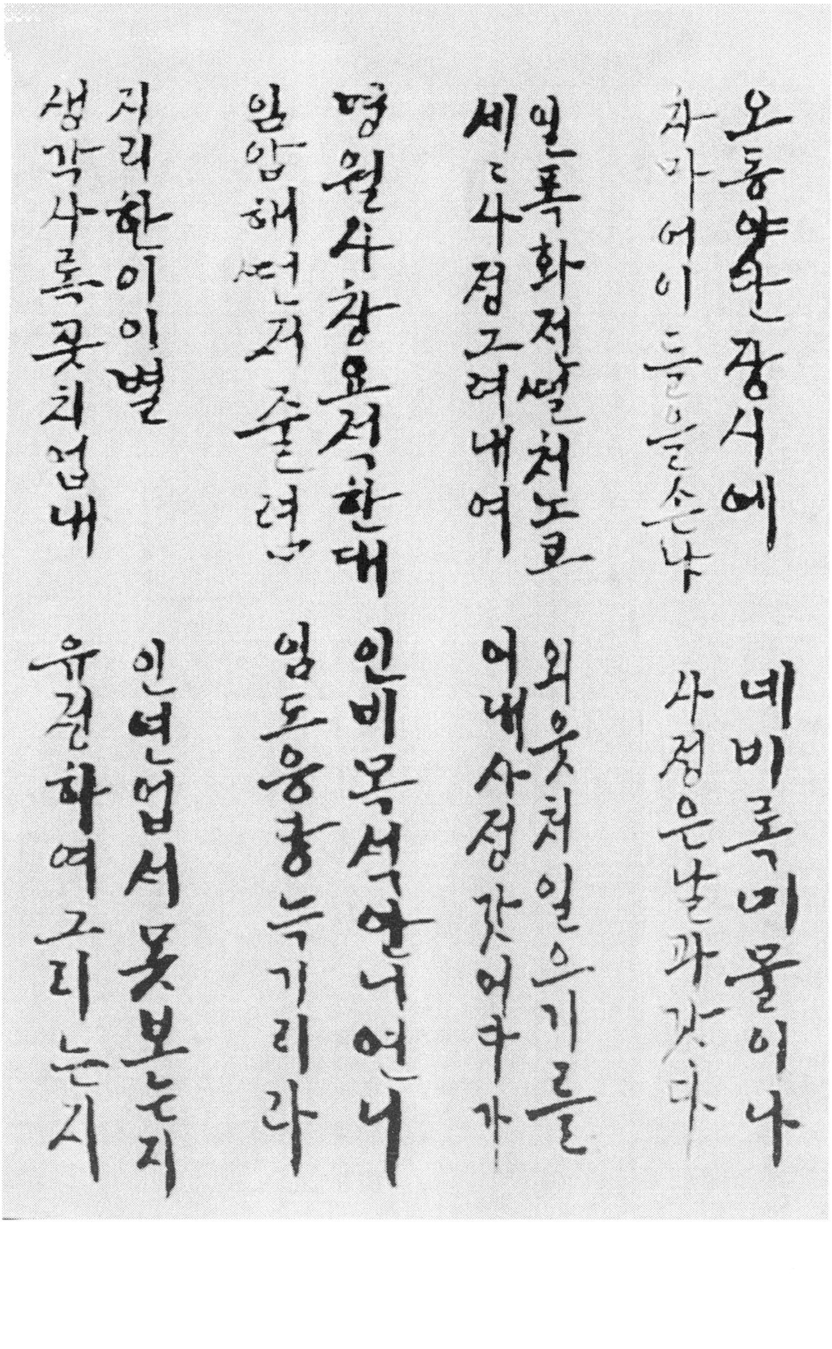
오동낙엽 강서에 네비록 미물이나
차마어이 들을손나 사정은 날과갓다
일폭화전 셜처노코 외웃처 일으기를
세〻사정 그려내여 어내사정 갓어〻가
명월사창 요적한대 인비목석 안니연니
읍압해 선져 줄련 엄도웅충 누기리라
지리한 이이별 인연업서 못본는지
생각사록 꼿치업내 유권하여 그리는시

인연니업섯스면 유정함이업셧스면
유정인들어이하여 그리긴들어이할가
연분도업거안코 일성중남북촌애
유정도하거마는 어이그리못보는고
오호명월발근대와 설진심중무한사도
초산운무성길적에 황연한꿈이로다
무진정회강잉하여 무심한뜻구름은
문을열고바라보니 몬쳣다가다시잇네

우리임계신곳은 오며가며두사이에

저구름아래운마는 무산약수가렷건대

양처가막〻하여 들새업는이내사점

연신이못단말가 어게가지졉하리

벽상에그린오동 봉구황한곡조를

강잉하여내려노코 한슘석거기리탄니

여음이요〻하여 상여에옛곡소는

원하는듯한하는듯 의연히잇건마는

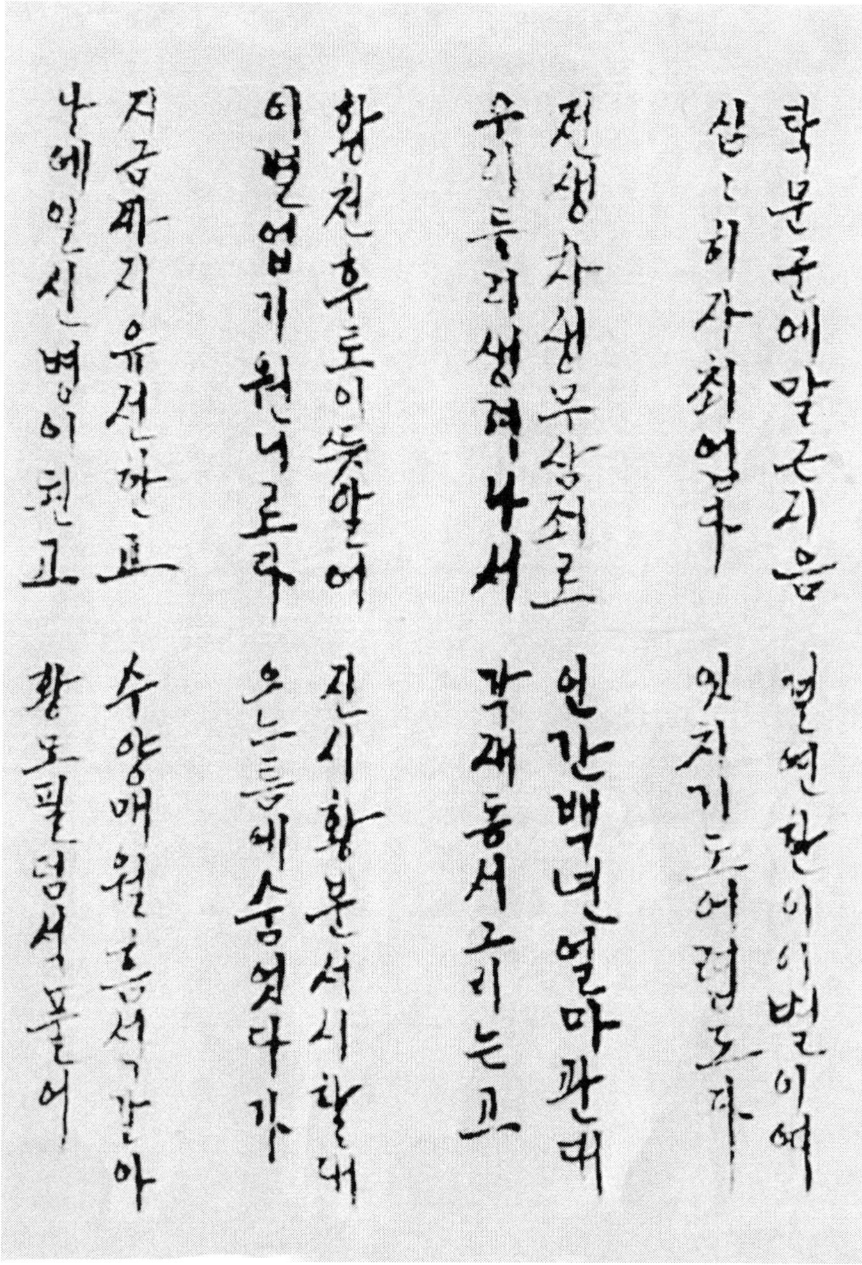
학국문군에 말근지음 별션한이 이별이여
산ㄷ히자최업구 어치기도어렵도다
전생차사원부상처로 인간백년얼마관데
우리둘이생겨나서 각재동서그리는고
한천후토이뜻알어 진시황분서시할내
이별업기원너로다 온느릉에숨엿다가
지금까지유젼한고 수양매월훙셕갈아
나에일신병이된고 황모필덤셕물어

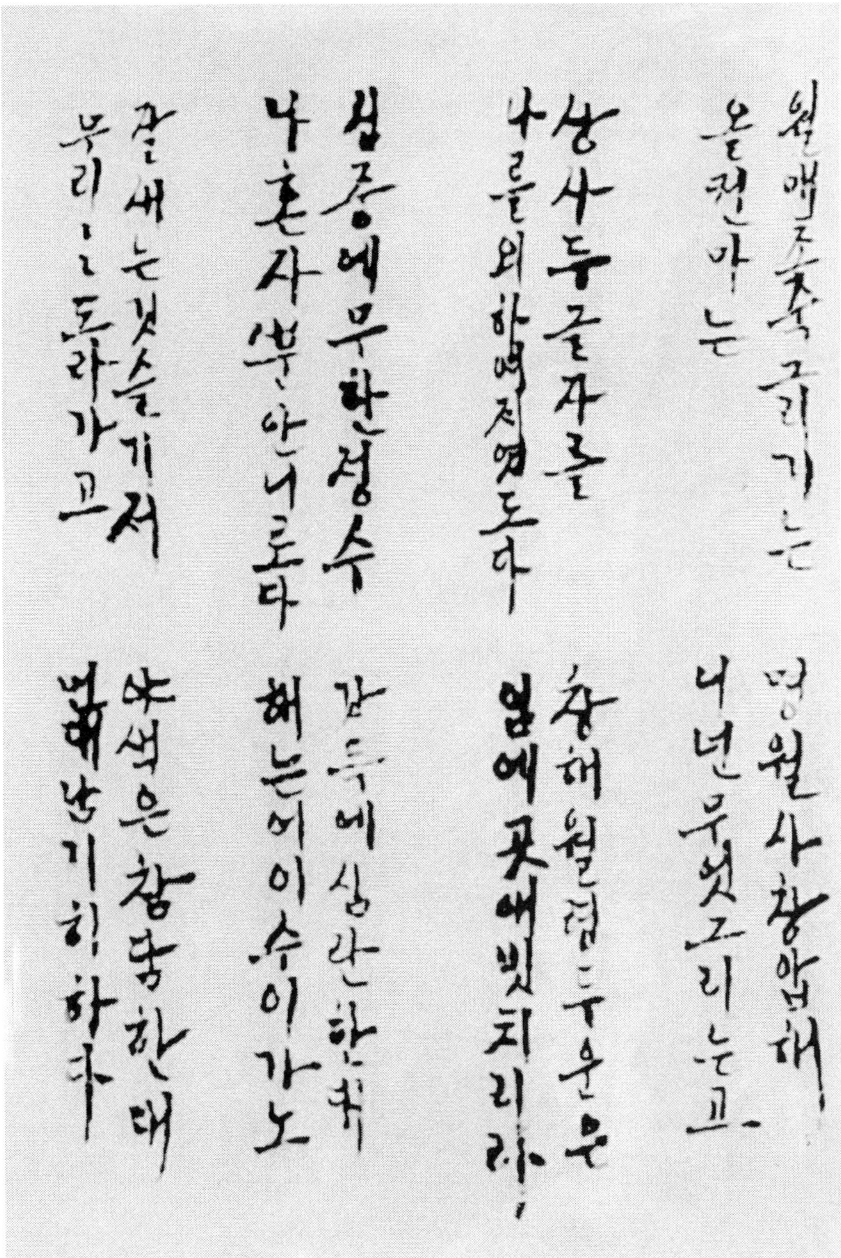

월색조차 그리기는 명월사창 압해
온젼아는 니년 무엇 그리는고
상사둥글자를 창해월졍 두운은
나룰위하여 지엿도다 님에곳에 빗치리라
심중에 무한셩수 갈듁에 상간하녀
나혼자 생분 안니로다 혜는이 이수이가노
골새는 빗슬기져 야색은 참담한대
무리ᄂᆞᆫ 도라가고 내해난 기히하다

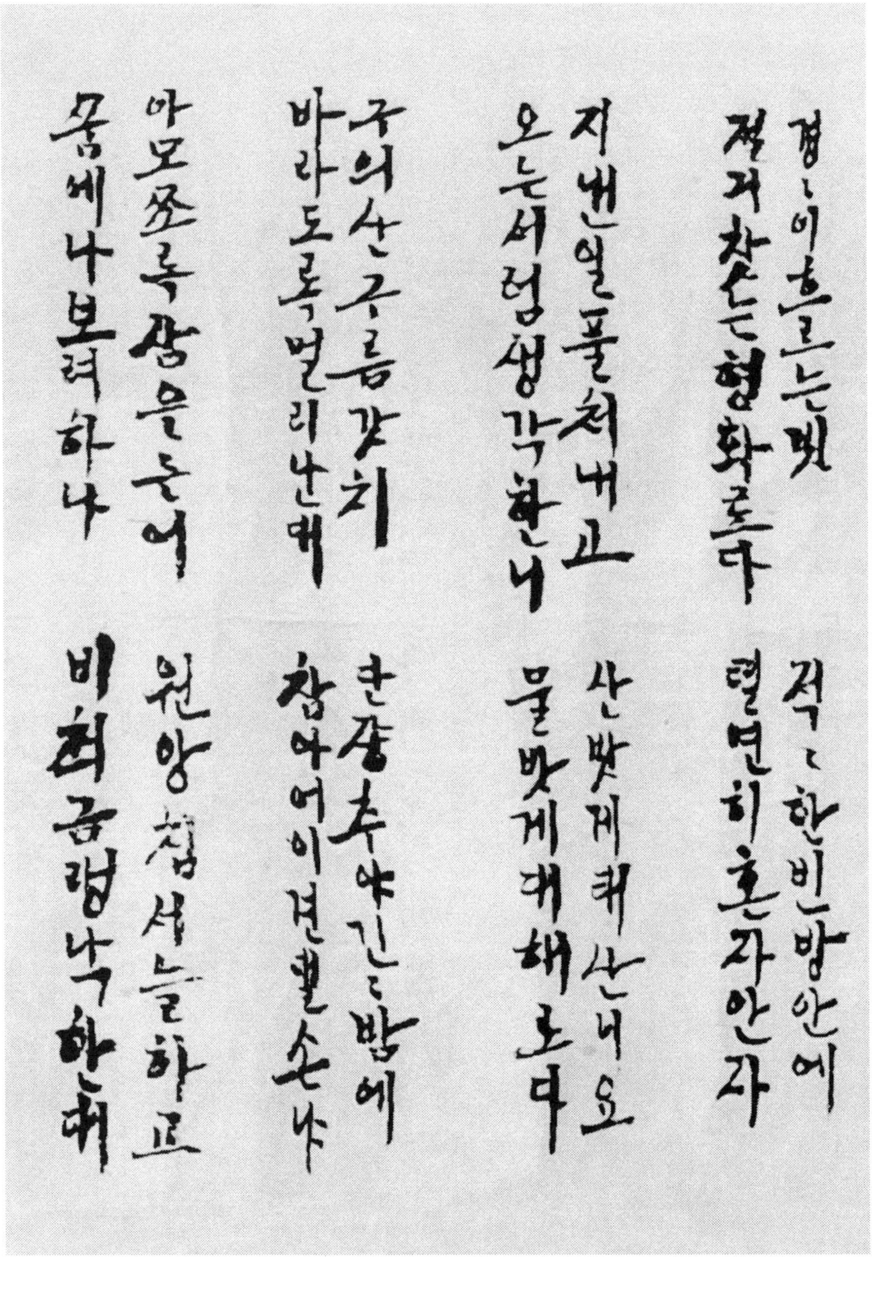

경경이 흐르는 빗 적적한 빈방 안에
져거찬는 형화로다 혈연히 혼자 안자
지낸일 풀쳐내고 산밧게 켸산네요
오는서렴 생각한니 물밧게 대해로다
구의산 구름갓치 큰동추야 긴긴 밤에
바라도록 멀리난데 참아 어이 견딜손냐
아모쪼록 잠을 들어 원앙침 서늘하고
꿈에나 보려 하나 비취금 랭낙한데

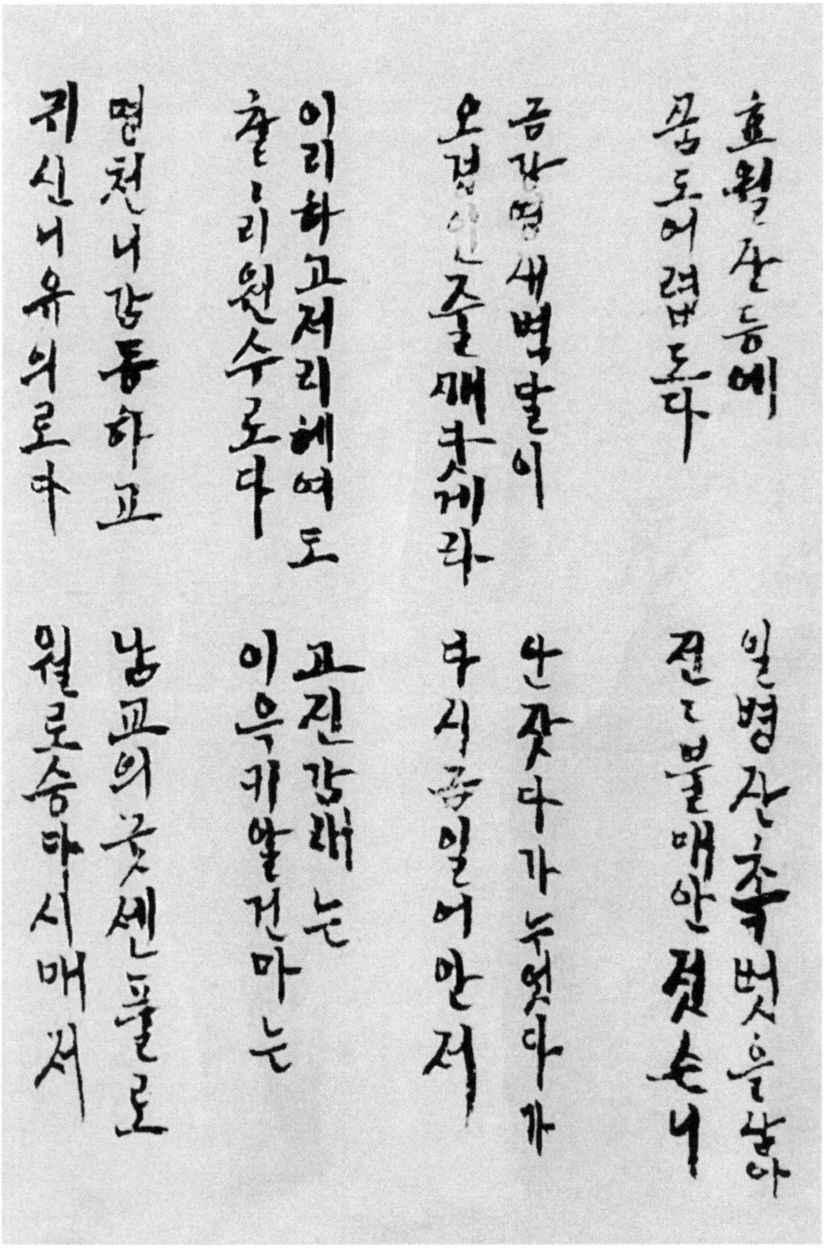

효월ᄉᆞ둥에 일병잔촉 벗슬 삼아
꿈도 어렵도다 전전불매 안젓ᄉᆞ니
금강령 새벽ᄃᆞᆯ이 산잣다가 누엇다가
오경야간 줄ᄆᆡᄎᆞ쉬게라 다시 좀 일어 안저
이리하고 저리헤여도 고진감래는
출출리원수로다 이웃기 알건마는
면천니 강통하고 남교의 굿센 풀로
귀신니 유의로다 일결로 숨마시매서

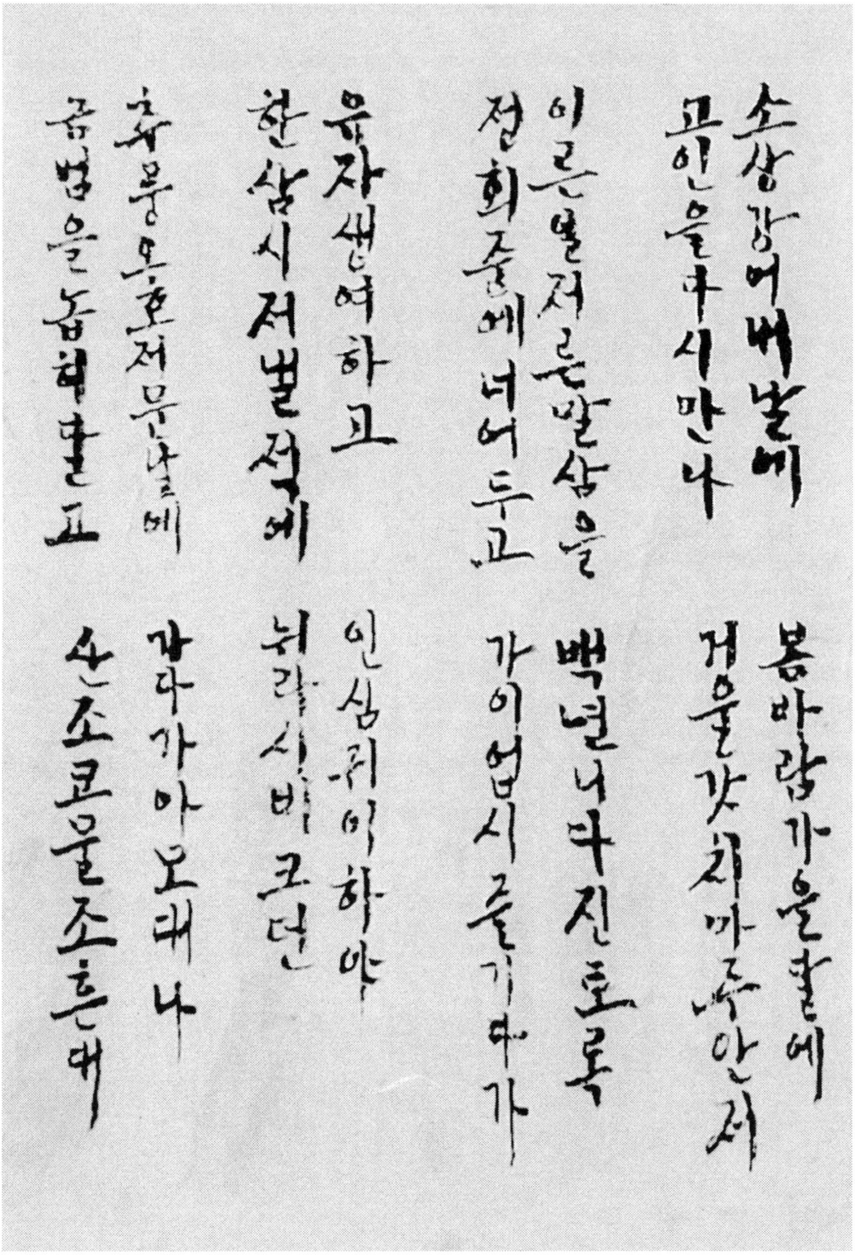
소상강어배날에 봄바람가을달에
고인을다시만나 거울갓치마주안저
이른별저른말삼을 백년나마진토록
정회중에너어두고 가이업시즐기다가
유자생여하고 인심귀이하야
한삼시저별젹에 뉘라시비크던
추풍오호저무날에 가다가아오대나
곰범을놉히들고 산조코물조흔대

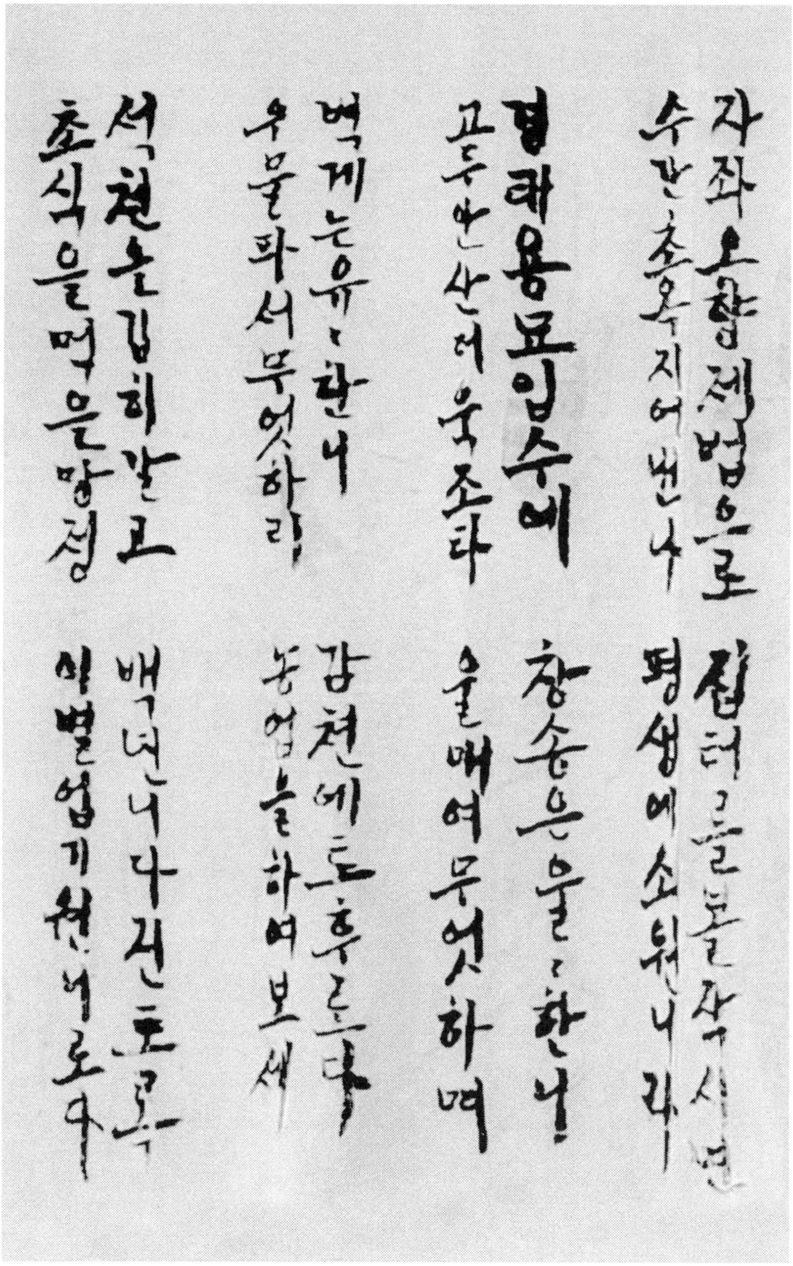
자좌오향제법으로 집터를볼작시면
수간초옥지어내니 평생에소원니라
팔래용묘입수에 창송은울울한니
고두안산어옥조라 울매여무엇하며
벽계는유유한니 강천에도흥도다
우물파서무엇하랴 농업을하며보세
석천은깁히갈고 백년니다진토록
초식을먹은망정 이별업기원너로다

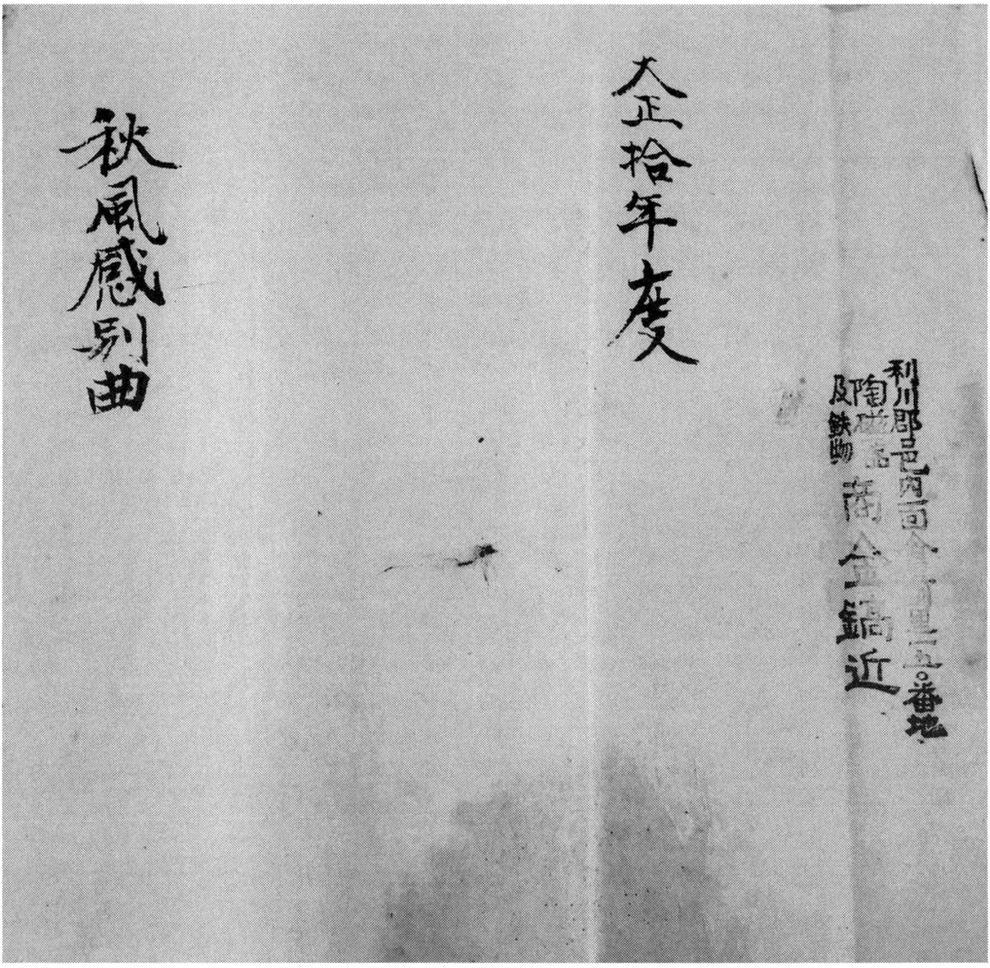

秋風感別曲

大正拾年度

利川郡邑內面倉前里二五○番地

陶磁器及鉄物商 金鎬近

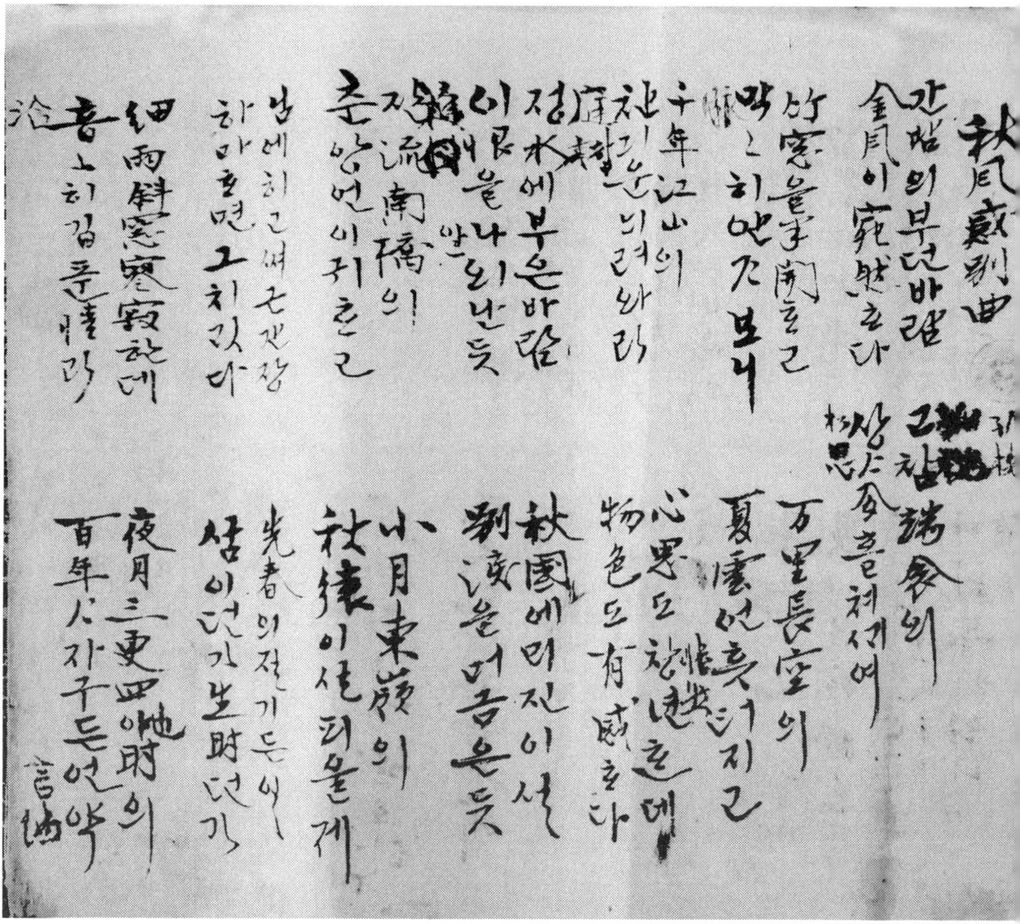

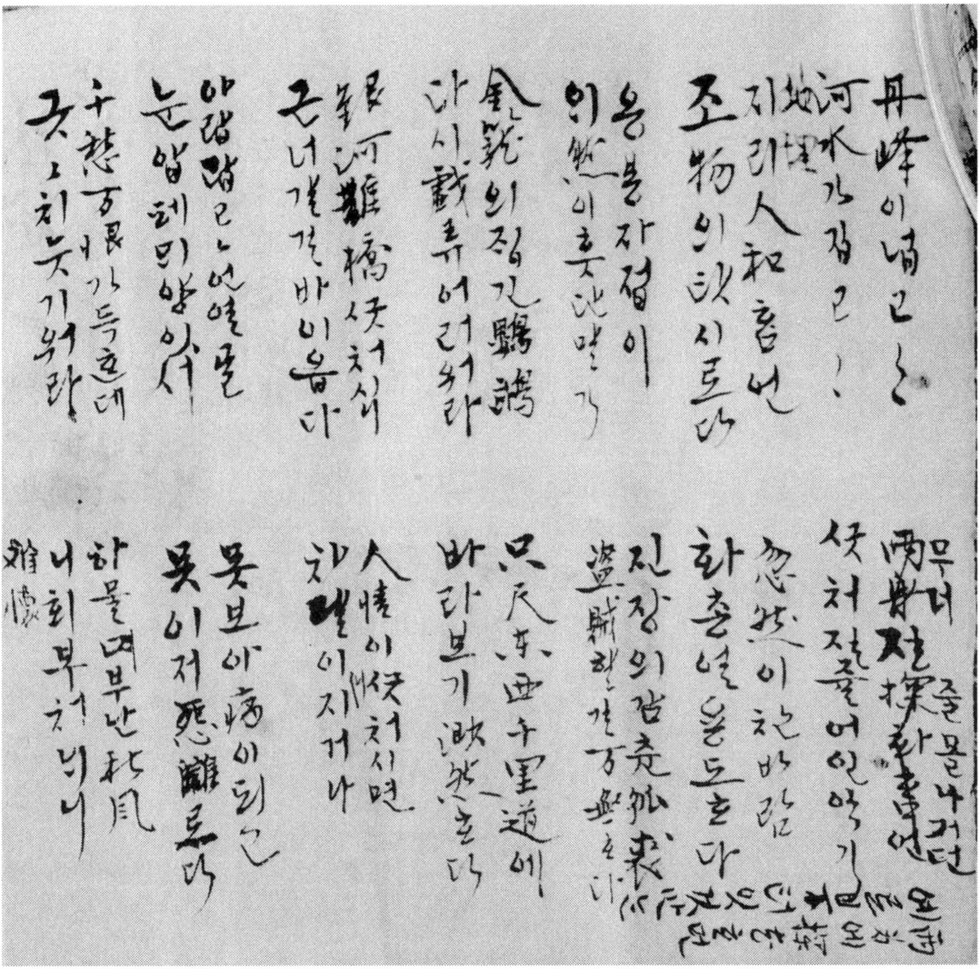

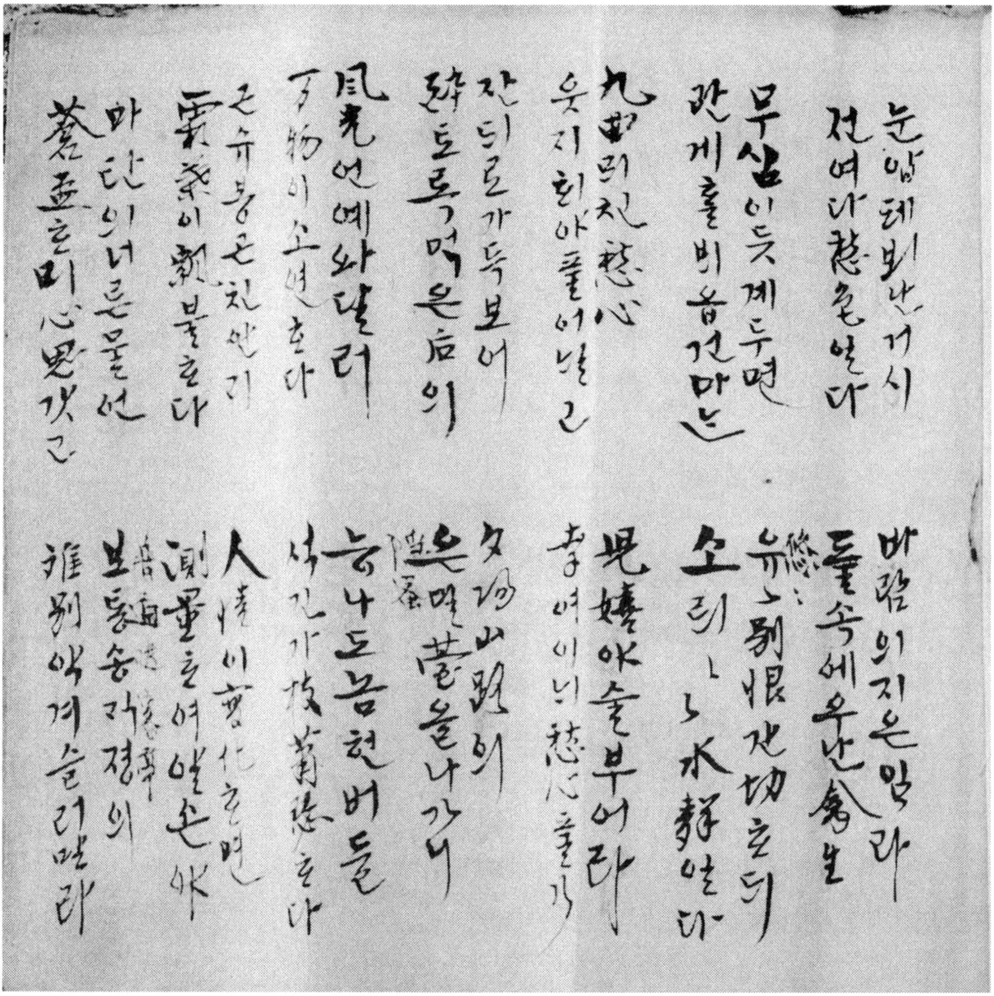

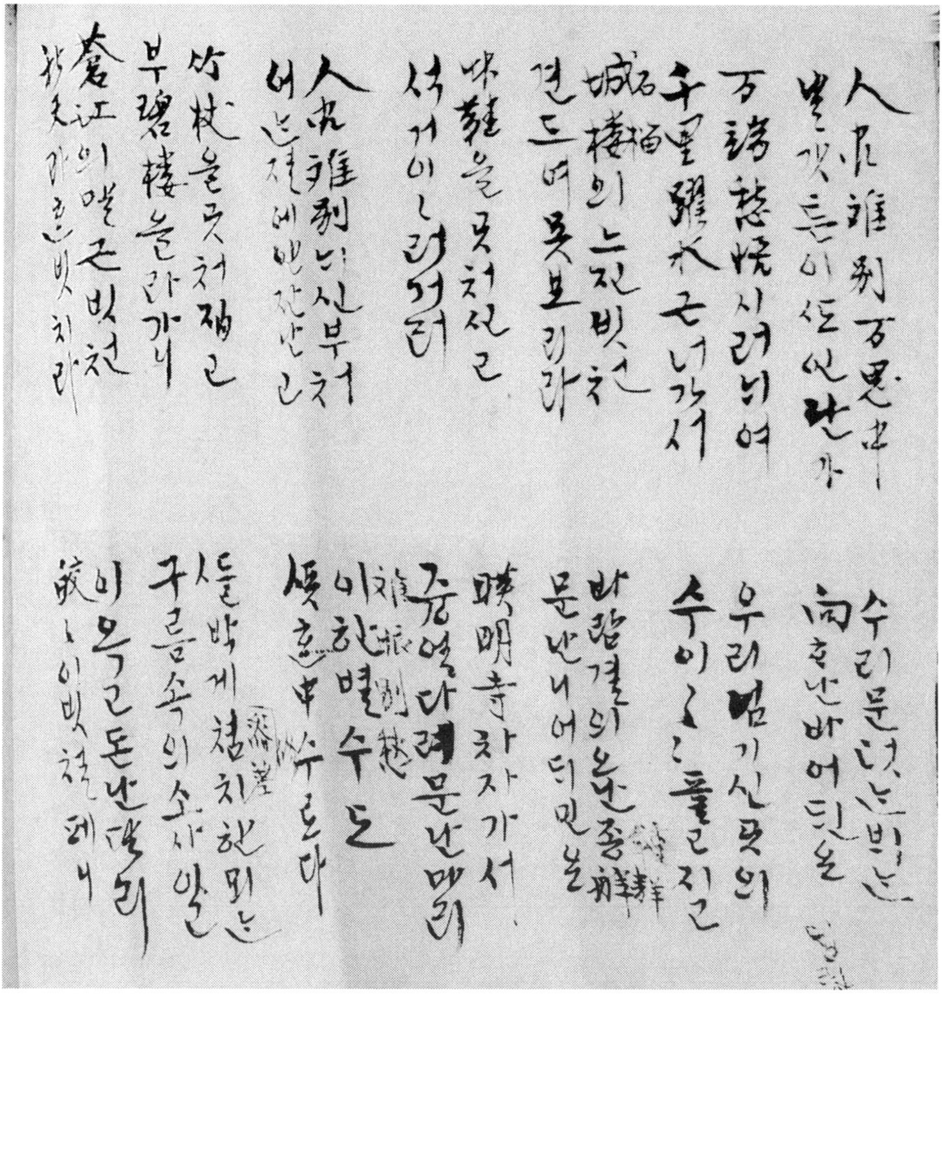

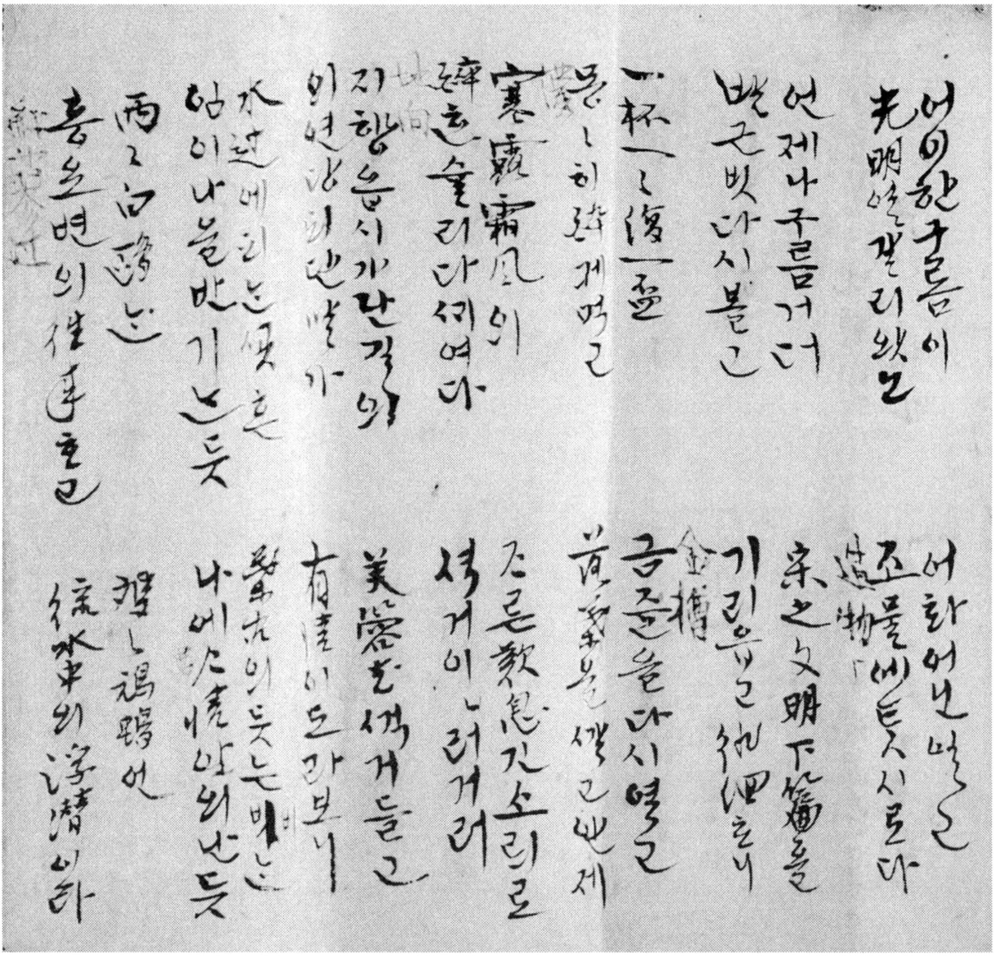

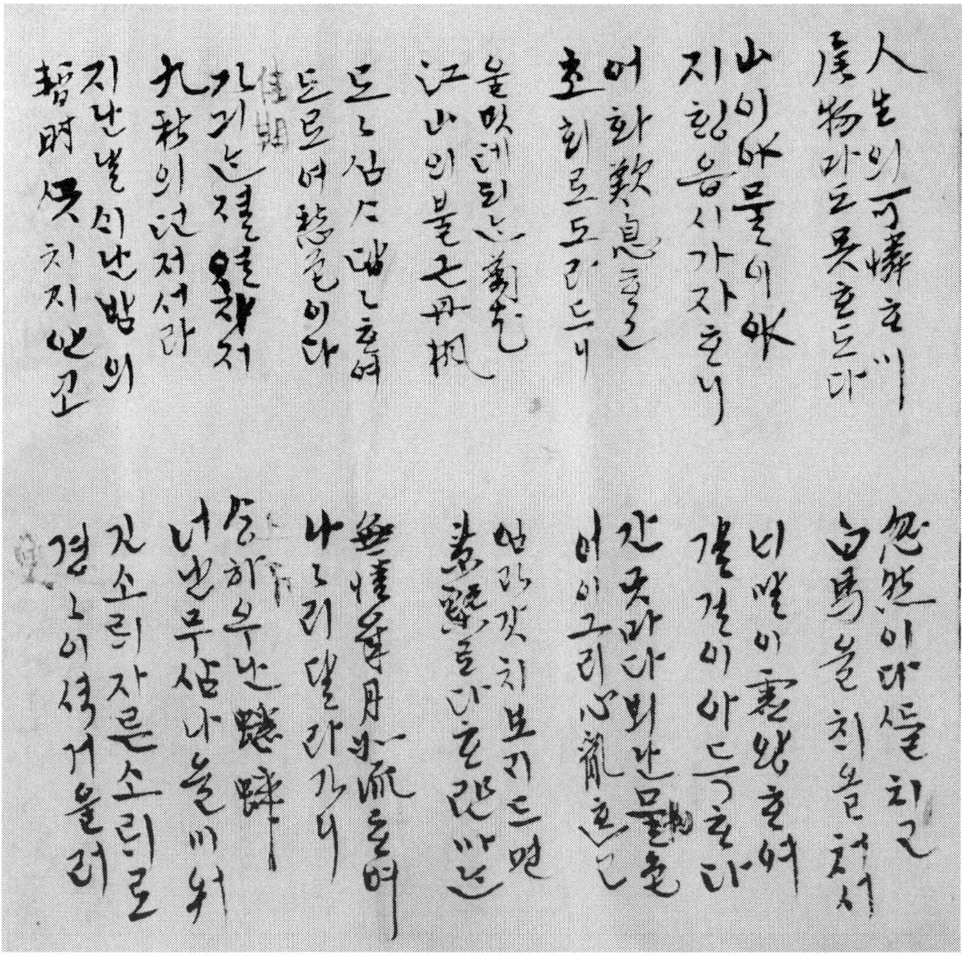

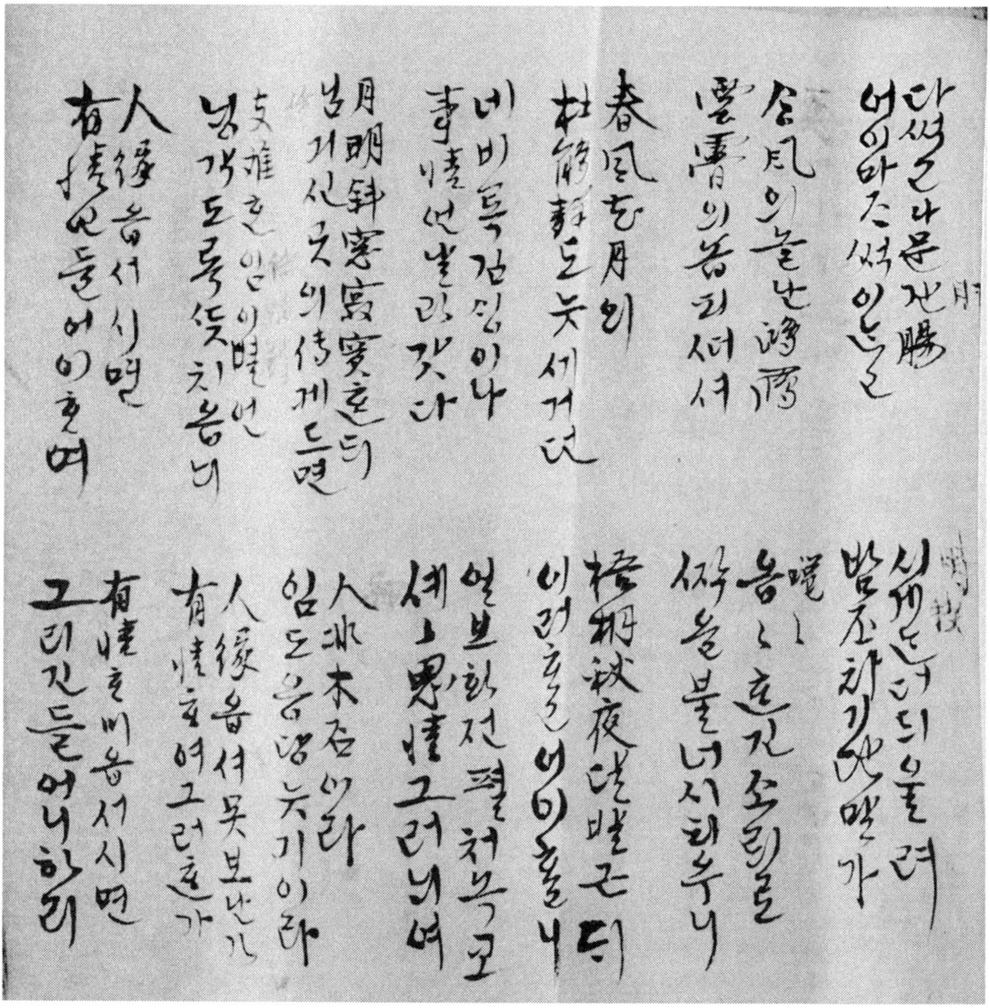
다ᄉᆞᆺ 나문 名勝
어이하다 ᄊᆞ여 잇노
金風의 놀난 鴻雁
雲霄의 놉피 ᄯᅥᄯᅥ
春風 ᄒᆞᆫ 月의
杜鵑聲도 늣시거든
네 비록 [illegible]이나
李情 [illegible] 날과 갓다
月明 [illegible] 寶 [illegible] ᄒᆞᆫ듸
[illegible] 곳의 傳케 ᄒᆞ면
支離ᄒᆞᆫ 인이 [illegible]
[illegible] 도 [illegible] 치옵니
人緣 음서 시면
有情 [illegible] 어이 ᄒᆞ며
[illegible] 울러
밤조차 [illegible] 가
曉 [illegible]
옴 [illegible] ᄒᆞᆫ 잔 소리를
[illegible] 을 불너시 [illegible] 니
梧桐秋夜 밝은 달
이러ᄒᆞᆫ 밤이 를 니
얼보 [illegible] 전 [illegible] 고
세上 男情 그러니여
人非木石 이라
임도 응당 늣기리라
人緣 음서 못 보ᄂᆞᆫ가
有情ᄒᆞᆫ 여 그런ᄒᆞᆫ가
有情ᄒᆞᆫ 이 음서 시면
그리 ᄭᅵᆫ 들 어이 ᄒᆞ리

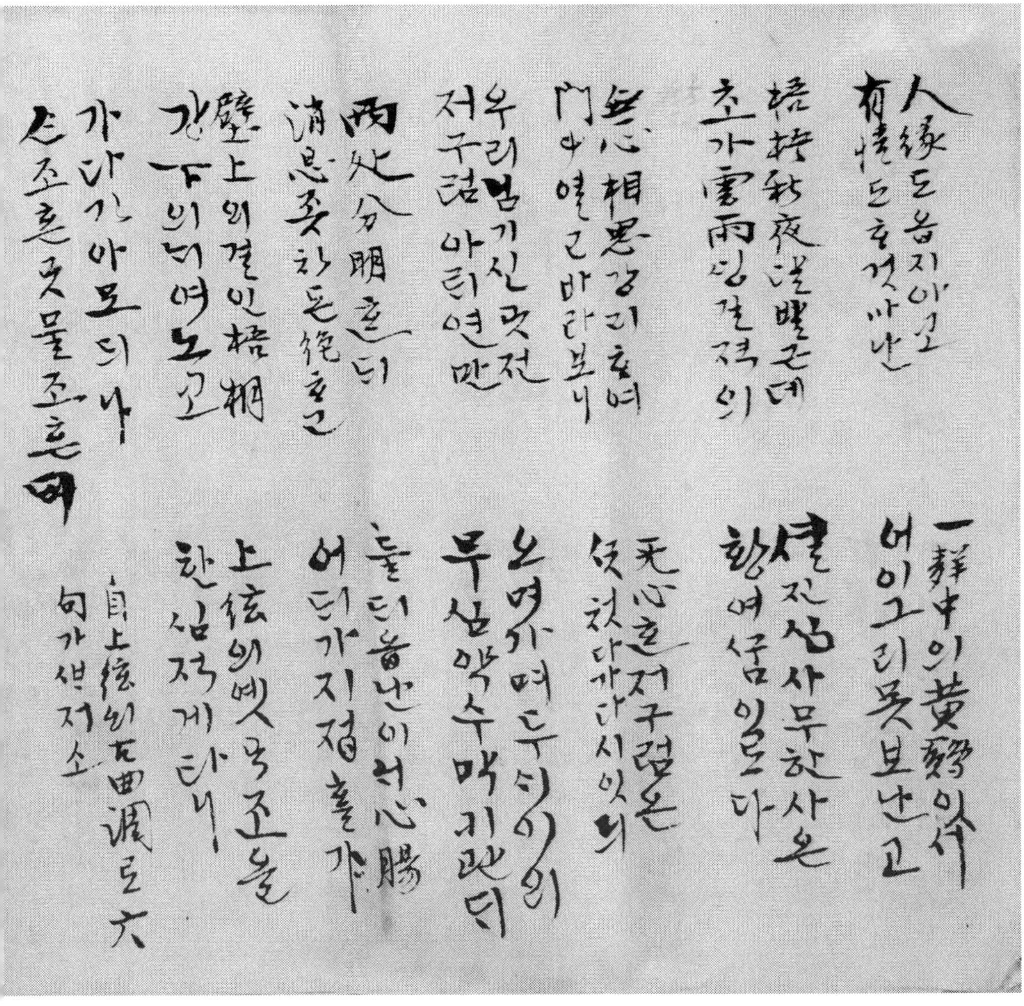

一呷春醪万里情
斷腸芳草斷腸鶯
離情欲淚化爲雨
明日留君不出城

[원전 영인]

시됴책

초당문답가

추풍감별곡

(우철)